43355

HISTOIRE

DE

L'ÉCOLE D'ALEXANDRIE

COMPARÉE

AUX PRINCIPALES ÉCOLES CONTEMPORAINES.

TOME I.

IMPRIMÉ CHEZ PAUL RENOUARD,
RUE GARANCIÈRE, N° 5.

HISTOIRE
DE
L'ÉCOLE D'ALEXANDRIE

COMPARÉE

AUX PRINCIPALES ÉCOLES CONTEMPORAINES,

Ouvrage couronné par l'Institut.

PAR M. MATTER,
INSPECTEUR GÉNÉRAL DE L'UNIVERSITÉ.

2ᵉ édition, entièrement refondue.

TOME PREMIER.
Topographie. Musées. Bibliothèques. Syssities. Didascalées.
Plan d'Alexandrie ancienne et moderne.

PARIS.
CHEZ HACHETTE,
ANCIEN ÉLÈVE DE L'ÉCOLE NORMALE, LIBRAIRE DE L'UNIVERSITÉ DE FRANCE,
Rue Pierre-Sarrazin, 12.
P. BERTRAND, Libraire-Éditeur de Paris historique,
Rue Saint-André-des-Arcs, 38.
BROCKHAUS ET AVENARIUS,
RUE RICHELIEU, 60;
MÊME MAISON, A LEIPZIG.
1840.

PRÉFACE.

J'AI publié, il y a dix-huit ans, l'ouvrage dont je donne aujourd'hui une nouvelle édition ; et depuis dix-huit ans, je me suis peu détaché de ce travail. Aussi les questions se sont bien agrandies dans cet intervalle ; et si c'est encore le même sujet que je traite, ce n'est presque plus le même livre que je présente.

Je n'avais fait que l'histoire générale de l'École d'Alexandrie, sans m'occuper de celle des divers Musées et des diverses Bibliothèques de cette célèbre cité ; et je m'étais arrêté à la naissance du nouveau platonisme, dont je recherchais l'origine. Je poursuis aujourd'hui la savante École jusqu'à sa fin, et je donne une attention spéciale à l'organisation intérieure du grand Musée, son foyer, ainsi qu'aux destinées de la grande Bibliothèque, sa lumière.

Dans mon premier travail, j'avais à peine abordé la question si instructive de l'existence simultanée dans la cité d'Alexandre, des divers Musées et des diverses Bibliothèques qui l'ont illustrée ; j'embrasse aujourd'hui l'ensemble de ces institutions, et pour l'exposer avec plus de clarté, je joins à la topographie générale de la ville, que j'accompagne d'un plan nouveau, des indications sur chacun des édifices qui figurent dans l'histoire des lettres.

Cependant, ce sont là des choses secondaires; j'ai à rendre compte de changements plus importants.

Ce sont les Écoles de l'Égypte et de la Grèce qui ont amené celle d'Alexandrie. Or il n'en était pas tenu compte.

Aujourd'hui je mets ces institutions en regard de celle qui est venue les remplacer ou les compléter: il me semble que l'École des Lagides reçoit de ce rapprochement un jour nouveau, et que les institutions de Memphis et d'Athènes font mieux comprendre celles d'Alexandrie.

Les destinées de ces dernières se sont gravées profondément dans les monuments de l'histoire. En effet, elles ont été liées à celles des cinq principaux systèmes de philosophie ancienne (platonisme, péripatétisme, scepticisme, nouveau platonisme, syncrétisme); à celles des cinq systèmes religieux qui occupent la plus grande place dans l'histoire de l'humanité (polythéisme égyptien, grec et romain, judaïsme, christianisme, gnosticisme, mahométisme); à celles enfin des cinq plus grands systèmes politiques de l'époque (ceux d'Alexandre, de César, de Constantin, de Théodose, de Mahomet).

Était-il possible de méconnaître cette liaison et de ne pas la mettre en relief après l'avoir reconnue?

Mais cette liaison a-t-elle été bien réelle, et dans cette mémorable succession d'institutions et de doctrines, le rôle du principal sanctuaire de la science a-t-il été assez important pour que l'histoire le constate, et le proclame? Quelle influence la grande École de l'Égypte a-t-elle exercée sur les idées et les institutions du temps? Si les Écoles de philosophie de la Grèce ont eu sur ce pays une action immense; si elles ont, plus que nulle autre institution, changé les mœurs et les croyances de la plus célèbre de toutes les nations, l'École d'Alexandrie, plus riche et plus nombreuse qu'aucune d'elles, cette puissante École qui a existé neuf cents ans, qui a vu s'élever et tomber tant de systèmes, a-t-elle joué un rôle analogue?

Par cette seconde série de questions, les premières acquéraient à mes yeux une importance nouvelle.

Mais, pour aborder des problèmes aussi vastes, il a fallu examiner, en vue des institutions littéraires d'Alexandrie, toutes celles qui se sont trouvées en rapport avec elles dans le cours de neuf siècles : institutions grecques, judaïques, chrétiennes, gnostiques.

Je me suis livré à cet examen d'autant plus volontiers que des travaux plus importants ont été publiés, sous nos yeux, sur les siècles qui ont précédé immédiatement et suivi de près l'apparition du christianisme, et que, dans ces travaux, on m'a paru se tromper plus gravement sur des époques qui me préoccupent depuis que je travaille.

Si mon choix avait été libre, j'examinais les travaux de l'École d'Alexandrie en eux-mêmes, abstraction faite de leurs rapports avec les systèmes de religion, de politique et de philosophie qui les ont dominés ou qu'ils ont dominés ; j'évitais ainsi toute la partie épineuse de mon livre. Mais d'abord, le sujet ne se présentait avec toute son importance que dans toute sa grandeur ; ensuite, ayant moi-même des opinions très arrêtées sur les siècles qui touchent au berceau du christianisme, je ne pouvais prendre sur moi d'arracher l'École d'Alexandrie à son enchâssement naturel.

Écrire sur une institution qui a vu tomber le paganisme, décliner le judaïsme, naître et grandir le christianisme ; sur une institution qui a vu se former, dans son sein ou à côté d'elle, les plus célèbres Écoles de ces trois systèmes, sans la montrer en lutte ou en harmonie avec elles, cela me semblait désormais impossible.

Ma tâche s'étant agrandie ainsi à mesure que j'adoptais ou que je subissais mon sujet dans toute son étendue, je n'ai pu me hâter de donner une seconde édition d'un ouvrage depuis long-temps épuisé. En effet, publié en 1820, il manquait dans la librairie depuis 1826; mais avec quelque bienveillance qu'on me pressât à cet égard, j'avais à traiter trop de questions nouvelles, pour donner plus tôt ce que je présente maintenant.

Aujourd'hui même les questions fondamentales, celles qui concernent le but religieux ou politique de l'École d'Alexandrie, le caractère et l'importance de ses travaux philosophiques, le rôle qu'elle a joué au milieu des institutions contemporaines, et l'influence qu'elle a exercée sur les études des siècles les plus décisifs dans l'histoire de l'humanité, ces questions sont encore et demeureront toujours sujettes à controverse.

Elles étaient naguère dédaignées et par là fort peu étudiées. Et il en était de même des institutions de l'antiquité qui ont rendu aux sciences le plus de services, l'Académie, le Lycée, le Lycée de Théophraste, le Portique, le Cynosarge, l'Épicurium, écoles qui n'étaient pas appréciées dans leurs rapports avec l'état et la religion, et que j'ai cru devoir considérer sous ce point de vue.

Ce qui nous avait dérobé l'importance qu'elles eurent dans l'état, c'est qu'on avait à peine effleuré la question de leur organisation, de la succession de leurs chefs, des relations de ces chefs entre eux et avec leur disciples. On est même encore dans les erreurs les plus singulières sur les lieux où enseignaient plusieurs de ces philosophes, et beaucoup de critiques en sont à croire qu'Aristote habitait le Lycée, que ses successeurs y enseignèrent comme lui, qu'au Lycée il y avait un Musée, que la Bibliothèque du philosophe était déposée dans ce Musée, et que ce fut de là que les Lagides la firent transporter dans leur capitale.

Il était temps que l'étude plus spéciale du Musée d'Alexandrie, institut dont l'origine reçoit tant de jour de l'histoire des Écoles de l'Égypte et de la Grèce, vînt à son tour répandre quelque lumière sur celles d'Athènes, sinon sur celles de Memphis.

Cette étude était assez difficile. Les indications que donne Strabon étaient trop importantes pour n'être pas approfondies, mais trop concises pour qu'on se flattât de les bien entendre. Celle qu'il donne sur la présidence du Musée, et qui est si caractéristique, avait étonné sans instruire. Pour mon compte, j'en avais tiré peu de parti, et je me félicitais presque d'avoir détaché l'histoire de l'École d'Alexandrie de celle des Écoles d'Athènes et d'Héliopolis, qui pouvaient seules en expliquer la naissance.

C'est un tort que je viens réparer aujourd'hui aussi complètement qu'il m'est possible, et il me semble qu'en prenant mon point de départ dans les institutions mêmes qui ont servi de types à celles d'Alexandrie, j'ai mieux caractérisé les unes et les autres.

Après cela, je n'ai plus qu'un mot à dire sur le plan que j'ai adopté dans cette édition. L'histoire complète de l'École d'Alexandrie est à-la-fois celle des plus célèbres institutions littéraires de l'antiquité et celle du mouvement intellectuel de huit à neuf siècles. Elle embrasse donc deux objets distincts, l'un plus extérieur, l'autre plus intérieur : 1º l'histoire du Musée ou plutôt des différents Musées, des Bibliothèques, des Didascalées et des Syssities, en un mot de cet ensemble d'établissements et de savants qu'on appelle École d'Alexandrie; et 2º l'histoire des travaux de cette École, qui furent si complets et si supérieurs à ceux des Écoles contemporaines.

La première, l'histoire extérieure, nous offre des phases très diverses. On le comprend, cette institution dure du siècle d'Alexandre à celui de Mahomet. Pendant ce long espace de temps, elle est à la tête du mouvement de la pensée ou en lutte avec ceux qui le dirigent. Rivale des Écoles d'Héliopolis, de Memphis, de Pergame, d'Athènes, de Rome et d'Antioche, et entraînée dans tous les débats du temps, elle passe par toutes les révolutions des idées et des empires, par tous les genres de protections et de persécutions, par toutes les faveurs et toutes les catastrophes. Réunie autour des palais des rois, partagée en une série nombreuse d'Écoles spéciales, de Syssities plus ou moins libres, elle doit suivre successivement les tendances d'âges divers, celles du scepticisme le plus absolu comme celles du mysticisme le plus exalté. Enfin engagée par la force des choses dans la lutte de plusieurs religions qui se combattent, l'École d'Alexandrie, dont les Musées et les Bibliothèques sont tour-à-tour livrés à tous les genres de violence, à l'incendie, au pillage et à la démolition systématique, offre dans son histoire un drame fortement marqué de péripéties.

Je distingue l'histoire de cette grande institution en six périodes.

La première est celle de son origine et de ses débuts sous les règnes si glorieux de ses deux fondateurs. (De l'an 295, à l'an 246 avant J.-C.)

Pendant la seconde, protégée par les Lagides, jouissant de tous les genres de faveur, l'École d'Alexandrie lutte glorieusement avec celles qu'elle a imitées, et celles qui l'imitent à leur tour. (De l'an 246 à l'an 146 avant notre ère).

Pendant la troisième, tour à tour persécutée, délaissée, ou troublée par des catastrophes qui la privent d'une partie de ses ressources, mais soutenue encore par de puissantes sympathies, elle demeure en possession de tous les moyens de progrès jusqu'à la fin de la domination grecque. (146 à 47 av. l'ère chrétienne).

La domination romaine, qui marque la quatrième, s'ouvre par une catastrophe, l'incendie de la grande Bibliothèque; mais la faveur impériale met de nouvelles créations à côté de celles des Lagides, et l'École refleurit un instant. (47 avant J.-C. à 158 après J.-C.)

La cinquième période lui crée une série de rivales en Égypte et ailleurs; elle attire sur la capitale qui la nourrit, une suite de catastrophes et se clôt par une rigueur, l'abandon des institutions polythéistes de la part du chef de l'empire. (De l'an 138 à 312 après J.-C.).

A partir du moment où le christianisme s'élève sur le trône de l'empire, et où Constantinople l'emporte sur Rome, Athènes l'emporte aussi sur Alexandrie. L'antique École de cette cité ltte plus péniblement contre une rivale si puissante et contre plusieurs instituts qui, nés dans son sein ou à côté d'elle, travaillent à sa ruine, c'est-à-dire, l'École chrétienne et les Écoles gnostiques.

Pendant cette dernière période, privée des faveurs du pouvoir, des sympathies de la population, de ses membres les plus illustres, de son premier asile, de sa dotation et de ses principaux établissements, elle combat avec une sorte de désespoir contre le nouvel ordre de choses et d'idées que veut le monde et que protègent les chefs de l'empire. Cependant, si elle succombe, dernier asile du polythéisme, sous le progrès des institutions chrétiennes, bien plus que sous les persécutions byzantines, elle est encore une ruine glorieuse, lorsqu'elle expire sous le mahométisme qui vient faire son entrée triomphante dans Alexandrie. (312-641.)

INTRODUCTION.

DÉFINITION DE L'ÉCOLE D'ALEXANDRIE. — ÉTAT DES ÉCOLES DE L'ÉGYPTE ET DE LA GRÈCE A L'ÉPOQUE OU ELLE FUT FONDÉE.

On appelle école d'Alexandrie, vingt à trente générations de savans, dont les travaux, protégés par les Ptolémées et leurs successeurs, les Césars, ont pendant plus de neuf siècles illustré les sciences et les lettres. Cette école ne fut pas une institution, ce ne fut ni le célèbre musée, ni la fameuse bibliothèque, ce ne fut aucun des musées, aucune des bibliothèques d'Alexandrie; ce fut une société libre, et en quelque sorte une réunion fortuite de savans, rattachés aux institutions publiques fondées pour eux par les Ptolémées et conservées religieusement par leurs héritiers, les empereurs.

L'école d'Alexandrie, c'est-à-dire l'école polythéiste, dont il faut distinguer l'école judaïque, l'école chrétienne et l'école gnostique, se distingue elle-même en plusieurs autres : écoles de poètes, de grammairiens, de philosophes, de mathématiciens et de médecins. Elle diffère donc singulièrement des anciennes écoles de la Grèce et de l'Égypte. Cependant, pour saisir le but spécial et le véritable caractère des institutions littéraires fondées sur les bords du Nil par un des lieutenants d'Alexandre devenu roi, il convient d'abord d'examiner quelle était la portée et quelle était l'organisation des écoles qui furent le point de départ de celle des Lagides.

Quel était l'enseignement de ces écoles? Quel en était le caractère littéraire ou scientifique, moral ou politique? Dans quels rapports se trouvaient-elles avec l'état? Qui les fondait, les entretenait et les dirigeait? Quel rôle jouaient-elles dans les institutions, dans les mœurs, dans les croyances?

En considérant sur ces questions le silence des monumens de l'Égypte et la brièveté des textes grecs, c'est à peine si l'on a le courage de les poser. Mais, sur l'école d'Alexandrie elle-même, les renseignemens sont rares et défectueux; en cherchant à combler quelques lacunes sur les autres, nous accepterons celles qu'il faut subir sur le Musée.

D'abord, quant à l'Égypte, ce pays dont les institutions sacerdotales ont dû frapper l'attention du fils de Lagus, comme elles avaient frappé celle d'Alexandre, nous ignorons aujourd'hui jusqu'au nom qu'elle a pu donner à ses écoles, mais nous savons qu'elle en eut de célèbres, celles de Thèbes, de Memphis et d'Héliopolis. Nous savons qu'elles se confondaient avec les colléges des prêtres, mais qu'elles étaient en possession d'une science remarquable, qui se transmettait de génération en génération. Nous ignorons s'il y eut un enseignement régulier, mais nous savons qu'on y apprenait la religion, les lois du pays et les devoirs de la morale; l'écriture, la grammaire et l'histoire; la physique, la chimie et la médecine; l'arithmétique, la géométrie et l'astronomie; la météorologie, l'agriculture et la science du calendrier; la musique, l'architecture, la sculpture, la peinture.

Cela résulte des rapports d'Hérodote, de Strabon et de Diodore, ou des monumens de l'Égypte, et s'il est impossible de déterminer d'une manière un peu précise quel fut l'état des sciences dans l'ancienne Égypte, il est aisé d'établir qu'il s'y fit des études sérieuses.

En effet, la religion y était une science riche et étendue. Elle embrassait des observations astronomiques et des traditions mythologiques; la connaissance des symboles, des rites, des oracles et des fêtes; l'étude des livres et des dogmes sacrés. L'Égypte ne rendait pas de culte aux héros [1], mais

[1] Hérod., II, 50.

elle avait des traditions héroïques, et, d'un autre côté, sa religion dominait la politique, la législation et la morale, qui s'y rattachaient l'une et l'autre de la manière la plus intime (1). L'histoire en offre des preuves nombreuses, et une indication frappante se trouve à ce sujet dans le résumé de Diodore sur l'Égypte. Cet historien nous apprend, qu'au nom de la religion, le sacerdoce conduisait tous les jours le prince devant la divinité, lui rappelait ses devoirs devant elle, invoquait sur lui la bénédiction du ciel dans le cas où *il accomplirait ses obligations*, implorait le pardon de ses *fautes d'ignorance*, et *rendait ses conseillers responsables de tous ses méfaits*, idée tellement *constitutionnelle*, qu'on la croirait moderne (2). Le jugement qu'il était permis au peuple de porter, en présence du sacerdoce, sur ou contre un roi défunt, atteste le même lien entre la religion et la politique, et constate des droits qu'on ne permettrait aujourd'hui à aucune nation d'exercer ainsi en masse (3).

Il est très vrai que l'étude de la religion ne se faisait point par voie de raisonnement, qu'il y avait transmission plutôt que discussion de la part des maîtres, et soumission plutôt qu'examen de la part des disciples; il est très vrai que celle des sciences qui fait de la théologie moderne la plus vaste des études, la philosophie, manquait aux sanctuaires de l'Égypte; mais leur enseignement suppléait à l'élévation par la richesse, et ce serait une singulière erreur, que d'admettre une complète stagnation des intelligences au milieu de tant de traditions et de doctrines, toutes intimement liées à la politique. Sans doute, il y avait une grande fixité dans les croyances et dans les symboles, les monumens de l'Égypte l'attestent comme les témoignages des Grecs; mais, malgré cette constance que réfléchissent les

---

(1) Diod. S., c. I, 77.
(2) I, 70.
(3) I, 72.

monuments, il y avait progrès dans les idées, car il y en avait dans les arts, et les opinions ont dû varier avant eux. Quand on a dit, pour résumer les doctrines religieuses de l'Égypte, qu'elles n'offraient au fond que l'antithèse du bon et du mauvais principe, l'un sous le symbole du Nil, cette source de fécondité, l'autre sous celui d'un désert brûlé, cette éloquente image de la destruction ; qu'Osiris représentait le Nil ; sa sœur Isis, la terre fécondée par le dieu du fleuve ; Typhon, le vent de l'ouest ; sa sœur Nephtys, la terre frappée de stérilité, quand on l'a dit, on a fait l'esquisse et non pas l'inventaire de ce polythéisme. Il n'est pas même très vrai que l'enseignement philosophique ait manqué à l'enseignement religieux. Point de doute que cette dialectique, cette logique et cette métaphysique que nous a données la Grèce, étaient inconnues à l'Égypte ; que l'étude des facultés du raisonnement était peu cultivée : mais ces facultés étaient-elles aussi négligées qu'on le dit ? Je le demande, toutes ces facultés, l'observation et la réflexion, l'abstraction et la généralisation, l'induction et la déduction, l'analyse et la synthèse, ne sont-elles pas dans l'esprit humain des puissances à tel point spontanées, que, le voulût-il, il ne pourrait s'en abstenir, dès qu'il pense une chose quelconque ? Le jeu de ces facultés a eu son cours en Égypte, comme ailleurs, et ce pays a eu aussi inévitablement des notions de psychologie, de logique et de méthaphysique, que de politique et de religion. On n'a pas une théologie riche comme la sienne ni une pneumatologie aussi immense, sans avoir aussi une philosophie. S'il fallait en croire Diodore de Sicile, l'Égypte, et surtout la ville de Thèbes, aurait eu les premiers philosophes du monde. Nous sommes loin d'admettre cette prétention ; cependant, chez les premiers comme chez les derniers sages de la Grèce, c'était une opinion reçue, que l'Égypte était le berceau de la science. La Grèce entière n'a pas dû se tromper complètement à cet égard.

Deux lignes de Diodore et le célèbre passage de saint Clément d'Alexandrie, sur l'écriture et la grammaire, confirment le mouvement intellectuel de l'Égypte. Les prêtres, dit le premier, enseignent à leurs fils deux genres de caractères, les uns dits sacrés, les autres qu'on apprend communément (1). Ceux qui reçoivent l'instruction chez les Égyptiens, dit le second, apprennent d'abord la méthode de toutes les lettres égyptiennes, celle qu'on appelle *épistolographique*, ensuite la *hiératique* dont se servent les écrivains sacrés, enfin la *hiéroglyphique*. Celle-ci a deux genres, l'un qui procède par les premiers élémens, la *kyriologique*, l'autre la *symbolique*. Dans la symbolique, on distingue une méthode qui exprime le mot propre par imitation, une autre qui écrit par voie de tropes, et une autre enfin qui *allégorise* tout-à-fait, par voie d'énigmes (2).

Ce n'est pas le lieu de nous arrêter sur les savantes explications qu'on a données récemment de ces divers genres d'écritures (3), le seul fait de leur *diversité* nous suffit. Il prouve l'activité et la fécondité d'esprit du peuple d'Égypte. S'il est vrai qu'il ne se servit des caractères de l'alphabet qu'en partie et en quelque sorte exceptionnellement, loin d'en inférer que l'écriture qu'il préférait a dû s'opposer à un grand développement d'intelligence, nous dirons, au contraire, que l'emploi de signes si divers et l'impulsion continuelle qu'il donnait à la pensée commandait une étude approfondie de la langue et une analyse constante des rapports du signe avec l'idée. Il n'est rien de plus abstrait, de plus philosophique que cette étude, et ce fait me semble mériter attention.

Nous n'appellerons pas d'autres preuves d'études grammaticales, critiques et littéraires, et nous avouerons que les Egyptiens redoutaient l'éloquence, qu'ils l'interdisaient

---

(1) Diod., I, 81.
(2) Stromata, V, p. 657; edit. Potter. Oxon.
(3) Par M. Letronne. *V.* Champollion, *Précis du syst. hiérog.*, p. 405.

aux avocats, que la religion et la politique ne la favorisaient pas plus que la loi civile (1). Leur austérité traitait la poésie comme l'éloquence; ils n'en souffraient pas, et leur littérature donne un démenti formel à cette opinion, que, chez tous les peuples, la poésie précède la prose. Dion Chrysostome dit qu'il leur était défendu de parler selon quelque rythme, qu'ils n'avaient point de vers (2). On pourrait toutefois regarder cette opinion comme une des nombreuses erreurs que se débitaient les Grecs, et dont quelques-unes se sont dissipées si complètement devant les découvertes modernes. En effet, on a trouvé sur les monumens une chanson de batteurs en grange (3), et Hérodote parle d'un chant de Linus (4). Mais quand même on admettrait que les Egyptiens eurent un ou deux chants populaires, que seraient quelques airs nationaux auprès des immenses richesses de poésie que nous offrent d'autres régions de l'antiquité, surtout l'Inde et la Grèce?

Pour l'histoire, les Egyptiens se bornaient trop à celle de leur pays, dont ils déposaient le récit dans les archives de leurs sanctuaires et qu'ils figuraient sur les monumens. Au temps de Diodore, ils prétendaient connaître les régions étrangères, et à les entendre, toutes les nations de la terre sortaient de la vallée du Nil, leur commun berceau, leur école primitive (5). Mais alors la science grecque et l'école d'Alexandrie avaient à tel point envahi la vieille Egypte, qu'on ne trouvait plus de renseignemens purs sur sa situation intellectuelle avant Alexandre. D'après les débris qui nous restent, ses travaux d'histoire se seraient bornés à des canons dynastiques, et Diodore prétend que les traditions écrites

---

(1) Diod., I, 76.

(2) Oratio XI, p. 162.

(3) Champollion, *lettres écrites de l'Égypte*, p. 160. *Acerbi Bibliot. Ital.*, 1829, Nov.

(4) Lib. II, 79.

(5) Diod. Sic., lib. I, c. 13, 29; cf. 69, 96, 98.

des sanctuaires avaient peu d'intérêt (1). Mais ce n'est point sur cet écrivain ni sur ces débris que doit se former notre jugement. A la vérité, les traditions du sacerdoce Egyptien, recueillies par les auteurs grecs, sentent la fable, et celles de Thèbes paraissent avoir été combattues par celles de Memphis et d'Héliopolis ; mais du moins elles étaient toutes d'une grande richesse.

Il en était de la géographie des Egyptiens comme de leur histoire ; elle se bornait à l'étude du pays, méprisant le reste. Sésostris doit avoir exposé dans les temples la carte de l'Egypte et des contrées qu'il avait soumises jusqu'à l'Inde ; mais, au temps de Ptolémée II, personne n'avait franchi les limites de l'Éthiopie (2) ; et personne n'eût prévu alors que, dans une région qui faisait abstraction de toute autre, le le génie viendrait un jour créer ensemble la cosmographie et la géographie.

Les sciences naturelles, la physique et la chimie, étaient cultivées avec tout le soin qu'exigeaient certains arts, surtout la peinture des monumens publics et l'embaumement des corps; mais la science alla-t-elle au-delà de ces besoins ? Il paraît que l'anatomie était très avancée ; Macrobe et Aulu-Gelle le disent : ils parlent peut-être de l'époque grecque (3); mais Manéthon nous apprend qu'un roi d'Egypte avait écrit sur cette science, et la coutume d'embaumer explique le progrès.

La médecine était pratiquée avec une grande recherche ; on avait des médecins spéciaux pour les diverses parties du corps. Ces médecins étaient payés par l'état, guérissaient d'après des lois écrites provenant des plus célèbres praticiens, et risquaient leur vie en y contrevenant (4). C'é-

---

(1) Lib. I, c. 44, cf. 69. Dans ces derniers chapitres, Diodore entreprend de faire l'histoire véritable de l'Égypte et de la dépouiller des fables d'Hérodote.

(2) Diod., I, 37.

(3) Saturn, VII, c. 13. — *Noc. Attic.*, lib. X, c. 10.

(4) Diod., I, 82.

tait certes un mauvais moyen d'avancer, mais l'hygiène avait plus de liberté que la thérapeutique, et la preuve qu'on connaissait bien l'art de guérir, c'est qu'on le pratiquait bien. Suivant Hérodote, la population égyptienne était la mieux portante qu'il eût jamais vue, (3) et c'est à la science autant qu'au climat du pays qu'il attribue ce résultat.

Quant aux mathématiques, la géométrie née du besoin de retrouver les propriétés après les grandes inondations de chaque année demeurait un peu à l'état d'arpentage, et quand Thalès visita l'Egypte, les prêtres en étaient à des problèmes élémentaires. Hérodote dit néanmoins que les Grecs ont dû la géométrie aux Egyptiens (2), qui cultivaient l'arithmétique pour les besoins de l'économie domestique, ceux de la géométrie et de l'astronomie. D'après Diodore, ils observaient les mouvemens des astres; ils s'y étaient appliqués de temps immémorial, surtout au collége d'Héliopolis, et ils possédaient des catalogues fort anciens. D'après Hérodote, ils calculaient savamment les éclipses (3). Cependant aucune de leurs observations n'est mentionnée par les Grecs, et leur astronomie, servait à la théologie, se perdant un peu dans l'astrologie, dans la divination, dans l'horoscopie (4). Elle enfanta toutefois la météorologie et la science du calendrier. Elle possédait bien l'année solaire (5). Hérodote ajoute que ce n'est pas à l'Egypte, mais à la Babylonie, que la Grèce emprunta la division du jour en douze heures et les instrumens qui la constataient (6).

La géographie mathématique était-elle moins négligée que la géographie politique, peu connue au temps d'Hérodote (5)? Suivant St-Clément d'Alexandries, le *hiérogrammatiste*, qui

(1) Herod., II, 77, 84.
(2) Herod., II, 109.
(3) Diod. Sic., I, 50, f. 94.
(4) Herod., II, 82 et 83.
(5) Herod., II, 4.
(6) Herod., II, 109.
(7) Exemple frappant, liv. II, 28.

occupait le troisième rang parmi les prêtres des colléges sacerdotaux, devait, outre la géographie, la chorographie de l'Egypte et la topographie du Nil, posséder la cosmographie (1). Il paraît aussi qu'à une époque fort ancienne, on a construit en Egypte une carte où la valeur des degrés fut établie d'après le module trouvé à la hauteur de l'Égypte moyenne ; mais les Egyptiens ignoraient la sphéricité de la terre, et ils supposèrent tous les degrés égaux entre eux et à celui de l'Egypte moyenne, dont ils avaient déterminé l'étendue (2). Si les inondations du Nil les avaient conduits à la géométrie, les travaux d'irrigation leur apprirent évidemment des principes d'hydraulique et de statique ; l'usage des poids et des mesures, qu'on faisait remonter à Hermès ou Toth, ce ministre d'Osiris à qui l'on attribuait la découverte de l'arithmétique et de la géométrie, atteste aussi des habitudes de science (3).

Quant à l'art, des monumens nombreux en montrent le haut développement. L'art égyptien suit sans doute d'autres règles du beau que l'art grec, mais personne ne lui conteste plus aujourd'hui son mérite, ce caractère de douceur, de calme et de gravité religieuse dont rien n'approche ailleurs. Et quels immenses travaux nous restent de cet art. Et de quelle immensité ce qui nous reste est-il la simple ruine ! On ne saurait se faire une idée, dit un des auteurs de la *Description de l'Egypte*, de ce que les Egyptiens ont fait en statues de ronde-bosse, soit de granit, soit d'albâtre, soit de brèche, soit de porphyre (4). C'est qu'ils avaient introduit la division du travail jusque dans la sculpture, surtout quand il s'agissait de statues colossales (5), et que par ce moyen ils multipliaient singulièrement les artistes. Cherchant le mouvement des idées dans l'enseignement supérieur, nous ne

---

(1) Strom. V, p. 702 ; éd. de Paris 1566.
(2) *Desc. de l'Egypte*, t. VII, *Antiquités*, p. 14.
(3) Plato in Phædro.
(4) *Desc. de l'Égypte*, I. p. 315.
(5) Diod., lib. I, *sub fine*.

parlerons pas du progrès des arts vulgaires; nous dirons toutefois qu'en Egypte l'artisan était sans cesse associé à l'artiste et qu'ils se rattachaient ensemble à ce commun foyer de science, à ces colléges de prêtres qui étaient en possession du gouvernement des esprits, qui fournissaient d'âge en âge les doctrines et les règles à suivre dans chaque genre de travaux.

En effet, les sanctuaires donnaient tout l'enseignement de la nation. Les prêtres, qui seuls en étaient chargés, ne faisaient pas sans doute de cours réguliers suivant nos usages modernes, mais ils transmettaient leur savoir à des disciples capables de le transmettre à leur tour, et ils leur apprenaient ce qu'ils devaient communiquer à chaque caste ; car la science et les arts étaient mesurés à chacune d'elles d'après des lois à peu près invariables.

Pour se faire de l'état véritable de cet enseignement une idée plus nette, on voudrait connaître les moyens d'étude, les instrumens, les collections et les bibliothèques que possédaient les sanctuaires. Mais à cet égard les indications sont tout-à-fait vagues, et on doit admettre que ces moyens étaient fort limités, l'Egypte s'étant réduite à elle seule, même sous la domination des Perses. Tout ce qu'on cite se borne aux archives des temples, aux bibliothèques des palais. Là des salles spéciales étaient affectées aux collections. Dans le *Ramesseum* la pièce qui suit la salle hypostyle porte encore cette inscription lue par Champollion : *Salle des livres* (1). On a souvent parlé de la bibliothèque d'Osymandyas, mais la collection de ce prince, si elle a jamais existé, ce qui est au moins douteux, puisqu'il est maintenant démontré que le palais d'Osymandyas, qui doit l'avoir renfermée, n'a jamais existé tel que le décrit Diodore, le seul écrivain qui parle de ce monument; cette collection, disons-nous, était plutôt faite dans des vues morales que dans

---

(1) Letronne, *Recherches sur le monument d'Osym.*, p. 73.

un but scientifique, à en juger par le nom de *sacrée* que lui donne Diodore, et sa fameuse inscription de *remède de l'âme*. Elle contenait dans ce cas des ouvrages d'histoire, de religion, de législation et de politique; et cette observation s'applique plus ou moins aux autres collections de livres qui ont existé en Egypte, car toutes ne sont pas douteuses comme celle de l'Osymandéum. En effet, d'après l'opinion commune des Egyptiens et des Grecs, et d'après les monumens qui existent encore, les palais des rois avaient leurs collections de livres comme les sanctuaires des prêtres. Les archives des temples ont existé jusque dans les siècles de la domination grecque et romaine, puisqu'Alexandre, les Lagides et les empereurs romains en ont pris soin.

Ces collections auraient pu être très complètes; car les moyens de réunir des livres et des objets d'instruction ne manquaient pas aux écoles sacerdotales, les revenus dont jouissaient les prêtres étant considérables (1). Mais ce qui manquait sans doute à cette caste, c'était l'amour désintéressé de la science. L'intérêt de la caste et l'intérêt de la nation, telles étaient les bornes de ses investigations. Au progrès complet du savoir manquaient aussi ces instrumens et ces appareils d'observation, sans lesquels on ne saurait faire certaines découvertes. D'ailleurs nuls revenus spéciaux n'étaient affectés aux études, que les prêtres, qui avaient institué tous les genres d'instruction, dotaient comme ils l'entendaient et après avoir d'abord satisfait aux besoins de la religion. Il est à croire que sous la domination grecque les colléges de l'ancien sacerdoce se sont inspirés de quelque émulation, qu'ils ont enrichi leurs archives et augmenté leurs bibliothèques; mais rien ne le prouve. On sait seulement qu'ils en avaient le moyen, et qu'au temps de Diodore ces revenus sacerdotaux n'étaient pas fort diminués depuis Hérodote qui les avait trouvés très considérables (2).

(1) Hérodote (II, 28) parle du greffier des trésors de Saïs.
(2) Diod., I, 73.

La transmission de la science étant exclusivement l'affaire de la caste lettrée, une partie de cette science n'étant communiquée par les prêtres qu'à leurs fils (1), et les autres Égyptiens n'apprenant que les métiers de leur caste, tout l'enseignement était entre les mains du sacerdoce ; mais n'était-il pas au moins surveillé, et en quelque sorte dirigé par l'état et dans l'intérêt de l'état ?

Il était, sans nul doute, sous l'action suprême de la royauté. Le sacerdoce, il est vrai, élevait, conseillait, surveillait les rois ; mais, plusieurs révolutions l'attestent, les rois observèrent constamment le sacerdoce et lui résistèrent quelquefois. Psammétique, roi nouveau, entouré de prétendans qu'il avait rejetés en Libye, s'affranchit du sacerdoce et fit élever ses fils dans les études grecques (2). Si soumis que fussent d'autres princes, ils ne pouvaient rester indifférens à la conduite des esprits par les sanctuaires, à la distribution du savoir par les prêtres : l'intérêt de leur dynastie ne le permettait pas. Sans doute, le rôle de l'enseignement dans le monde ancien, avant les philosophes d'Athènes, était secondaire, et pour bien apprécier l'Égypte, il faut faire abstraction de ces habitudes d'investigation et d'examen, de ce besoin de mouvement et de progrès, qui date des beaux temps de la Grèce et que la renaissance, époque essentiellement grecque, a jeté dans la société moderne. Certes, sous ce rapport, l'enseignement égyptien n'offrait rien qui pût faire ombrage au pouvoir, et jamais ces colléges de prêtres qui se bornaient à *transmettre*, sans chercher à *perfectionner*, n'ont dû agiter les esprits. Cependant, l'histoire intérieure de l'Égypte, si peu connue qu'elle soit, attestant une lutte à-peu-près permanente entre les deux castes qui donnaient des rois au pays, celle des prêtres et celle des guerriers ; plusieurs révolutions ayant été amenées par cette rivalité, et les prêtres ayant été successivement dépouillés d'une grande partie

(1) Diod., I, 81.
(2) Diod., I, 67.

de leurs priviléges, on ne conçoit aucune époque où le gouvernement, ou la caste militaire, n'aurait pas surveillé avec attention l'action qu'exerçait le sacerdoce.

On admet d'ordinaire, dans l'histoire intellectuelle de l'Égypte, l'impossible, c'est-à-dire, l'immobilisme des idées, ou du moins un degré de fixité ou de stagnation qui en approche. Mais le mouvement de l'intelligence humaine vient d'une loi suprême, et cette loi se joue de toutes les autres. Les Égyptiens, si enchaînés qu'ils fussent sous de puissantes institutions, avaient un penchant prononcé pour les discussions politiques : la preuve en est dans la loi qui les leur interdit (1). D'ailleurs, au milieu de tant de révolutions, d'invasions étrangères et d'émigrations qui remontaient jusqu'aux temps les plus reculés et qui sans cesse mettaient l'Égypte en rapport avec l'Éthiopie, l'Inde, l'Arabie, la Judée, la Grèce, le mouvement des esprits était inévitable ; et dans les siècles qui précédèrent immédiatement la fondation d'Alexandrie, de fortes commotions, la révolution de Psammétique, la conquête de Cambyse, l'établissement d'une colonie grecque à Naucratis, plusieurs révoltes, l'expédition d'Agésilas, la formation d'une caste d'interprètes, et enfin la conquête macédonienne avec ses colonies grecques et juives, avaient fourni à l'esprit public des élémens tout nouveaux.

Pour apprécier à leur juste valeur et ce mouvement et la science de l'Egypte, il faut metttre de côté les exagérations de ses prêtres et celles des Grecs qui les consultèrent ; mais il faut aussi se défier des assertions trop restrictives de la critique moderne. Comment les Grecs qui traitaient tous les peuples de barbares auraient-ils conçu des Egyptiens une opinion si haute sans aucun fondement ? Et pourquoi cette opinion, si elle était fausse, percerait-elle dans toutes les traditions, dans celles encore qui voulaient qu'Homère et

---

(1) Diod., I, 74.

Lycurgue se fussent instruits en Egypte comme Orphée, Musée, Mélampus et Dédale ? Pourquoi dans des temps plus rapprochés cette opinion aurait-elle subjugué Solon, Pythagore et Platon, qui avaient visité le pays ? On dit qu'elle se rapporte à la sagesse morale, à la pureté religieuse et aux institutions sociales, plutôt qu'à la force des études; on dit que les Grecs, toujours agités par les débats de l'aristocratie et de la démocratie, furent naturellement frappés d'admiration pour cet ordre de choses si régulier et si calme qu'offrait l'Egypte : mais plusieurs d'entre eux avaient vu en Perse le même calme et la même régularité sans se livrer au même enthousiasme. On dit enfin, que Solon, Pythagore et Platon étaient poètes autant que philosophes : mais trois historiens, Hérodote (1), Strabon (2), et Diodore (3) pensèrent comme eux.

Dans tous les cas les colléges sacerdotaux ayant le dépôt de la science, le privilége de la répartir entre les différentes castes et celui d'en transmettre aux fils des prêtres ce qu'ils voulaient, étaient pour la politique d'une haute importance, même sous les institutions anciennes et à l'époque des Pharaons. Leur importance était bien plus grande encore depuis qu'un étranger campé à l'extrémité du Nil, à la tête d'une colonie Grecque, présentait à la population indigène une dynastie qui avait d'autres mœurs, une autre langue, une autre religion. Le fondateur de cette dynastie, son intérêt moral et politique l'exigeait, a dû donner la plus grande attention à celles des institutions du pays qui étaient en possession de diriger les idées. Ptolémée comprit cette nécessité. Il conserva les colléges investis de la science et de l'enseignement, mais en même temps il

(1) Herod., lib. II.
(2) Strab., lib. XVII, p. 806. Strabon dit que Platon et Eudoxe ne furent pas heureux en interrogeant les prêtres; mais il insinue que ceux-ci étaient savans.
(3) Diod., 1, 69, p. 79 et 96; p. 107, ed. Wessel.

éleva une école qui pût insensiblement affaiblir leur action. Plus il comptait sur cette institution, plus en la créant il imita ce qu'il s'agissait de remplacer. Cependant il était Grec, émule d'Alexandre et admirateur d'Aristote : en consultant, pour l'organisation du musée, les usages de l'Egypte, il ne pouvait négliger ceux de la Grèce. Quelles institutions littéraires voyait-il en Grèce ?

Les écoles supérieures de la Grèce, j'entends surtout les écoles d'Athènes, offraient un tout autre caractère que celles de l'Egypte. Celles-ci appartenaient à des institutions monarchiques et sacerdotales, celles-là à des mœurs démocratiques et philosophiques.

Les écoles grecques commencent en général dans l'histoire de la science une ère à part : la Grèce est le premier pays où l'enseignement se constitue en dehors du sanctuaire, indépendant de l'état. En Egypte il allait du sanctuaire à quelques castes, dans la mesure qu'on croyait devoir accorder à chacune d'elles ; mais il était distribué à toutes d'après les mêmes vues de politique sacerdotale ; il formait donc une institution à la fois religieuse et politique. En Grèce, au contraire, vers l'époque d'Alexandre toutes les écoles sont indépendantes du sacerdoce, et celles qui s'occupent des hautes sciences sont indépendantes de l'état. Au premier aspect on est tenté de croire le contraire. On trouve une surveillance exercée par l'état au nom de la loi, surveillance qui embrasse l'ordre et les mœurs des écoles aussi bien que les principaux exercices de la jeunesse (1). Mais si précis que soit le texte de la loi à cet égard, l'effet en est peu sensible dans l'histoire. Si la juridiction que devaient avoir les magistrats fut quelquefois réelle, d'ordinaire elle était illusoire, et si elle pouvait empêcher qu'on n'enseignât rien contre la religion, elle ne fit jamais enseigner cette science. Si les ministres des autels pouvaient

---

(1) Petit. *leges Atticæ*, p. 22.

porter plainte contre les chefs des écoles, ils étaient, ainsi que la religion elle-même, en dehors de l'enseignement public. Sous quelque point de vue qu'on examine les diverses catégories d'écoles, qu'on recherche par qui elles étaient fondées et entretenues, dirigées et surveillées, ou quelle était la portée de l'enseignement qu'on y donnait, quel en était l'esprit et quelle en était l'influence sur les mœurs et les institutions, on n'y rencontre le sacerdoce nulle part, et le plus grand fait qui s'y présente, c'est qu'on n'y aperçoit pas la religion. En effet, qu'on pénètre dans l'école de lecture et d'écriture dirigée par le *grammatistes*, dans l'école de musique dirigée par le *kitharistes*, dans les gymnases ou dans les cours de philosophie, on ne trouve d'instruction religieuse dans aucune de ces institutions, à moins qu'on ne veuille considérer comme telle l'étude de certains passages qu'on choisissait dans les poésies d'Homère ou d'Hésiode (1), qu'on faisait expliquer et réciter aux enfans. On ne trouve pas non plus pour ce degré d'autre étude de morale que celle des fables d'Esope, que faisaient apprendre les grammairiens.

Le jeune Grec restait dans ces écoles de l'âge de sept ans jusqu'à celui de douze, avec cette différence pour les riches et les pauvres que les premiers y faisaient conduire leurs enfans par un pédagogue, qui n'était qu'un esclave et souvent le plus inutile, le plus vieux ou le plus faible des esclaves. A l'âge de douze ans, commençaient les exercices des gymnases, où l'on apprenait l'histoire et la géographie d'après le fameux catalogue du deuxième livre de l'Iliade, l'éloquence, les belles-lettres et les mathématiques. Chacun de ces gymnases s'élevait près de quelque temple et partout la jeunesse y trouvait les images des dieux, mais là non plus il n'y avait d'enseignement spécial sur la religion.

Enfin l'école de rhétorique et l'école de philosophie, qui formaient le dernier degré des études grecques (à moins qu'on

---

(1) Quinct. Inst. or. I, 8.—Eustath. ad Il. B.—Ælian., XIII, 38.—Plato, de leg., VII.

ne veuille considérer comme supérieures les leçons de médecine données dans quelques écoles de l'Asie-Mineure ou des îles, mais qui n'exerçaient aucune influence sur la politique), embrassaient tout le savoir grec, l'histoire naturelle, la physique et l'astronomie (1). Mais dans ces écoles non plus nous ne trouvons d'enseignement religieux. Il est très vrai que les questions d'éthique, de dialectique et de physique qu'on y débattait, touchaient aux questions fondamentales de la théologie et de la mythologie, mais ces débats n'avaient rien de religieux, et n'étaient ni dirigés ni surveillés par les ministres de la religion. Les prêtres se transmettaient sans doute, dans leurs sanctuaires, de sacerdoce en sacerdoce, les mystères et les traditions du culte dont ils communiquaient une partie aux initiés ; mais à cela se bornait de leur part l'action de la parole sur la jeunesse, et il n'y avait pas plus d'enseignement public sur les lois de la religion qu'il n'y en avait sur celles de l'état. J'ajouterai qu'on ne voit pas même de traces précises d'écoles sacerdotales, et que la situation de la Grèce au temps d'Alexandre peut se résumer, sous ce rapport, en ces deux mots : c'est qu'on ne trouve l'influence de ses prêtres que dans les sanctuaires (2), et qu'entre la science et la religion il y a scission complète. Or ce fait constitue dans l'histoire des études une ère nouvelle.

Ce fait s'explique d'ailleurs par un autre, c'est qu'en Grèce le sacerdoce est demeuré étranger à la fondation des écoles.

---

(1) On peut même induire des travaux auxquels se livra Aristote pendant son séjour à l'Académie, qu'on y trouvait les moyens d'étudier la médecine. Et, en effet, on ne voit pas où les Athéniens et les Grecs du continent auraient fait leurs études médicales, si ce n'est dans les écoles de philosophie, puisqu'il n'y avait d'écoles spéciales pour la médecine qu'à Cos, Crotone, Cnide et Rhodes, et qu'il n'y en avait pas à Athènes.—Galen., *Meth. med.*, I, t. 4, p. 35.

(2) Goette, das delphische Orakel in seinem politischen, religiösen und sittlichen Einfluss auf die alte Welt.

Par qui les écoles de ce pays furent-elles fondées, entretenues et surveillées?

Dans les temps anciens il n'y avait en Grèce, comme en Égypte, d'autres écoles que les sanctuaires. Cela est hors de doute, et la tradition elle-même ne nomme pas une seule école profane qui eût été contemporaine des vieux instituts sacerdotaux de Thrace ou de Samothrace. En effet, il n'y eut dans le monde grec aucun enseignement profane avant Thalès, et ce fait ne doit pas nous surprendre. Que les premiers établissemens religieux de la Grèce fussent sortis de ceux de l'Égypte, de ceux de la Phénicie ou de ceux de l'Asie-Mineure, la Grèce n'avait trouvé des écoles profanes, dressées en face de celles du sanctuaire ni dans l'une ni dans l'autre de ces régions. Si la Grèce, tolérante d'ailleurs pour quelques cultes étrangers, s'est donné elle-même ses institutions religieuses, ce que paraît confirmer le cachet d'originalité qui les distingue, elle a traversé bien des siècles sans songer à ces écoles qui devaient faire, au temps d'Alexandre, une scission si complète avec la religion. En général, avant la guerre de Troie, on ne rencontre en Grèce aucun genre d'institutions auxquelles on puisse donner le nom d'*écoles*. Ce qu'on trouve à cette époque, ce sont quelques générations de poètes mythologiques, qu'on peut considérer avec M. Creuzer comme un institut permanent; mais évidemment ces chantres inspirés ou ces prophètes poétiques, les Olen, les Orphée et les Musée (1), ne formaient pas d'école; la nature de leurs inspirations était même loin de se prêter à cet enseignement régulier, à toute cette transmission de science, que nous avons reconnue dans les colléges sacerdotaux de l'Égypte. Nous admettons bien avec M. Creuzer, qu'il fut un temps où la Thrace et les îles voisines, gouvernées par une espèce de caste sacerdotale, sortirent d'un état de barbarie, qui devait les ressaisir dans la suite (2), et nous

(1) Schoell, I, 143, parle à tort d'une école d'Homérides.
(2) *Religions de l'antiquité*, II, 1re p., p. 260, trad. de M. Guigniaut.

pensons qu'on peut supposer toute une succession de traditions orphiques. Mais si l'on employait, pour désigner cet institut, le nom d'école, il serait synonyme de *sanctuaire*.

Dans tous les cas, ces sanctuaires étaient bien loin d'embrasser les mêmes études que celles de l'Égypte et loin de saisir le sacerdoce du même empire sur les esprits. Personne ne s'aviserait assurément de croire que les collèges de Samothrace, ou même ceux de Dodone, de Delphes et d'Éleusis, aient possédé à aucune époque, en morale, en politique, en médecine, en mathématiques, dans les beaux-arts et dans les arts vulgaires, les mêmes connaissances que ceux de Thèbes, de Memphis et d'Héliopolis.

C'est précisément cette infériorité des collèges sacerdotaux de la Grèce à l'égard de ceux de l'Égypte, qui explique, dans le premier de ces pays, l'absence de toute domination morale ou politique de la part des prêtres et la fondation d'écoles profanes de la part des philosophes. En effet, en Égypte où il n'était pas possible de fonder des institutions enseignantes en dehors de l'action sacerdotale, cela n'était pas non plus nécessaire. En Grèce, il était, au contraire, indispensable qu'il y eût des institutions de ce genre, puisque le sacerdoce n'en fondait point pour les besoins du pays. Le sacerdoce était plus négligent encore : il ne veillait pas même sur le dépôt qui lui était propre, et avant que les sophistes et les philosophes vinssent ouvrir des écoles pour les autres sciences, les poètes, qui avaient cessé d'être prêtres ou chantres sacrés, étaient venus dépouiller les sanctuaires du privilège de diriger les croyances publiques. L'histoire du sacerdoce grec présente ainsi, soit une institution vicieuse dès le début, soit une série de chutes.

Nous ignorons ses débuts, nous connaissons les spoliations qu'il subit. Ce furent d'abord les poètes qui lui disputèrent le privilège d'instruire la nation. Or les poètes du cycle *mythique*, de l'école homérique, du cycle *troyen*, de l'école d'Hésiode, de l'école d'Epiménide et d'Onomacrite, apportèrent à la théologie de la Grèce des innovations profondes. Dans l'origine, les poètes étaient prêtres : depuis Homère peu furent, et l'indifférence que montrent les sanctuaires à l'égard d'une si puissante série de compositions, est un phénomène que n'offrent les annales d'aucun autre peuple.

Les sanctuaires de la Grèce présentent encore le même spectacle d'inertie, lorsque à la suite des poètes viennent les artistes, constituer une nouvelle théologie, un culte à eux; lorsque à la suite des artistes les philosophes et les rhéteurs ouvrent des arènes pour débattre, devant tous (enseignement *exotérique*) ou dans l'intimité (enseignement *ésotérique*), toutes les questions, celles de littérature et de politique, celles de religion et de morale.

Les premières de ces écoles furent contemporaines de ce mystérieux Epiménide, que le sacerdoce d'Athènes, dominé par l'oracle de Delphes, laissa installer par Solon sur le territoire de la république. En effet, pendant que ce thaumaturge, qu'un sacerdoce plus soucieux de ses prérogatives eût exclu ou absorbé, opérait ses saintes purifications et écrivait ses puissants oracles, Thalès aborda le principe même de l'enseignement religieux, en expliquant la cosmogonie et la théogonie d'après la seule raison.

A partir de cette innovation, les écoles philosophiques se succédèrent sur tous les points du monde grec, sans qu'y intervînt le sacerdoce. Et cependant, le débat qui s'ouvrait, de grave devint bientôt périlleux, car on passa vite aux sommités, à l'origine des choses; on posa ici le matérialisme, là le spiritualisme, ailleurs le monothéisme; partout on discuta l'existence des dieux, l'immortalité de l'âme. Déjà la Grèce éclairée s'unissait à ce débat, que les sophistes traînaient devant leurs innombrables auditeurs; déjà les femmes elles-mêmes, associées à l'institut de Pythagore, suivaient déguisées les leçons de Platon et se glissaient nombreuses dans les jardins d'Épicure, sans que les prêtres songeassent à diriger ce mouvement. On dit que la Grèce n'avait pas de sacerdoce héréditaire, et cela est vrai ; mais elle avait des familles sacerdotales, elle avait des prêtres, des oracles, des sanctuaires, des lois. Le sacerdoce disposait de ces moyens d'influence. Or quel usage en fit-il ? Et n'était-il pas inévitable que la Grèce échappât à un corps, qui ne faisait rien pour garder son empire ; inévitable, qu'on désertât des sanctuaires qui demeuraient muets devant les écoles ?

On a dit qu'en voyant poëtes, artistes, philosophes et rhéteurs, tout ce qui agit puissamment sur les esprits, concourir ensemble à la ruine des croyances, les prêtres ont institué ceux des mystères où ils enseignaient à leurs initiés les doctrines les plus élevées. Il est possible que plusieurs cultes secrets soient postérieurs à Homère, et que les prêtres les aient établis pour rattacher la nation aux sanctuaires par un enseignement meilleur (1) ; mais dans ce cas, pourquoi tant le cacher, et pourquoi, de Thalès à Aristote, ne pas ouvrir une seule école ? Pour le gouvernement des intelligences qu'était-ce faire, en effet, que de continuer à Delphes à formuler en mauvais vers d'absurdes oracles, ou de présider aux pompes vaines et secrètes d'Eleusis, tandis que la jeunesse du pays venait s'instruire dans la morale, la politique, la philosophie, au Lycée, à l'Académie, au Cynosarge, au jardin d'Épicure ?

Mais si le sacerdoce ne concourut ni à la fondation, ni à la direction, ni à la surveillance des grandes écoles, qui prenait ce soin et qui exerçait ce droit ?

Pour répondre à cette question, distinguons les diverses sortes d'écoles, celles où un penseur éminent philosophait chez lui avec quelques disciples de choix, de celles que fréquentait publiquement une nombreuse jeunesse. Les premières demandaient peu de frais et ne permettaient pas de surveillance externe. Pour les autres, l'état qui concourait à les fonder, pouvait les surveiller. Un coup-d'œil sur les

---

(1) *De Orphei aetate*, par Lobek.

principales écoles de la Grèce, celles d'Athènes en particulier, éclaircira la question.

L'école d'Ionie, fondée par Thalès, si l'on peut dire qu'un sage dont l'enseignement paraît s'être borné à des entretiens avec des amis intimes a fondé une école, n'était pas publique. Cependant, plusieurs de ses chefs, hommes éminens, jouèrent un grand rôle dans cette contrée et exercèrent sur le développement intellectuel de l'Ionie, une influence aussi profonde que si leur enseignement eût été officiel.

L'école de Pythagore présente un caractère plus imposant encore. Elle n'était pas publique non plus, puisqu'il fallait, pour y entrer, obtenir l'admission du chef, et, pour passer dans les grades supérieurs, traverser des épreuves et recevoir des initiations. D'un autre côté une association qui pratiquait un culte solennel et établissait entre ses membres la communauté des repas, peut-être même celle des biens; une association dont le chef était le premier magistrat de Crotone, dont l'action s'étendait sur les plus puissantes cités de la Grande-Grèce et dont les tendances aristocratiques alarmèrent la république de Sybaris, au point qu'elle demanda l'extradition de ces sages et fit la guerre à Crotone pour l'obtenir — une association de cette nature avait bien un caractère public. N'était-ce pas là, dans d'autres conditions, un de ces collèges de prêtres à-la-fois philosophes, moralistes et politiques, que Pythagore avait vus en Égypte? Car on ne saurait plus contester les relations du philosophe de Samos avec l'Égypte; et l'immense portée de son institution fut si bien sentie qu'après l'expulsion des Pythagoriciens, on brûla leurs écoles dans la Grande-Grèce.

L'école d'Elée fut une institution publique. Ce fut une lice de sophistes plutôt qu'une association de sages; mais, pour cette raison même, et puisqu'elle attaquait comme immoral le polythéisme, la religion du pays, et qu'elle combattait Homère, Hésiode et Epiménide, en leur qualité de poètes religieux, elle eût mérité une attention spéciale de la part du sacerdoce et du gouvernement. Au fond de son enseignement il y avait quelques vérités, une sorte de monothéisme. Il était pourtant plus dangereux et plus grossier que le polythéisme, puisque c'était le panthéisme. Et néanmoins il ne s'éleva contre cette école nul institut de la part de l'état ou de la part du sacerdoce.

Dans l'école d'Empédocle se montre un fait extraordinaire. Ce philosophe de grande naissance, se met au-dessus de la religion de l'état, refuse la première magistrature d'Agrigente en Sicile, sa patrie, prend le costume pontifical, se fait thaumaturge, conjure la peste et les tempêtes et institue des purifications. C'est un homme qui n'est ni prêtre ni magistrat, mais qui exerce sur la morale et la religion de son pays l'action la plus profonde et qui enseigne la théologie d'Elée, sans que son enseignement soit contrôlé par qui ce soit.

Toutes ces écoles, il est vrai, ne s'adressaient qu'aux hommes d'un âge mûr ou aux jeunes gens destinés à la politique, et le nombre des disciples qui les suivaient était peu considérable. Mais il n'en fut pas de même de celles des sophistes, qui succédèrent immédiatement à Xénophane et à Empédocle, et qui embrassèrent dans leur enseignement l'arithmétique, la géométrie, l'astronomie, la musique, la rhétorique, la morale, la philosophie, la politique et la religion elle-même. Un nombreux auditoire vint à ces leçons faites avec toutes les subtilités de la dialectique et toutes les pompes de l'éloquence, et ce furent là des institutions d'une espèce nouvelle, fondées encore par des citoyens, mais ouvertes au public et à la jeunesse, comme aux hommes plus avancés en âge. Nomades et dirigées dans un esprit de spéculation mercantile, elles exploitèrent les cités du monde grec, sans être dirigées par aucune autorité. Or il est évident que, si le sacerdoce avait eu action sur leur enseignement, il n'aurait pas permis que partout elles agitassent ces deux questions : Les dieux de l'Olympe existent-ils, et y a-t-il des dieux? Il n'aurait pas permis du moins qu'elle répondissent par cette déclaration : *Il n'y a pas de dieux*. N'est-il pas évident aussi, que si l'état avait surveillé les professeurs, ils n'auraient pas enseigné ce principe, que c'est la loi et non pas la nature qui fait le juste et l'injuste (1), principe qui n'est qu'un appel permanent de la loi à la nature.

Cette indépendance des instituts de philosophie cessa tout-à-coup dans Athènes, et l'école qui venait combattre celles des sophistes, et qui aurait dû, en raison de ce courage, recevoir l'appui de la cité, devint la première victime des colères concentrées du sacerdoce et de l'état. Ce fut celle de Socrate, école à tel point insaisissable, qu'on ne saurait dire quel lieu public en fut le théâtre, mais institution qui jeta un tel éclat et exerça sur la jeunesse aristocratique, les femmes éminentes et les hommes de talent une influence si grande, qu'enfin les magistrats, sur les plaintes d'un poète, d'un démagogue et d'un orateur, s'en occupèrent avec passion. Socrate, accusé de corrompre la jeunesse, de nier les dieux du pays et d'en introduire d'autres (2), fut condamné plutôt que jugé. Son supplice n'a même rien d'étonnant. La démocratie, irritée des maux dont l'accablait l'aristocratique Lacédémone, savait que Socrate et ceux de ses disciples qui avaient joué un rôle pendant la désastreuse guerre du Péloponèse, étaient les défenseurs de l'aristocratie ; et dans son regret d'avoir négligé l'enseignement de cette école, la justice populaire frappa avec d'autant plus de violence, que l'archontat avait plus long-temps manqué à ses obligations, en abandonnant aux sophistes comme aux philosophes la direction de leurs écoles. Ajoutez que la corruption des mœurs, favorisée par les Périclès, les Alcibiade et par toute l'aristocratie, ruinait la république ; qu'à cette corruption, qui remontait aux guerres médiques, se joignait le mépris du culte, qui remontait aux sophistes, ennemis

---

(1) Plato, *Gorgias*. — *Theaet.*, p. 167. — *De legib.*, X, p. 889.
(2) Plato, *Apol.* — *Eutyphron.* — Xenophon, *Apol.*, 12.

publics des dieux du pays: ajoutez qu'on ne distinguait pas suffisamment le maître d'Alcibiade et de Critias des autres sophistes; que le titre de *philosophe,* qu'on prenait à l'école socratique, était peu compris, et que Socrate fut jugé avec d'autant plus de rigueur, qu'il était plus célèbre. Le sacerdoce, d'abord plus clairvoyant que ses adversaires, l'avait déclaré, par l'oracle de la Pythie, *le plus sage des hommes.* On n'eut aucun égard pour Delphes, mais quand le supplice fut consommé, on prit le deuil, et pour y associer la jeunesse, on ferma les gymnases et les palestres. Toutefois, l'opinion surveilla désormais les écoles des philosophes, et Platon, pour éviter le sort de son maître, fit un double enseignement, l'un public, l'autre confidentiel. Aristote prit en vain cette précaution; il fut accusé comme l'avait été Socrate, d'enseigner des dieux nouveaux, mais il aima mieux se retirer en Eubée, que de jeter la ville d'Athènes dans un nouveau crime contre la philosophie.

Il avait raison. Depuis la condamnation de Socrate, si regrettable qu'elle parût aux citoyens, le gouvernement d'Athènes ne perdait plus de vue les philosophes. Il leur avait ouvert les bâtimens de la république ou plutôt il les avait mis dans les gymnases surveillés par l'Aréopage, et il les tenait comme en ses mains. Nous avons dit que l'école de Socrate était insaisissable, qu'on ne trouvait pas de lieu de réunion qu'on pût appeler *école de Socrate.* En effet, ce qu'on nommait ainsi, c'était lui et ses amis, c'étaient les doctrines qu'ils professaient, c'étaient les conférences qu'ils tenaient soit chez lui, soit chez eux, dans les rues, sur les places publiques, dans les ateliers d'Athènes (1). Il n'en fut pas de même des écoles de Platon, d'Aristote, d'Antisthène, de Zénon, qui professèrent dans les bâtimens de la république, à l'académie, au lycée, au cynosarge, au portique, fait qui constitue un changement immense.

Cependant l'état ne se chargea pas des écoles de philoso-

(1) Ἐπὶ τῶν ἐργαστηρίων καὶ ἐν τῇ ἀγορᾷ.

phie; il n'en nomma pas les chefs, n'en régla pas les études, n'en fit pas les frais. Platon, Aristote et Zénon n'eurent pas plus de salaire que Socrate. Si l'état intervint dans les affaires de ces écoles, il y intervint d'une manière différente pour chacune d'elles; et si l'organisation intérieure de ces instituts offre des faits propres à éclairer l'organisation intérieure de l'école d'Alexandrie, elle en diffère néanmoins sous plusieurs rapports.

Et d'abord l'académie, jardin où la république avait bâti un gymnase, ne fut ouverte à Platon que d'une manière fort restreinte. Pour nous en assurer d'une manière intuitive et préparer par-là l'intelligence des questions que présente le musée d'Alexandrie, considérons les diverses parties dont se composait un gymnase grec (1). Elles étaient les unes essentielles, telles que la Palestre, le Stade, l'Ephébæum, le Sphéristérium (que d'autres confondent avec le Coryceum), l'Apodytérium, l'Elaiothésium, le Konistérium, la Kolymbethra, le Xyste ou les Portiques *stadiés*, les Péridromides ou les promenoirs en plein air (2); les autres accessoires, telles que les salles (3), les salles ouvertes (4) et les portiques, appelés plus tard *Scholæ* et *Bibliothecæ*. Or il est évident que Platon ne pouvait avoir entrée qu'aux parties accessoires, aux Péridromides et aux trois portiques que Vitruve appelle *simples*, pour les distinguer du quatrième, qui était *double* et qui conduisait aux parties essentielles de l'édifice : la sévérité des réglemens sur l'admission des personnes étrangères à la direction des gymnases ne laisse pas le moindre doute à cet égard. Il est vrai qu'il s'établit pour les philosophes et les sophistes une sorte de tolérance, qu'ils avaient accès à l'Apodytérium, ce qui résulte positive-

---

(1) Vitruv., V, 11. Ce chapitre de Vitruve, *de palæstrarum ædificatione*, traite des gymnases, et non des palestres proprement dites.

(2) *Hypætræ ambulationes*.

(3) Οἶκος, mot qui reparaîtra dans l'histoire du Musée d'Alexandrie.

(4) Les ἐξέδραι qui y reparaissent de même.

ment des dialogues de Platon, puisque cet écrivain place dans l'Apodytérium du Lycée un entretien entre Socrate et quelques sophistes, et que d'autres passages de Platon montrent également des philosophes allant enseigner dans les palestres et les apodytéria (1). Cependant si cette tolérance s'établit, en dépit des lois, par la raison que l'apodytérium était à l'entrée même de l'édifice et du xyste, et qu'on pouvait voir de tous les côtés ceux qui y étaient assis, cette tolérance n'était encore qu'une exception à la règle. Dans la règle, c'étaient les portiques que Vitruve appelle *simples*, qui servaient de rendez-vous aux hommes d'une certaine célébrité ou à ceux qui les recherchaient (2), et ces portiques offraient des salles spacieuses avec des sièges pour ceux des philosophes et des rhéteurs qui, pour s'entretenir d'études, ne préféraient pas se rendre dans le Péripatos.

Dans aucun cas, Platon qui n'était ni gymnasiarque ni surveillant de l'Académie, ne pouvait y établir sa demeure; et non-seulement il acheta dans le voisinage, pour 3,000 drachmes, un terrain où il bâtit une maison (3); mais il paraît que peu à peu il y transporta le siège de son enseignement. En effet, il y éleva de ses deniers un musée ou un temple consacré aux Muses, décoré des statues de ces divinités et qui fut désormais considéré comme le véritable chef-lieu de sa philosophie (4). La république souffrit bien qu'il s'installât dans le voisinage des allées académiques, mais elle ne songea ni à lui livrer la direction de ce gymnase, ni à se charger des frais de l'institut qu'il avait créé (5). Elle laissa

---

(1) V. Euthyd., *in initio*. — Lysis., p. 4, sect. II; p. 11, sect. VIII. — Menex., sect. X, p. 14. — Charmidas, *in initio*.

(2) Petiti *leges Atticæ*, p. 297. — Cf. Mercurialis, *de re gymnasticâ*, lib. I, cap. 10.

(3) Le Κηπίδιον de Diogène de Laërte (III, 14, 20), qu'on acheta au prix de 20 à 30 mines. Plut., *de exil.*, 10.

(4) Diogène dit de Speusippe: Χαρίτων ἀγάλματα ἀνέθηκεν ἐν τῷ μουσείῳ τῷ ὑπὸ Πλάτωνος ἐν Ἀκαδημίᾳ ἱδρύτατι.

(5) Cf. Plutarch. *de exilio*. — Diog. Laert., III, n. 9. — Ælian., II, 10. — Conring. *Antiq. Acad.*

à sa charge, sa maison, son temple, et ce qu'on appelle son école ; et il put léguer le tout à ses disciples avec sa bibliothèque. Sa propriété ou l'école, qui, sous le nom d'académie, s'éleva désormais près de l'ancien gymnase du même nom, en éclipsa la renommée à tel point qu'à partir de ce moment c'est l'institut particulier de Platon, ce n'est plus l'académie publique qu'on entend communément quand il est question de l'académie d'Athènes, distinction importante et propre à éviter bien des erreurs.

Si célèbre que fût l'institut de Platon, il paraît qu'il n'eut jamais d'autre local à lui propre que la maison et le Musée du fondateur. Quand Diogène de Laërte dit de Xénocrate, qu'il succéda à Speusippe, et qu'il dirigea l'école pendant vingt-cinq ans (1), cela n'implique nullement l'existence d'une maison spéciale ; et quand il nous apprend à cet égard que Polémon entra ivre et couronné de fleurs dans l'école de *Xénocrate*, c'est le portique de Platon où elle se tenait qu'il désigne sous le nom de σχολή (2).

Ce musée fut donc le véritable chef-lieu de l'Académie et la propriété des Platoniciens. Rien n'empêcha toutefois Platon, qui enseignait en se promenant, qui lisait ses compositions au milieu de ses disciples et discutait avec eux en plein air les questions qu'il leur jetait — rien n'empêcha Platon ni ses successeurs de se promener sous les allées de l'Académie. Mais outre son enseignement public, Platon en faisait un autre plus important, dont il était seul le maître et qu'il n'accordait qu'à ses disciples intimes. Cet autre enseignement il le faisait chez lui, et certaines traditions anciennes sur la mésintelligence qui éclata entre lui et Aristote, paraissent répandre quelque jour sur l'organisation intérieure des écoles de philosophie. Par exemple, on dit que Platon ne fut pas toujours le maître à l'Académie, qu'Aristote y parvint à usurper sur son autorité, à l'éclipser auprès des

---

(1) Διεδέξατο Σπεύσιππον καὶ ἀφηγήσατο τῆς σχολῆς.
(2) Diog., lib. IV, c. 111.

Platoniciens et à le rejeter dans son intérieur en l'embarrassant de fatigantes objections. Si ces récits ont quelque fondement, ils prouvent que Platon, au lieu de se rendre soit au gymnase public, soit au portique de la petite Académie, préféra l'enseignement ésotérique, tandis qu'Aristote faisait celui du dehors. Ces traditions peuvent prouver aussi que le disciple resté vingt ans à l'Académie finit par ne plus se trouver d'accord avec le maître, et qu'Aristote exerça néanmoins les fonctions de second chef de l'école, comme cela se pratiqua plus tard sous d'autres formes. En effet, plus tard on trouve à l'académie et au lycée, auprès du véritable chef de l'école, des sous-chefs qui exercent dans ces maisons une sorte d'autorité, dont la durée est de dix jours, circonstance doublement curieuse, en ce qu'elle prouve qu'un auxiliaire était devenu indispensable et qu'on avait limité ses pouvoirs avec jalousie. En tout cas, on avait donné aux écoles des statuts précis (1).

L'état n'intervint ni dans ces réglements ni dans la succession des chefs, et Platon légua son académie à son neveu Spensippe comme on lègue son bien. Plus tard Xénocrate recueille de la même manière une succession dont Speusippe est fatigué, et l'Académie ou le Musée de Platon demeure aux Platoniciens, comme les jardins d'Académus et le gymnase de la république demeurent à l'état, qui permet à la jeunesse de suivre les leçons du Musée, ou aux Platoniciens de faire des cours au gymnase, mais qui ne loge pas les philosophes. C'est cette distinction qui jusqu'à présent, n'a pas été faite; et il en est résulté dans l'histoire de l'académie beaucoup d'obscurité. Faite avec soin (2), elle éclaircit la question de l'intervention du gouvernement dans les écoles et la nature si différente des deux institutions, qu'on désigne sous le nom commun d'*académie*.

(1) V. c. I, 56. Ἀλλὰ καὶ ἐν τῇ σχολῇ νομοθετεῖν, μιμούμενον Ξενοκράτην· ὥστε κατὰ δέκα ἡμέρας ἄρχοντα ποιεῖν.

(2) Hesych., v. Acad. — Suidas, v. Hipparch.

Une distinction encore plus importante doit être faite au sujet du lycée, gymnase public, fondé et entretenu par le gouvernement pour l'éducation de la jeunesse, comme l'académie (1), mais plus important peut-être. En effet, non-seulement il offrait, dans le voisinage d'un temple d'Apollon, un ensemble de vastes édifices, entourés de jardins et d'un bois sacré, mais on y trouvait, dans une sorte de splendeur, tout ce qu'il fallait pour exercer une nombreuse jeunesse : des cours spacieuses (dont l'une de deux stades), des portiques, avec des salles garnies de sièges pour les cours des professeurs, des promenoirs couverts, des salles de bains, des lices pour les luttes, un stade pour la course à pied. En un mot, fondé par Pisistrate et embelli par Périclès, le lycée était le plus beau des trois principaux gymnases de la république et on l'avait augmenté et décoré avec une sorte d'orgueil : les murs en étaient enrichis de peintures (2), les jardins ornés d'allées garnies de sièges pour les promeneurs (3).

Mais dans quels rapports Aristote fut-il avec ce gymnase ?

Selon l'opinion vulgaire, le Lycée et l'école d'Aristote se confondent presque, et le premier n'aurait tiré son importance que de la seconde. Cependant Aristote, sujet du roi de Macédoine, fut bien loin d'avoir avec le Lycée des rapports aussi intimes que l'Athénien Platon en eut avec l'Académie. On permit, il est vrai, au philosophe de Stagire de se rendre deux fois par jour, le matin et le soir, au gymnase qu'il devait illustrer ; et d'y enseigner au *péripatos*, comme il aimait à le faire ; mais s'il fut le maître des philosophes jeunes ou vieux qui préféraient ses leçons à celles de ses contemporains, il ne fut jamais le chef du gymnase qui lui donnait l'hospita-

---

(1) Ulpian. in Timocrat. Démosth. et Eschin. Opp. ed. Basil, 1572, t. V, p. 236.

(2) Suidas et Harpoc. in v. Λύκειον. — Xenoph. Anab., VII, 8, 1. — Vitruv., V, 11. — Platon, *Eutyph.* — Demet., *de interp.*, § III. — Lucian., *dial. mort.*, I, p. 329. — Paus., I, cap. 19 et 29.

(3) Induction à tirer de Lucien., *de gymn.*, t. II, p. 887.

lité. Platon acquit, de ses deniers, un jardin et bâtit un musée près l'Académie. Aristote, qui était d'ailleurs plus riche que lui et qui possédait une bibliothèque plus considérable, n'acheta jamais rien ni au lycée ni auprès, soit qu'il n'y eût rien à y vendre, soit qu'il se considérât comme étranger à Athènes. D'ailleurs, sa résidence au lycée devenait un embarras et peut-être même pour la jeunesse un médiocre exemple : on sait quel fut son second mariage. Ceux qui s'imaginent que sa bibliothèque fut déposée au lycée, sont dans une grande erreur. M. Klippel, qui cite, à l'appui de cette opinion, le testament de Théophraste, ne considère pas qu'il s'agit dans cette pièce d'une propriété particulière de ce philosophe, et nullement d'un musée public. Si ce testament parlait d'un musée public, comment Téophraste mourant aurait-il pu ordonner en maître les constructions et les réparations que devaient y faire ses disciples ? Je sais que j'avance ici des idées nouvelles ; mais tout-à-l'heure je citerai les textes qui les établissent. Je dirai dès à présent que la démocratique Athènes n'eût pas souffert qu'un édifice appartenant à l'Etat, fondé et sans cesse embelli par ses chefs les plus illustres, fût aliéné ou confié à la direction d'un ami du tyran d'Atarne et du roi de Macédoine.

L'intervention de l'Etat dans l'enseignement d'Aristote, dans l'école péripapéticienne, fut aussi nulle que dans l'école de Platon. Comme Platon, Aristote désigna son successeur. Mais il ne put pas, comme son maître, lui léguer de local, par la raison qu'il n'en avait pas, et quand il se fut retiré à Chalcis avec quelques-uns de ses disciples, laissant à Téophraste la direction de l'école, il se fit dans la résidence des péripatéticiens un changement qui, je crois, a passé jusqu'ici inaperçu. En effet, on croit communément que la république permit à Théophraste de disposer du péripatos et des portiques du lycée pour y continuer l'enseignement d'Aristote ; or voici une série de faits positifs, qui non-seulement rendent la chose douteuse, mais qui prouvent le contraire.

Si Diogène de Laërte nous dit que lors de la retraite d'Aristote dans l'île d'Eubée Théophraste lui succéda dans la direction de l'école (1), cela prouve qu'il fut à la tête des Péripatéticiens, mais cela ne prouve nullement qu'il enseigna au lycée. Il est possible qu'il y enseigna quelque temps, et ce qui porte à le croire c'est la faveur publique dont ce philosophe jouissait à Athènes, où il eut jusqu'à deux mille auditeurs (2); mais ce qui rend plus que douteux qu'il y ait continué son enseignement, c'est un décret spécial que fit passer cette même opposition qui avait conduit Socrate à la mort, forcé Platon de faire un enseignement ésotérique et Aristote de fuir. Ce décret, proposé par un certain Sophocle, la 3me année de la 118e olympiade (l'an 306) portait que, sous peine de mort, aucun philosophe ne pourrait être chef d'une école, à moins que le sénat et le peuple ne l'eussent voulu (3). Or ce qui rend ce décret si important pour la question, c'est qu'il fut rendu un an après l'expulsion d'Athènes du savant Démétrius de Phalère, qui avait si bien gouverné depuis dix ans, et qui était disciple d'Aristote. D'après cela on serait tenté d'admettre que Théophraste a pu enseigner au lycée depuis la retraite d'Aristote (323 avant J.-C.) jusqu'à l'expulsion de Démétrius, 307, et je ne nie pas cela d'une manière positive; mais il est certain que Théophraste s'exila par suite du décret si violent qui portait la peine de mort contre tout chef d'école, qui n'aurait pas l'agrément de la plus capricieuse et de la plus passionnée des démocraties, et qu'à cette époque il cessa d'enseigner au lycée. Je dirai plus, si tant est qu'il y ait enseigné un instant, je pense qu'il avait cessé depuis long-temps de s'y rendre.

En effet, dès après la mort d'Aristote, il avait acheté un

---

(1) Diog., p. 302, ed. Kraus.
(2) Diog., p. 303.
(3) Μηδένα τῶν φιλοσοφῶν σχολῆς ἀφηγεῖσθαι, ἂν μὴ τῇ βουλῇ καὶ τῷ δήμῳ δόξῃ. Εἰ δὲ μὴ θάνατον εἶναι τὴν ζημίαν. Diog., 303.

jardin particulier (1), et ce jardin était assez considérable pour que le philosophe, qui n'était pas pauvre, eût besoin d'être aidé dans son acquisition des moyens de Démétrius de Phalère, qui avait aidé aussi un disciple de Platon, Xénocrate. Ce qui prouve que l'école avait été transférée dans la propriété de Théophraste, c'est que dans son testament ce philosophe ordonne qu'on y achève ce qui regarde le *Musée* et les *Déesses* (2); qu'on orne le tout au mieux; qu'on mette au *Temple* l'image d'Aristote, ainsi que les autres *Anathemata* qui y étaient auparavant; qu'on construise près du musée un petit portique qui ne soit pas moindre que le premier, et qu'on suspende dans le portique inférieur (3) les tableaux où sont peints les *cercles* (4) de la terre (5); enfin qu'on y mette un autel, pour que rien de convenable n'y manque. Théophraste ajoute ensuite que son domaine de Stagire sera pour Callinus, ses livres pour Nélée, le jardin *Péripatos* (et qu'on remarque ici que dans le système de M. Klippel, le Péripatos du lycée devient une propriété particulière) et toutes les maisons qui touchent aux jardins, aux amis qui voudront philosopher ensemble, à cette condition toutefois, qu'ils conserveront cette propriété comme un bien commun et sacré.

On le voit, c'est d'abord d'une propriété particulière, ce n'est nullement d'un local public qu'il s'agit ici; c'est ensuite d'un lieu d'étude philosophique; c'est même d'un établissement considérable, et non pas d'un jardin d'amateur qu'il est question, puisque l'on y distingue quatre parties importantes (6); c'est enfin d'un lieu qui devra appar-

(1) Ἴδιον κῆπον.
(2) Θεάς.
(3) Εἰς τὴν κάτω στοάν.
(4) Περίοδοι.
(5) Ἀναθεῖναι δὲ καὶ τοὺς πίνακας ἐν οἷς αἱ τῆς γῆς περίοδοί εἰσιν εἰς τὴν κάτω στοάν. Plutarque, dans la vie de Thésée, mentionne aussi des peintures de géographie. Properce les appelle *mundos pictos. V.* Ménage, *ad h. l.*
(6) Le μουσεῖον ou ἱερὸν, le μνημεῖον, le περίπατος et le κῆπος.

tenir à l'école de Théophraste et à ses amis intimes, de telle sorte que ce ne soit ni leur chef, ni un individu quelconque, mais la corporation entière qui en demeure propriétaire.

Il est donc évident qu'à l'époque de Théophraste, le véritable siège du péripatétisme n'était plus le Lycée, si même il l'avait été. Après la retraite d'Aristote, c'était le Musée ou le jardin de Théophraste. Maintenant je vais plus loin, et je dis que si Théophraste a enseigné au Lycée, ce n'a été qu'un moment. Et d'abord on rapporte l'acquisition de son jardin immédiatement après sa succession aux honneurs d'Aristote. Ensuite les réparations qu'il prescrit dans son testament, l'an 286, quand déjà son ami Démétrius de Phalère a fondé le musée d'Alexandrie, font connaître des ravages qui ont été exercés par le feu ou la guerre dans un sanctuaire qui avait joui antérieurement d'une certaine prospérité. Enfin il est certain que l'acquisition du musée péripatéticien eut lieu avant l'an 306, puisque à cette époque Démétrius de Phalère s'était réfugié en Egypte, et même avant 316, puisque l'illustre péripatéticien gouvernant Athènes depuis ce tems, n'eût pas mis son condisciple dans le cas de quitter le Lycée. C'est donc entre les années 322 et 316 qu'a eu lieu l'acquisition de Théophraste ; et quand je considère la défiance réciproque qui existait entre la république et les philosophes à la mort d'Aristote expulsé d'Athènes, c'est plus de la première que de la seconde de ces époques que je rapproche la translation de la résidence péripatéticienne.

Nous l'avons dit, la distinction entre le Lycée et le Musée péripatéticien a plus d'importance encore que celle entre l'Académie et le Musée platonicien.

Nous remarquons maintenant que depuis l'époque où Platon avait mis son enseignement sous le patronage des muses, divinités dont le culte se rattachait à celui des dieux suprêmes, les écoles importantes se donnaient un musée; qu'au moment où Théophraste fait réparer le sien, son condisciple Démétrius de Phalère en a déjà fait fonder un par Ptolémée, fils de Lagus; mais que le Musée se distingue toujours de l'école, c'est-à-dire, du portique ou de l'exèdre, qui porte le nom de σχολή, ou plus tard de βιβλιοθήκη (1).

L'établissement de l'école d'Aristote dans la propriété de Théophraste lui avait rendu toute son indépendance; et ce philosophe, nonobstant la communauté du local souverainement donné à tous ses disciples, nomme l'un d'eux, Straton, chef de l'école. A son tour, Straton nomme Lycon, avec beaucoup plus d'autorité qu'Aristote lui-même désignant son successeur (2). Lycon, au contraire, se sentant mourir à son tour, abandonnera le soin de placer sa statue où l'on jugera convenable, et de choisir pour son successeur celui des siens qui sera le plus utile. Mais à cette époque le chef-lieu du péripatétisme ne se désignera plus que par le nom de περίπατος (3); le ἱερόν, le μουσεῖον, le κῆπος ne seront plus nommés; soit qu'ils en aient été détachés quand Athènes obéissait à la garnison macédonienne d'Antigone Gonatas, soit qu'on ait négligé ces accessoires quand Alexandrie attirait, sous les Lagides, les savans, courtisans de la fortune.

Le Cynosarge, le troisième des gymnases d'Athènes où les philosophes allèrent enseigner, paraît avoir suivi l'exemple de l'Académie et du Lycée. Situé hors de l'enceinte d'Athènes, près du temple d'Hercule — car le Ptolémaïon seul fut mis dans l'intérieur de la ville — ce gymnase était affecté à la jeunesse d'une naissance inférieure; et Antisthène, le fondateur des Cyniques qui était lui-même dans cette catégorie par son origine, obtint la permission d'y enseigner à l'époque où Platon s'établit près de l'Académie. Mais le chef des Cyniques

---

(1) Il se trouvait aussi près l'enceinte d'Athènes un Μουσεῖον, montagne qui n'avait rien de commun avec les études. *Paus.* 1, 25. Avant que Platon eût appliqué ce nom à son école, on appelait μούσεια les fêtes très bruyantes que les écoliers célébraient dans les gymnases en l'honneur des Muses. Petiti *Leges Atticæ*, p. 207.

(2) 127e olympiade, 2e année, ou 270 ans av. J.-C.

(3) Diog., p. 318 et 233, ed. Kraus.

ne fut jamais celui du Cynosarge, et il ne paraît pas que ses disciples aient enseigné plus long-temps dans cette école que ceux d'Aristote n'enseignèrent au Lycée, ou ceux de Platon au Gymnase d'Académe (1). Ils ne suivirent l'exemple de Platon et de Théophraste qu'à moitié, c'est-à-dire qu'ils cessèrent d'aller dans un bâtiment de la république, mais qu'ils n'achetèrent pas de propriété particulière pour y établir le siège de leur école. En effet, ni Diogène, ni Cratès, ni Onésicrite ne professèrent dans un gymnase public; et aucun d'eux ne paraît avoir fait l'acquisition d'un musée. Celui des philosophes d'Athènes, qui amenda le plus leur doctrine, Zénon, professa au *pœcilé*, portique qui jadis avait servi de lieu d'assemblée aux poètes et qui revenait naturellement aux philosophes, leurs successeurs.

Ariston, un des disciples de Zénon, rentrera au Cynosarge à une époque où Athènes, dépouillée par les Lagides de sa supériorité intellectuelle, comme elle a été dépouillée par la Macédoine de sa valeur politique, se montrera facile aux philosophes. Cependant un autre disciple de Zénon, Sphérus, aimera mieux le Musée d'Egypte (2). Son véritable successeur, Cléanthe, n'enseignera pas au Cynosarge; et le disciple de Cléanthe fera ses leçons à l'Odéon. Il est donc vrai de dire qu'aucun disciple de Platon ne lui a réellement succédé au gymnase d'Académe, qu'aucun disciple d'Aristote ne lui a réellement succédé au Lycée, qu'aucun Cynique n'a remplacé Antisthène au Cynosarge, et qu'aucun Stoïcien n'a succédé à Zénon au pœcilé; et le tout pour la même raison, l'incompatibilité de la philosophie avec la république.

Epicure mieux inspiré, avait pris un parti plus simple dès le début : il avait établi son école dans sa maison de campagne, près d'Athènes (3). A l'imitation de Platon et

---

(1) Demosth. in Aristoc., Demosth. in Leptin. — Liv., lib. 31, c. 24. — Diog. Laert., lib. VI, c. 1. Cf. Ménage, ad h. l. — Plut. in Themist., c. 1.

(2) Diog. Laert., lib. VII, c. 6.

(3) Diog. Laert., lib. X, c. 9.

de Théophraste, il transmit son jardin et son école à ses successeurs, sans que l'état se mêlât de ce qu'on y enseignait ou pratiquait, quoique il eût dû y porter une sérieuse attention. En effet, cet institut, important par l'influence qu'exerçait sa doctrine sur la religion et les mœurs, méritait encore l'attention du gouvernement par la constitution que lui donna son fondateur. Quand Platon remit son Musée à son neveu et quand Théophraste donna le sien à ses disciples, ils ne statuèrent rien sur la doctrine qu'il faudrait y professer. Epicure, en léguant sa propriété à ses disciples, non seulement leur recommanda de reconnaître Hermachus pour chef, mais il voulut qu'elle n'appartiendrait qu'à ceux qui y resteraient, qui y *conserveraient sa doctrine* dans une parfaite union, et y célébreraient en commun les fêtes commémoratives qu'il indiquait (1). Il n'affecta ses biens à leur entretien qu'à ces conditions; et donnant une grande autorité à Hermachus, il ne leur légua sa bibliothèque qu'au nom de ce chef. Aussi, grâce à ces dispositions, le gouvernement de l'école se transmit avec la propriété dans une régularité parfaite pendant plusieurs générations (2). Et plus il y avait de perpétuité dans un enseignement qui combattait la religion et les mœurs, plus il y avait lieu de la part de l'état à y intervenir. Mais déjà l'intervention n'était plus possible; exilées des établissemens de la république, les écoles des philosophes, devenues d'autant plus fortes qu'elles étaient plus indépendantes, avaient fait pénétrer leurs principes dans toutes les intelligences élevées et dans toutes les institutions publiques.

Nous dirons maintenant que de tous ces faits il résulte qu'au temps d'Alexandre le gouvernement d'Athènes ne fondait, n'entretenait et ne dirigeait aucune école de philosophie; que ces écoles étaient instituées et gouvernées d'une manière absolue par les divers chefs de doctrine; qu'à

---

(1) Diog. Laert., p. 657, ed. Kraus.
(2) Plin., h. n. XIX, 4. — Euseb., Pr. Ev., XIV, 5.

partir de l'époque de Platon, la république avait admis les philosophes dans certaines parties des trois gymnases principaux ; mais qu'immédiatement après la retraite d'Aristote à Chalcis, cette alliance paraît avoir cessé, et qu'aucune des grandes écoles ne paraît avoir continué à résider dans les gymnases dont elles portaient le nom ; que les Platoniciens eurent leur chef-lieu au Musée de Platon, les Péripatéticiens, au Musée de Théophraste, les Epicuriens, au jardin d'Epicure, tandis que les autres philosophes, les Stoïciens et les Cyniques, qui enseignèrent au Cynosarge, au Pœcilé et à l'Odéon, n'eurent plus aucun chef-lieu habituel ; que si l'autorité publique permit pendant quelque temps aux philosophes d'exposer leurs théories ou d'enseigner dans les gymnases publics, jamais elle n'en logea aucun dans ces établissements ni ne leur alloua de traitement pour leurs leçons ; qu'en général, après leur avoir ouvert les gymnases, elle ne fit plus rien pour eux ; que pendant long-temps, de Thalès à Socrate, elle se montra presque indifférente à l'égard de leurs doctrines, et qu'après avoir sévi un instant contre Socrate, comme elle avait eu l'idée de sévir contre Anaxagore, après avoir rendu un instant une loi pour se réserver l'autorisation d'ouvrir des écoles de philosophie, elle se rétracta ; qu'elle ferma les yeux sur les théories de Platon, qui n'étaient pas plus d'accord avec le culte qu'avec la politique de l'état ; sur celles d'Aristote, qui n'étaient guère orthodoxes, mais que tout autre que le sujet et l'ami du roi de Macédoine eût pu professer toute sa vie ; sur celles d'Epicure lui-même dont l'enseignement attaquait directement les mœurs et les institutions religieuses du pays ; enfin que le sacerdoce n'exerça aucune influence ni sur les écoles publiques ni sur les écoles privées ; qu'à la vérité les trois principaux gymnases d'Athènes s'élevaient près de trois édifices sacrés, mais que la religion n'était pas comprise dans les études qu'on y faisait, et que ce n'étaient pas ses ministres qui l'enseignaient.

Nous l'avons dit, ce qui explique cette séparation si complète entre les sanctuaires et les écoles, c'est l'origine indépendante de ces dernières.

Le gouvernement d'Athènes fondait et entretenait, à la vérité, quelques écoles ; mais les seules auxquelles il accordât ses soins et ses sacrifices, c'étaient les Didascalées et les Gymnases, institutions qui n'ont pour nous que peu d'importance. En effet, le didascalée, toujours séparé du gymnase, ne recevait que de jeunes enfants, et s'il était assez considérable pour qu'on y trouvât un local exclusivement réservé aux leçons et distingué par un nom spécial (1), l'enseignement y était sans caractère. Aussi c'était moins l'état que les citoyens qui en faisaient les frais, puisque les lois obligeaient chaque tribu de payer les leçons de musique et de gymnastique données aux enfans qui lui appartenaient (2). En effet, l'enseignement supérieur, dont les prix s'élevaient au point que Démosthène ne put pas suivre l'école d'Isocrate, où l'honoraire était de dix mines (3), restait seul à la charge des familles. Quant aux gymnases, si le gouvernement d'Athènes entretenait ces établissements qu'il avait fondés, son attention ne s'y portait guère que sur les exercices du corps, les mœurs et la discipline. Les dispositions essentielles de la loi sur les gymnases sont celles qui ordonnent aux maîtres d'ouvrir ces institutions après le lever du soleil et de les fermer avant son coucher; interdisent sous peine de mort l'entrée de ces écoles aux personnes qui avaient passé l'âge puéril ; rendent les gymnasiarques responsables à cet égard, et prescrivent des *choragi* âgés de plus de quarante ans. La plupart des employés du gymnase s'occupaient de la direction des exercices et de la surveillance des mœurs (4). Les Sophronistes, nommés par les dix tribus, et le gymnasiarque, investi d'une autorité générale sur

---

(1) Le παιδαγωγεῖον, muni de βάθρα pour les élèves. V. Plato, Protagor. ed. Heindorf, p. 325. Les βάθρα sont évidemment des bancs.

(2) Boeckh, *Staatshaush.* I, 192. — (3) Plut. Demosth., c. 5.

(4) Petiti *Leges Atticæ*, p. 22 et 207.

les gymnases, ne pouvaient pas non plus intervenir dans les études, et l'Aréopage lui-même, qui surveillait tous ces fonctionnaires, ne paraît pas s'en être mêlé davantage. (1)

Quant aux écoles de philosophie, l'état et le sacerdoce ne se souciaient ni de fonder ni d'entretenir, ni même de surveiller sérieusement ces institutions. Sans doute un gouvernement où le peuple était associé à l'administration comme à la législation avait le droit de toucher à tout; et plus d'une fois celui d'Athènes intervint dans les affaires des philosophes, plus d'une fois l'opinion publique persécuta ces chefs du mouvement des idées ; mais leurs écoles demeurèrent toujours à leur charge, et si l'état s'avisa un instant de leur donner asile, pour les avoir sous sa main, il laissa bientôt se rompre une alliance à laquelle il n'avait jamais mis trop de prix. Quelquefois la démocratie de l'Agora aima mieux frapper que surveiller. Dans un de ses accès de colère, elle fit une loi formelle, pour proscrire toute école de philosophie (2). Il en fut de cette loi comme d'une autre que nous avons déjà citée, et qui voulait que nul ne pût diriger une école de philosophie sans l'autorisation du sénat et du peuple. Aucune des deux ne demeura en vigueur, et toutes deux, loin de prouver ce qu'on serait tenté d'en conclure, c'est-à-dire une surveillance sérieuse de l'enseignement supérieur, attestent le contraire. En effet, ce ne furent que des lois de réaction qu'emportèrent d'autres réactions. La première, rendue sur la proposition de Critias, fut abolie par le gouvernement des Trente. La seconde, sollicitée par Sophocle de Sunium contre Théophraste et les autres philosophes, sous l'invasion de Démétrius, fils d'Antigone (3), fut rapportée au bout de l'année, les philosophes rappelés, et Sophocle puni d'une amende de cinq

---

(1) Demosth. in Lept. — Ulpian. in Lept. orat., p. 575. — Stob., sermo 5. Isoc. Areop., c. 15—17.

(2) Λόγων τέχνην μὴ διδάσκειν. Petiti *Leg. Attic.* p. 22.

(3) Athénée, l. XIII, p. 211, ed. Schw., parle d'une polémique qui s'ensuivit.

talens. Par ces deux actes de réaction, il fut, pour ainsi dire, déclaré légalement que les philosophes dirigeraient leurs écoles comme ils l'entendraient, sauf vindicte publique.

Cela établi, on peut demander si le gouvernement et le sacerdoce ont eu tort ou raison de négliger ces institutions? Pour apprécier leur conduite, il faut envisager deux choses : les institutions générales de la république et le rôle que la philosophie a joué dans le pays. Quant aux institutions politiques depuis que Pisistrate avait chassé Solon, celui des législateurs qui avait eu le plus de crédit, c'était un mélange d'aristocratie et de démocratie qui changeait de face chaque jour, avec chaque chef assez éloquent ou assez riche pour séduire par son or ou sa parole. Dans ce brillant chaos, rien ne dominait, si ce n'est l'esprit d'indépendance des Athéniens. Plus cet esprit était ingouvernable, et plus était grand le rôle des orateurs, des rhéteurs, des philosophes, des écoles, en un mot. Et point de doute, l'enseignement de ces écoles méritait de la part de l'état et du sacerdoce la plus sérieuse attention. Religieux dans les écoles de Thalès, de Pythagore, d'Empédocle, de Socrate et de Platon, il fut non-seulement contraire au culte du pays, mais à toute religion, dans celles de Xénophane, de Leucippe, de Démocrite et d'Epicure. Il était douteux dans celle d'Aristote, et mauvais dans celles des Sophistes; car lors même que les dieux, dont la loi ordonnait le respect, n'y étaient pas niés ouvertement, ils y étaient débattus avec ce mélange de dédain et de pitié plus dangereux que la polémique. Des principes de morale étaient donnés, il est vrai, dans les instituts de tous les philosophes; mais dans plusieurs ces principes étaient frivoles; dans d'autres, pernicieux. Quant à la politique, on professait dans les unes des utopies, dans les autres des théories plus aristocratiques, ou même plus monarchiques que ne le voulait la démocratie du pays; et le gouvernement d'Athènes, comme tant d'autres, eut rarement pour lui la sympathie de ceux qui dirigeaient l'opinion publique.

Ainsi au temps d'Alexandre, il y avait non-seulement scission entre les écoles et les institutions, mais hostilité profonde entre le gouvernement et les écoles de philosophie. Et cependant toute la jeunesse des classes aisées, tous ceux qui devaient un jour proposer ou débattre les lois, parler dans l'*agora* ou conduire les affaires de la république, puisaient leurs doctrines dans ces écoles. N'est-il pas évident que cette scission devait compromettre le gouvernement comme les institutions? Et n'est-il pas évident aussi que les Lagides, sur le point de fonder dans Alexandrie des institutions littéraires, comparant ensemble celles de l'Egypte et celles de la Grèce, où tout était dans l'anarchie, ont dû emprunter à ces dernières la science, aux premières l'organisation? Un coup-d'œil sur le théâtre où les nouvelles institutions furent fondées et sur la situation où se trouvait leur auteur, fera comprendre encore mieux cette vérité.

HISTOIRE
DE
L'ÉCOLE D'ALEXANDRIE.

TOPOGRAPHIE, MUSÉES, BIBLIOTHÈQUES, DIDASCALÉES, SYSSITIES.

Première Période. (332—146 avant J.-C.)

CHAPITRE PREMIER.

Topographie d'Alexandrie.

L'histoire des musées et des bibliothèques d'Alexandrie, car il ne doit plus être question désormais d'un seul musée et d'une seule bibliothèque, est à tel point liée à celle de cette célèbre cité, qu'on ne saurait la détacher de sa topographie. Afin d'expliquer d'une manière complète les destinées successives de ces établissemens, il faudrait même, pour l'époque des premiers Ptolémées, pour celle d'Auguste, pour celle de Constantin et pour celle d'Omar, autant de descriptions différentes. Nous réunirons en un seul tableau les indications essentielles, et nous prendrons pour point de départ le résumé qu'a tracé Strabon dans les premiers temps de la domination romaine (1), c'est-à-dire, trois siècles après la fondation d'Alexandrie, six siècles avant la conquête d'Amrou. Strabon nous laissera quelquefois dans l'incertitude; mais il ne nous est rien resté de plus

(1) Liv. XVII.

précis que son résumé ; et les renseignemens d'Étienne de Byzance, de Pomponius Méla et de Pline sont loin de le valoir (1). Quant aux modernes, on doit consulter Bonamy, Pococke, Norden, d'Anville, Manso, Mannert, Saint-Genis et Gratien Lepère. Simon de Magistris (ad Daniel. p. 568), Cuper, Clarke et d'autres avaient suivi leur imagination plutôt que les textes, en retraçant le plan ou les édifices d'Alexandrie (2).

C'est donc à Strabon seul que doivent se rattacher les recherches sérieuses sur Alexandrie ancienne. L'état actuel des lieux fournit peu de lumières. Cela se comprend : la ville moderne occupe un autre emplacement que l'ancienne, dont le sol a été trop souvent bouleversé, l'enceinte et les rues, tout le terrain où elle s'élevait trop profondément modifiés par les alluvions ou les envahissements de la mer, pour qu'on y reconnaisse autre chose que les points les plus généraux. Sous ce rapport, la topographie ancienne d'Alexandrie, loin de s'éclairer de l'état actuel de cette ville, comme celle de Rome ou celle d'Athènes, a toutes les difficultés de celle de Thébes et de celle de Carthage.

Fondée par Alexandre, la 1re année de la 113e olympiade (3), au moment où il revenait de Memphis par le Nil, pour recevoir des nouvelles de la Grèce, étudier la population et voir le parti qu'il pourrait tirer d'une côte connue depuis longtemps, Alexandrie recevait sa destinée principale de l'admirable position que présentait une langue de terre touchant d'un côté à la mer et d'un autre au lac Maréotis, qui communiquait par le Nil avec l'Égypte entière. Cette posi-

---

(1) Steph. Byz. v. Alex.. Mela, I, 9; II, 7; III, 9. — Plin., V, 10.
(2) Bonamy, *Mém. de l'Acad. des Insc.* IX. — Pococke, *Voy. en Orient.*, t. I. — Clarke, *édition de César*. — Cuper, *De apotheosi Homeri*. — D'Anville, *Mémoires sur l'Égypte ancienne et moderne*, p. 53. — Saint-Genis, *Desc. de l'Ég.*, t. V. — Gr. Lepère, *ibid.*, XVIII. — Mannert, *Geog. der Gr. und Roem. Africa*, I, p. 615.
(3) L'an 332 avant notre ère.

tion avait frappé le conquérant qui venait de renverser Tyr. La sacerdotale Memphis, désolée par les Perses, retirée dans les terres, n'offrant de ressource ni au commerce ni à la navigation, ne pouvait rester la capitale d'une province de Macédoine. Une vieille bourgade, celle de Rhakotis, située entre la Méditerranée et le lac Maréotis, à cent cinquante stades de la bouche Canopique (1), joindrait son sol, sa population et ses temples à la future capitale de l'Egypte, dont le héros traça le plan et l'enceinte, y indiquant lui-même la place du marché, les sanctuaires qu'on devait ériger aux dieux de la Grèce, et celui que devait recevoir Isis, la grande divinité de l'Egypte (2). Depuis long-temps le peuple grec cherchait une position sur ces côtes, où les Milésiens avaient fondé la ville si commerçante de Naucratis (sur la bouche Canopique); désormais il avait, au centre du monde connu, deux vastes ports, et dans le voisinage du fleuve une magnifique station de commerce.

Entraîné par la grande expédition dont la conquête de l'Egypte était un simple épisode, et impatient de reparaître à Memphis avec le caractère sacré qu'il allait demander à l'oracle de Jupiter Ammon, Alexandre avait chargé l'architecte Dinocrate, dont le nom varie chez les anciens, de bâtir la nouvelle cité avec ses collaborateurs Olynthios, Crateus, Héron et Epitherme. Puis, en quittant l'Egypte au printemps de 331, il en avait confié l'administration à l'Egyptien Doloaspis, mais il en avait partagé le commandement militaire entre plusieurs généraux, et leur avait adjoint des intendants pour les surveiller tous. Ce fut à l'un de ces derniers, au gouverneur Cléomène, que les architectes d'Alexandrie eurent à faire (3). Leur ouvrage avança si

---

(1) A 31° 11' 20" de latitude, 47° 51' de longitude.
(2) Arrian., lib. III, c. 1.
(3) Vitruv., II, præf. cf. Plin., V, 10. — Strabon. XIV, c. 1. — Justin nomme le gouverneur Cléomène, XIII, c. 4. — Julius Solinus, c. 45.

rapidement, que la bourgade de Rhakotis ne fut bientôt plus qu'un des quartiers d'*Alexandrie*. (1)

Jetons maintenant un regard sur les points les plus importants que présentent à diverses époques l'histoire et la topographie de cette ville. On admettait autrefois, d'après l'autorité de Philon, que ses différents quartiers, au nombre de cinq, étaient désignés par les cinq premières lettres de l'alphabet (2); et à l'appui de cette désignation, on alléguait un exemple pris dans l'histoire du Musée, où le géographe Eratosthène était désigné par la lettre B. Mais l'indication de Philon nous paraît d'autant plus douteuse, que dans le langage ordinaire deux des quartiers d'Alexandrie portaient évidemment d'autres noms. On cite, après le quartier de Rhakotis ou le quartier Nord-Ouest, le Bruchion ou le quartier Nord-Est; et chacun des faubourgs a son nom spécial. Il est vrai que les trois autres quartiers de la ville ne sont pas nommés par les anciens; mais certainement ce n'est pas là une raison pour croire qu'ils n'avaient que des désignations alphabétiques. Des inscriptions découvertes récemment à Bougie et ingénieusement interprétées, ont paru révéler un des trois noms inconnus (3). En effet, elles mentionnent un certain Sextus Cornelius Dexter, *Juridicus* d'Alexandrie, *procurator Neaspoleos et Mausolei*; et l'on a pensé que Neapolis pouvait être un des quartiers inconnus; que ce quartier a pu être joint à la ville au IIe siècle de notre ère, ou le nom de Neapolis donné à l'un des anciens quartiers restaurés par l'ordre de quelque empereur. Ces conjectures, appuyées par M. Hase sur des analogies frappantes, ne rencontrent pas d'objections en elles-mêmes; car on peut concevoir le *Juridicus* de la ville comme administrateur ou procurator spécial d'un *quartier*.

(1) Jablonsky, *Pantheon*, II, c. 5, prétend que les Égyptiens continuèrent à désigner la ville sous le nom de Rhakotis. Cela est douteux; mais Ptolémée nomme la ville *Alexandrie* et *Rhakotis*.

(2) *In Flaccum*, p. 973, a.

(3) *Journal des savants*, 1837, cah. de nov., p. 659.

Seulement, comme le *Mausolée* dont il s'agit était un monument et non pas un quartier, il semblerait plus naturel de prendre le mot de Neapolis dans un sens analogue, de le considérer comme un vaste ensemble de bâtimens, et de l'appliquer par exemple au Sébastéum, dont il va être question, opinion dont M. Hase n'est nullement éloigné. Il est sans doute étonnant que les noms de trois quartiers d'une ville aussi célèbre soient demeurés tout-à-fait ignorés ; cependant quand on considère que les établissemens qui intéressaient le plus la gloire ou le commerce d'Alexandrie se trouvaient dans les deux quartiers du Nord, la surprise s'affaiblit.

Les villes de Pharos et d'Eleusine ceignaient Alexandrie au Nord et au Sud-Est ; les faubourgs de Nécropolis et de Nicopolis à l'Est et à l'Ouest. Ils formaient avec elle une vaste aglomération de simples édifices, de temples, de palais et de monuments appartenant à plusieurs peuples, à plusieurs cultes, à plusieurs dynasties. Les villes, les deux faubourgs que nous venons de nommer, et les trois quartiers inconnus ne jouent qu'un rôle secondaire dans l'histoire d'Alexandrie ; et dans la revue topographique que nous allons faire, c'est d'abord sur le Bruchion, quartier séparé de la ville par une enceinte de murailles élevées, contenant à-la-fois les magasins de blé et les palais des rois, et, ensuite, sur celui de Rhakotis, quartier de la vieille population et des principaux sanctuaires, que se portera principalement notre attention. Nous commencerons à l'Heptastade, qui conduisait au Phare et qui séparait les deux ports, pour finir par un coup-d'œil sur les monceaux de ruines qui restent de cette splendide cité.

L'Heptastade ou la ligne de sept stades, à-la-fois chaussée et aqueduc, garni d'un château-fort à chaque extrémité, liait à la ville l'île et la ville du Phare, dont la population était assez considérable pour avoir un marché et des sanctuaires spéciaux. Il livrait passage, sous deux ponts, aux vaisseaux allant du grand port au port d'Eunoste. Les alluvions de la mer ont élargi cette chaussée à l'Est comme à l'Ouest, de telle sorte que c'est elle qui porte les 15,000 habitans de la ville moderne; et peut-être l'île de Phare, vers laquelle on se presse aujourd'hui, aurait-elle reçu dans l'origine la ville d'Alexandrie, si elle eût offert l'espace nécessaire. Elle était connue des navigateurs; et pour éclairer l'entrée assez dangereuse du grand port, Ptolémée Ier fit élever sur ses côtes une tour surmontée d'un fanal, construction dirigée par Sostrate, qu'elle illustra, mais qui, selon Pline, y dépensa 800 talents (1), et dont le chef-d'œuvre exista jusqu'au XIII siècle de notre ère. La courbe qui s'étendait de cette tour à l'extrémité de l'Heptastade et à celle du cap Acrolochias, formait l'enceinte du grand port, qui avait trente stades de tour et renfermait trois autres ports, celui des *Apostases*, celui d'*Antirhode* et celui des *Rois*. Sur cette rive où de nombreux débris de colonnes et de chapiteaux s'aperçoivent encore, se trouvaient les principaux établissements, ceux du commerce et de la marine, qui ont attiré sur ce théâtre des événements si funestes pour les institutions littéraires. Près de l'Heptastade, en dehors du môle et de la ville, s'étendait une grande place, qui séparait les *Néories* (2) des deux ports. De cette place, l'*Area* d'Hirtius, on rencontrait successivement en suivant la courbe jusqu'à la pointe de l'Acrolochias, les Néories du grand port, les *Apostases* (3), et un *Emporium*, qui dans une ville aussi importante a dû être accompagné de comptoirs semblables à nos Bourses. Plus loin les deux obélisques connus sous le nom d'*aiguilles* de Cléopâtre, et qui sont demeurés sur place, l'un renversé, l'autre debout, couverts d'hiéroglyphes tous deux, indiquent la

---

(1) 2,400,000 fr.

(2) Établissements de la marine, arsenaux, chantiers et magasins; car le mot νεώρια est évidemment général.

(3) Ἀποστάσεις. Ce mot peut se traduire différemment, soit par *darses*, soit par *magasins de marchandises*.

place qu'occupait un monument considérable, qui fut peut-être le *Mausolée*. Ensuite la tour dite *des Romains* paraît montrer le lieu où s'élevait le sanctuaire érigé par Antoine en l'honneur de César. A ce temple succédait autrefois le Posidium ou le sanctuaire de Neptune, qu'on avait placé sur une petite langue de terre; puis le Timonium, ou le palais bâti par Antoine, devenu misanthrope après la catastrophe d'Actium. Le théâtre était situé, suivant Strabon, quand on entrait par le port, *au-dessus* de l'île d'Antirhode et en arrière du rivage. Cette île, avec son palais et son petit port, avançait légèrement dans le grand bassin, et s'apercevait *au-dessous* des palais intérieurs, devant le port creusé, qu'on distinguait du port *fermé* ou *caché*, réservé aux rois et mis en communication avec les palais. Enfin, on parvenait au promontoire d'Acrolochias, surmonté de palais, auxquels faisaient suite les autres demeures royales, qui se succédaient vers l'intérieur à une grande distance. A celle de ces résidences qu'habitait le prince se liait le Méandre ou le parc, au moyen d'une galerie couverte, le Syrinx.

En suivant la plaine à l'est du Lochias on trouve encore une quantité de ruines qui attestent que la ville ou le faubourg de Nicopolis s'étendait de ce côté. Strabon, qui dit que Nicopolis était située sur la mer, à trente stades d'Alexandrie, n'en mentionne que l'amphithéâtre et le stade, bâtis pour les jeux quinquennaux qu'Auguste avait institués en souvenir de sa victoire sur Antoine (1). Il y avait là beaucoup d'autres édifices, qui faisaient déserter ceux de Rhakotis; mais le géographe ne s'attache dans son tableau qu'aux choses principales, aux établissements du port et à quelques indications majeures sur le Bruchion ou le quartier des palais; encore n'y nomme-t-il que le *Musée*, le *Sêma* et le *Théâtre*, ce qui montre que le point de vue qui le domine est celui de la navigation.

(1) Strabon, XVII, c. 1. — Dio Cassius, LI, c. 18. — Joseph., *Bell. jud.*, IV, c. 11.

En effet, après avoir suivi tout le périmètre du grand port et légèrement indiqué ce qu'on y voyait de plus remarquable, il passe rapidement au port d'Eunoste, à l'ouest de l'Heptastade. Il y mentionne d'abord le petit port de *Kibotos* (la Boite) qu'on avait creusé dans cette rade, les Néories qu'on y avait jointes, et le canal navigable qui communiquait de ce point, à travers la ville, avec le lac Maréotis. A l'ouest de ce canal la ville touchait à Nécropolis, faubourg composé surtout de monuments funéraires et de jardins consacrés à l'embaumement. La partie la plus occidentale de l'ancienne Rhakotis, celle qui était comprise entre le canal et la Nécropole, avait peu d'importance. La partie orientale en avait davantage. On y voyait le Sérapéum et d'autres édifices sacrés, qui y fixaient la population égyptienne sous les Lagides, mais qu'on abandonnait, dès l'origine de la domination romaine, pour les nouveaux temples de Nicopolis. Aussi le savant voyageur ne mentionne pas plus la bibliothèque de Rhakotis que celle du Bruchion, et il termine assez brusquement sa topographie, après avoir décrit ce qui se présentait sur les deux ports, ce qui était bien saillant; ajoutant toutefois que la ville était pleine d'*Anathemata* (1) et de *temples*, mais ne prononçant plus que les noms du Gymnase, du Dicastérion et du Paneion, et sans indiquer la position de ces édifices. De ce qu'il ne les mentionne pas en décrivant le nord, on doit inférer qu'ils se trouvaient dans l'intérieur, dans les quartiers sud-ouest et sud-est de la ville et au midi de la belle rue qui menait de la porte Canopique à celle de Nécropolis.

Cette rue et celle qui se dirigeait du port de Maréotis vers le Posidium, de la porte du Soleil à celle de la Lune, se coupaient à angles droits. Ornées l'une et l'autre d'immenses colonnades, elles avaient chacune cent plèthres de largeur et formaient au point d'intersection une place dont la gran-

---

(1) Ouvrages exécutés ou dons présentés, soit à la suite d'un vœu, soit pour gagner la faveur des dieux.

deur, relevée par la magnificence des édifices, semblait partager la ville en deux. Les autres rues étaient parallèles à ces deux lignes, mais elles n'étaient pas droites dans le quartier de Rhakotis. Achille Tatius, dit qu'en arrivant sur la grande place, après avoir traversé les portiques qui allaient en ligne droite depuis la porte du Soleil, il croyait passer dans une ville nouvelle (1). Les portiques y présentaient de vastes courbures. La longueur de celle des deux rues qui partait de la porte de Canopus, était de 30 stades suivant Strabon et Josèphe, et de 40 suivant Diodore, différence qu'expliquerait celle des stades, mais qui disparaît si Diodore comprend dans sa mesure une partie de la Nécropolis. Cette ligne marquait la plus grande longueur d'une ville dont la largeur était de 7 à 8 stades suivant Strabon, de 10 suivant Josèphe (2), ce qui donne un périmètre de 80. La tradition prêtait à ce contour la forme de la chlamyde macédonienne, sur laquelle Pline s'explique d'une manière obscure, et que le terrain comportait mal.

Pour mettre d'accord le sol, les géographes et le manteau macédonien ou le col de la chlamyde, Cuper a fait une dissertation et un dessin peu utiles (3). Ce qui offrait plus d'importance que la forme allongée ou échancrée des murs d'enceinte d'une telle cité, c'était son étendue. Quinte-Curce, qui en évalue la superficie à 300 stades, se rapproche du périmètre réel; et si Pline donne à ce périmètre 15 milles romains, il embrasse dans ses calculs soit les faubourgs, soit la ville de Pharos. Son chiffre égale Alexandrie à Memphis, et à Rome au temps d'Aurélien, c'est-à-dire qu'il la rend plus grande que Londres et Paris.

Alexandrie était réellement grande; on l'appelait la seconde ville du monde, une autre Rome, la ville des villes (4). Magnifique par ses établissements de marine et de com-

---

(1) Lib. V, c. 1, p. 187, ed. Mitscherlich.
(2) Diod., XVII, c. 52.—Strab., lib. XVII, c. 1.—Joseph. *Bell. Jud.*, II, c. 28.
(3) *De apotheosi Homeri*, p. 159.
(4) Herodian., IV, 3; VII, c. 6.— Ammian. Marcellin. l. XXII, c. 16.

merce, ses palais et ses édifices sacrés, elle attirait ceux qui cherchaient la fortune ou un séjour agréable. Un ciel pur, un climat tempéré par le voisinage de la mer et les vents du nord, qui raffraîchissaient l'été sans apporter de neige à l'hiver, de belles places dans la ville, quelques bois autour de son enceinte, une végétation riche dans une campagne parsemée de jardins, et au loin des communications faciles : tels étaient les avantages d'Alexandrie. Il faut y joindre les séductions d'une cour opulente, amie des lettres et des arts, passionnée pour le luxe des cités grecques, les théâtres, les musées, les bibliothèques, et pour celui des villes d'Egypte, les palais, les sanctuaires. Tout cela dépassait Memphis, Athènes et Rome au commencement du troisième siècle avant notre ère, et pour un Grec poursuivant la fortune ou cultivant les lettres, il n'y avait pas alors de ville dont le séjour fût préférable à celui d'Alexandrie. Voici ce qu'en dit Achille Tatius, trois siècles après la même ère : « En franchissant la porte dite du Soleil, je m'arrêtai subitement comme étourdi par l'aspect de cette merveilleuse cité. Jamais mes yeux n'avaient eu pareille jouissance. De la porte du Soleil se prolongeait sur les deux côtés, vers la porte de la Lune, une colonnade en ligne droite. Au milieu j'aperçus le marché, une infinité de rues qui se croisaient, et des allées et des venues si fréquentes qu'on eût dit la ville entière en voyage (l. l.). »

De tous les monuments de cette célèbre cité, il ne reste aujourd'hui sur place que les deux obélisques qui s'élevaient devant le Césarium ; la tour des Romains, qui faisait partie du même édifice ; la colonne de Dioclétien, qui se présente en dehors de la ville moderne, dans les quartiers sud-est de l'ancienne cité ; quelques colonnes d'une ancienne basilique chrétienne des premiers siècles, engagées dans une mosquée aujourd'hui ruinée et que la tradition rattache aux septante ; des débris d'un palais ruiné qui bordait le côté sud de la grande rue près d'une autre mosquée abandonnée, qu'une autre tradition rattache à saint Athanase ; un grand nombre d'autres débris de colonnes, de fûts de chapiteaux, et d'ornements d'architecture qui se découvrent le long des ports dans les murs de revêtement ; les ruines d'une arène, qui paraît avoir été le stade dont nous avons parlé ; plusieurs citernes et des aqueducs ; et enfin, sur toutes les parties de l'ancienne surface d'Alexandrie, une quantité de collines formées par les décombres de ses plus beaux monuments.

Sur ce même sol d'Egypte où se sont conservés les temples et les palais élevés par les anciens Pharaons, où Cambyse et ses successeurs ont laissé des traces de leur passage (1), Alexandrie n'a pu garder un seul édifice des rois grecs qui étaient venus si long-temps après eux prendre leur place, faire tous leurs efforts pour les éclipser, ériger une quantité de monuments nouveaux et inscrire leurs noms jusque sur ceux de leurs prédécesseurs.

C'est que la belle capitale des Lagides a été plus maltraitée par les Romains et les Arabes que Thèbes et Memphis ne l'avaient été par les Perses et les Grecs. Elle a été incendiée, spoliée, ruinée par ses conquérants et même par ses maîtres. Ptolémée Kakergetès la désola dans ses fureurs, César y mit le feu, Caracalla et Aurélien la ravagèrent, Théodore y fit porter la hache, Omar et ses successeurs, les califes et les soudans, y amassèrent ruine sur ruine. Une foule d'objets d'art furent d'abord enlevés par les empereurs de Rome et de Byzance, puis par les rois de Perse et les califes d'Orient ; dans des temps plus rapprochés, par les gouvernements d'Italie, de France, d'Angleterre, de Naples, de Sardaigne et de Prusse. Si jamais l'Egypte, relevant la ville d'Alexandrie et redevenant conquérante sous un autre Sésostris, y ramenait de l'Orient et de l'Occident ce qu'on lui a ravi ; si, du sein de la terre qui les garde, elle retirait ses monuments enfouis pour les joindre aux autres débris sau-

(1) *Description de l'Egypte*, t. III, p. 454. — Sur l'ambition d'Héliogabale. *V. Ælii Lampridii Heliogabalus*, c. 24.

vés du naufrage, elle trouverait encore à former un musée imposant : elle y mettrait les ruines les plus éloquentes. Que serait-ce si elle pouvait relever les édifices d'Alexandrie ? Elle ferait voir au monde la plus magnifique des cités anciennes. Un coup-d'œil sur les principaux de ses édifices nous fera comprendre son ancienne splendeur.

A une époque où toutes sortes de dévastations s'étaient succédé dans Alexandrie, selon les auteurs arabes Amrou aurait encore trouvé dans cette ville quatre mille palais. Si l'on veut faire quelque attention au chiffre de ces écrivains, il faut supposer qu'ils ont pris pour des palais la plupart des maisons. Le fait est qu'il y eut un grand nombre d'édifices publics. On peut les distinguer en cinq classes. En effet, ils étaient consacrés soit au commerce et à la navigation, soit aux besoins de l'administration et du gouvernement, soit à l'éducation de la jeunesse et aux exercices du corps comme aux travaux de l'esprit, soit au culte des grands hommes, des héros et des dieux, soit enfin aux sciences, aux lettres et aux arts.

Quant à la première classe de ces monuments, j'entends la tour du Phare, les châteaux de l'Heptastade, les *néories* et les *apostases*, ainsi que les citernes, les aqueducs et les canaux, ils n'avaient pour objet que la prospérité matérielle de la ville, et ils se rattachent peu aux études ; ils ne figureront donc dans nos pages qu'à l'occasion des désastres qu'ils attirèrent sur les musées et les bibliothèques, qu'on avait eu l'imprudence de ne pas en éloigner suffisamment.

La même sagacité avec laquelle on réunit autour des ports les établissements de prospérité matérielle, aurait dû faire exclure de cette région de la ville la majeure partie des édifices de la seconde classe, affectés au gouvernement et à l'administration. Au lieu d'abandonner aux marchands et aux navigateurs la côte tout entière, on en assigna plus de la moitié, l'immense quartier du Bruchion, à la résidence des rois et aux palais qui en dépendaient. On ne renvoya dans les quartiers méridionaux que le dicastérion ou le palais des tribunaux, édifice important dans une cité dont la population appartenait à trois nations différentes, et dans un pays où les lois étaient nombreuses et compliquées, la science de la législation ancienne et la sagesse des jugements encore plus célèbre que celle des lois. Aussi paraît-il que le dicastérion occupait une place considérable.

Quant aux édifices de la troisième classe, ceux qui étaient affectés à l'éducation de la jeunesse, aux exercices du corps, aux courses et aux jeux gymnastiques, on a dû les mettre naturellement dans les quartiers moins fréquentés et qui offraient de grands espaces. C'est là qu'on les trouve. L'amphithéâtre et le stade furent établis dans le quartier de Rhakotis au sud-ouest; le gymnase dans celui de sud-est, et l'hippodrôme hors de la ville, au nord-est de la porte Canopique. De ces divers édifices, un seul intéresse les études : c'est le Gymnase, qui a préoccupé la pensée de quelques géographes et voyageurs modernes à tel point qu'ils l'ont confondu avec le Musée, quoique, contrairement aux usages d'Athènes, il ne paraisse pas avoir eu le moindre rapport avec cette célèbre école. En effet, si dans Athènes, Platon et Aristote eux-mêmes ne dédaignèrent pas d'aller enseigner dans les gymnases de la ville, aucun savant ne paraît avoir professé dans celui d'Alexandrie; fait remarquable et qui nous fournira plus tard quelques inductions curieuses. Cette école elle-même n'est pas nommée une seule fois dans les annales du Musée ou dans celles de la Bibliothèque. Une ligne de démarcation profonde était donc tracée entre ces trois institutions. Il aurait pu arriver néanmoins que des philosophes du musée eussent envie d'enseigner au gymnase, comme leurs maîtres enseignaient dans les écoles publiques d'Athènes. Le silence que les auteurs gardent à cet égard étonne par conséquent d'autant plus que le Gymnase d'Alexandrie était plus important. En effet, sa longueur était d'un stade, et ses colonnades se faisaient remarquer sur la grande et belle rue

Canopique par leur magnificence. On conçoit l'étendue de cet édifice. S'il a été le seul Gymnase de la ville, il a dû être immense. Athènes, pour une population libre bien inférieure à celle d'Alexandrie, en avait plusieurs qui, en raison des promenades, des bois, des jardins et des autres dépendances, occupaient hors de la ville et dans son enceinte des espaces très considérables. Quand on se rappelle que les Athéniens, sur quatre Gymnases, en ont construit trois hors des murs, on ne peut se persuader qu'Alexandrie, dont la population fut de trois cent mille âmes, ait pu se contenter d'une seule institution de ce genre, qu'autant qu'on considère la diversité de cette population. En effet, les Egyptiens et les Juifs n'ont pas dû suivre le Gymnase des Grecs et ont dû se donner des écoles spéciales. Pococke a traduit le mot de *Gymnase* par celui de *publick-schools*; il ne pouvait toutefois ignorer que toutes les écoles publiques n'étaient pas réunies au Gymnase, et il savait assurément que les Gymnases n'étaient pas des *écoles* dans le sens moderne. Quoiqu'il en soit, le seul Gymnase d'Alexandrie que citent les anciens était important, et il se liait, sans doute, par les jardins et les bois des promenades publiques au temple de Pan, au Dicastérum, au Stade et à l'Amphithéâtre, constructions dont on croit reconnaître encore quelques ruines (1). Comme il est certain que tous ces bâtiments demandaient une grande surface de terrain, les deux quartiers du sud, privés de commerce et occupés par des promenades, des bois et des édifices publics, ont du renfermer moins de population que les autres. On oppose à cette opinion un passage d'Achille Tatius, qui dit qu'il a surtout admiré la juste proportion entre l'enceinte et la population d'Alexandrie, et qu'il a eu tort de croire un instant que l'enceinte de cette ville était trop grande pour ses habitants ou ses habitants trop nombreux pour son enceinte;

(1) Saint-Genis, l. l.

Mais ce passage ne dit pas que la population fût la même dans tous les quartiers d'Alexandrie. On a pensé que le lac Maréotis, qui mettait Alexandrie en relation avec Memphis et avec toutes les stations du Nil, a dû faire peupler ce côté de la ville; et il est très vrai que ce lac, qui s'étendait jusqu'à Taposiris, sur le golfe de Plinthyne, était entouré non-seulement de riches habitations, mais de bourgades considérables, dont la principale, Marca, prétendait à une sorte d'indépendance. Mais il ne s'agit pas ici des bords du lac, qui étaient en dehors d'Alexandrie, nous ne parlons que des quartiers méridionaux de la ville, et ce qui confirme notre opinion sur le peu de population qu'elle a dû renfermer, c'est aussi cette circonstance, que les communications avec le Nil, loin de s'arrêter là, aboutissaient par le canal de Rhakotis et par les ponts de l'heptastade, aux deux ports, aux néories, aux apostases et à l'emporium de la région septentrionale.

N'étaient les nécessités politiques et religieuses, on eût placé, sans doute, dans les quartiers méridionaux ceux des édifices de la quatrième classe dont Alexandre n'avait pas désigné lui-même l'emplacement. Mais les bords de la mer formant le point important d'une ville de navigation et de commerce, d'une grande station militaire, tous les édifices consacrés au culte des dieux, à l'exception du Paneion, furent placés dans la région septentrionale et près des ports. Les rois y joignirent ceux qu'ils élevaient aux héros ou à leurs parents; et comme dans Thèbes ou dans Memphis, qu'on imitait, il y eut bientôt dans Alexandrie tout un quartier de palais entremêlés de sanctuaires. En effet, on distinguait parmi les résidences royales du Bruchion et dans la région qui y touchait à l'ouest, à côté du *Poseidion* et du *Sarapion*, le *Séma*, l'*Homérion*, l'*Arsinoeion*, le *Mausolion*, le *Kaisarion*, le *Sébastion*, tous édifices consacrés à la religion, et sur lesquels nous avons à dire quelques mots pour l'intelligence des considérations morales et politiques auxquelles conduit l'école d'Alexandrie.

Le plus ancien de ces édifices, le Sêma, érigé par Philapator (1), pour la sépulture d'Alexandre et celle des Ptolémées (2), touchait probablement à la grande place d'Alexandre, que décrit Achille Tatius. Vénéré après sa mort comme une sorte de divinité (3), le héros qui avait désiré ces honneurs pendant sa vie, eut une sépulture qui devint naturellement une sorte de sanctuaire, et qu'on peut assimiler, autant que le permettent les différences de siècle et de religion, à celui du Ramesséum, sanctuaire ou temple consacré par Ramessès (le Sésostris des Grecs) à Amon-Ra Souther, la principale divinité des Egyptiens, mais où toutefois le prince fondateur paraît avoir été vénéré comme divinité *parèdre*, σύνναος (4).

Le Sêma, où le corps d'Alexandre était déposé dans un cercueil d'or, que Ptolemée-Aulète pressé par les nécessités de l'état remplaça par un cercueil en verre, subsista longtemps et toujours honoré. Auguste mit sur le corps d'Alexandre une couronne d'or et de fleurs (5). Septime-Sévère, voulant empêcher qu'on ne vît les restes du héros, fit fermer l'enceinte qui les contenait; mais Caracalla y pénétra, s'y dépouilla de son manteau de pourpre, de son anneau, de son balteum et de tout ce qu'il avait de précieux, et le déposa sur le cercueil. Ces témoignages de vénération ne sont pas des indices de culte et ne prouvent pas qu'un sacerdoce spécial ait été attaché à ce sanctuaire; mais ils établissent que la destination primitive du Sêma fut respectée sous les Césars comme sous les Lagides.

(1) Cuper, p. 160.

(2) Les Lagides partagèrent l'ambition d'Alexandre et la transmirent aux Césars.

(3) Διὶ εἰκασμένος, dit Pausanias. Eliac., V, 24.

(4) Champollion jeune dit que le nom de ce palais est écrit sur toutes les murailles; que les Egyptiens l'appelaient *Ramesseion*, comme ils nommaient *Aménophion* le Memnonium, et *Ménephthéion* le palais de Kournah (*V*. Letronne, *sur le monument d'Osymandias*, p. 5. note 1]. Si les inscriptions égyptiennes qu'on y lit portent réellement une terminaison grecque, elles datent indubitablement de la domination des Lagides; et ces dénominations elles-mêmes sont imitées de celles des édifices d'Alexandrie.

(5) Dion, lib. LI, c. 16. — Sueton. August. c. 18.

Sans nul doute il en fut de même de l'homérion qui fut élevé, suivant Elien (1), par Ptolémée-Philopator, et où le prince des poètes était très probablement l'objet d'une sorte de culte à-la-fois religieux et littéraire. Ce qui porte à le penser, c'est d'abord un passage de Strabon, qui nous apprend qu'à Smyrne il y avait un homérion ou un portique quadrangulaire avec un temple et une statue d'Homère, et qu'auprès de ce sanctuaire se trouvait une bibliothèque; c'est ensuite la coutume assez générale de la Grèce, de rendre des honnneurs divins aux hommes les plus éminents. On sait en effet, qu'Esculape, Mélampe, Lycurgue, Stésichore et Pythagore eurent des temples; que Sophocle eut un *hérôon* avec un sacrifice annuel (κατ' ἔτος ἕκαστον); qu'Aristote érigea un autel à Hermias et fit des sacrifices à la mémoire de sa femme, et que l'on ne prenait pas ces actes pour de vaines cérémonies, puisqu'on accusa ce philosophe d'avoir introduit des dieux nouveaux.

L'Arsinoéion était une sépulture ou un temple élevé par Philadelphe en l'honneur d'Arsinoé, et décoré d'un obélisque de Nectanébis qui était de 80 coudées, mais qui gêna les mouvements sur le port et qui fut transporté par cette raison sur le forum (2).

Le Mausolion, érigé en l'honneur de Cléopâtre, n'eût été qu'un autel ou une sépulture, si l'on s'en rapportait au compilateur Zénobius, qui nous apprend qu'on y plaça les statues de Naëra et de Charmione (3). Une inscription trouvée de nos jours atteste son importance, puisqu'elle mentionne la qualité d'administrateur de ce monument comme un titre de distinction (V. ci-dessus, p. 46).

Le Kaisarion, érigé sur les bords de la mer par Antoine et Cléopâtre à la mémoire de César (Dio Cassius, 51, 16), fut aussi un monument considérable; on le voit par la tour qui en reste et par les obélisques qui lui servaient de décoration.

---

(1) Lib. XIII, c. 22.
(2) Plin., lib. XXXVI, c. 16. — *Descript. de l'Egypte*, Ant., vol. V, p. 437.
(3) Proverb. 16, au mot *Naëra*. cf. Dio Cass., LI, 10.

Le Sébastion mérite toutefois une attention plus spéciale, puisque ce fut à-la-fois un sanctuaire et une bibliothèque, et que par là il se rapproche du plus fameux de tous les temples d'Alexandrie, du Sérapéum. Erigé en l'honneur d'Auguste, postérieurement aux deux voyages de Strabon en Egypte, il ne nous est décrit que par Philon, qui le peint comme un des plus magnifiques monuments du monde (1). Il est certain que le culte d'Auguste n'y fut pas célébré plus sérieusement que celui de César ou d'Alexandre au *Kaisarion* et au *Séma*, et que le Sébastéum ne fut pas un temple véritable, un sanctuaire qu'on doive comparer à ceux de Sérapis ou de Neptune. Il fut toutefois le plus important des cinq édifices qui nous occupent en ce moment. Ce qui indique qu'il fut vaste, c'est que l'empereur Claude fit transporter devant sa façade les obélisques de Smarrès et d'Ephrée, qui sont aujourd'hui à Rome, l'un à Sainte-Marie-Majeure, l'autre à Monte-Cavallo. A ce qu'il paraît, le Sébastéum devait non-seulement rivaliser avec le Sérapéum et avec le Musée, mais il entrait dans les vues de son fondateur de faire un grand pas sur les créateurs de ces institutions. En effet, s'il est, comme on le croit, l'édifice décrit par Aphthonius, il se trouvait dans ses portiques *des salles de lecture pour les savants*, et pour toute la population instruite de la ville : fait nouveau dans l'histoire des lettres anciennes, et qui méritera de notre part une attention spéciale, puisqu'il prouverait que, sous la domination romaine, les maîtres de l'Egypte cherchèrent à populariser la science qui était demeurée une sorte de monopole même sous les Lagides. Si nous en croyons certains auteurs modernes, qui vont plus loin que Philon, Auguste aurait rassemblé au Sébastéum tous les monuments des sciences et des arts (2). Rien ne justifie cette exagération, pas même la description qu'Aphthonius donne de la citadelle d'Alexandrie (3), description qu'on applique au Sébas-

---

(1) Legat. ad Caj., p. 697, ed. Turn. (2) Sainte-Croix, l. l.
(3) Progymnasmata, . 335, ed. Elz.

téum, et que nous devrons examiner plus tard sous un point de vue nouveau. En effet, plusieurs écrivains, et entre autres Stosch et Norden, confondent le Césaréum avec le Sébastéum ; et le dernier de ces savants confond de plus le Césaréum avec le palais de Cléopâtre, confusion qui a trompé beaucoup d'écrivains (1).

De ces monuments consacrés en quelque sorte par l'apothéose, nous arrivons aux sanctuaires véritables, aux principaux temples des divinités. Ce furent le Poseidion, le Paneion et le Sarapion.

Le Poseidion était situé au Bruchium, sur les bords de la mer, à l'endroit qui convenait le plus à un temple de Neptune ; il était pour les Grecs navigateurs ce que le Sérapéum était pour les Egyptiens attachés aux travaux du pays et aux bienfaits du Nil.

Le Paneion était situé dans le quartier sud-ouest, de manière à former une sorte de triangle avec le Poseidion et le Sarapion. Jeté dans un quartier retiré, construit dans ce goût fantastique qu'affectait l'architecte Dinocrate, qui avait offert à Alexandre de tailler le mont Athos en femme agenouillée, et qui avait érigé un *Héphestion* si capricieux (2), le Paneion était une tour à étages, ornée d'une grotte de Pan (3) et terminée par une plate-forme où conduisaient des escaliers en spirale et d'où la vue embrassait la ville entière (4). Un tel édifice, relégué dans les quartiers secondaires, était loin d'avoir l'importance du Posidium ou du Sébastéum, qui eux-mêmes n'avaient pas toute celle du Sérapéum, dont il nous reste à parler.

Le Sérapéum s'élevait à la place d'une chapelle d'Isis et

(1) Norden, v. I, p. 6.
(2) Diod., XVII, 115. — Sainte-Croix, *Examen*, p. 472 — Caylus, *Hist. de l'Acad. des Inscr.*, t. XXXI, p. 76. — *Mémoires de l'Institut*, IV, 395.
(3) On n'ignore pas que les grottes sacrées jouent un grand rôle dans le culte des anciens. *V.* Cuper, *De apotheosi Homeri*, p. 31.
(4) Pococke croit en reconnaître les ruines dans la colline que nous considérons comme les débris du Sérapéum. *Description of the east*, I, p. 6.

de Sérapis, sur une colline située dans l'intérieur du quartier de Rhakotis, au nord-est du canal, où il formait pendant au Posidium. Nous l'avons dit : si le culte de Neptune, plus universel, convenait mieux sur le grand port de la Méditerrannée et pour la nouvelle population grecque, celui de Sérapis, divinité protectrice du Nil, convenait mieux dans l'ancienne bourgade et à l'ancienne population qui s'y maintenait. Alexandre avait ordonné d'élever un temple à Isis (1). Que cet ordre ait été suivi ou négligé par Dinocrate, Ptolémée Soter crut devoir changer en un temple magnifique la chapelle qui était commune à Isis et à Sérapis, et il fit ériger le Sérapéum. Les Pharaons en avaient élevé d'autres à Memphis et à Canopus, dont on attirait la population dans Alexandrie. Il était naturel qu'on voulût surpasser ce qu'elle était obligée de quitter. Le nouveau Sérapéum fut plus beau que tous les autres temples de la ville. « Nos faibles expressions, dit Ammien, ne sauraient peindre la beauté de cet édifice. Il est tellement orné de grands portiques à colonnes, de statues presque animées, et d'une multitude d'autres ouvrages, qu'après le Capitole, qui immortalise la vénérable Rome, l'univers ne voit rien de plus magnifique». Suivant Ruffin, on y montait par cent degrés. Il était comme porté dans les airs, carré, de grandes dimensions. La partie inférieure était voûtée, et le soubassement distribué en vastes corridors et en vestibules carrés, séparés entre eux, pour servir à diverses fonctions et à divers ministères secrets. On y trouvait des *salles de conférences*, des porches, des maisons élevées pour les gardes de l'édifice et pour les prêtres appelés *agneuontes*, voués à la chasteté (2).

On sait, par l'histoire du Memnonium, avec quel soin les Egyptiens mettaient les phénomènes de la nature en harmonie avec les idées qui dominaient dans leur culte. Un effet analogue à celui que le soleil produisait sur le colosse de

---

(1) Arrien, lib. III, c. 1.
(2) Am. Marcell., lib. XXII, c. 16. — Ruffin., lib. XI, c. 23.

Memnon se remarquait au Sérapéum, à l'égard de la statue de Sérapis. On avait pratiqué dans la partie orientale du temple une petite fenêtre, pour y introduire une sorte de jour, que Ruffin nomme un simulacre du soleil, et qui venait le matin saluer Sérapis. Pour introduire ce simulacre, on observait exactement l'instant où un rayon du soleil pénétrait par la même fenêtre et éclairait la bouche et les lèvres de Sérapis à la vue de tout le peuple, de telle sorte que ce Dieu semblait embrassé par le soleil (1). On ne demandera pas comment un gouvernement grec a pu se plier ainsi aux habitudes de l'Egypte ? Ces habitudes n'étaient pas contraires à celles de la Grèce. D'ailleurs la population égyptienne a continué, sous la domination grecque, à bâtir des temples dans son ancien système (2) ; et celui des Ptolémées qui fit ériger le Sérapéum avait trop à cœur de complaire aux habitans de Canopus et de Rhakotis, pour ne pas flatter leurs goûts.

Dans l'intérieur des dépendances du Sérapéum régnaient des portiques en carré, tout autour du plan. Il est probable que ce fut là qu'on déposa la seconde bibliothèque d'Alexandrie, celle qu'on appelait la *fille*, pour la distinguer de la première, appelée la *mère*. Quoique Strabon ne parle dans sa description ni de l'une ni de l'autre de ces collections, il est évident que la seconde était placée dans les portiques ou dans une dépendance du Sérapéum. Elle s'y maintint longtemps, puisque ce sanctuaire, qui devait accueillir plus tard les débris du Musée lui-même, est cité avec admiration par les auteurs profanes ou ecclésiastiques, jusqu'à la fin du IVe siècle, époque de sa destruction par Théophile (3).

Nous arrivons enfin aux édifices de la cinquième classe, à ceux qui étaient consacrés aux sciences, aux lettres et aux arts. C'est le célèbre Musée qui occupe le premier rang

---

(1) Ruffin., lib. XI, 23. cf. Norden, I, 243, éd. de Langlès.
(2) M. Letronne, *Recherches sur l'hist. de l'Egypte.*, introduc., p. 24 et passim.
(3) Saint-Genis, p. 364. — On voit aujourd'hui un massif de ruines que l'on considère comme le dernier reste de cette célèbre institution.

dans cette catégorie. Il faut y joindre toutefois la Bibliothèque, le Théâtre, le Claudium et le Didascalée. Nous dirons d'abord un mot sur ces quatre derniers bâtiments.

Le Théâtre, seul édifice qui fût à-la-fois consacré aux lettres et aux arts, occupait une place distinguée dans le quartier du Bruchion, où il se présentait, quand on entrait par le grand port au-dessus de l'île d'Antirhode. Il joua un certain rôle dans l'histoire des lettres comme dans celle des mœurs d'Alexandrie; le peuple y était admis comme au Théâtre d'Athènes, et nous voyons par une concession retirée aux philosophes qu'on y accordait accès aux savants du Musée, par classes ou catégories.

Le Claudium, qui fut un second Musée fondé par l'empereur Claude, se trouvait sûrement dans le quartier de Rhakotis ou dans celui de Bruchion; car les Césars et leurs gouverneurs ne paraissent pas s'être occupés des autres. Ce fut un édifice spécial, car les anciens n'auraient donné le nom qu'il portait ni à une institution qui n'eût pas eu de local propre, ni à quelque établissement mixte. D'ailleurs, on multipliait les bâtiments d'Alexandrie avec d'autant plus de facilité, que Memphis offrait une plus abondante carrière de pierres et de colonnes toutes taillées (1).

Le Didascaléion ou l'École des chrétiens fut aussi, sans contredit, un bâtiment spécial; et il était naturel que dans une ville où l'on se montrait si tolérant et où tous les autres cultes avaient des édifices si magnifiques, les chrétiens eussent, outre leurs églises, une institution savante, établie dans un local particulier. Leur Didascaléion, qui ne se fit remarquer qu'à partir du IIe siècle, paraît avoir renfermé une bibliothèque dont nous aurons à parler.

Quant à la grande Bibliothèque, Strabon la passe sous silence; mais elle était évidemment située dans le Bruchion, puisqu'elle fut atteinte, dans les guerres de César, par l'in-

---

(1) Cf. Norden, I, 20. A cette hypothèse se joint celle que le goût des Grecs les porta à faire effacer les hiéroglyphes ou du moins une partie de ces signes.

cendie qui dévora la flotte Egyptienne réfugiée dans le grand port. Il en était de même du Musée, qui fut après le Sérapéum, le plus célèbre des édifices d'Alexandrie et qui renferma la plus grande institution littéraire de l'antiquité. Le Musée faisait partie des palais royaux, mais comme ces palais s'étendaient depuis le cap Acrolochias jusqu'à la place d'Alexandre, et occupaient *plutôt le tiers que le quart* de la ville, ce n'est que par voie d'induction qu'on arrive à en déterminer la position. Cela paraît d'autant plus facile à faire, que le Musée était étendu et qu'il se composait de plusieurs parties qui formaient presque autant d'édifices spéciaux, par exemple, d'une *grande salle* ou *maison à manger* qui était sans doute isolée et entourée d'allées (1), d'une galerie ouverte dont on parle quelquefois comme d'un bâtiment indépendant (2), et enfin d'un promenoir qui a dû être considérable (3). Nous savons d'ailleurs que d'un côté le Musée était éloigné des bords de la mer, puisqu'il fut préservé de l'incendie qui dévora la bibliothèque, et que d'un autre il n'était pas assez rapproché de la place d'Alexandre pour qu'Achille Tatius le nommât en parlant de cette place. On peut donc admettre qu'il se trouvait à peu près au centre du Bruchion et au milieu des palais royaux dont il faisait partie. Si Norden le place près du Pharillon, c'est uniquement pour être d'accord avec un détail qui se trouve dans l'histoire des soixante-dix interprètes (4). Les topographes postérieurs à Norden le mettent généralement en regard du Gymnase, ou le confondent avec cet édifice; quelques-uns le passent sous silence, et Saint-Genis lui-même n'en dit presque rien dans son important travail. Mais cet écrivain eût été plus explicite, sans doute, s'il avait pu donner

(1) Οἶκος μέγας.
(2) Ἐξέδρα.
(3) Περίπατος.
(4) T. I, p. 3 et 35.

le plan plusieurs fois annoncé dans son mémoire, sous le titre d'*Alexandrie restituée*.

La position de la bibliothèque est plus difficile à trouver que celle du Musée. Une première question se présente à cet égard : la bibliothèque et le Musée formaient-ils un seul ou deux établissements différents? Strabon, en indiquant les diverses parties du Musée et jusqu'à la salle à manger, ne nomme pas de bibliothèque. Il n'en existait donc pas dans cet édifice, et par conséquent il y avait un bâtiment spécial consacré à la collection, appelée la *mère*. Mais d'un autre côté, Strabon, en nommant les principaux édifices d'Alexandrie, ne cite pas cette bibliothèque, lui qui a dû la visiter à deux époques de sa vie. Elle n'était donc pas déposée dans un édifice spécial; et dans ce cas, où faut-il la chercher? On nous apprend que la seconde collection, celle qu'on appela la *fille*, était déposée au Sérapéum; mais on ne nous apprend pas où se trouvait la première, celle qu'on appelait la *mère*. Il est évident que ce n'était pas au Musée, non point par la raison que Strabon ne la nomme pas en parlant de cette institution — car les inductions contradictoires que nous venons de tirer du silence de Strabon, montrent que ce silence ne prouve rien du tout et que la question de la réunion ou de la séparation du Musée et de la Bibliothèque doit se décider par d'autres considérations — mais par la raison que le Musée survécut à la bibliothèque réduite en cendres.

Toutefois s'il est vrai que la bibliothèque avait un local spécial, où était situé ce local? Évidemment sur le périmètre du port, et assez rapproché des Néories pour être atteinte par les flammes qui dévorèrent la flotte. Sainte-Croix indique un point pris à l'est du grand port, du côté de la porte de Canope; il n'apporte aucune raison du choix qu'il fait (1), mais l'incendie dont nous venons de parler et les indications de Dio Cassius autorisent cette opinion (2).

(1) *Magas. Encycl.*, 5ᵉ année, vol. 4, p. 434.
(2) Dio Cassius, III, c. 38.

Elle est préférable à toute autre et nous l'adoptons sur notre carte.

Et maintenant que nous avons reconnu les principaux points topographiques d'Alexandrie, et distingué parmi les édifices publics de cette célèbre cité ceux qui ont joué un rôle spécial dans l'histoire des lettres, les Bibliothèques, les Musées, le Sérapéum, le Sébastéum, le Claudium, nous allons aborder l'histoire des institutions littéraires qu'on y établit successivement, et dont l'ensemble porte le nom d'École d'Alexandrie.

La question fondamentale, celle qui se présentera d'abord; ce sera de savoir quelle a été la pensée des Lagides en créant ces institutions. C'est naturellement cette pensée retrouvée qui devra répandre le plus de jour sur le caractère spécial de ces créations, sur l'organisation primitive de chacune d'elles et sur les rapports de toutes les unes avec les autres. Cette pensée, nous le croyons, ressort d'une manière précise des textes mêmes qui nous sont restés sur la fondation du Musée, la première de ces institutions et celle de toutes qui a produit les autres. Pour saisir la portée de ces textes et comprendre les travaux du Lagide, il faudra toutefois considérer l'état moral de la Grèce, qui l'avait élevé, et celui de l'Égypte, qu'il était appelé à gouverner.

CHAPITRE II.

BUT ET ORIGINE DU PREMIER MUSÉE ET DE LA PREMIÈRE BIBLIOTHÈQUE D'ALEXANDRIE.

Avant de nous expliquer sur le but et l'origine des premiers établissements littéraires d'Alexandrie, nous allons maintenant examiner la situation morale de la dynastie qui les fonda et celle de la population sur laquelle ils devaient exercer leur influence.

La population de l'Egypte, jadis la plus unie et la plus exclusive de toutes, avait perdu ce caractère avec son indépendance et sa nationalité. Avant de tomber sous le pouvoir d'Alexandre, elle avait passé sous l'autorité des Perses, sans savoir toutefois s'y soumettre ni s'en affranchir, et le vainqueur de Macédoine l'avait saisie comme une proie plus facile à prendre qu'à conserver. En effet, cette nation qui avait perdu avec ses rois son unité, son importance politique, et même toute capacité de se reconstituer, avait gardé de ses mœurs et de ses institutions antiques des traditions si puissantes, qu'il était difficile de les dédaigner. L'organisation du peuple en castes et la distribution du sol entre elles et la royauté, ces deux pivots de l'ancien ordre social, étaient complètement bouleversées; mais la pensée religieuse et les habitudes morales qui s'y étaient rattachées, se maintenaient. La royauté était anéantie, la caste des guerriers, privée du droit de la représenter et de la soutenir, celle des prêtres, de la gouverner. Entre les autres castes les distinctions étaient à-peu-près effacées; et de nouvelles classes, celle des interprètes par exemple, s'étaient formées au contact avec la Grèce. Mais le fantôme de l'ancien pouvoir sacerdotal planait encore sur ces débris, le sacerdoce conservait des revenus propres et une science exclusive, Memphis était toujours la ville sacrée, et l'Egypte, glorieuse des sanctuaires dont elle s'était couverte, présentait encore l'ombre d'une nationalité morale que la religion soutenait par son souffle puissant, comme toutes les autres ruines de l'ancien empire des Pharaons.

Qu'avaient à faire les princes grecs en face de ces puissants débris de religion, de sacerdoce, de législation, de science, d'arts et de monuments?

Pour Alexandre la question avait été facile. Dans l'immense empire du conquérant, l'Egypte, soumise à quelques gouverneurs qui se contrôlaient mutuellement, formait tout au plus une province d'une physionomie spéciale. Il n'en était pas de même des Lagides; l'Egypte était tout leur royaume ou du moins le centre de toute leur puissance. Pour y être forts, il fallait la rendre forte; et pour l'avoir telle, faire l'une de ces trois choses: relever ses anciennes lois et ses institutions sacrées; mais c'était s'imposer l'obligation de devenir Egyptiens: lui donner de nouvelles mœurs, de nouvelles idées; mais c'était s'engager à la rendre grecque: recourir à une transaction; mais c'était faire la moitié du chemin sans être certain que le pays en ferait l'autre moitié. Cependant la transaction est la grande loi des dynasties nouvelles, et les Lagides l'eussent subie s'ils ne l'avaient préférée. Ils la choisirent. A quel autre parti pouvaient-ils s'arrêter? A celui de rétablir les institutions anciennes? Outre que cela était impossible, c'était se condamner au rôle des Pharaons ou restaurer leur dynastie. A celui d'implanter en Egypte les institutions et les mœurs de la Grèce? Outre que cela était impossible aussi, c'était mettre le chaos à la place des ruines. La Grèce, ils le savaient par Démétrius de Phalère et par eux-mêmes, n'offrait plus nulle part d'institutions ni de mœurs à imiter. Les démocraties de Thèbes et d'Athènes étaient usées comme l'oligarchie de Sparte et la grossière monarchie de Macédoine ; et dans la transaction à laquelle il fallait s'arrêter, l'Egypte devait même fournir un contingent prépondérant. En effet, s'il se trouvait dans la capitale une minorité de Grecs, l'immense majorité du royaume se composait d'Egyptiens. Ptolémée Soter sentit si bien la nécessité de consulter les lois et les mœurs de cette majorité, qu'à cet égard il chargea son meilleur conseiller d'une mission spéciale. Il préposa à la législation, dit Elien, Démétrius de Phalère, qui s'était réfugié dans ses palais depuis son expulsion de Thèbes et d'Athènes (306 avant J.-C.)(1). Cela ne veut pas dire sans doute, qu'il le pria de faire des lois ; cela veut dire qu'il le chargea de veiller au maintien des lois encore en vigueur, ou d'examiner, en les comparant avec celles du monde grec, quelles seraient celles des lois anciennes ou nouvelles qui conviendraient désormais dans son royaume. Dans tous les cas, les institutions que l'on y trouvait encore durent servir de point de départ; et elles imposèrent nécessairement leur caractère à celles qui venaient s'y agréger. Les plus fortes des institutions encore existantes de l'Egypte, c'étaient incontestablement les sanctuaires d'Héliopolis, de Thèbes et de Memphis. Du côté de la Grèce, celles qui dominaient les esprits, c'étaient assurément les écoles philosophiques d'Athènes. Là, dans les écoles de la Grèce et dans les sanctuaires de l'Egypte, était non-seulement la science, mais la vie, mais le génie des deux pays; et les sanctuaires menaient les consciences, comme les écoles les intelligences.

Il est toutefois évident que Ptolémée Soter dont la politique avait besoin, dans son système de transaction, de ces écoles et de ces sanctuaires, ne pouvait les accepter tels qu'ils étaient ni les uns ni les autres. Les sanctuaires de l'Egypte avec leur esprit sacerdotal eussent repoussé en lui et dans sa dynastie une civilisation étrangère ; les écoles d'Athènes

---

(1) Elian., lib. III, c. 17. Συνὼν τῷ Πτολεμαίῳ νομοθεσίας ἦρξε.

avec leur génie philosophique eussent combattu, près de lui, à-la-fois la religion et les lois de l'Égypte. Et néanmoins il lui fallait, pour le gouvernement religieux et intellectuel de son royaume, les sanctuaires de l'Egypte et les écoles de la Grèce. Seulement il les désirait modifiés les uns et les autres. Il lui fallait surtout dans sa capitale une institution tenant à-la-fois du sanctuaire et de l'école, et qui vînt changer fortement par la science, mais sous la bannière de la religion, les études, les mœurs, les idées ; rallier à sa dynastie les grands corps de l'état, les prêtres, les magistrats, les gouverneurs des provinces, les chefs de l'armée, la jeunesse de plusieurs nations, en un mot tout ce qui commande aux masses ou les entraîne.

La population d'Alexandrie surtout réclamait des institutions spéciales. Elle était très mélangée, composée d'éléments hostiles entre eux, plus propres à troubler le pays qu'à le guider dans les voies de l'ordre et de la soumission. Cette population, c'était d'abord celle de Rhakotis qu'on avait comprise dans l'enceinte d'Alexandrie, et celle de Canobus qu'on invita ou plutôt qu'on força de s'y rendre. C'étaient là des Egyptiens corrompus ou du moins altérés par le contact avec la Grèce, mais qui avaient conservé leur culte et leur langue, et qui ne voyaient dans la nouvelle dynastie qu'une famille étrangère, dont le pays finirait par secouer le joug, comme il avait secoué celui des Ethiopiens, des rois pasteurs, des Perses. A ce fond d'indigènes se joignait une multitude de Juifs qu'Alexandre y avait attirés dès l'origine ou, que Ptolémée y menait à la suite de ses guerres et dans des vues de conquête sur la Judée. Si nous en croyions les auteurs juifs, Ptolémée aurait conduit dans sa capitale cent mille individus de cette nation, l'an 320 avant J.-C., et un grand nombre d'autres, l'an 342. Enfin, l'Egypte en aurait eu un million au temps de Philon, et une grande partie en aurait habité Alexandrie. Ces récits sont exagérés, sans nul doute; mais il est certain que les Juifs s'étaient portés en foule dans ce vaste bazar de l'industrie ancienne. Or ils formaient une population aussi étrangère aux vieilles institutions de l'Egypte qu'aux mœurs nouvelles d'Alexandrie, et ils n'étaient pas moins corrompus par le contact avec la Perse ou la Grèce que les familles venues de Canobus ou de Rhakotis. Une nuée de Grecs et d'Asiatiques, séduits par Alexandre, par les Ptolémées ou la fortune de la ville fondée par l'un et embellie par les autres, était venue partager les bénéfices d'un immense commerce et les faveurs d'une cour prodigue. C'étaient là pour la plupart des hommes sans principes et sans patrie, dominés les uns par l'amour des richesses, les autres par le désir de visiter la plus fameuse des régions du monde ancien. Une garnison macédonienne très considérable, (car l'armée du fils de Lagus se composait de 200,000 hommes d'infanterie, et de 40,000 de cavalerie), formait le complément d'une population si peu faite pour s'entendre, et c'était là sans doute un élément d'ordre, puisque c'était le principal moyen de gouvernement, mais cette garnison elle-même et les familles qui s'y rattachaient, méritaient de la part du prince une attention extrême. Si la race macédonienne en formait le fond, il s'y trouvait une majorité de mercenaires venus de tous les pays et habitués par tous les genres de séductions à tous les complots et à toutes les révoltes. Sous quelque point de vue qu'on envisage ce mélange de peuples divers, on conçoit que, pour ne pas le laisser un péril pour le gouvernement et pour le fondre en une sorte de syncrétisme social, il fallait de puissants moyens d'influence et d'éducation politique. Distribués dès l'origine par quartiers et distingués les uns des autres non-seulement par leur langue et leur costume, mais par la juridiction à laquelle ils étaient soumis, les habitants d'Alexandrie s'observaient avec des sentiments d'hostilité et de jalousie, qu'il fallait d'autant plus s'efforcer d'anéantir, que toutes les fractions de cette population étaient plus enclines aux nouveautés, et qu'il était moins sage de compter sur des troupes toujours disposées à suivre quiconque pouvait les acheter. Dans ces conjonctures, montrer de la bienveillance à tous, leur assurer à tous des droits égaux, une entière liberté de culte et d'industrie, c'était sans doute les attacher à la cité, au pays, et même à la dynastie; mais ce n'était pas encore satisfaire à tous leurs besoins, en former une nation et se préparer un avenir. Les Lagides, après avoir rempli les devoirs d'une politique vulgaire, et ils les remplirent — car on ne saurait ajouter foi à ce que disent Philon et Josèphe sur l'imprudente prédilection de ces princes pour les Juifs et l'oppression incroyable où ils auraient tenu les Egyptiens (1) — les Lagides, disons-nous, songèrent à l'avenir avec les vues les plus élevées. Pour amener entre les deux principales civilisations qui se trouvaient en présence dans leur royaume, et surtout dans leur capitale, entre les idées, les mœurs et les institutions des Grecs et des Egyptiens, cette transaction qui était la loi suprême de leur gouvernement, ils cherchèrent à confondre la science et les arts de deux nations dont l'une se glorifiait d'avoir tout inventé, dont l'autre avait tout perfectionné, et qui, tout en se rencontrant sur quelques points, différaient sur presque tous les autres. Cette fusion pouvait satisfaire les esprits distingués, et répandre ses lumières sur les individus de toute nation qu'attirerait la fortune d'Alexandrie ou celle de l'Egypte. Si, dans cette transaction, l'Egypte devait avoir d'abord une part prépondérante; si celles de ses lois et de ses mœurs qui étaient encore debout devenaient nécessairement le point de départ, de profondes modifications devaient néanmoins y être apportées dans la suite des temps et des tendances grecques prévaloir enfin dans toutes les institutions. Les Egyptiens conserveraient ainsi toutes les illusions de leur nationalité religieuse, mais ils trouveraient dans les créations nouvelles toutes les supériorités et toutes les séductions

---

(1) Philo, *vita Mosis*, et Joseph. contra Apion., lib. II, *passim*.

du génie grec. De là, sous le règne des premiers Lagides, le maintien des anciens collèges de Thèbes, de Memphis et d'Héliopolis; mais de là aussi la création de ce superbe Gymnase, qui occupait un immense espace sur la principale rue de la cité; de là, cette vaste Bibliothèque, dont les collections embrassaient tous les ouvrages de science et de littérature; de là, enfin, ce royal Musée, où l'on réunissait, sous la présidence d'un prêtre, les savants les plus distingués du monde connu.

Quant au gymnase, qui a dû jouer un rôle important sous tous les rapports, il est inconnu dans les annales littéraires d'Alexandrie; et il y serait connu, qu'il n'entrerait pas dans notre plan d'en parler. Il n'y aurait d'ailleurs rien à dire sur le but de sa fondation; un gymnase ne pouvait manquer dans une ville créée par un élève d'Aristote. La première bibliothèque et le premier Musée d'Alexandrie, méritent, au contraire, toute notre attention. Il est vrai que la fondation d'une collection faite dans un but scientifique n'a rien d'étonnant de la part d'une dynastie dont le chef avait coopéré, sans nul doute, sous les ordres d'Alexandre, à enrichir la Bibliothèque d'Aristote, pas plus que la création d'un Musée de la part d'un prince, dont le conseiller intime, Démétrius de Phalère, avait concouru dans Athènes à la fondation du Musée de Théophraste (1). Mais ces deux institutions auraient une tout autre signification, si, dans leur création, des vues politiques s'étaient jointes à des vues scientifiques et littéraires.

Dans ce que l'on a écrit jusqu'ici sur ces grands établissements, on a aussi complètement négligé le point de vue politique que le point de vue moral. Cependant si nous en croyions un écrivain ancien, ce serait une pensée purement politique qui aurait présidé à cette double création. Démétrius de Phalère, dit Plutarque (2), conseilla à Ptolémée Soter de s'entourer d'une collection de livres où il pût trouver,

(1) Voyez ci-dessus, p. 33.
(2) *Regum et imperat. Apophthegm.*

sur l'art de régner, des conseils et des maximes de gouvernement que n'oseraient lui donner même ses meilleurs amis. Or, cette indication, prise dans le sens qu'elle doit avoir, nous paraît être d'une haute importance; et après les considérations que nous venons de présenter, il ne saurait plus y avoir le moindre doute que des vues politiques ne soient entrées pour beaucoup dans la création des deux premières institutions littéraires d'Alexandrie. A celles que déjà nous avons indiquées, il faut joindre surtout, de la part du chef des Lagides, le désir d'entourer la nouvelle dynastie et ses conseillers de toutes les lumières dont ils avaient besoin pour suivre ce système de gouvernement que nous venons de signaler comme le seul qui leur convînt. On voit combien les études politiques étaient suivies en Grèce, à l'école de Socrate, dans l'école de Platon, dans celle d'Aristote, philosophe qui avait réuni dans un ouvrage perdu pour nous des documents sur les institutions sociales de cent-cinquante états différents. Un élève de cette école, Démétrius, ayant à diriger les choix d'un prince grec, devait conseiller ces études et recommander cette littérature au chef de la nouvelle dynastie qui s'élevait en Egypte avec des vues sur la Phénicie, la Palestine, la Cyrénaïque, les îles et le continent de la Grèce. Réunir les chefs-d'œuvre de la littérature grecque et les déposer dans un édifice royal, aux abords même d'un pays aussi célèbre par son antique sagesse et ses puissantes institutions; y joindre aux ouvrages de politique ceux de morale et de religion qui en étaient inséparables; relever une telle collection par tous les monuments du génie humain et rapprocher ainsi les codes de l'Egypte et de la Judée, les maximes des sages et les inspirations des prophètes de ces pays des lois de Lycurgue et de Solon comme des poésies d'Orphée et d'Homère ou des doctrines de Platon et d'Aristote, c'était là précisément créer ce foyer de civilisation mixte que réclamait la situation des Lagides. Quand, parmi les érudits, on s'est débattu jusqu'ici sur la question de savoir si le fondateur de la première bibliothèque d'Alexandrie a suivi, en la créant, l'exemple des anciens rois d'Egypte, celui de Pisistrate, celui d'Aristote ou celui des rois de Pergame, on s'est mis si complètement en dehors du vrai, qu'on n'a pu faire que de l'érudition sans portée. Que dans l'exécution on a suivi ce qui se trouvait en vue ou ce qui avait précédé, cela est hors de doute; mais ce n'est pas de cela qu'il s'agit ici, c'est de la première pensée d'un prince ou de celle de son conseiller, et quant à celle-là, elle fut politique.

Si, d'après cela, il est à croire qu'une pensée de cet ordre entra pour beaucoup dans la création de la première bibliothèque d'Alexandrie, il est également hors de doute que cette institution fut l'œuvre de Ptolémée Soter, et qu'elle remonte jusqu'aux dernières années du ive siècle avant notre ère. A cet égard, c'est incontestablement l'opinion de saint Irénée, de saint Clément d'Alexandrie et de Théodore, qu'il faut préférer à celles d'Eusèbe, de Tertullien, de saint Augustin et de saint Epiphane, ainsi qu'aux traditions judaïques sur la version des Septante, traditions qui confondent l'origine de cette version avec celle de la bibliothèque elle-même pour laquelle elle fut ordonnée, et qui donnent Ptolémée II comme fondateur d'une collection qu'il trouva riche en arrivant au pouvoir (1). En effet, aidé de Zénodote, le premier chef de la bibliothèque, Démétrius, qui en avait conseillé la création, l'avait fait augmenter sous le premier des Lagides à tel point, que le second y trouva 200,000 volumes (2).

Cependant, si importante que devînt cette institution, elle le fut moins qu'une autre qu'elle amena sans doute à sa suite, si elles ne furent pas conçues ensemble, et qui

---

(1) Iren., III, 21. — Euseb., H. E. V, 8. — Clem. Alex. Strom., I, 22.- Theodor., *Præf. in Psalm.*— Euseb., *Chronic.*, ed. Scalig., p. 66. —Tertuil., *Apol.*, c. 18. — Epiph., *de mensur. et pond.*, c. 9 — August., *Civ. Dei*, XVIII, c. 42.

(2) Joseph., *Antiq.*, XII, 2. — Suidas, au mot *Zénodote*.

fut essentiellement littéraire encore, mais qui était conçue dans des vues analogues, j'entends le Musée, qui ne fut ni une école sacerdotale d'Egypte, ni une école philosophique de Grèce, mais qui, formée à l'exemple de ces institutions, devait cultiver la science avec une sorte de liberté, à l'instar du Lycée ou de l'Académie, et se soumettre néanmoins à une sorte de direction religieuse, à l'instar des instituts d'Héliopolis et de Memphis. En effet, le Musée fut une institution de transaction. D'abord ce ne fut pas un collège de prêtres, ce ne fut qu'un *synode* de savants, pour nous servir de la définition de Strabon (1). Ensuite, ce ne fut pas une école de philosophes réunis librement et à leurs frais autour d'un chef indépendant et de leur choix ; ce fut une sorte de communauté littéraire élue par un prince, présidée par un prêtre, réunie au même palais et à la même table. Enfin, ce ne fut ni une institution locale, ni une institution nationale, ni grecque, ni égyptienne. Si l'Egypte en était le théâtre, dans le monde grec tout entier on pouvait y aspirer comme en Egypte. Le *Musée*, dit Philostrate, *est une table égyptienne, qui dans le monde entier appelle à elle les hommes illustres* (2). On voit combien une telle institution laissait derrière elle, sous le rapport de la grandeur, ou de l'universalité, si l'on veut parler le langage de Philostrate, les établissements locaux de Memphis et d'Athènes. Or quelles qu'aient été réellement ses destinées, on comprend la portée politique qu'elle devait avoir dans la pensée de son auteur.

Dans les indications que nous ont laissées des écrivains qui ont vécu long-temps après son fondateur, Strabon, Philostrate, Eustathe, c'est un synode de savants, une table égyptienne, un Prytanée académique. La plupart des modernes n'y ont pas vu davantage (3). Il en est qui n'y ont reconnu

---

(1) Geogr. lib. XVII, c. 1.
(2) *Vitæ Sophist.*, lib. I. *Vita Dionys.*
(3) Keilhacker, *de Museo Alexandrino*, Leips., 1698. — Gerischer, *de Museo Alexandrino ejusque* δωρεαῖς *et* δώροις, ib., 1750. — Gronovius,

qu'une imitation du Musée de Platon ou de Théophraste. Mais il est probable que, si les écrits dont il fut l'objet de la part de Callimaque, d'Aristonicus, d'Apollonius de Rhodes, de Calixène et d'Andron, tous antérieurs à Strabon, nous fussent parvenus, nous en concevrions une idée fort différente et beaucoup plus élevée.

Pour se faire du but primitif de cette institution des notions précises et complètes, abstraction faite des destinées qu'elle eut dans la suite, il faut non-seulement la distinguer de la bibliothèque, mais encore de l'école d'Alexandrie, avec laquelle on l'a souvent confondue.

Pour ce qui est de la bibliothèque, nous verrons bientôt qu'il n'est pas plus possible de confondre en une seule institution la bibliothèque et le Musée, que d'assigner un seul bâtiment à l'une et à l'autre. On ne doit pas confondre davantage le Musée avec l'école d'Alexandrie. Le Musée, composé de membres primitivement élus par le prince et admis dans ses palais à une table commune, fut le noyau de l'école; il ne fut pas l'école. Celle-ci se forma librement sous l'influence du Musée, et se rattachant étroitement à ses travaux, mais embrassant tous les savants d'Alexandrie, externes comme internes. En un mot, le Musée d'Alexandrie fut une institution royale, et ce qu'on appelait l'Ecole d'Alexandrie ne fut jamais qu'une agrégation idéale, vague à tel point qu'on y comprenait des écrivains qui n'avaient jamais habité la célèbre cité, mais qui avaient imité ses travaux, ses goûts et son langage. Aujourd'hui on embrasse sous cette dénomination non-seulement tous les savants d'Alexandrie, mais encore

---

de *Museo Alex.*; *in Thes. antiq. Græc.*, t., VIII, in calce. — Kuster, *ib.* — Manso, *Briefe aus Alexandrien. Vermischte Schriften.* I. — Parthey, *das Alexandrinische Museum.* — Klippel, *über das Alexandr. Museum.* — cf. Heyne, *de genio seculi Ptolemæorum.* — Sprengel, *die Alexandrinische Schule*, dans l'Encyclopédie (allemande) de MM. Ersch et Gruber. — Voir aussi les écrits de Sainte-Croix, Reinhard, Beck, Dedel, M. Auguis, etc., sur la Bibliothèque d'Alexandrie.

toutes les institutions littéraires de cette ville. Demander le but d'une telle école, ce serait faire un non-sens ; on peut et on doit, au contraire, rechercher la pensée qui inspira la fondation du Musée.

D'abord, il faut s'entendre sur la question. Que le but de cette institution ait été littéraire, cela ne souffre pas de doute; et il est certain que le Lagide qui rassembla la première Bibliothèque et ouvrit le premier Musée, aimait les lettres et voulait qu'on les y cultivât. Cela ne fait pas question. Mais a-t-il voulu essentiellement aussi que, dans sa capitale, les lettres ne fussent cultivées ni avec les mêmes vues et la même liberté qu'en Grèce, ni avec la même dépendance et les mêmes tendances qu'en Egypte? A-t-il voulu, non pas une école philosophique d'Athènes, ni un collège sacerdotal d'Héliopolis; mais une institution qui réunît à quelques-uns des avantages du collège égyptien quelques-uns des avantages de l'école grecque? Voilà ce qui fait question. Il a dû vouloir cette fusion ; cela était évidemment dans son intérêt de chef de nation et de chef de dynastie; mais formuler sa pensée d'une manière précise et affirmer qu'il désirait se former au Musée des conseillers ou des instruments politiques, qu'il espérait amener par eux les Grecs à quelques habitudes égyptiennes, les Egyptiens à quelques habitudes grecques, tous, dans la suite des temps, à des mœurs et à des croyances communes, ce serait peut-être lui attribuer des vues qu'il n'eut jamais. Toutefois on ne se trompera pas sur ses intentions quand on se persuadera qu'il se flattait de fonder une institution qui jeterait sur sa dynastie un puissant éclat et qui exercerait sur l'Egypte et la Grèce, sous le rapport des doctrines et de la science, une action profonde. Or, c'est là ce que nous appelons le but profondément politique d'une institution essentiellement littéraire, et ces vues entrèrent évidemment dans la création de Ptolémée Soter ; car l'origine du Musée est aussi du règne de ce prince; nous allons le prouver, comme nous l'avons fait pour la Bibliothèque.

Le fondateur du Musée n'étant pas désigné par les anciens, on a émis trois opinions différentes sur l'origine de cette institution. Suivant les uns ce serait Ptolémée Soter, suivant les autres, Ptolémée Philadelphe qui l'aurait créée ; suivant d'autres encore elle serait du règne commun de ces deux princes, c'est-à-dire de l'an 285 à l'an 283 avant notre ère (1). Mais il est hors de doute que le Musée est l'œuvre du premier de ces deux princes. A la vérité cela ne résulte pas de textes positifs, mais cela ressort d'une série de considérations. Il y a des textes qu'on peut invoquer en sens contraire ; c'est assez dire qu'ils manquent d'autorité. On peut interpréter en faveur du père, ces mots de Plutarque : Πτολεμαῖος ὁ πρῶτος συναγαγὼν τὸ μουσεῖον (2) ; mais ces mots peuvent se traduire aussi bien par, *celui des Ptolémées qui le premier réunit le Musée*, que par, *Ptolémée premier, qui réunit le Musée*; et dès-lors il faut les abandonner. On peut alléguer en faveur du fils ce passage d'Athénée : Περὶ δὲ βιβλίων πλήθους καὶ βιβλιοθηκῶν κατασκευῆς καὶ τῆς εἰς τὸ μουσεῖον συναγωγῆς τί δεῖ καὶ λέγειν (3) : *Que dire de la multitude de livres et du soin qu'il a pris de procurer des bibliothèques et de réunir des savants au Musée ?* Ici encore rien de décisif pour le fils, rien d'exclusif pour le père, rien qui fasse connaître le fondateur d'une manière certaine ; et dès-lors il faut abandonner ce texte aussi. Plutarque et Athénée, qui fournissent ces lignes, ont vécu près de cinq siècles après la création du premier Musée, et de leurs textes il résulte une seule chose qui soit bien positive, c'est que, dans l'intervalle qui les séparait de l'origine du Musée, les traditions étaient devenues si incertaines que, dans les unes, on parlait davantage du premier, dans les autres, du second des deux

(1) *Chronologie des Lagides*, par M. Champollion-Figeac, et les observations de Saint-Martin sur cette chronologie. L'adjonction de Ptolémée Philadelphe au règne de son père paraît être du 2 novembre 285. A. J. Ch.

(2) *Du Traité*, Ὅτι οὐδὲ ζῆν ἐστιν ἡδέως, c. 13.

(3) Deipnosoph., V, p. 284, éd. Schw.

princes. Mais, il est deux sortes de faits qui établissent la création du Musée par Ptolémée Soter : les uns la rendent probable, les autres, certaine.

Voici les premiers. Ptolémée Soter cultivait les lettres avec amour et avec succès, appelait les savants à sa cour, aimait à s'entretenir avec eux et à correspondre avec ceux qu'il n'avait pu attirer dans ses palais (1). A peine proclamé roi, 306 avant J.-C., il avait reçu près de lui Démétrius de Phalère; et avant d'associer à son empire Ptolémée Philadelphe, il avait fondé, sur le conseil de ce littérateur, la grande bibliothèque. Or, Démétrius avait secondé Théophraste dans la création de son Musée (2) : devenu conseiller d'un prince passionné pour les lettres et qui pressait tous les savants les plus distingués de le joindre en Egypte, n'a-t-il pas dû l'engager à leur ouvrir, dans ses palais, un Musée semblable à ceux que les Péripatéticiens et les Platoniciens avaient fondés en Grèce de leurs propres deniers? Une idée si simple ne pouvait pas ne pas se présenter à la pensée de Démétrius; et le prince qui construisait des temples, des hippodromes, des gymnases, des théâtres, des résidences et des sépultures royales, ne pouvait pas ne pas la réaliser. En effet, il avait appelé près de sa personne des poètes, des historiens, des philosophes, des mathématiciens, des médecins et des artistes, les uns pour leur remettre le soin de sa grande collection de livres et s'éclairer de leurs lumières [Démétrius de Phalère, Théodore d'Athènes, Diodore Kronos, Rhinton de Corinthe, Archélaüs, Lycus et Euclide furent de ce nombre]; les autres pour leur confier l'éducation de son successeur [Philétas, Zénodote et Straton de Cos donnèrent des leçons à Philadelphe]; d'autres encore pour

---

(1) Arrian. in Præf., lib. I, c. 1. — Plutarch. in Alexandro. — Id., *de Alexandri fortunâ*, II, c. 1. — Id., *de cohibendâ irâ*, I, 9. — Quint.-Curt., IX, c. 8. — Diog. Laert. dans les vies de Stilpon, Straton, Démétrius et Theophraste.

(2) Voy. ci-dessus, p. 33.

les charger des constructions qu'il méditait [ce qui constituait la mission de Dexiphane et de Sostrate]. Or il devait nécessairement les rapprocher de ses demeures et les réunir autant qu'il le pouvait : en un mot, il devait les loger dans ses palais, c'est-à-dire fonder le Musée. Cette institution fut établie dans ses palais et le Musée fut fondé.

Voici maintenant les faits qui ne permettent pas de contester la fondation du Musée à Ptolémée Ier. Un ouvrage sur cette institution fut publié par Callimaque sous le règne de Ptolémée II. Cet écrit n'était pas un tableau de l'avenir, un prospectus ; c'était une notice historique ou panégyrique sur le Musée. Était-il possible de la composer sur une institution qui venait de naître? Cela était-il dans les mœurs des anciens ? N'était-il pas, au contraire, dans leurs habitudes d'écrire sur des établissements qui étaient en possession d'une certaine célébrité? Ce qui confirme nos inductions tirées de cette *description*, ce sont celles que suggère une *épigramme* dont le Musée fut l'objet à la même époque. L'auteur de cette épigramme, Timon le Phliasien, avait reçu de Ptolémée II un accueil distingué ; mais riche du fruit de ses talents et jaloux de l'indépendance qu'ils lui assuraient, il ne fut nullement tenté de s'agréger au Musée; dans son humeur caustique le fameux sillographe fit, au contraire, sur cette institution des vers qui prouvent évidemment qu'elle n'était ni de création récente, ni l'œuvre du prince qui venait de l'accueillir. « Beaucoup de gens, dit-il, sont nourris dans la populeuse Egypte, des combattants à coups de livres, qui luttent *sans fin* dans la cage des Muses » (1). Cela ne pouvait se dire de savants réunis nouvellement; car cela indique des habitudes prises, un état de choses connu. Or, ce n'est pas en un jour que se contractent des mœurs

---

(1) Πολλοὶ μὲν βόσκονται ἐν Αἰγύπτῳ πολυφύλῳ ‖ βιβλιακοὶ χαρακεῖται, ἀπείρετα δηρίοωντες ‖ Μουσέων ἐν ταλάρῳ. Athen. Deipn., I, p. 22. ed. Casaub., p. 84. Schweigh.

littéraires, que se dessine le caractère d'une institution. Après tous ces faits il nous faudrait les textes les plus positifs pour contester au premier des Lagides et à son conseiller Démétrius l'honneur de cette fondation.

Je ne réfute pas l'hypothèse de ceux qui ont imaginé, pour concilier toutes les opinions, d'attribuer l'origine du Musée au règne commun des deux premiers Lagides. Cette hypothèse est puérile; et le second de ces princes portait à Démétrius, qui fut le véritable conseiller de la mesure, des sentiments trop hostiles pour s'associer à ses desseins. On sait qu'à peine élevé sur un trône que Démétrius destinait au fils de la première femme de Soter, il bannit de sa cour le fugitif d'Athènes, qui mourut bientôt dans l'exil.

Ce fut donc sous le règne du premier des Lagides que se forma le Musée; et il est probable que l'origine de cette institution fut à peu-près contemporaine de celle de la Bibliothèque, dont elle devait être le complément et la conséquence. Or quand je considère tout le règne de Ptolémée Ier, je n'y trouve pas d'époque plus favorable à cette création que celle qui suivit l'an 306, où ce prince fut proclamé roi, ou celle qui suivit l'an 294, où il commença de jouir d'un état de paix et de prospérité que lui envièrent tous ses émules. Si Ptolémée Soter, pour accomplir ses desseins sur l'Egypte et la Grèce, pays où les collèges sacerdotaux et les écoles philosophiques jouaient un si grand rôle, avait besoin d'une institution qui, unissant les avantages des uns et des autres, exerçât une action profonde sur les mœurs, la langue et la littérature, c'est-à-dire, sur la vie morale et politique des peuples qu'il désirait soumettre à sa dynastie, et préparât cette fusion des esprits et des intérêts qu'il était du devoir de son gouvernement d'établir dans sa capitale, pour l'étendre de là sur les provinces, il n'a pas dû tarder à joindre le Musée à la Bibliothèque.

Cependant, pour atteindre les vues morales et politiques qu'il apportait à la création de deux institutions littéraires, il a dû aussi dès l'origine les fonder sur des bases nettement arrêtées. Nous avons vu de quels éléments se composait cette population d'Alexandrie dont il s'agissait de faire le type de la nation ; et l'on conçoit, en l'examinant, que sa tâche n'était pas facile. On le conçoit encore mieux quand on considère les habitudes d'esprit et de conduite de ceux qu'il devait employer comme principaux instruments, de ces philosophes grecs si indépendants, de ces littérateurs d'Athènes si imbus de scepticisme et de démocratie. N'était-il pas téméraire de les appeler au milieu de ces Egyptiens à peine échappés au réseau de leur antique théocratie et façonnés à la révolte par les vexations de leurs derniers maîtres ; de ces Juifs, partout marchands avides, citoyens indifférents pour tous les règnes ; de ces aventuriers de la Grèce et de l'Asie, qui n'avaient de lois et d'idoles que les faveurs de la fortune ou celles d'une cour quelconque ; de ces mercenaires enfin, à qui tant d'ambitieux lieutenants d'Alexandre enseignaient depuis vingt ans le mécontentement et la défection ? N'était-il pas à craindre que, libres de leurs travaux et de leurs paroles, les mêmes hommes qu'installait le Lagide dans ses palais pour l'éclairer de leurs lumières et jeter sur son règne l'éclat de leur génie, n'y répandissent le doute des écoles grecques et le désordre de l'agora d'Athènes ; qu'entre les doctrines et les religions diverses, il n'éclatât autant de querelles qu'entre les divers éléments de la population, et qu'ainsi ne se développassent dans Alexandrie, sous le patronage même des rois, tous ces germes de dissolution sociale dont le rapide progrès présageait déjà la chute de la Grèce ? Dans ce cas ne valait-il pas mieux maintenir et propager les collèges sacerdotaux de l'Egypte et faire d'Alexandrie la rivale de Memphis ?

Sans nul doute. Mais le génie qui créa le premier Musée et la première bibliothèque d'Alexandrie, sut donner dès l'origine à ces institutions une organisation conforme à ses desseins et propre à les préserver de déviations aussi périlleuses.

CHAPITRE III.

ORGANISATION DU PREMIER MUSÉE ET DE LA PREMIÈRE BIBLIOTHÈQUE. — RAPPORTS ENTRE LES DEUX INSTITUTIONS ET ESPÉRANCES QU'ELLES FAISAIENT CONCEVOIR.

Les membres du Musée dressèrent, presqu'au début de leurs travaux, des canons où ils nommaient, par catégories et par ordre de mérite, les meilleurs auteurs de leur époque ou du passé. Puis, pour signaler à la postérité, comme à leurs contemporains, les plus éminents parmi ceux qu'on devait admirer, ils les désignèrent sous le nom de pléïades, et en formèrent une sorte de Musée idéal, qui embrassait tout le monde grec et tous les siècles de sa gloire. Plusieurs membres du Musée d'Alexandrie figurèrent eux-mêmes sur ces tableaux d'honneur. Si l'un d'eux eût daigné descendre à un travail plus humble, et dresser par catégories une simple liste de tous les membres du Musée, que de questions ce document parvenu jusqu'à nous viendrait nous expliquer! Sans doute il ne nous dirait rien sur le local, l'administration et la direction du Musée, sur son organisation intérieure, ses ressources financières et ses moyens scientifiques; mais il nous ferait au moins connaître le nombre de ses membres et leurs noms, y compris celui du chef, peut-être aussi leur répartition en classes ou en catégories, et la distinction qu'ils établissaient entre les commensaux de l'institution et les simples savants de la ville. De plus, une foule de questions secondaires se résoudraient au moyen de ces notions fondamentales, et jamais travail plus aisé n'eût été plus utile. Mais personne n'a songé à ce tableau si simple; et les descriptions que plusieurs écrivains d'Alexandrie avaient publiées sur le Musée s'étant perdues, tout ce que nous avons aujourd'hui de renseignements sur son organisation, ce sont quelques lignes de Strabon, qui a vécu trois siècles après son fondateur.

Avant d'examiner ces lignes et d'en tirer les inductions qu'elles fournissent, voyons d'abord quelle confiance elles méritent. Strabon, qui accueille quelquefois des traditions assez suspectes, ne fut pas du Musée; et s'il vit Alexandrie, il ne la vit qu'après l'incendie qui en avait dévoré la Bibliothèque. Il ne fut qu'un étranger dans cette ville dont les institutions littéraires furent pour lui un objet secondaire, nous l'avons vu dans la description qu'il en donne. Cela est incontestable. Cependant Strabon avait fait un séjour prolongé dans Alexandrie; il y avait recueilli beaucoup de matériaux pour sa géographie, s'y était attaché au philosophe Boéthus et lié avec le poète Ælius Gallus, qui, en sa qualité de gouverneur de l'Égypte, remplaçait en quelque sorte les anciens patrons du Musée. Dans l'hypothèse de Malte-Brun, qui admet deux rédactions de l'ouvrage de Strabon, la première aurait été faite à Alexandrie même, vers l'an 24 de notre ère, et dans ce cas un texte rédigé en face du Musée mériterait assurément un haut degré de confiance. Mais cette supposition est peu fondée, et c'est ailleurs qu'il faut chercher le degré d'autorité que peut avoir cet écrivain. Et d'abord, on ne saurait guère admettre qu'un homme tel que lui, qui pouvait si aisément savoir la vérité, et qui voulait, comme il le fait, comparer l'état ancien de l'institution avec sa situation sous les Romains, n'ait pas pris de renseignements exacts sur un établissement qu'il avait visité, et qu'il dépeint en traits pleins d'indications. En effet, il ne se borne pas à le montrer tel qu'il était de son temps, sous Tibère; il regarde au passé, et cite sur son organisation une coutume commune aux rois grecs comme aux Césars. Celle de choisir un prêtre pour président, remontait évidemment aux temps primitifs de l'institution, et convenait plus aux projets de

Ptolémée Soter qu'à la pensée de ses successeurs, dont aucun n'eût pu l'introduire sans faire une de ces innovations qui marquent une époque dans les annales d'une institution. En général, les indications de Strabon sur le Musée se bornent à ce qui est de coutume ancienne, à ce qui a toujours été tel qu'il l'a vu. Elles méritent donc de notre part une confiance entière, et si concises qu'elles soient, elles fournissent les inductions les plus positives. Les voici :

Τῶν δὲ βασιλείων μέρος ἐστὶ καὶ τὸ μουσεῖον, ἔχον περίπατον καὶ ἐξέδραν καὶ οἶκον μέγαν, ἐν ᾧ τὸ συσσίτιον τῶν μετεχόντων τοῦ μουσείου φιλολόγων ἀνδρῶν. Ἔστι δὲ τῇ συνόδῳ ταύτῃ καὶ χρήματα κοινὰ καὶ ἱερεὺς ὁ ἐπὶ τῷ μουσείῳ τεταγμένος τότε μὲν ὑπὸ τῶν βασιλέων, νῦν δ' ὑπὸ καίσαρος. « Une partie des palais royaux forme aussi le Musée,
« qui a une promenade, une galerie à sièges, une grande salle
« où se font les repas communs des hommes savants qui
« participent au Musée. Cette compagnie a des revenus com-
« muns, et pour chef un prêtre autrefois préposé au Musée
« par les rois, maintenant par César (1). »

De ce texte, qui contient un résumé savant, résultent six faits principaux : 1° Le Musée était un bâtiment spécial, exclusivement affecté aux savants ; 2° Il était pourvu de tout ce que demandait leur séjour habituel ; 3° C'était une institution de l'état ; 4° Dotée par l'état de revenus spéciaux, elle était sous l'action directe du gouvernement, qui en désignait le chef ; 5° Ce chef était un prêtre ; 6° La présidence d'un prêtre, et le nom même du Musée, conféraient à l'établissement une sorte de caractère religieux. Ces résultats généraux méritent quelques développements.

Le Musée était un bâtiment spécial, affecté exclusivement aux savants. Ces derniers étaient les hôtes des rois ; mais ils n'étaient ni leurs commensaux, ni relégués par eux dans quelques coins perdus de leurs palais ; au contraire, ils se trouvaient installés dans une demeure royale dont ils

---

(1) Geog., lib. XVII, c. 1.

étaient les seuls habitants. Dans cette disposition, il y avait, pour le prince, un degré suffisant d'action et d'autorité, pour eux, un degré suffisant d'indépendance et de dignité. En effet, si le choix d'un palais dans le quartier royal marquait bien la position du Musée vis-à-vis du chef de l'état, il donnait aussi à l'institution naissante, dans un pays où jusqu'ici le sacerdoce seul partageait les demeures des rois, le rang qu'elle devait occuper dans l'intérêt de la dynastie. D'un autre côté, elle avait cette apparence de liberté que réclamait le culte des lettres et qui lui donnait sur l'opinion le crédit dont elle avait besoin.

Dans l'intérêt des lettres, le palais était pourvu de tout ce que demandait le séjour habituel des savants. Comme dans les gymnases grecs on y trouvait un exèdre, c'est-à-dire une galerie ouverte sur le devant, munie de sièges pour les conversations ou les discussions des savants, et quelquefois garnie de tableaux ou de cartes pour leurs leçons, comme les portiques eux-mêmes. Ces exèdres s'établissaient sous les portiques, et y prenaient plus ou moins d'espace, suivant l'importance de l'institution. Ce que Vitruve en dit d'une manière générale, trouvait parfaitement son application au Musée d'Alexandrie : *Constituuntur in tribus porticis exedræ spatiosæ, habentes sedes, in quibus philosophi, rhetores, reliquique qui studiis delectantur, sedentes disputare possint.* (1)

Pour l'ordinaire les philosophes de la Grèce préféraient à l'exèdre, la promenade. Recherché à l'Académie comme au Lycée, le *péripatos*, qui était un bois plus ou moins étendu, et qui se composait au moins d'une allée d'arbres, ne pouvait manquer au Musée ; il y avait un parc près la demeure des rois ; on traita les savants à-peu-près comme eux, on joignit une promenade à leur palais. M. Parthey n'a pas craint d'y ajouter des fontaines jaillissantes. Il faut lui savoir gré de

---

(1) Lib. V, c. 11. cf. Cicer. *Tuscul. quæst. in initio.* — Id. *ad familiares*, VII, 23.

cette attention. Quant à la promenade, Strabon n'en parlerait pas, qu'il faudrait l'admettre. Elle se trouvait au Lycée, où il était si difficile d'en établir (1). Diodore de Sicile, qui a probablement imaginé son Osymandéum d'après le Musée et la Bibliothèque d'Alexandrie, ne manque pas de mettre une promenade dans sa description (2).

En Grèce, le péripatos et l'exèdre étaient les parties d'un gymnase public les plus accessibles aux philosophes. Aux Musées de Platon et de Théophraste, ainsi qu'au jardin d'Épicure, c'étaient là les principaux lieux de réunion. Cependant dans ces institutions particulières, il existait pour les philosophes, d'abord, des droits plus étendus; ensuite, une communauté d'intérêts telle que, probablement, ils se réunissaient comme dans l'Institut de Pythagore aux heures des repas. Non-seulement cette coutume avait été adoptée par le fondateur du Musée, mais il y avait consacré une salle qui se distinguait par son étendue, et qu'on appelait la *grande maison*. On a conclu de cette dénomination, que la salle à manger du Musée formait un édifice particulier. Rien n'autorise toutefois cette conclusion; le mot de οἶκος a très souvent le sens de *salle à manger*, et l'on peut voir dans Vitruve avec quel luxe l'Égypte bâtissait ces salles (3). Strabon parle d'une seule salle. N'y en eut-il qu'une? N'y eut-il pas au moins plusieurs tables? En expliquant un fait qui s'est passé au Musée lors de la présence de Caracalla en Égypte, et en écoutant son imagination plutôt que les textes, un écrivain moderne a supposé que chacune des différentes sectes de philosophes a formé une table à part, une syssitie présidée par le chef de l'école. Il a joint à cette hypothèse celle que les présidents de sections auraient composé avec celui du Musée le conseil d'administration de la maison (4). Mais

(1) Rob. Walpole, *Memoirs relating to Turkey*, t. I, éd. de 1818.
(2) M. Letronne, *sur le monument d'Osymandyas*, p. 28.
(3) Lib. VI, c. 5. — Cf. Gronovius et Kuster, *Thesaur. Antiq.*, t. VIII.
(4) Parthey, *das Alexandrin. Museum*, p. 52.

d'abord, un pareil fractionnement n'entrait pas dans les vues du fondateur. Ensuite, il eût entraîné de grandes difficultés de gestion, puisqu'il eût été également impossible de former ou une seule syssitie pour tous les philosophes, ou des syssities spéciales pour chaque groupe. Enfin, rien n'eût été plus contraire au gouvernement des Lagides que ce conseil d'administration, qu'on adjoint si gratuitement à la présidence. A la vérité, on invoque, pour appuyer l'improvisation de ces présidents, le mot de προστάντες qui se trouve dans un texte ancien (1); mais ce mot n'y a pas le sens qu'on lui donne; il indique non pas des présidents de section, mais les membres du Musée eux-mêmes, qu'il nomme avec raison des chefs ou des hommes éminents, puisqu'ils étaient à la tête de l'enseignement et de la littérature. Veut-on de cette interprétation une démonstration frappante? qu'on prenne un instant les προστάντες pour des chefs de sections, et qu'on essaie de traduire dans ce sens le passage en question. On aura ces mots : *Eratosthène, que les chefs de sections du Musée appelaient Béta*. Or, il est absurde d'imaginer que ce soient les chefs seuls qui aient donné ce nom au savant géographe, et il faut admettre nécessairement que c'étaient les membres eux-mêmes. Y avait-il donc au Musée des chefs de sections au temps d'Eratosthène? Sans doute qu'au temps de Caracalla il y eut dans Alexandrie plusieurs syssities—et nous verrons en son temps ce qu'elles étaient — mais jamais il n'y eut au Musée ni plusieurs tables distinctes dans la même salle à manger, ni plusieurs salles à manger, ni des présidents de section, ni un conseil d'administration.

Nous ajoutons un mot sur la salle à manger. Son existence au Musée indique de la part des littérateurs un séjour plus habituel que les philosophes de la Grèce n'en faisaient au Lycée et à l'Académie d'Athènes. Cependant, dans les textes anciens, rien ne montre que les savants

---

(1) Artemidor. Ephes., *in geogr. Minor.*, ed. Hudson, I, p. 62.

fussent logés au Musée. Les Pythagoriciens habitaient en commun ; les Péripatéticiens demeuraient ensemble au Musée de Théophraste, les Épicuriens, à l'Epicuréum. Je ne doute pas d'après cela que les membres du Musée n'aient eu leurs logements dans ce palais. Strabon, il est vrai, n'en parle pas, et l'on peut tirer une induction négative de son silence ; cependant il se tait aussi, dans sa description d'Alexandrie, sur des choses beaucoup plus importantes, par exemple, l'enseignement public des savants, et l'on ne saurait inférer de son silence qu'ils n'enseignaient pas. Il est certain, au contraire, qu'ils faisaient des leçons soit au Musée, soit à la bibliothèque, soit au gymnase, soit enfin dans quelque autre édifice. Or, si Strabon a pu ne pas dire où ils enseignaient, et si de son silence on doit inférer naturellement que c'était au Musée, il a pu très bien aussi ne pas rapporter où ils logeaient, et si l'on doit inférer quelque chose de son silence, c'est qu'ils logeaient au Musée. En effet, puisqu'ils y faisaient leurs cours, leurs repas et leurs promenades, ils y avaient évidemment leur domicile. Mannert veut qu'ils aient demeuré dans le voisinage (1). Il ne pouvait y avoir que deux raisons pour ne pas les admettre dans le palais même, leur nombre et leurs familles. Mais, d'abord pour ce qui est du nombre, qui ne fut pas une difficulté dès le début de l'institution, il ne paraît pas qu'il ait jamais été très grand, nous le verrons. Si toutefois il le fut, on n'a pas dû en être fort embarrassé. Ce que fit Claude en créant un nouveau Musée sous la domination romaine, était plus facile encore sous la domination grecque. Ensuite, quant aux familles, on sait que la plupart des philosophes anciens n'étaient point mariés. Ceux mêmes qui l'étaient et qui se rendaient à Alexandrie, n'y amenaient pas sans doute leurs femmes et leurs enfants. Pour les femmes et les enfants, il est évident qu'il n'y en eut pas au Musée. En Grèce, il est vrai, les femmes

---

(1) *Geog. der Griech. u. Rœm.*, t. X, p. 628, 1re partie.

cultivaient les lettres et la philosophie (1) ; mais même en ce pays, elles ne pouvaient assister aux leçons des philosophes qu'au moyen d'un déguisement. Les mœurs de l'Égypte étaient plus sévères. Une seule femme, la célèbre Hypatie, est nommée parmi les philosophes d'Alexandrie durant l'espace de neuf siècles — car il ne saurait être question de Cléopâtre — mais ce n'est pas dans les annales du Musée, c'est dans celles de l'école d'Alexandrie qu'elle est citée. Rien ne s'opposait donc au logement des savants dans l'intérieur — car dans mon système je n'y loge ni les établissements de médecine et de chirurgie, ni les copistes et les relieurs, que d'autres y mettent à tort — et comme le Musée formait un bâtiment étendu (2), qu'il y avait l'espace nécessaire pour recevoir les savants appelés en Égypte par Ptolémée Soter, qu'il entrait à-la-fois dans ses vues d'en faire un corps, de les assimiler au sacerdoce du pays et de les rapprocher de sa demeure, il est probable au plus haut degré qu'il les logea. Deux inductions tirées de textes anciens viennent à l'appui de cette opinion. D'abord, dans sa fameuse description de l'Osymandéum, Diodore, qui la traçait d'après le type qu'il avait sous les yeux, dit que le péripatos était plein de toutes sortes d'appartements (2). Or, à quoi des appartements auraient-ils servi, si ce n'est à loger les habitants du palais ? Ensuite, dans sa célèbre épigramme sur le Musée, Timon, qui avait vu lui-même cet établissement, le qualifie de *cage* et en compare les hôtes aux oiseaux de prix qu'on nourrit dans des *volières*. Or, appliquées à un édifice inhabité ou à des savants disséminés dans la ville et y vivant en toute liberté, ces expressions n'auraient évidemment

(1) Voyez le traité de Ménage, *Historia mulierum philosopharum*, à la suite de son édition de Diogène de Laërce.
(2) M. Parthey lui donne tout un stade carré ; mais c'est là la mesure du Gymnase, et il n'en fallait pas autant pour trente à quarante savants qu'à toute la jeunesse grecque d'Alexandrie.
(3) Οἴκων παντοδαπῶν πλήρης.

pas de sens. L'institution elle-même en manquait, si ses membres ne se réunissaient au Musée que pour y manger, discuter et se promener. Cela pouvait être dans les mœurs de la Grèce; cela n'était pas dans celles de l'Egypte.

La dotation spéciale affectée à l'institution est une autre mesure caractéristique. Elle assurait d'un côté le maintien de l'établissement contre les caprices de la cour et les révolutions de l'état; elle la plaçait d'un autre côté sous le contrôle permanent du pouvoir. Il est probable, en effet, qu'elle consistait en domaines; s'il en eût été autrement, on ne l'aurait pas respectée comme on fit au milieu de tant de bouleversements. Or, constituée de cette manière, elle assimilait le Musée à ces collèges de prêtres qui possédaient encore une partie considérable du pays. Toutefois le Musée ne tenait pas ses terres au même titre que les collèges les leurs; il ne les administrait pas sans l'intervention de l'état, et les Lagides conservaient ainsi sur l'établissement l'action qui entrait dans leurs vues. Cette dotation remontait, sans nul doute, aux temps primitifs de l'institution. A la vérité, aucun texte n'en attribue l'origine à Ptolémée Soter; mais puisqu'elle était ancienne, d'après les mots de Strabon, elle est assurément du règne de Soter. Elle ne saurait être postérieure à Philadelphe, et si elle était réellement l'œuvre de ce prince, celui de tous les Lagides à qui les scoliastes, les compilateurs d'anecdotes et toute la tradition alexandrine prodiguaient le plus de louanges, elle constituait dans son règne un fait trop glorieux pour n'être pas mentionné expressément. Plusieurs fois ces flatteurs ont donné au Musée le surnom de Philadelphion, qui devint plus tard le nom propre du Musée de Constantinople. Certes, Philadelphe étant l'auteur de la dotation, leur adulation eût prévalu. Mais, d'abord, cette mesure entrait dans les vues du fondateur de l'institution, en ce qu'elle conférait au Musée son caractère le plus essentiel; ensuite, s'il n'en avait pas eu l'idée, Démétrius de Phalère, qui avait contribué de ses deniers au **Musée** de **Théophraste**, la lui aurait bien suggérée.

Ce point admis, il s'élève quant à la dotation elle-même, deux questions fondamentales : *Fut-elle considérable? Fut-elle laissée à la libre administration des savants?* Nous pouvons répondre d'une manière aussi positive qu'il est désirable à l'une et à l'autre de ces questions, car nous pouvons établir les cinq points suivants. 1° Les revenus du Musée ont suffi aux dépenses d'entretien des bâtiments et aux besoins généraux de la maison. Toutefois il ne faut comprendre dans ces dépenses ni celles de la Bibliothèque, ni celle des établissements de médecine et de chirurgie, ni celles des jardins botaniques ou des dépôts zoologiques que l'on a voulu rattacher au Musée. 2° Ces revenus ont suffi, de plus, pour allouer des indemnités individuelles aux savants. En effet, une anecdote d'Athénée sur le philologue Sosibius, qui s'amusait à transposer des mots dans le texte d'Homère et à qui Ptolémée Philadelphe, dont il réclamait son traitement, répondit par une plaisanterie fondée sur une de ces transpositions de syllabes, atteste le fait si curieux des indemnités individuelles. Le savant roi, pour prouver au réclamant qu'il était payé, lui montra le registre qui portait les noms de So-ter, So-si-gène, Bi-on et Apolloni-os, et le pria de croire que So-si-bi-os était satisfait (1). 3° Nulle réclamation sérieuse ne s'éleva jamais au sujet de cette dotation et la voix unanime de plusieurs siècles en célébrait la magnificence. Elle était donc considérable. 4° Elle était assez importante pour que le gouvernement en conservât la surveillance directe, l'anecdote d'Athénée l'atteste. 5° Enfin, l'administration en était conduite avec une telle exactitude, que les registres mentionnaient nominativement les allocations faites à chaque membre du Musée, comme cela se pratiquait sans doute dans ces collèges sacerdotaux d'Egypte qui avaient des greffiers spéciaux pour leurs trésors et que Ptolémée voulait imiter autant que possible.

---

(1) Athen., lib. XI, c. 12, p. 331. Schw.

Nous voyons une preuve de plus de cette tendance dans le choix qu'il fit pour la présidence du Musée. Ce président, d'après Strabon, fut toujours un prêtre. Or il y avait dans ce choix une pensée de l'ordre le plus élevé. Nommé directement par le prince, ne pouvant être écarté que par lui, un chef sacerdotal donnait par sa dignité personnelle une sorte de caractère religieux à l'institution qu'il présidait. Et plus cela était nouveau dans les mœurs de la Grèce, où les prêtres étaient demeurés jusque-là étrangers aux écoles des philosophes, plus cela mérite attention. Quels motifs ont pu déterminer le Lagide? Etait-ce le désir d'imprimer une marche plus religieuse à ces débats philosophiques de la Grèce qui alarmaient le sacerdoce? Ou l'espoir d'établir un ton plus grave dans les rapports entre les savants? Ou l'intention d'attirer plus de considération sur leur compagnie? Ou celle enfin d'assurer plus de stabilité à l'institution? Si diverses que paraissent ces pensées, on voit qu'au fond elles se tenaient de près et sortaient toutes ensemble de la situation où le fondateur du Musée trouvait le pays. En effet, quand on envisage l'influence qu'exerçait le sacerdoce sur les mœurs de l'Egypte, l'obligation où étaient les Lagides de donner, d'après l'exemple d'Alexandre, de sincères témoignages d'intérêt aux idées religieuses de la population, et le soin qu'ils devaient prendre de conserver ou de bâtir des sanctuaires, on comprend combien la présidence d'un prêtre était convenable au Musée. Quand on considère de plus le zèle que mettent les premiers Lagides à satisfaire aux besoins religieux de tous leurs sujets, le soin qu'ils prennent de faire traduire en grec un code sacré qui était devenu inintelligible pour les Juifs de leur empire, et d'appeler dans leurs palais des prêtres de tous les cultes (1), on est tenté de croire

---

(1) Un grand-prêtre d'Éleusis, un grand-prêtre de Bacchus (Philiskus), un prêtre d'Héliopolis (Manéthon), et peut-être deux grands-prêtres du judaïsme (Zédékias et Éléazar).

que le choix d'un prêtre pour la direction du Musée était le seul qui convînt sous tous les rapports.

Il est un de ces rapports qu'il nous faut examiner ici plus particulièrement et qu'indique le nom même de *Musée*. Ce mot jusque là désignait en Grèce, 1° une colline d'Athènes qu'on rattachait à la mémoire du poëte Musée; 2° une sorte de bains décorés avec soin ; 3° des écoles de philosophie accompagnées d'un sanctuaire. Dans l'école de Platon le Musée était peut-être plus sanctuaire ; dans celle de Théophraste, plus école. Démétrius de Phalère, qui avait vu la première et concouru à l'établissement de la seconde, eût peut-être penché pour une simple imitation de celle-ci ; mais j'estime que Ptolémée Soter pencha plus pour une imitation de la première, et qu'élargissant sous plusieurs rapports le Musée de Platon et l'alliance que ce philosophe avait faite entre les lettres et la religion, il institua au Musée un véritable sanctuaire des Muses. Le culte de ces divinités, nous l'avons dit, se rattachait à celui des dieux suprêmes. Platon leur avait dédié un petit temple ; Speusippe y avait fait mettre leurs statues; Théophraste avait songé jusque dans son testament aux déesses à placer dans le sien. Comment Ptolémée Soter, fondant une institution royale et permanente dans le pays le plus sacerdotal du monde, n'aurait-il pas fait un peu plus que ses trois prédécesseurs ? Et à qui plutôt qu'à un prêtre aurait-il confié la présidence du Musée, s'il y établissait les statues et un culte des Muses ? Pour prouver que des serviteurs religieux autres que le prêtre étaient attachés à ce sanctuaire, on a cité une inscription publiée par Falconieri, qui porte ces mots : *Asclépiade d'Alexandrie, ministre du grand Sérapis et des philosophes jouissant des immunités, nourris au Musée* (1). Mais ce texte ne prouve pas ce qu'on veut (2). Asclépiade n'était pas ministre (νεώκορος) des philosophes,

---

(1) Gronov., *Thes. Antiq.*, VIII, p. 2762.
(2) M. Klippel, p. 92, note 4.

il était un des philosophes, et cette position pouvait se cumuler avec celle de Néocore du Sérapéum, ainsi que l'atteste une inscription analogue relative à Quintius, Néocore de Sérapis et membre du Musée (1).

Ce qui reste dans une obscurité complète, c'est la nature du service religieux qu'on faisait au Musée. En voyant à la cour des Lagides des prêtres de trois religions différentes, et en considérant, d'abord, les assimilations déjà faites au temps d'Hérodote entre le polythéisme de la Grèce et celui de l'Égypte, puis, les vœux naturels de la nouvelle dynastie, on est tenté de croire qu'elle a désiré cette fusion des cérémonies et des croyances qui s'est opérée un peu plus tard, à la décadence plus complète du polythéisme. On est donc amené à penser qu'elle a fait célébrer une sorte de culte mi-grec mi-égyptien dans le sanctuaire d'une institution qui avait pour but une sorte de fusion dans les idées et dans les mœurs. Mais aucune indication précise ne nous est restée à cet égard, et si l'on peut tirer des inductions, non pas du culte de Sérapis institué pour les habitants de Rhakotis et de Canobus, ni des cérémonies d'intronisation que la nouvelle dynastie faisait célébrer à Memphis d'après les anciens usages, mais d'une grande pompe religieuse dont Ptolémée Philadelphe donna le spectacle pour son avènement, et qui fut d'un caractère entièrement hellénique, on se persuade que ce fut un culte grec que la nouvelle dynastie fit célébrer au Musée. La pompe dont nous parlons eut lieu en l'honneur de Bacchus, dont un grand-prêtre se trouvait à la cour des premiers Lagides, et les Dionysiaques ont joué un rôle notable dans les mœurs d'Alexandrie; cependant il est à croire que la principale divinité adorée au Musée fut Apollon plutôt que Bacchus, et le président de l'institution fut probablement un prêtre de la première de ces divinités. [Athen. V, c. 6.]

(1) Letronne, *la statue vocale de Memnon*, p. 145 et suiv.

Chargé ainsi de la présidence du culte et de l'administration du Musée, ce prêtre l'était-il aussi de la direction des études? Ceux qui parlent d'un conseil d'administration affirment que la dignité de président fut moins réelle qu'honorifique. Je suis loin de partager cet avis. Je sais que le sacerdoce de la Grèce négligeait les lettres, et montrait de l'indifférence pour les progrès de la philosophie ; mais en Égypte les habitudes étaient tout autres, et les Lagides eussent trouvé facilement dans leurs collèges sacerdotaux un prêtre savant, parlant le grec et pouvant avec honneur figurer à la tête du Musée. Un choix de ce genre, sans blesser les Grecs, flattait les Égyptiens; et rien ne s'y opposait. Je pense toutefois que ce fut un prêtre grec que choisit Ptolémée Soter, et qu'il ne lui fut pas difficile, dans l'Égypte grecque, d'en trouver un assez instruit pour mériter les premiers honneurs du Musée, imprimer à cette institution et aux travaux de ses membres, ainsi qu'à leurs rapports entre eux et avec la cour, le caractère et la direction convenables, et joindre par là, aux titres que lui donnaient la présidence du culte et celle de l'administration, des titres nouveaux à la considération générale. Faire du président de l'institution un personnage inutile, contrairement au texte de Strabon, qui indique une une autorité réelle, ὁ ἐπὶ μουσείῳ τεταγμένος, est une inconséquence qui ne compense pas, pour ceux qui la font, le tort de supposer gratuitement un conseil d'administration composé de présidents de sections.

Désigné par le chef de l'état, le président du Musée en était sans contredit le principal personnage. Cependant son action peu ostensible n'est jamais citée, et le nom d'un seul président est parvenu jusqu'à nous. N'auraient-ils pas eu le loisir d'écrire, et cette circonstance s'expliquerait-elle suffisamment par l'importance des deux fonctions qu'ils cumulaient? On ne s'explique pas de même le silence que garde l'antiquité sur tous les rapports des présidents avec la cour ou avec leurs collègues du Musée même. Le respect dû au caractère sacerdotal et l'intervention prépondérante des princes dans les affaires du Musée ont sans doute fermé la bouche à la chronique; mais il me paraît hors de doute que le président eut à jouer un rôle jusque dans les admissions et dans les exclusions qui eurent lieu dans l'établissement.

Quant aux admissions il se présente ces trois questions capitales : Quel en fut le mode ? Quelles en furent les conditions, soit de culte et de nationalité, soit de capacité générale? Quelles en furent les limites ? Pour l'époque de première création, nulle difficulté. C'était le prince qui accordait les honneurs de l'hospitalité aux savants qu'il convoquait de toutes parts. Mais, à cette première *presse* de philosophes, Πτολεμαῖος ὁ πρῶτος συναγαγὼν τὸ μουσεῖον, succéda un tout autre ordre de choses. Strabon nous dit que, de son temps, le président était nommé par l'empereur, comme il l'était anciennement par le roi. Cela prouve évidemment que, dans la règle, les simples membres n'étaient pas désignés ainsi. Comment et par qui l'étaient-ils ? On ne saurait songer à une élection moderne. Cependant ceux qui dressaient les canons des écrivains classiques et qui, outre ces canons généraux, élisaient encore parmi leurs prédécesseurs et leurs contemporains des pléiades honorifiques ou des Musées universels, étaient bien aptes à choisir eux-mêmes leurs collègues; et il ne faut pas mettre en doute qu'avec leur chef ils n'aient souvent désigné au prince ceux de leurs amis, de leurs compatriotes ou de leurs contemporains qui pouvaient partager leurs travaux. Si étrange que nous paraisse une élection faite au Musée, nous verrons bien un prix décerné par un jury d'Alexandrie. Les chefs de l'état conservèrent ou prirent, quand ils le voulurent, le droit de nomination ou d'expulsion; et nous rencontrerons leur action directe sur la composition du Musée, sous la domination romaine comme sous la domination grecque; mais le texte si formel de Strabon fait de ces mesures des exceptions. Si l'on pouvait s'en rapporter à un autre texte assez ancien, mais un peu suspect, il y aurait eu concours. Une lutte, dit l'auteur de la *Description de l'Empire*, s'étant établie autrefois entre les Egyptiens et les Grecs, pour l'admission au Musée, les Egyptiens ont été reconnus *plus subtils* et plus parfaits ; ils ont vaincu, et le Musée leur a été adjugé (1). Mais ce résultat n'étant pas confirmé par l'histoire et l'auteur étant dans l'erreur à cet égard, on peut faire de son texte aussi peu de cas que l'on veut. Cependant quand on considère les vieux usages de la Grèce, ces combats si fameux pour toutes sortes de prix, y compris ceux de composition ; ces luttes qu'Alexandre lui-même établit en Egypte entre les artistes grecs et égyptiens (2), et plus spécialement ces jeux d'Apollon célébrés par la dynastie des Lagides (3), on comprend que des faits réels ont pu donner lieu à la tradition que rapporte l'écrivain anonyme.

Nous ne hasarderons ici aucune conjecture sur la nature du concours qu'il rappelle ; mais, si d'après tout ce qui précède, on peut admettre que le Musée intervenait dans le choix de ses membres ordinaires, il est probable aussi qu'il suivait certaines conditions de culte, de nationalité et de capacité générale. Point de doute à l'égard de la dernière. On avait à demander aux membres du Musée des travaux trop importants, et les Lagides, dans l'intérêt de leur gloire comme de leur politique, avaient trop à cœur de rendre l'institution honorable, pour écouter dans ces choix leur libéralité plutôt que leur raison. Il est certain qu'ils ne mirent pas dans le palais des Muses tous ces parasites du monde grec que la misère ou l'avidité conduisaient en Égypte. On voit, au contraire, qu'ils écrivaient eux-mêmes à ceux qu'ils voulaient attirer, et que c'étaient les hommes les plus éminents, les Théophraste, les Ménandre, les Callimaque et

---

(1) Certamine facto Ægyptiorum et Græcorum, quis eorum Musium accipiat, argutiores et perfectiores inventi sunt Ægyptii, et vicerunt, et Musium ad eos judicatum est. *Vetus descriptio orbis*, ed. Gothof., p. 19.

(2) Arrian., III, 1.

(3) *V.* ci-dessous, Ptolémée II et Ptolémée VII.

d'autres de ce rang. Aussi Philostrate dit-il formellement qu'ils appelaient du monde entier des hommes éminents : τοὺς ἐν πάσῃ τῇ γῇ ἐλλογίμους (1). D'un autre côté on doit se persuader qu'ils n'affectèrent jamais ni parcimonie ni rigueur. En effet, ni eux, ni les membres du Musée ne furent jamais l'objet d'aucune de ces plaintes que l'amour-propre blessé eût pu arracher à des aspirants déçus dans leurs vœux.

Il en fut de même des considérations de culte et de nationalité. Il n'y eut pas de réclamation, voilà le fait le plus général qu'on puisse établir. Mais ce fait ne préjuge pas la question de savoir quelles furent les religions et les nations admises. Toutes étaient admissibles, sans doute; mais si l'on trouve au tableau un grand nombre de noms grecs, il s'en rencontre peu d'égyptiens ; et l'on doit considérer comme certain que, si les Juifs et les chrétiens suivirent de près les travaux de cette institution, jamais ils ne furent logés dans son enceinte. Malgré toute la faveur que la nouvelle dynastie montra aux premiers et l'attachement qu'ils lui témoignèrent, ni leurs croyances, ni leurs mœurs ne leur eussent permis de vivre, sous la présidence d'un prêtre d'Isis ou d'Apollon, avec les Polythéistes de la Grèce ou de l'Égypte. Il en était de même des chrétiens, qui ne voulurent pas même partager ce sanctuaire du paganisme, quand Constantin fut devenu leur protecteur décidé. Aussi les uns et les autres eurent-ils dans Alexandrie leurs écoles spéciales. Quant aux polythéistes romains, point de difficulté : pendant les trois siècles que dura leur empire sur le Musée, ils y entrèrent aisément, mais ce n'était qu'en qualité d'écrivains grecs qu'ils y figurèrent, et il n'a jamais existé au premier Musée de section latine. Le second Musée, l'institution fondée par Claude, fut lui-même composé de Grecs, puisqu'ils devaient lire des ouvrages grecs (2). Ceux des

---

(1) *Vit. Dionysii*, p. 524 ed. Morel.
(2) *V.* ci-dessous, Claude.

savants d'Alexandrie qui désiraient écrire dans la langue des maîtres du monde, se rendaient à Rome, nous le verrons dans les Annales du Musée. Quand M. Klippel dit qu'on fit d'abord l'institution pour des Grecs seulement, il émet une hypothèse ; mais quand, pour prouver que cela changea et qu'on admit plus tard *des savants de tous les pays sans exception* (1), il s'appuie sur cette phrase de Philostrate, Μουσαῖον τράπεζα Αἰγυπτία ξυγκαλοῦσα τοὺς ἐν πάσῃ τῇ γῇ ἐλλογίμους, il prête aux mots un sens qu'ils n'ont pas ; *toute la terre*, dans la bouche de Philostrate, signifie simplement le *monde grec*, comme plus tard οἰκουμένη, *l'empire romain*. Il n'y eut jamais ni Parthe, ni Indien, ni Ethiopien au Musée.

Ce qu'il y a de plus probable, sous le rapport de toutes les conditions d'admission, c'est qu'elles ne furent jamais bien déterminées. Il en fut sans doute de même des limites de l'admission, et le chiffre des hôtes du Musée a dû varier beaucoup. Il est impossible d'en fixer un pour telle époque que ce soit, et je n'oserais pas le moins du monde souscrire à l'opinion de M. Klippel, que le nombre des membres était fixé une fois pour toutes (2). J'ai parlé plus haut d'une moyenne de trente membres, et j'admets au besoin un *maximum* de cinquante. Un savant étranger a parlé de cent. C'est une exagération qui tient à une double erreur. L'auteur qui la commet part d'une base arbitraire, du nombre de personnes qu'il a fallu pour traduire la bible de l'hébreu en grec. En effet, réduisant à la moitié ou au quart le chiffre des Septante, il dit que, s'il a été pourvu proportionellement aux *autres langues* et aux *autres sciences*, on peut bien admettre que le nombre des savants grecs a dû être de près de cent dans cette période de splendeur (3). Mais il faut considérer, 1° que les Septante ne furent jamais membres du Musée, et que le tra-

---

(1) P. 102.
(2) P. 99.
(3) M. Parthey, *Das Alexandr. Museum*, p. 58. On peut comparer Heyne, *Opus Acad.*, 1, p. 124, et Manso, *Vermisch. Schrift.*, 1, 226.

vail fait par cette société réduite, au choix, de moitié ou de trois quarts, ne saurait servir de base à aucun calcul pour d'autres ; 2° que deux raisons empêchent d'admettre qu'il fallût un grand nombre de Grecs pour les *autres langues*, la première, c'est qu'il est rarement question dans les annales du Musée de traductions ; la seconde, c'est que les savants d'Alexandrie apprirent peu les langues étrangères, même celle de l'Egypte, qu'ils entendaient parler tous les jours ; 3° que le Musée ne s'est jamais recruté systématiquement, ni d'après un cadre encyclopédique quelconque, mais qu'il s'est peuplé des hommes un peu éminents qui voulurent bien se rendre et demeurer en Egypte. Sans doute l'Institution ayant été royale, on peut grossir les chiffres ; mais l'antiquité n'eût pas conçu, et la Grèce n'eût guère fourni une école de cent littérateurs. Aussi, en réunissant toutes les données qui nous restent sur la population du Musée, nous ne trouvons pas, pour telle époque que ce soit, dix noms que nous puissions inscrire avec certitude dans les annales de cette institution ; et, comme la raison l'exige, nous distinguons toujours l'Ecole d'Alexandrie du Musée. Or il faut admettre que les savants du Musée ont eu quelque illustration, qu'ils ont écrit, qu'ils ont fait parler d'eux et qu'il a dû se conserver quelque chose de leur célébrité. Qu'une moitié, que trois quarts d'entre eux aient pu se faire oublier complètement, cela se conçoit ; mais avec cette supposition même on n'arrive encore que tout juste à notre moyenne de trente, et on reste bien en deçà du *maximum* de cinquante. Il y aurait un moyen facile d'aller plus haut, de dépasser même le chiffre de cent : ce serait, d'abord, de prendre pour des savants d'Alexandrie tous ceux qui étaient nés dans cette ville ou qui y avaient fait quelques études ; ce serait, ensuite, de prendre pour des membres du Musée tous ces savants d'Alexandrie, Grecs, Egyptiens, Juifs, Chrétiens, Romains et Gnostiques : mais autant vaudrait, dans une future histoire littéraire de Paris, prendre pour des académiciens tous ceux qui s'occupent aujourd'hui, dans nos murs, de science et de littérature.

Au surplus les dernières questions qui surgissent sur l'admission au Musée recevront peut-être quelque jour de ce que nous avons à dire sur les droits assez variés qu'elle conférait et sur les obligations qu'elle imposait. En effet, la position de tous les membres du Musée ne fut pas la même à toutes les époques de cette institution.

D'abord, pour ce qui est des droits, on ne trouve dans les anciens temps que la table, le logement, une indemnité individuelle et de riches moyens d'étude. Sous la domination romaine il y a plus : une exemption formelle de toutes les charges publiques est accordée par l'empereur Adrien à Dionysius qu'il nomme membre du Musée (1), et une inscription du siècle des Antonins prouve qu'à cette époque tous les membres de l'institution jouissaient de la même franchise (2). De plus, Dio Cassius nous apprend que l'empereur Caracalla retira, pendant son séjour à Alexandrie, aux partisans d'Aristote les syssities et les autres avantages, τάς τε λοιπὰς ὠφελείας, dont ils jouissaient, et notamment les spectacles, θεάς (3). Il est probable que ces avantages remontaient à l'origine du Musée, puisque les uns étaient empruntés aux mœurs de la Grèce, les autres à celles de l'Egypte : mais rien ne le prouve. Dans tous les cas, ils constituaient de magnifiques privilèges, s'il est vrai qu'ils furent conférés à vie et à titre de droits. Mais s'il est à croire que, dans la règle, il en était ainsi, on dirait que, dans l'opinion des princes, ces privilèges, loin d'être des droits, n'étaient que des faveurs. En effet, s'ils n'en privent pas ceux qui conservent leur bienveillance, ils les retirent sans façon aux autres. Le chef de l'empire que nous venons de nommer, sans autre

---

(1) Philost. vita Dionys., p. 524, ed. Morel.

(2) Τῶν ἐν τῷ μουσείῳ σιτουμένων ἀτελῶν φιλοσόφων. Gronov., L. L. Falconieri Insc. Athlet. n. IV. p. 97.

(3) Dio Cassius, LXXVII, 7.

motif que son enthousiasme pour Alexandre *empoisonné sur les conseils d'Aristote*, dépouille de tous leurs avantages une classe entière de philosophes. L'exemple de Caracalla n'est peut-être pas bon à citer dans une question de principes ; mais nous verrons d'autres Césars et quelques-uns des plus éminents se mettre au-dessus de la règle, pour disposer des faveurs du Musée.

En revanche ils tenaient aussi peu aux obligations qu'elles imposaient. La première de toutes, et la seule qui fût rigoureuse dans les anciens temps, c'était celle de la résidence. Sous les Lagides nul ne jouissait de la syssitie du Musée, s'il ne demeurait habituellement dans ce palais. Les empereurs, au contraire, accordèrent à Polémon les honneurs et les avantages du Musée sans la condition de résidence (1).

Si quelques-uns des chefs de l'empire traitèrent avec cette bienveillance des savants qu'ils n'avaient jamais vus dans Alexandrie, on pourrait inférer d'un fait qui se passa sous les Lagides, qu'alors on entendait que ceux qui étaient une fois entrés au Musée n'en sortissent plus sans permission. En effet, Aristophane le philologue y fut retenu malgré lui (2). Mais ce sont là des faits isolés, et dans la règle nous voyons les savants aller se constituer librement les hôtes des Lagides, accepter d'eux pour quelque temps les honneurs du Musée, puis les quitter avec la même aisance, et tout en préférant au séjour d'Alexandrie celui de Pergame ou de Rome, concourir à leur assurer cette renommée de générosité qui distingue leur dynastie.

A l'obligation matérielle de résider se rattachait pour les savants l'obligation morale d'illustrer le Musée ou de servir la science par leurs travaux ; mais assurément nulle espèce de travail ne leur était prescrite. S'il y avait eu des prescriptions de cette nature, la malignité alexandrine nous eût

---

(1) Philost. in Polem., p. 532.
(2) Suidas, aux mots *confondus* Aristophane et Aristonyme.

laissé trace dans ses chroniques de retards et de négligences. Une prescription, il est vrai, fut faite au Claudium ; le docte fondateur de cette institution exigea qu'on y fît annuellement la lecture de deux ouvrages d'histoire de sa composition. Mais, d'abord, aucun protecteur du premier Musée n'eut jamais idée semblable. Ensuite, on ne saurait établir aucune comparaison entre deux instituts aussi différents que le Claudium et le Musée. Qui aurait pu prescrire des travaux dans ce dernier? Les princes, les présidents, les chefs d'école. Parmi les princes il s'en trouva plusieurs qui encouragèrent des études spéciales : Ptolémée Ier donna l'exemple de la composition historique et encouragea les études politiques de Démétrius de Phalère ; Potolémée II provoqua des luttes poétiques, des explorations de géographie et d'histoire naturelle et la traduction du code judaïque ; Ptolémée VII favorisa des études de philologie et de zoologie ; Cléopâtre, de médecine et peut-être de philosophie. Mais, de ces prédilections affichées ou de ces impulsions données, à un plan de travaux systématiques, il y avait un abîme qui n'a jamais été franchi par aucun de ces princes. Il est inutile d'examiner la question à l'égard des présidents. Restent les chefs d'école, les Zénodote, les Aristarque, les Erasistrate, les Hérophile, les Ammonius Saccas, les Plotin. Ceux-là, sans doute, ont formé des disciples et associé à leurs travaux de critique, de médecine et de philosophie de nombreux collaborateurs. D'importantes investigations ont donc été poursuivies pendant plusieurs siècles par des générations diverses ; mais ces explorations, qui ont passé du maître aux élèves dans vingt écoles différentes, ne formaient pas des travaux systématiquement exécutés par les membres d'un même corps, puisqu'il est évident que tous les disciples de ces chefs ne furent pas leurs confrères au Musée. S'il est tout naturel de penser qu'il y eut des alliances entre les savants, qu'ils se rapprochèrent par catégories et qu'il s'établit une sorte de communauté de travail entre ceux qui cultivaient les mêmes sciences ; s'il est notamment question de discussions élevées et de solutions données entre les grammairiens et les critiques; enfin si la tradition alexandrine attribue certaines découvertes d'astronomie et de médecine, moins à des individus qu'à des écoles, elle ne nomme cependant jamais de chef qui ait tracé une tâche à qui que ce soit. Souvent les membres ou les fractions du Musée, loin de s'entendre par catégories, paraissent s'être combattus systématiquement et par coteries. Nous verrons les querelles des grammairiens, des critiques et des médecins aussi bien que les divisions des philosophes. Tels étaient les débats de ces derniers, qu'on ne put jamais songer pour eux à un plan d'études.

On le voit, l'idée de travaux systématiques, prescrits et obligatoires, s'évanouit au premier coup-d'œil, et les membres du Musée ont dû jouir d'une grande liberté à cet égard. Mais il est très vrai qu'il y avait pour eux, dans un autre sens, des obligations inviolables et une tâche prescrite. Ceux qui avaient la charge de l'observatoire et de ses appareils, ceux qui présidaient à l'amphithéâtre d'anatomie ou dirigeaient les ménageries de la cour, ceux qui instruisaient les jeunes princes (1) ou se trouvaient investis d'un enseignement public, ceux enfin qui partageaient les travaux du chef de la bibliothèque, avaient sinon des devoirs prescrits, du moins obligatoires, quand Alexandrie eut ces établissements.

Nous n'avons rien à dire sur les trois premières ni sur la dernière de ces catégories d'obligations; nous en parlerons ailleurs; mais, dès à présent, nous ajouterons quelques mots sur l'enseignement fait par des membres du Musée. Etait-il obligatoire pour tous? Formait-il un ensemble un peu complet? Etait-il libre comme dans l'ancienne Grèce, ou réservé comme dans la vieille Egypte? Beaucoup de membres du Musée enseignèrent, et la plupart formèrent des disciples dans une ville où affluaient les jeunes gens et

(1) Plusieurs membres du Musée furent chargés de ces fonctions.

les curieux du monde grec ; mais tous ne firent pas des cours : et ceux que l'on invitait de temps à autre à professer ou qui se présentaient d'eux-mêmes, cessaient ces fonctions quand ils le trouvaient bon. Leur enseignement ne fut pas plus systématique que leurs autres travaux. Plus libres que les philosophes qui enseignaient à l'académie, au Cynosarge ou au Lycée, ils ne s'astreignirent pas, comme avaient fait Platon, Aristote et Antisthène, à une suite de leçons faites pendant toute une série d'années. Sans jamais se rendre au Gymnase d'Alexandrie, ils se bornèrent à conférer avec ceux qui désiraient les consulter ou les entendre, soit au Musée, soit au théâtre anatomique, soit à l'observatoire, soit à la bibliothèque. Comme il ne s'agit ici que des membres du Musée, nous ne parlons ni des maîtres du Gymnase, ni de ceux des écoles égyptiennes, judaïques, chrétiennes ou gnostiques, ni de ceux des savants d'Alexandrie qu'une fortune indépendante portait à refuser ensemble les honneurs et la gêne de la syssitie royale, pour recevoir chez eux en toute liberté leurs studieux amis. Aussi bien n'est-ce pas de l'enseignement complet d'Alexandrie qu'il s'agit, enseignement que nous verrons en son temps, c'est d'une seule fraction de cet enseignement, et de la fraction la plus incomplète et la plus libre, celle du Musée ; mais quand je dis la plus libre, je ne pense pas qu'elle le fût beaucoup.

En effet, ces allures démocratiques qu'affectaient en Grèce ceux même des philosophes qui appartenaient à l'aristocratie par leurs principes, eussent peu convenu aux Lagides. Non-seulement ces princes fermèrent la bouche à Hégésias, surnommé *Peisithanatos*, qui discutait une question de morale, celle des maux de la vie, comme on traitait en Grèce les questions de religion et de politique, mais ils renvoyèrent le malheureux Zoïle, qui ne prenait de liberté que sur une question de littérature. Cela se comprend. Les Lagides avaient un système politique, et la majorité de leurs peuples, des croyances religieuses, que la population d'Alexandrie, sans mœurs, sans principes, sans patrie, aspirant à tous les genres de licence, ne demandait pas mieux que d'entendre battre en brèche par des doctrines d'émancipation. Mais, si l'on comprend que les Lagides ne purent tolérer un enseignement tout-à-fait libre, on comprend aussi que des hommes tels que Théophraste et Chrysippe ne se soucièrent pas de venir au Musée ; que Timon le Phliasien, qui avait la parole hardie, ne voulut pas y entrer ; et que Théocrite, qui aimait les princes, mais dont les goûts étaient ceux d'un poète, n'ait pas prolongé beaucoup son séjour auprès d'une dynastie qu'il avait chantée.

En résumé, si libre qu'on conçoive la position du premier Musée, c'était avant tout un palais égyptien, où présidaient ensemble la royauté et le sacerdoce. Il y règnait donc une sorte de dictature morale ; et sur l'ensemble des travaux et des pensées de ses membres planait une surveillance à-la-fois religieuse et politique, qui se faisait sentir plus ou moins, suivant que le gouvernement appartenait à un Philadelphe ou bien à un Kakergète, mais qui, dans tous les temps, même sous les princes les plus passionnés pour les lettres, enchaînait la parole ou la composition sous certaines convenances.

Y avait-il plus d'indépendance à la première Bibliothèque? Quelle fut l'organisation de cet établissement? Cette question embrasse celles du local, du chef, des employés secondaires et des divers travaux, et elle est également difficile sous tous ces rapports.

Celle du local domine toutes les autres ; car si les volumes acquis par les Lagides ont été déposés au Musée, cette collection, avec tous les soins qu'elle réclamait, se trouva comprise dans l'administration générale du président de ce palais ; si, au contraire, elle a eu son local à elle, il lui a fallu une organisation spéciale. Pour la critique qui s'attache aux faits, la question est résolue par un fait, nous l'avons dit : au fameux incendie de la flotte égyptienne, la première Bibliothèque est devenue la proie des flammes, le

Musée est demeuré intact. On peut objecter qu'avant et après la création du Musée d'Alexandrie les livres se déposaient dans les exèdres et dans les portiques des Musées ou des écoles philosophiques, des temples et des palais royaux. A cet égard chacun entasserait exemple sur exemple ; mais que gagnerait-on à ce travail ? On ne changerait pas le fait. Qu'a-t-on dit pour le changer ? Ce sont les *livres* qui ont brûlé, ce n'est pas la *Bibliothèque*, c'est-à-dire le Musée (?) qui était construit en pierres, que les flammes n'ont pu dévorer, et qu'on a pu restaurer facilement. Puis, les livres n'étaient peut-être pas à leur place habituelle, quand ils prirent feu. Peut-être César les avait-il fait retirer du Musée tout à la hâte, pour quelque travail de fortification ; peut-être les avait-il fait déposer dans les réduits de bois du port, *hölzerne Hafenschuppen*, pour les étaler lors de son entrée triomphale à Rome. Un texte d'Orose est cité à l'appui de ces *peut-être. Ea flamma.... quadringenta millia librorum* PROXIMIS FORTE ÆDIBUS CONDITA *exussit*, dit Orose (VI, 15). L'on conclut de ces expressions, *forte condita*, que les 400,000 volumes n'étaient déposés là que par cas fortuit (1). Mais d'abord à qui persuader que César eût entrepris une spoliation si odieuse aux yeux de la reine d'Egypte, sans que cet enlèvement fût devenu l'objet d'un cri d'indignation parvenu jusqu'à nous ? A qui persuader que, pour fortifier le quartier des palais, il ait eu besoin de faire évacuer le Musée ? A qui persuader qu'il ait eu le temps de faire mettre tranquillement les 400,000 rouleaux dans *des maisons* — car c'est ainsi qu'on traduit *ædes* — où ils ne s'étaient pas trouvés jusque-là ? A qui persuader enfin, que *forte condita* signifie *déposés accidentellement*, et que le projet de César eût été traité de simple accident ? Les mots d'Orose signifient, au contraire, que les livres étaient établis là par un coup du sort. Or le texte invoqué montre que la flamme gagna le palais même, *ædes*, où ils étaient disposés, *condita* ; on veut qu'ils auraient été portés au

---

(1) M. Parthey, *das Alex. Museum*, p. 32.

bord de la mer : il montre que ce n'est pas là, mais plus dans la ville qu'ils furent brûlés. *Ea flamma cum partem quoque urbis invasisset*, etc. Quand cette flamme eut envahi aussi une partie de la ville, dit Orose, alors elle réduisit en cendres 400,000 volumes qui étaient établis par malheur, par un coup du sort, dans un palais très rapproché.

On le voit, toute cette hypothèse d'une spoliation méditée par César et d'un dépôt provisoire dans des cabanes de bois s'évanouit à la moindre analyse; et le fait, que la collection des livres établie dans la ville, mais dans un local que la flamme put gagner, a été réduite en cendres, tandis que le Musée ne fut pas compris dans cette catastrophe, demeure debout. La Bibliothèque occupait donc un local distinct. Et quand on considère à-la-fois le nombre de palais dont disposaient les Lagides et la quantité de volumes qu'ils y amassèrent, on ne saurait avoir une autre opinion. Ceux qui mettent, au Musée 1° une centaine de savants ; 2° des établissements de chirurgie et d'anatomie ; 3° une ménagerie; 4° la bibliothèque avec un établissement de reliure etc., ne considèrent pas qu'il aurait fallu donner tout un quartier de la ville à une agrégation aussi insolite de choses et d'institutions. Loin de là, les anciens distinguent toujours le Musée et la Bibliothèque, ils ne disent pas la Bibliothèque du Musée, ni le Musée de la Bibliothèque, ils parlent de ces institutions comme d'établissements indépendants l'un de l'autre. Dans une de ces notices anonymes dont l'époque est d'ordinaire si incertaine et dont les données sont si suspectes, dans une vie d'Apollonius, on trouve à la vérité ces mots : *Appollonius fut jugé digne des bibliothèques du Musée*, ὡς καὶ τῶν βιβλιοθηκῶν τοῦ μουσείου ἀξιωθῆναι αὐτὸν (1). Mais, si ce texte est à tel point corrompu qu'il faut le corriger pour le rendre grec, et ajouter peut-être τῆς προστασίας après βιβλιοθηκῶν, il faut certainement aussi ajouter avant μουσείου le καὶ qui est tombé à cause de τῶν,

---

(1) Apoll. Rhod., ed. Brunk, I, p. 10.

qui le précédait. Au surplus, ce texte serait pur et entier, que l'erreur d'un obscur scoliaste obtiendrait peu d'égard en allant contre un fait.

Le fait d'un local spécial admis, restent à vider les autres questions, et d'abord celle du chef et des employés secondaires de la Bibliothèque. Ce chef, cela est certain, ne fut jamais celui du Musée, qui était toujours un prêtre, tandis que de tous les bibliothécaires nul ne paraît avoir été revêtu du sacerdoce. Cela se comprend. Les fonctions du chef de la première bibliothèque étaient essentiellement profanes et très laborieuses. Pour les remplir avec succès, il fallait 1° connaître ou savoir découvrir ce que les lettres grecques offraient de plus précieux dans tous les genres et en procurer des exemplaires par voie d'acquisition ou par voie d'emprunts et de copies ; 2° faire examiner tout ce qui était acquis, prêté ou copié ; 3° diriger les soins qu'exigeait la *formation* et la conservation des rouleaux ou volumes ; 4° présider au placement ou à la classification dans les portiques, les salles et les armoires ou réduits du dépôt. C'étaient là des soins profanes et des soins immenses. Ils entraînaient avec eux le maniement de fonds considérables et rendaient indispensables quatre catégories d'auxiliaires ou d'employés secondaires, c'est-à-dire, des greffiers pour la tenue des comptes et des registres, je n'ose pas dire des catalogues ; des copistes pour transcrire les exemplaires qu'on restituait ou qu'on gardait ; des savants et des critiques pour la vérification et le classement des volumes ; et enfin des ouvriers de plusieurs classes pour les travaux manuels et la surveillance ordinaire.

Les greffiers étaient d'autant plus nécessaires, que la bibliothèque n'avait pas de revenus propres comme le Musée, que le gouvernement demeurait chargé directement de tous les frais, que les dépenses étaient énormes, vu l'élévation du prix des manuscrits, et que l'attention du chef était partagée entre des travaux de nature diverse. Toutefois, le nombre de ces comptables a pu être petit : Hérodote ne parle que d'un seul greffier pour la gestion des revenus du collège sacerdotal de Saïs.

Le nombre des copistes et des calligraphes était naturellement plus considérable, vu la quantité d'ouvrages à copier, d'abord, pour les collections d'Alexandrie; plus tard, pour celles d'autres villes qu'on voulait ou qu'il fallait servir, comme cela se fit pour Rome sous Domitien (1).

Les savants chargés d'examiner et de classer les livres, sous la direction du bibliothécaire, ont dû être nombreux aussi. Quand on considère combien, avant les travaux du Musée et même depuis, il régnait d'incertitude sur l'authenticité des ouvrages, même d'auteurs tels que Platon et d'Aristote; combien, avant les canons dressés par les savants d'Alexandrie, surtout les Tableaux de Callimaque, les écrits de l'antiquité étaient mal classés et peu connus; combien était grande la foule des anonymes et des pseudonymes; combien l'esprit de spéculation inventait de fraudes et d'altérations : quand on envisage, en outre, l'absence de tout moyen de critique générale et de contrôle public, on conçoit que les premiers bibliothécaires d'Alexandrie aient eu besoin de s'entourer d'un grand nombre de collaborateurs instruits. Pour les premiers achats on n'y regardait pas de trop près : on recevait tout. Bientôt on fut sur ses gardes, et quoique, suivant Galien (2), l'ardeur d'un Ptolémée, roi d'Egypte, fût telle qu'il pressait tous les navigateurs qui abordaient en Egypte de lui apporter des livres, il prenait des précautions. Il faisait écrire les volumes qu'on lui prêtait sur de nouvelles feuilles (εἰς καινοὺς χάρτας), rendait aux propriétaires ces copies — ce qui indique le goût des originaux — et faisait ensuite déposer dans les bibliothèques les originaux avec cette épigraphe, τῶν ἐκ πλοίων — ce qui révèle des projets de révision critique. Le nom de χωρίζοντες, *séparateurs*, in-

---

(1) Strabo, XIII, c. 1. — Sueton. in Domit., c. 20.
(2) *Comment.* II *ad Hippoc.* lib. III. *Epidem.* p. 411.

né aux employés qu'on chargeait de cette révision, indique parfaitement la nature de leurs travaux, puisqu'ils mettaient à part, sur une tablette, πιναχίδιον, ce qui était éprouvé (1). Il n'exclut pas de cette tâche les membres du Musée.

Quant aux travaux manuels, tels que préparation de papyrus, formation de rouleaux ou de volumes, fabrication de boîtes ou de capsules, dorure et surveillance, ils demandaient à-la-fois de nombreux ouvriers et une inspection suivie, puisqu'on n'avait pas les ressources de nos jours pour remplacer les accidents.

En un mot, l'administration de la première bibliothèque était à-la-fois laborieuse et honorable; elle était digne du personnage qui en avait donné l'idée, de Démétrius de Phalère, qui en conférait directement avec le prince, et qui résidait sans doute soit au palais des rois, soit dans celui de la bibliothèque, mais qui certainement ne demeura pas au Musée, vu qu'il n'eût pas été convenable de placer un homme aussi éminent sous l'action du prêtre qui dirigeait cet asile.

Toutefois, de fréquents rapports ont dû exister entre les membres des deux institutions. Aucune des deux ne pouvait se passer de l'autre : sans les volumes de la bibliothèque les travaux du Musée demeuraient stériles, et sans ces travaux la collection des manuscrits perdait son importance. Elle était amassée pour les savants autant que pour le Lagide dont elle devait éclairer la conduite, selon la pensée de Démétrius de Phalère. Il paraît qu'on ne songea nullement au public quand on fit cette première collection; c'est à la troisième seulement qu'on aurait pris en considération, et qu'on aurait établi pour lui des salles de lecture, si Aphthonius disait vrai.

Unies ensemble ces deux institutions mettaient Alexandrie bien au-dessus d'Athènes et d'Héliopolis; car autant le Musée,

---

(1) Galien, *de Dyspnœa*, lib. II, p. 181. — Lib. III, *Epidem.*, comm. 2, p. 411. — Lib. *de Natura hum.*, p. 4.

qui embrassait tous les travaux de l'esprit humain, dépassait les écoles de philosophie de la Grèce et les collèges sacerdotaux de l'Egypte, autant la Bibliothèque qui réunissait à-peu-près tout ce qu'on pouvait acquérir, éclipsait celles dont on parlait jusque-là.

Dès-lors on conçoit que ces deux institutions ont dû jouer dans Alexandrie un grand rôle, donner dès leur début, une vive impulsion aux études, et faire concevoir de leurs progrès les plus hautes espérances.

CHAPITRE V.

Progrès de la première bibliothèque et du premier musée sous le règne de Ptolémée Soter, et situation de l'école d'Alexandrie a la mort de ce prince, l'an 283 avant Jésus-Christ.

Si le fondateur des institutions littéraires d'Alexandrie a commencé son œuvre dès l'arrivée de Démétrius de Phalère à sa cour, il a pu s'en occuper pendant l'espace de vingt-trois ans, n'étant mort qu'en 283 avant J.-C. Quoiqu'il fût alors âgé de quatre-vingts ans, il avait sans doute donné aux lettres, dans les dernières années de sa vie où il était déchargé d'une partie du gouvernement, encore plus de temps qu'à l'ordinaire. Voyons maintenant quels progrès la Bibliothèque et le Musée avaient faits dans ces vingt-trois ans, et quel rang l'école d'Alexandrie avait dans le monde grec et égyptien.

Quant à la Bibliothèque, nous ne combattrons plus ceux qui en renvoient l'origine au règne suivant. Nous avons établi par des textes et des considérations d'un ordre général, que ce fut Ptolémée Soter qui commença la première des grandes collections d'Alexandrie. Il est certain aussi que le palais de cette bibliothèque fut distinct de celui du Musée; que cette institution fut conçue sur un plan assez vaste pour demander dès l'origine un autre local que le palais du prince, et que ce local se remplit promptement d'un grand nombre de volumes. L'extrême bienveillance des traditions Alexandrines pour Ptolémée Philadelphe revendique à ce dernier presque toutes les institutions du premier, mais ce n'est pas une raison pour nous d'être incertains à l'égard du fondateur de la bibliothèque. Un texte formel donne jusqu'au chiffre des volumes ou rouleaux de la collection du fondateur. En effet, suivant la lettre écrite sous le nom d'Aristée, officier de la garde, sur la version des Septante, Ptolémée Soter — car il ne peut être question que de ce prince, le nom qui suit le prouve, — ayant demandé à Démétrius de Phalère, combien il possédait de livres, en apprit qu'on en avait déjà réuni 200,000, et que dans peu de temps on espérait en avoir jusqu'à 500,000. Chacun sait ce que vaut le témoignage d'Aristée et le degré d'importance que mérite sa relation. Mais il est évident qu'il a pris le chiffre et le nom de Démétrius dans la tradition grecque, car s'il se jette dans le roman toutes les fois que son amour-propre de juif est en jeu, aucun motif de nationalité ne pouvait le porter à changer le fait que nous lui empruntons. Puis, si Josèphe, qui le copie en l'altérant, et Zonaras qui suit Josèphe tout en conservant les mêmes faits, rapportent cette anecdote au règne de Philadelphe, ajoutera-t-on plus de foi à des copistes qu'à l'auteur original (1)? Ce ne serait pas au moins l'élévation du chiffre qui ferait difficulté, car nous verrons tout-à-l'heure comment il faut entendre ces volumes, et un critique exact, d'accord avec nous, dit à juste titre, en parlant des 400,000 volumes laissés par Ptolémée II, qu'il n'y a rien d'étrange dans l'hypothèse que le père de ce prince en ait fait acheter la moitié (2). C'est donc un fait, que Ptolémée Ier transmit à son fils une quantité considérable de manuscrits.

Mais était-ce là une bibliothèque publique ou bien une collection particulière du prince? Puis, un bibliothécaire spécial était-il chargé d'en diriger l'administration, ou bien quelque courtisan en avait-il la garde dans les appartements

---

(1) V. la Lettre d'Aristée, et les témoignages qui s'y rapportent dans Galland, *Biblioth. Patr.*, II, p. 809., seq. — Cf. Joseph., *Antiq.*, XII, 2, 2-14, Zonar., *Annal.*. IV, 16, p. 199. ed. Paris.

(2) Ritschl, *die Alexandr. Bibliotheken*, p. 32.

du roi? Quoique les questions du bibliothécaire et celle du local se tiennent de près (v. ci-dessus p. 109), l'on arrive pour l'une à un résultat plus net que pour l'autre. En effet, Démétrius de Phalère, qui est cité par Plutarque comme créateur de l'institution, par Aristée et beaucoup d'autres comme premier bibliothécaire eut réellement cette qualité, que les premiers achats fussent déposés au palais du prince ou dans un édifice spécial. Conseiller du Lagide et préposé par lui à la législation du royaume, Démétrius ne fut pas, sans doute, bibliothécaire assujetti au même travail que les successeurs qu'il eut plus tard; cette position était au-dessous de son rang, et c'est pour cette raison même qu'il n'est pas mentionné, dans les traditions alexandrines, au même titre que Zénodote, Callimaque, Apollonius de Rhodes et Aristophane de Byzance; mais cette nuance ne change rien au fait en lui-même, qui est hors de doute.

Nous arrivons au Musée. En quel état se trouva cette institution à la fin du règne de Ptolémée Ier?

Après Démétrius de Phalère, il se rencontre quinze savants dont on peut affirmer qu'ils habitèrent Alexandrie sous ce règne; ce sont le dialecticien Diodore, le cyrénaïcien Théodore, Hégésias, autre cyrénaïcien, le stoïcien Posidonius, l'érétricien Ménédème, le péripatéticien Straton, les poètes Philétas, Archélaüs, Asclépiade et Rhinton; Zénodote, le célèbre critique, l'historien Lycus, les médecins Hérophile et Erasistrate, et le mathématicien Euclide.

Ces quinze savants furent-ils membres du Musée? Aucun texte ne le dit; mais voici des faits et des inductions sur chacun d'eux.

Diodore, dialecticien et inventeur d'un syllogisme fort embarrassant, se trouva auprès de Ptolémée Soter. En effet, Diogène de Laërte nous apprend qu'il fut interpellé sur un point de dialectique par Stilpon de Mégare, *pendant son séjour auprès de ce prince* (παρὰ τῷ Πτολεμαίῳ διατρίβων), et qu'il mourut à la suite du chagrin que lui donnèrent son échec et une plaisanterie du roi (1). Mais cette scène se passa-t-elle en Grèce ou en Egypte? On l'ignore. Ce qui me fait croire que ce fut en Grèce, c'est qu'un des interlocuteurs, Stilpon de Mégare, refusa de suivre le roi en Egypte (2), et que l'anecdote qui d'ailleurs peint si bien les mœurs du temps, et notamment celle du fondateur du Musée, qui aimait à plaisanter les savants, se rapporte parfaitement à l'un de ses voyages en Grèce. Ce qui me fait penser que Diodore ne fut pas de la syssitie alexandrine, c'est que ce philosophe avait quatre filles; qu'il les exerçait sans cesse à la dialectique, et qu'on ne voit pas trop ce qu'il en aurait fait au Musée. Cependant toutes ces considérations ne tranchent pas la question. En effet, les mots de διατρίβων παρὰ Πτολεμαίῳ, dont se sert le biographe, indiquent plus qu'une simple apparition à la cour de Ptolémée visitant la Grèce, et puisque Stilpon a deux fois accepté de l'argent du roi, il pourrait bien n'avoir pas toujours refusé l'invitation de le suivre en Egypte. Un de ses dialogues portait le nom de *Ptolémée*; ne faut-il pas conclure de cette flatterie qu'il vécut près du roi?

Quant au cyrénaïcien Théodore, qui combattait avec tant de franchise les dieux du polythéisme et que Démétrius de Phalère avait arraché aux rigueurs de l'Aréopage, pendant qu'il gouvernait Athènes, il se rendit à la cour du Lagide ainsi que son protecteur; mais ce qui peut faire douter qu'il fût membre du Musée, c'est qu'il eût été peu convenable de l'associer à une institution dont il importait de faire respecter le berceau. Ce fut peut-être pour cette raison même que Ptolémée le chargea d'une mission au dehors, et la preuve que cette mesure était très sage, quant au Musée, se voit dans l'accueil que le roi Lysimaque fit en Thrace au philosophe expulsé d'Athènes : il le renvoya après avoir échangé avec lui, sur un fait si grave à ses yeux, quelques paroles

---

(1) Diog. Laert., lib. II, n° 111.
(2) *Ib.*, n° 113.

fort vives (1). Si Ptolémée Ier avait justement hésité, avant cette scène si mortifiante pour lui, d'agréger au Musée le protégé de Démétrius de Phalère, il ne pouvait plus y songer depuis; et la démarche que fit Théodore, en allant chercher un asile à Cyrène, auprès de Magas, fils de Ptolémée Soter, qui le reçut avec distinction, semble prouver qu'il ne fut pas admis à la syssitie de la capitale.

Hégésias le fut-il? Contemporain d'Annicéris et de Théodore, dont il partageait généralement les principes, il fut admis à professer dans Alexandrie, sous Ptolémée Soter. Mais ses doctrines n'étaient pas faites non plus pour recommander une institution naissante; et si le Lagide ne l'admit pas au Musée, avant d'autoriser son enseignement, il n'a pas dû l'y recevoir, après l'avoir interdit. Or, il fut obligé de prendre cette mesure. Hégésias, dont la mollesse trouvait les peines de la vie trop lourdes, conseillait la mort (πεισιθάνατος) avec tant d'éloquence qu'il entraîna plusieurs personnes à se tuer. Ptolémée ne pouvait tolérer ce fanatisme et il fit cesser l'enseignement d'Hégésias (2).

Un élève d'Hégésias, Posidonius le stoïcien, pourrait être considéré comme membre du Musée avec d'autant plus de raison qu'il était d'Alexandrie. Mais, loin de s'attacher aux institutions naissantes de sa patrie, il se dégoûta même des doctrines qu'on y professait, et alla suivre en Grèce l'école que Zénon venait d'ouvrir pour combattre les déplorables tendances de son époque. On ignore si, dans la suite, il a reparu à la cour des Lagides; mais l'épithète d'*Alexandrin* qu'on lui donne constamment et qui aurait dû empêcher qu'on le confondît avec Posidonius de Rhodes, le fait supposer (3).

Ménédème y parut sans contredit; mais ce ne fut pas comme membre du Musée, ce fut comme délégué de la ré-

---

(1) Diog. Laert., II, c. 8. § 102.
(2) Cicero, *Tusc.*, I, 34. — Valer. Max., VIII, 9, 3.
(3) Diog. Laert., VII, c. 1. n. 31. — Suidas, *s. h. voce*.

publique de Mégare, sa patrie, qu'il administrait et qui le chargea de plusieurs missions auprès des rois Ptolémée, Démétrius et Lysimaque. Ces trois princes s'étant trouvés tous trois en Grèce, on pourrait admettre que ce fut là qu'il traita avec eux et qu'il ne vit jamais ni la ville d'Alexandrie, ni le Musée. Mais l'historien Josèphe rapporte qu'il assistait au banquet donné aux Septante (1); et s'il y a beaucoup d'erreurs ou d'inventions dans les récits que les Juifs nous ont laissés sur l'origine de leur code grec; si ce banquet lui-même est peut-être de pur ornement dans leurs récits, la présence de Ménédème en Egypte est un fait sur lequel l'indication de Josèphe confirme trop bien celle de Diogène, pour qu'on puisse le révoquer en doute. Toutefois, si Ménédème visita le Musée et la Bibliothèque d'Alexandrie, il ne fut ni de l'une ni de l'autre de ces institutions. Un auteur étranger, qui est d'ordinaire plus exact, me reproche de l'avoir agrégé sans raison aux savants d'Alexandrie, et cite, pour prouver qu'il n'alla pas en Égypte, Diogène de Laërte, que je citais pour prouver qu'il y alla. Ce savant a tort envers Diogène et envers moi. Voici ce que je disais (*Essai historique sur l'École d'Alexandrie*, t. I, p. 70): *Le fondateur de l'Ecole érétriaque, Ménédème, n'appartient guère non plus à la congrégation du Musée; mais il s'est trouvé à Alexandrie* [J'avais raison, puisque Diogène dit qu'il fut chargé de plusieurs ambassades près de Ptolémée, etc.]; *on y a connu sa doctrine* [Il a parlé sur la providence au banquet des Septante, Josèphe le dit, et il ne le ferait pas assister à ce banquet réel ou fictif si le philosophe n'était jamais venu en Egypte] *et ses mœurs* [Un membre du Musée, Lycophron, en a fait l'objet de ses épigrammes, Diogène nous l'apprend]. Je tiens d'ailleurs médiocrement à garder raison sur un point aussi secondaire, et je comprends qu'un étranger ait pu se tromper sur le sens du passage que je viens de citer.

(1) Archœol., XII, 2, 12.

Il est certain aussi que l'historien Lycus vécut en Egypte sous le premier des Lagides; et quoiqu'il y fût mal avec Démétrius de Phalère, ce n'est pas une raison pour croire que le prince, historien distingué, l'ait exclu de la syssitie du Musée (1).

Il y admit sans doute les épigrammatistes Archélaüs et Asclépiade, dont l'Anthologie nous a conservé quelques unes de ces petites compositions qui devinrent la grande passion d'Alexandrie (2); et Rhinton de Tarente, poète comique, qui, plus facile à séduire que Ménandre (d'Athènes), ne consola pas la cour des refus de ce dernier (3).

S'il est *probable* au plus haut degré que les littérateurs que nous venons de nommer furent en effet commensaux de la syssitie du Lagide, cela paraît *certain* à l'égard de Philétas, de Zénodote et de Straton, qui tous les trois donnèrent des leçons au prince connu plus tard sous le nom de Ptolémée Philadelphe. Les Lagides ayant eu l'habitude de prendre des leçons de la part de leurs plus savants commensaux, à la rigueur on pourrait considérer les personnages dont il est question comme les contemporains de Philadelphe, au lieu de les placer sous le règne de son père, mais voici ce qui s'oppose à cette hypothèse. Le docte poète Philétas était contemporain d'Alexandre, et s'il a pu vivre jusque dans les premières années du règne de Philadelphe (4), l'époque où il florissait est bien celle de Ptolémée Soter. C'est donc sous le règne de ce prince qu'il a dû donner des leçons à Philadelphe, et c'est probablement en lui que nous voyons le plus ancien membre du Musée.

Zénodote, qui seconda l'éducation de Philadelphe (5), était plus jeune que Philétas, dont il avait suivi les leçons; mais

---

(1) Suidas. *V*. Lycus.
(2) Brunck, II, 58; III, 330; IV, 554.
(3) Suidas. *V*. Rhinton.
(4) *V*. Theocrit., VII, 40. Schol., p. 805, 810, ed. Kiessl. — *Vita Arati in Arati opp*., I, p. 3; II, p. 442, ed. Buhle. Cf. Suidas. *V*. Philetas.
(5) *V*. Suidas, *v*. Zenodot.

s'il était né, comme on le pense, vers la 115ᵉ olympiade, il avait sur Philadelphe, né la 3ᵉ année de la 117ᵉ olympiade, une suffisante supériorité d'âge pour justifier le choix de Ptolémée 1ᵉʳ et l'expression de Suidas, qui le nomme *contemporain de ce prince* (ἐπὶ Πτολεμαίου γεγονὼς τοῦ πρώτου). On peut donc sans hésitation voir en lui un des savants du Musée. L'auteur d'un roman sur Alexandrie sous le règne de Ptolémée II, Manso, applique, il est vrai, aux enfants de Philadelphe le fait si précis que nous transmet Suidas dans ces mots, καὶ τοὺς παῖδας Πτολεμαίου ἐπαίδευσεν, et qu'il est si naturel d'entendre des fils du prince qu'il vient de nommer. On a pourtant pris cette conjecture pour une découverte. MM. Parthey et Ritschl l'ont adoptée comme Weichert. C'est une opinion qui ne peut se soutenir, et qu'on ne saurait faire prévaloir. On dit 1° que Suidas n'entend pas les fils de Ptolémée Soter, en parlant des enfants de Ptolémée, parce qu'il n'entend pas non plus le règne du premier des Lagides quand il parle de la charge de bibliothécaire qu'avait Zénodote : mais ce n'est là qu'une assertion, puisque rien n'empêche d'admettre que ce savant fut employé à la bibliothèque sous la direction de Démétrius, qui, certes, n'était pas bibliothécaire exclusif; 2° que le premier des Lagides n'avait pas d'autres fils plus jeunes que Philadelphe : mais chacun sait qu'il en avait de plus âgés et une fille qui fut en correspondance avec son maître Straton ; 3° que Zénodote et Philadelphe ne différaient pas assez d'âge pour que le second fût élevé par le premier : mais une différence de dix à douze ans est plus que suffisante pour justifier l'expression de ἐπαίδευσεν, qui ne signifie vraiment pas que Zénodote fut chargé de suivre le jeune prince en nourrice; 4° que Philadelphe fut le condisciple de Zénodote aux leçons de Philétas et qu'il n'a pas dû avoir pour précepteur un ancien camarade : mais c'est là une objection qu'on s'est créée en traitant sans façon de *condisciples* deux élèves du même maître (1).

(1) M. Parthey, p. 71.

Pour ce qui concerne Straton, ce philosophe ayant succédé à Théophraste au Musée de ce dernier, la 1re ou la 3e année de la 123e olympiade, et n'ayant plus quitté ce poste avant sa mort, la 3e année de la 127e olympiade ou l'année suivante, il n'a pu être l'instituteur de Philadelphe qu'avant la 123e olympiade, c'est-à-dire sous le règne de Ptolémée Soter, vers 287 avant l'ère chrétienne. Comme il n'est pas probable que Straton eût recueilli la succession de Théophraste, s'il n'avait pas été avec son maître les dernières années de sa vie, il faut même admettre que ce fut vers l'an 290 avant J.-C. qu'il quitta la cour d'Egypte. A cette époque le jeune prince, né la 3e année de la 117e olympiade, atteignait sa vingtième année, et cessait d'avoir besoin d'un précepteur, καθηγητής, car telle est l'expression dont Suidas et Diogène se servent l'un et l'autre. Son père, cédant sans doute à regret aux instances de Théophraste, qui avait refusé de joindre, auprès de Ptolémée, son ami Démétrius de Phalère et qui redemandait le célèbre disciple envoyé à sa place, respecta néanmoins cette demande, et lui renvoya Straton avec une récompense de 80 talents (444, 872 francs). Cette somme, accordée à la célébrité de Théophraste autant qu'au mérite de Straton, permit sans doute à ce dernier de faire exécuter au Musée péripatéticien les travaux que lui prescrivait, dans son testament, le chef qui lui léguait sa dignité, et qui n'aurait pu mieux choisir pour la direction de ces travaux qu'en prenant un membre du Musée d'Alexandrie. (1)

Ajoutons, pour mieux montrer au regard les faits curieux de ce temps, que Démétrius de Phalère, qui sans doute avait désigné Straton au choix du Lagide, concourut ainsi deux fois dans sa vie à doter d'une résidence les péripatéticiens, dont il partageait les principes (v. ci-dessus, p. 33). Puis, remarquons aussi que Ptolémée eut peu de bonheur dans

---

(1) V. ci-dessus, p. 30 et suiv.

ses relations avec Théophraste et ses disciples. Non-seulement le maître avait refusé de venir lui-même inaugurer le Musée, mais il rappela de cette institution son élève favori.

Un autre auditeur de Théophraste rejeta aussi les sollicitations royales qui furent accompagnées d'offres moins prodigieuses qu'Alciphron ne le fait dire à la belle Glycère, dans une lettre à Ménandre, mais qui, certes, furent pressantes, puisqu'il s'agissait du créateur de la nouvelle comédie et de la conquête la plus importante qu'Alexandrie pût faire sur Athènes. Cette négociation a dû être vive, en effet. Théophraste et Épicure ne furent peut-être pas consultés à ce sujet, quoiqu'en dise Alciphron, et la plupart des raisons que donne cet écrivain, pour expliquer le refus du poète, peuvent manquer de valeur. Nul doute néanmoins qu'il n'indique aussi le véritable motif qui décida Ménandre, c'est-à-dire, l'absence en Égypte de ces institutions libres et de ces mœurs brillantes que le célèbre comique savait si bien exposer sur un théâtre dont il connaissait les spectateurs (1). Quoiqu'il en soit, il n'est pas de document de l'antiquité qui peigne, mieux que ces frivoles épîtres, les efforts et les sacrifices que faisait Ptolémée Soter pour illustrer son règne par l'éclat des lettres. Alciphron, à la vérité, ne nomme pas celui des Lagides, qui promit à Ménandre, dans une missive scellée du sceau royal, *les trésors de la terre* (livre II, lettre 3), ou presque la moitié de son empire (lettre 4), et qui offrit aux Athéniens des navires chargés de blé pour compenser leur perte; mais l'homme de génie qui fut l'objet de ces séductions étant mort la 4ᵉ année de la 121ᵉ olympiade, ou l'an 292 avant J.-C., il ne saurait y avoir doute sur le prince dont il s'agit.

Un illustre mathématicien, Euclide, est le dernier savant de l'époque qu'on puisse ajouter avec quelque certitude à la liste que nous cherchons à refaire. Né en Égypte, ou attiré

---

(1) Alciphron., *Epistol.*, lib. II, epp. 3 et 4.

par la renommée du premier des Lagides, l'illustre géomètre, dont la patrie est incertaine, fut accueilli par le fondateur des institutions littéraires d'Alexandrie, avec tout l'empressement d'un homme curieux d'étudier lui-même une science si utile sur les bords du Nil. Il prit des leçons d'Euclide, et subit sans se fâcher celle, que, pour apprendre, les princes doivent s'appliquer comme le vulgaire, puisqu'en géométrie il n'y a pas de *chemin royal* (1).

D'après tout ce qui précède, nous pouvons donc refaire de la manière suivante, en onze catégories, la liste nécessairement mutilée des premiers personnages qui figurent dans les annales de la Bibliothèque et du Musée d'Alexandrie :

1. Ptolémée Ier Soter, fondateur.

2. Démétrius de Phalère, intendant de la Bibliothèque.

3. Théophraste, } appelés sans succès.
   Ménandre,

4. Stilpon, appelé d'abord sans succès, mais probablement arrivé plus tard.

5. Ménédème, accueilli comme député de Mégare.

6. Diodore Kronos, } appelés ou accueillis en Égypte,
   Théodore Athéos, } mais membres douteux du
   Hégésias Peisithanatos, } Musée.

7. Lycus, historien, } appelés ou accueillis par le
   Archélaüs et Asclépiade, } Lagide et membres probables du Musée.
   Rhinton, poète comique, }

8. Philétas, } accueillis ou appelés, précepteurs de Ptolé-
   Zénodote, } mée Philadelphe, membres du Musée.
   Straton, }

9. Savants dont les noms se sont oubliés.

(1) Proclus *ad Euclidem* (11, 20), dit expressément que ce géomètre enseigna sous Ptolémée Ier; et Saxius le place avec raison à l'an 306 avant notre ère (*in Onomast.*).

10. Savants dont les premiers travaux paraissent avoir commencé sous ce règne : Erasistrate et Hérophile.

11. Disciples d'Hégésias, Philétas, Zénodote, Straton, Euclide.

Cela ne forme pas une école imposante par le nombre. Mais les traditions ne s'attachant qu'aux hommes célèbres et tous les commentaires sur le Musée ayant péri, on peut, sans crainte de se tromper, augmenter au moins de deux tiers en sus le chiffre total des savants qui peuplaient Alexandrie, de 305 à 283 avant J.-C. Or si petit que paraisse le chiffre conservé, il indique l'importance du Musée à la mort de son fondateur. Ni la syssitie des membres du Musée de Platon, s'il eut une syssitie; ni celle des péripatéticiens qui occupait le Musée de Théophraste et qui est hors de doute; ni celle des Epicuriens, qui demeurait au jardin d'Epicure, ne furent plus nombreuses; et si l'école naissante de l'Egypte était moins spéciale que celles de la Grèce pour les études philosophiques, elle était plus complette pour la science en général et cultivait la philosophie elle-même. En effet, à côté des doctrines d'Aristippe que Théodore et Hégésias purent professer, Straton et Ménédème, si courte que fût leur apparition auprès des Lagides, jetèrent les principes de deux autres écoles. Puis à côté des leçons de poésie, de critique et de grammaire que donnaient Rhinton, Archélaüs, Philétas et Zénodote, Ptolémée lui-même, Démétrius de Phalère et Lycus publiaient leurs ouvrages sur l'histoire, la morale et la politique. Enfin, à côté des cours de géométrie que faisait Euclide, Hérophile et Erasistrate préludaient glorieusement à leurs savantes innovations en médecine. Dès lors nulle école de la Grèce — si grand que fût le prestige des noms de Socrate, de Platon et d'Aristote qui leur servaient de bannières — nulle école d'Egypte, ni celle d'Héliopolis, ni celle de Thèbes, ni celle de Memphis, ne pouvait plus se comparer à celle d'Alexandrie.

Ajoutons que le chiffre des 200,000 volumes de la bibliothèque, quand même on le réduirait de moitié, dépassait encore de beaucoup toutes les collections du monde égyptien ou grec, y compris celle d'Aristote échue à Théophraste.

Dès lors nous concevons à-la-fois la magnificence du legs qu'allait recueillir Ptolémée Philadelphe, et le haut rang qu'occupaient depuis ce moment les institutions littéraires d'Alexandrie.

CHAPITRE VI.

Progrès de l'école d'Alexandrie sous le règne de Ptolémée Philadelphe. — Travaux ordonnés et dispositions prises par ce prince a la bibliothèque. — Bibliothèque d'Aristote. — Classifications et traductions. — Les Septante. — Chiffre.

Si belle que fût l'œuvre de Ptolémée Soter, son fils lui fit faire de tels progrès, qu'on a pu, sans trop exagérer, le considérer comme le véritable créateur des institutions littéraires d'Alexandrie. Il en fit du moins autre chose que ce qu'elles devaient être dans l'origine; et, si nous lui avons contesté à plusieurs reprises des faits que lui attribue la tradition vulgaire, c'est que sa part légitime de gloire est assez grande pour qu'on ne la grossisse pas aux dépens du règne de son père.

Il n'eut pas besoin de donner un local spécial à la première Bibliothèque, vu qu'elle en avait un; mais il augmenta à tel point la collection des livres réunis par les efforts de son père, la fit classer avec tant de soin, en régla si bien l'administration, et imprima aux études du Musée une marche si brillante, qu'il put passer pour être le créateur des deux institutions. En effet, il ordonna des traductions, appela des savants et des professeurs, prit part à leurs discussions, les anima par des prix littéraires, fit explorer les régions éloignées dans l'intérêt des sciences, prodigua aux arts et à la religion les mêmes encouragements qu'aux lettres, et répandit sur sa dynastie, par ses libéralités et ses travaux, un tel éclat, que, dans la tradition générale, il éclipsa jusqu'au nom d'un père dont le génie avait été si supérieur au sien.

Voyons d'abord ce qu'il fit pour la Bibliothèque et les travaux qui s'y rattachaient, en réservant le Musée et ce qui le concerne pour un chapitre spécial; mais disons dès ce moment que ceux qui soutiennent, que la seconde de ces institutions ne fut fondée que sous Ptolémée II et qu'elle renfermait la première, sont dans un singulier embarras. Ne pouvant pas admettre que Ptolémée Ier mit sa Bibliothèque dans un bâtiment spécial (1), ils la tiennent comme en réserve, en attendant que Ptolémée II ait fondé le Musée.

Cette hypothèse de promiscuité une fois abandonnée, les rôles des deux princes se démêlent, au contraire, et l'histoire de la Bibliothèque devient aussi nette que celle du Musée.

Quant à la Bibliothèque, un fragment grec, publié par M. Cramer, et une scolie latine écrite au XVe siècle, publiée en partie par M. Osann (2), d'après un manuscrit de Plaute qui se trouve dans la collection du *Collegio Romano*, et plus complètement par M. Ritschl (3), ajoutent aux anciens renseignements des indications d'une telle importance, qu'on peut y rattacher toute l'histoire de cette institution. Seulement il faut consulter ces documents avec la réserve que demande leur caractère; car, s'ils sont importants, ils sont loin de mériter une confiance absolue, et si quelques critiques affectent de trop les dédaigner (4), d'autres, surtout l'un des éditeurs, en ont trop exagéré le prix (5). Quand même le *Caecius* à qui se rapporte la scolie latine serait l'auteur du fragment grec, et quand même ce serait *Tzetzès* (6), il

---

(1) So scheint zur Zeit des Ptolomäus Soter, mochte er auch für Zusammenbringung von Büchern noch so thätig seyn, doch ein eigenes Bibliotheksgebäude noch nicht bestanden zu haben. M. Ritschl, p. 14.

(2) Dans Meineke, *Quæst. scen. spec.*, III, p. 3.

(3) *Die Alexandrinischen Bibliotheken*, p. 3.

(4) Preller, *Allg. Litter. Zeit.*, janvier 1837.

(5) Voyez aussi Welcker, *Uber den epischen Cyclus*, p. 8 et suiv.

(6) Dindorf, *Rhein. Museum*, IV, 232. — Lobeck, *Zum Ajax*, p. 112.

aurait pu faire cette note avec la même légèreté que d'autres. Mais M. Cramer a fait voir contre d'autres que Cæcius ne peut être Tzetzès, puisque ce dernier met dans ses notes sur Homère (in Iliad. p. 125) ce que Cæcius blâme ici, une grosse erreur d'Héliodore, et je ferai remarquer à M. Cramer que ce ne peut pas être non plus le Cécilius Calactianus de Suidas, qui vécut sous Auguste ou sous Adrien, puisqu'il cite Proclus. Cæcius est donc un scoliaste à déchiffrer, comme l'auteur du fragment grec, qui a puisé aux mêmes sources que lui, quoiqu'ils diffèrent d'ailleurs sur beaucoup de points, ainsi qu'on va le voir dans des versions calquées sur leurs textes. (1)

FRAGMENT.

« Il faut savoir qu'Alexandre l'Etolien et Lycophron de Chalcis, invités par Ptolémée Philadelphe, ont corrigé les ouvrages dramatiques, Lycophron les comédies, Alexandre les tragédies et les satyres. Car Ptolémée, qui était fort ami des lettres, employa Démétrius de Phalère et d'autres hommes éminents pour amasser dans Alexandrie des livres de tous les côtés. Il les y fit déposer dans deux Bibliothèques. Le nombre de ceux qui se trouvaient en dehors du palais fut de 42,800, Celui des livres du quartier des palais fut de 400,000 *commixtes* et de 110,000 *simples* et

SCOLIE.

« Alexandre l'Étolien, Lycophron de Chalcis et Zénodote d'Éphèse, en vertu de l'invitation du roi Ptolémée, surnommé Philadelphe, qui favorisait de la manière la plus étonnante le génie et la renommée des savants, réunirent et mirent en ordre les livres poétiques de l'art grec, Alexandre s'étant chargé des tragédies, Lycophron des comédies, Zénodote des poëmes d'Homère et de ceux des autres poëtes illustres ; car ce prince, singulièrement porté vers les philosophes (1) et tous les autres écrivains célèbres, ayant réuni chez lui, avec le secours

(1) Voir les textes et notes à la fin du volume.

9.

non commixtes (ἀμιγῶν καὶ ἁπλῶν). Sur ces derniers Callimaque mit plus tard des *titres* (πίνακας). Ce trésor de livres fut confié par le roi à Eratosthène, contemporain de Callmaque. Or ce n'étaient pas là seulement des ouvrages grecs, c'étaient des livres de toutes les autres nations qu'on avait amassés. Il y en avait même des Juifs. Confiant ceux des autres nations à des hommes instruits et sachant bien le grec, à chacun ceux de sa langue, il (le roi) les fit ainsi traduire dans celle de la Grèce. Pour les ouvrages dramatiques, ce furent, comme je l'ai déjà dit, Alexandre l'Etolien et Lycophron qui les mirent en ordre (διωρθώσαντο), tout comme 72 grammairiens arrangèrent, sous Pisistrate, le Tyran d'Athènes, les écrits auparavant disséminés d'Homère. Ces ouvrages furent revus à la même époque par Aristarque et Zénodote de ceux qui les corrigèrent sous Ptolémée. Or ceux-ci attribuent la récension faite sous Pisistrate à ces quatre savants : Orphée de Crotone, Zopyre d'Héraclée, Onomacrite d'Athènes de Démétrius de Phalère, et moyennant les sacrifices d'une munificence royale, de tous les pays de la terre, autant de volumes qu'il le put (2), fonda deux bibliothèques, l'une hors du quartier des palais, l'autre dans ce quartier. Il y eut 42,800 volumes dans celle hors du quartier royal ; mais il y en eut 400,000 de *Commixtes* et 90,000 de *Simples* et *Digestes* dans celle du palais, ainsi que le rapporte Callimaque, homme de cour et bibliothécaire royal, qui inscrivit des titres sur chaque volume. La même chose a été affirmée, peu de temps après, par Ératosthène, gardien de la même Bibliothèque. C'étaient là les doctes volumes que ledit prince avait pu se procurer dans toutes les langues et chez tous les peuples, et qu'il avait fait traduire en grec très soigneusement par les meilleurs interprètes ».

«Au surplus, Pisistrate, 200 ans avant Ptolémée Philadelphe, avait fait, des poésies auparavant disséminées d'Homère, les volumes que nous avons maintenant, employant pour ce divin ouvrage les soins et le travail de quatre hommes très érudits et très célèbres, et Concylus. Tous ces ouvrages poétiques et dramatiques furent surtout commentés plus tard par Didyme, Tryphon, Apollonius, Hérodien, Ptolémée Ascalonite, les philosophes Porphyre, Plutarque, Proclus et celui qui les précéda tous, Aristote. (1) »

Concylus, Onomacrite d'Athènes, Zopyre d'Héraclée et Orphée de Crotone, car auparavant on ne lisait Homère que par morceaux et difficilement. Même après les soins de Pisistrate et de Ptolémée, Aristarque a mis ses veilles à faire une collection plus exacte et plus pure des vers d'Homère. Héliodore fait sur tout cela des contes que Célus censure longuement. En effet, il prétendait qu'Homère a été arrangé tel qu'il est par 72 savants commis pour ce travail par Pisistrate, et qui auraient approuvé le travail de Zénodote et d'Aristarque préféré à tous les autres. Ce qui est très faux, puisqu'il s'est écoulé plus de 200 ans entre Pisistrate et Zénodote, et qu'Aristarque fut plus jeune de *quatre* ans que lui, que Zénodote et Ptolémée. »

A en croire ces deux textes qui remontent évidemment à un auteur commun que j'appellerai l'*Inconnu*, Ptolémée II aurait : 1° fondé deux Bibliothèques ; 2° acheté des livres dans tous les pays de la terre, en fait traduire d'autres de toutes les langues ; 3° appelé trois savants à la tête de ses collections ; 4° fait classer les poëtes ; 5° séparer les volumes simples des volumes commixtes ; 6° étiqueter toute la collection par Callimaque ; et 7° compter les deux collections et les deux espèces de livres qu'elles contenaient. Qu'y a-t-il d'exact dans ces assertions ?

Et d'abord, j'examine la question à savoir si Ptolémée II a fondé deux Bibliothèques. L'existence simultanée de deux Bibliothèques dans les derniers temps des Lagides est hors de doute depuis long-temps ; mais si jusqu'ici les avis étaient partagés sur le fondateur de la première, ils l'étaient bien plus au sujet de la seconde. Les uns attribuaient la création de celle-ci à Ptolémée II, les autres à Ptolémée VII, et j'étais de ce nombre ; d'autres encore n'osaient pas suppléer au silence unanime des anciens, et n'en étaient peut-être que plus sages : voilà enfin un Inconnu qui vient jeter son poids dans la balance et désigner Ptolémée II écartant, du même coup, le premier et le septième des Lagides. Mais, s'il y a erreur évidente dans ce qu'il affirme sur la première des deux Bibliothèques, et s'il a tort d'en attribuer la création au prince qu'il a pris à tâche d'assimiler à Pisistrate, y a-t il au moins probabilité dans ce qu'il dit sur l'origine de la seconde ? Je ne le crois pas ; et plus son opinion à cet égard gagne de partisans, — car, depuis les lettres romanesques de Manso sur la cour de Ptolémée Philadelphe, les plus graves critiques se livrent à cet égard aux plus crédules errements des traditions alexandrines, — plus il m'importe de montrer toute l'invraisemblance d'une opinion qui ne soutient pas l'examen. En effet, saint Épiphane dit, avec une sage réserve, ce que voici : « Une autre Bibliothèque s'établit plus tard (ἔτι δὲ ὕστερον καὶ ἑτέρα ἐγένετο) dans le *Sérapéum, plus petite que la première, et qu'on appela fille de celle-ci* (1). Les autres écrivains de l'antiquité gardent la [...] que ; et ce qu'aucun témoignage ancien n'osait attribuer à Ptolémée, l'Inconnu copié par le fragment et la scolie est le *premier* et le *seul* qui l'affirme ; car il est évident que la Bibliothèque qu'il met hors du quartier des palais n'est autre que celle du Sérapéum. Mais, peut-on raisonnablement attacher quelque importance à une assertion qui est postérieure au moins de huit siècles au fait qu'elle affirme ? Voici des raisons contre lesquelles l'autorité d'un écrivain plus jeune que Proclus ne prévaudra jamais.

1° Si favorables que soient les traditions alexandrines à Ptolémée II, nulle ne lui prête la fondation de la bibliothèque du Sérapéum. Cependant, si cette création était de lui, ceux qui revendiquaient en son honneur la fondation du Musée et de la grande Bibliothèque n'auraient pas oublié de rappeler aussi la petite. Quand on considère que cette collection était déposée au principal sanctuaire du pays, dans ce Sérapéum dont parlaient tous ceux qui visitaient la ville

---

(1) *De ponderib. et mensur*, c. 11.

d'Alexandrie, par quel hasard les panégyristes de Philadelphe se seraient-ils tus d'un commun accord sur un fait si glorieux pour celui qui était l'objet de tous leurs hommages ? Or ce Lagide n'eut que des panégyristes, tandis que d'autres n'eurent pas même des historiens.

2° Le texte de saint Épiphane est contraire à Ptolémée II. En effet, que nous dit, dans son chapitre xi, ce même écrivain qui, au chapitre ix, attribue la première Bibliothèque à Philadelphe ? Nous l'avons vu : *plus tard il s'établit encore une autre Bibliothèque*. Or, est-ce bien ainsi que s'exprimerait cet auteur, si l'institution dont il parle était du même prince qu'il vient de célébrer pour une création si fameuse ?

3° Il est peu probable, malgré toutes les acquisitions de Ptolémée II, que la quantité des livres amassés par lui ait demandé un second établissement ; et il n'est pas croyable qu'un prince de tendances aussi purement grecques que lui ait déposé ces trésors au temple de Sérapis. S'il les a réunis, et je ne conteste pas cela d'une manière absolue, je ne vois parmi ses successeurs qu'Évergète I ou Évergète II qui ait pu en faire le fonds de la Bibliothèque du Sérapéum ; et ce n'est pas là une opinion ancienne que je viens soutenir de nouveau, c'est la seule opinion qui ait les caractères de probabilité.

4° L'Inconnu dit, à la vérité, *duas fecit bibliothecas, alteram extra regiam, alteram autem in regiâ*; mais il ne parle pas du Sérapéum. Il en parlerait tout explicitement, que son autorité ne serait qu'un témoignage isolé contre le témoignage unanime de ses prédécesseurs ; car, leur silence en est un, quand il s'agit d'un fait aussi grave et aussi bon à mettre dans l'éloge d'un favori de l'opinion.

On le voit, tout ce que fait l'auteur de la tradition suivie par le fragment et la scolie, consiste à résumer et à cumuler sur un seul des Lagides les institutions les plus célèbres de tous. Ses prédécesseurs mettaient l'origine de la première Bibliothèque sous le règne de Ptolémée Iᵉʳ ou celui de Ptolémée II, et se taisaient sur le fondateur de la seconde. Pour lui, moins scrupuleux qu'eux tous, parce qu'il est à une distance où les nuances se confondent, il met tout sur le compte de celui dont parlaient toutes les traditions. Cela ne saurait surprendre personne. Au vi^e siècle, les scoliastes n'ont dû admirer, de tous les Lagides, que Ptolémée Philadelphe; et un écrivain qui compilait à cette époque en face du beau Philadelphéum de Constantinople, a dû nommer Philadelphe à la place de tous les autres.

Ce qui est le plus vraisemblable quant à la seconde Bibliothèque, celle du Sérapéum, c'est qu'elle n'a été fondée par aucun des Ptolémées en particulier; qu'elle s'est formée, au contraire, comme dit saint Épiphane, sans qu'on puisse dire précisément à quelle époque. Cela se conçoit. Il y avait dans le quartier des palais d'Alexandrie tant de locaux où l'on pouvait déposer provisoirement des manuscrits, en attendant qu'ils fussent un peu dépouillés, classés ou définitivement établis, et l'on a dû si souvent y faire des dépôts provisoires, que, plus tard, quand il s'agissait du fondateur de la petite collection, il a pu être difficile de choisir entre celui des Lagides qui en avait fait acheter la plus grande partie, celui qui en avait fait transporter le premier dépôt au Sérapéum, et celui qui avait définitivement organisé cette Bibliothèque. Que serait-ce si l'on était amené à croire que, le Sérapéum eut ses archives dès l'origine, et qu'on ne fît rien de nouveau en y envoyant, du quartier des Palais, quelques manuscrits de plus? Dans cette hypothèse, il ne pourrait plus être question désormais du créateur de la seconde Bibliothèque, et le silence que l'on garde sur les chefs qui veillèrent à cette collection nous indiquerait suffisamment que, pour les volumes grecs qui furent ajoutés successivement aux rouleaux égyptiens, elle demeura toujours une simple succursale de celle du quartier des Palais.

Nous arrivons à des questions plus importantes que la première : Ptolémée II a-t-il fait acheter des livres dans *tous* les pays de la terre qu'il a pu aborder, et fait traduire par les *meilleurs* interprètes ceux qu'il a pu se procurer en quelque langue que ce fût?

Ce prince paraît avoir augmenté considérablement la collection dont il avait hérité, d'abord en faisant acheter des manuscrits dans toute la Grèce, surtout à Rhodes et à Athènes, les deux villes où il s'en faisait le plus grand commerce (1), puis en acquérant une partie de la fameuse collection d'Aristote dont on parlait tant à cette époque, et dont le péripatéticien Straton, l'un de ses précepteurs, avait dû l'entretenir plus d'une fois; enfin, en faisant traduire en grec des ouvrages de littérature étrangère.

Pris dans toute leur simplicité, ces trois faits, attestés par des écrivains dignes de foi, sont hors de doute; mais il faut réellement les prendre dans cette simplicité.

Et d'abord, si Athénée affirme que Ptolémée II acquit la Bibliothèque d'Aristote *tout entière*, cela ne saurait être exact; car Strabon et Plutarque rapportent que cette collection, léguée à Théophraste avec l'école d'Aristote, fut laissée à Nélée de Scepsis, transportée dans le pays de ce dernier et plus tard enfouie sous terre, lorsque les héritiers de Nélée eurent à redouter l'avidité des Attales; que, tout altérés, les livres d'Aristote et de Théophraste furent achetés par Apellicon de Téos, et transcrits tant bien que mal par cet amateur, qui combla les lacunes comme il put; qu'enfin, enlevés d'Athènes par Sylla, ils furent confiés successivement à Tyrannion et à Andronicus de Rhodes, qui y apportèrent, à leur tour, des changements et des classifications arbitraires (2).

S'il en est ainsi, Ptolémée II n'a eu ni la collection de Nélée, ni les ouvrages d'Aristote, ni ceux de Théophraste, compris dans cette collection. Or, on ne saurait reléguer, comme cela s'est fait, dans l'empire des fables, le récit si

---

(1) *Athen. Deipnos.*, I, p. 10, éd. Schw.
(2) Strabo, XIII, c. I. — Plut., *in Sylla*, c. 29.

détaillé et si probable de Plutarque et de Strabon, écrivains qui connaissaient si bien les affaires d'Alexandrie et les acquisitions littéraires de Ptolémée II. Athénée paraît donc s'être trompé en affirmant que Ptolémée II acheta la Bibliothèque de Nélée. D'un autre côté, Athénée connaissait aussi les affaires d'Alexandrie. Athénée avait non-seulement sous les yeux les écrits de Callimaque, d'Aristonicus et d'autres, sur le Musée, sur la ville d'Alexandrie et sur le règne des Lagides, mais il savait parfaitement l'histoire de Nélée et d'Apellicon (1) : Athénée ne saurait donc débiter une fable non plus quand il affirme l'acquisition de la Bibliothèque d'Aristote par Ptolémée II.

Quel parti prendre sur cet écrivain ? Pour moi, je crois que son récit est exact, en ce sens que le roi d'Égypte acheta des livres de Nélée et crut acheter les ouvrages d'Aristote, que, suivant le philosophe Ammonius Hermiae, il recherchait beaucoup et payait fort cher (2), mais dont Nélée avait eu soin de garder ou de vendre des copies, comme il avait eu soin de faire pour tout le reste. Dès lors, le fait général qui nous est rapporté par Strabon et Plutarque conserve son exactitude aussi. En effet, si Nélée vendit au roi d'Égypte une grande partie de sa collection et un exemplaire des ouvrages d'Aristote, il paraît certain qu'il en garda une autre partie, et surtout les originaux des ouvrages les plus précieux.

Cette hypothèse n'explique pas comment Apellicon, Tyrannion et Andronicus ont été embarrassés de compléter leur exemplaire d'Aristote, puisque cet exemplaire n'était pas *unique*; elle explique encore moins comment ils ont pu se permettre, dans leur édition, des changements si arbitraires, puisqu'on pouvait leur opposer celles qu'on avait ailleurs. Mais de toutes les solutions auxquelles a donné lieu le récit contradictoire des trois écrivains, celle que j'offre est jusqu'ici la seule ad-

---

(1) Lib. I, p. 10, éd. Schw.
(2) *Comment. in Aristot. Cath. apud Ald.*, fol. 3, a.

missible; elle sauve des faits généraux qu'on ne saurait rejeter, et montre, dans son vrai jour, le mérite d'un prince qui acheta beaucoup, mais qui fut souvent trompé; elle rend justice à des auteurs qui peuvent avoir erré sur quelques détails, mais qui n'ont pas dû se tromper sur l'ensemble. Je ne m'arrête pas à réfuter d'autres systèmes; je dirai seulement qu'une argumentation avancée à ce sujet repose sur l'hypothèse qu'il s'agit d'autographes d'Aristote (1), tandis qu'aucun ancien ne parle de cette circonstance.

La traduction, par ordre de Ptolémée, d'ouvrages étrangers, est-elle mieux établie que l'acquisition de la Bibliothèque d'Aristote? Elle n'est attestée, dans la mesure que veut le scoliaste, par aucun écrivain de la tradition païenne d'Alexandrie; et ceux de la tradition juive ou chrétienne en parlent généralement avec une emphase qui les rend suspects. Strabon (XVI, c. 1) dit simplement que les Grecs n'ont connu la durée de l'année que par des traductions faites de traités égyptiens; il ne dit pas un mot de Ptolémée II à ce sujet. Mais suivant Eusèbe et S. Épiphane, Démétrius de Phalère aurait appelé l'attention de Ptolémée Philadelphe sur les écrits importants que possédaient les Éthiopiens, les Indiens, les Perses, les Élamites, les Babyloniens, les Assyriens, les Chaldéens, les Romains, les Phéniciens, les Syriens, les Grecs, Jérusalem et la Judée. C'est là une énumération oratoire, ce n'est pas une indication historique, car Démétrius ne fut pas le conseiller de Ptolémée II, et ce prince eût mieux reçu de son père, qui connaissait l'Asie et l'Afrique, que de l'ancien gouverneur d'Athènes, qui connaissait peu ces régions, les renseignements dont il s'agit. Dans tous les cas, le conseil serait demeuré stérile pour toute autre littérature que celle des Juifs (2). Suivant le Syncelle, qui est à-la-fois plus réservé et plus hardi que ses prédécesseurs (3), Philadelphe

---

(1) *Rheinisch. Museum*, I, 3, p. 236; III, 1, 93.
(2) Eus. Chron., p. 66, 2. ed. Scal. — Epiphan. *De ponderib. et mensur.* 9.
(3) P. 271. D. Cf. Cedrenus, p. 165, ed. Paris.

aurait réuni les livres de tous les Grecs, des Chaldéens, des Égyptiens et des *Romains*; il aurait fait traduire en grec tous ceux qui étaient rédigés en langue étrangère, et déposé 80,000 volumes dans les Bibliothèques qu'il avait fondées.

Ce sont des autorités de ce genre que suit notre Inconnu; seulement, plus concis que le Syncelle qui lui-même était plus concis qu'Eusèbe et S. Épiphane, il se borne à dire que Ptolémée fit traduire des livres de toutes les langues dont il put se procurer des écrits. Mais ce n'est ni un fait nouveau qu'il vient nous apprendre, ni un témoignage qui s'ajoute à un autre témoignage; c'en est un seul, celui d'Eusèbe grossi par S. Épiphane.

Cependant, le fait général de certaines traductions faites par ordre de Ptolémée II n'en est pas moins vrai; seulement il faut le dépouiller de tous les ornements oratoires dont on l'a paré. Ce qui est historique, c'est qu'on a traduit quelques volumes tirés des sanctuaires d'Héliopolis et de Jérusalem.

Quant aux volumes égyptiens, le Syncelle nous apprend que Manéthon et Eratosthène traduisirent des documents anciens pour leurs travaux de chronologie, et cela est tellement probable, qu'on peut le considérer comme acquis; mais, pour tout ce qui concerne la littérature d'Égypte, il n'y a que cela de probable, et cela même ne peut être revendiqué tout-à-fait au règne de Ptolémée II, puisqu'Ératosthène fleurit sous Ptolémée III.

La question des traductions faites sur l'hébreu est plus compliquée. Le faux Aristée, Josèphe, et les écrivains ecclésiastiques qui les suivent, rapportent que, sur le conseil de Démétrius de Phalère, le premier ou le second des Lagides (le fils acheva sans doute l'œuvre commencée par le père, ce qui explique le rôle de Démétrius), fit faire à Alexandrie la version dite des *Septante*; qu'elle y fut déposée à la Bibliothèque et conservée avec le plus grand soin (Euseb., *Chron.* I, p. 53, ed. Maii). Mais, sur ce fait encore, on débite beaucoup d'exagérations de détail qu'il faut rejeter. En effet, quand on considère qu'Aristée, Josèphe et ceux qui ont cru à la bonne foi de ces deux écrivains, donnent successivement, sur l'origine de la version dont ils parlent, les récits les plus variés ; que les juifs les plus instruits de ces temps, tels que Philon, ne craignent pas de débiter les plus singulières fictions sur les préférences dont ils étaient l'objet sous les Lagides ; que la convocation des LXX interprètes aurait été faite sur l'avis du même personnage qui a conseillé aux Lagides la création, pour les Grecs, de la Bibliothèque et du Musée d'Alexandrie ; que, d'un côté, on parle d'un Pentateuque grec que Platon déjà aurait consulté, et qui aurait précédé de beaucoup celui des Septante, tandis que d'un autre côté, la plupart des livres de l'Ancien Testament qui faisaient partie des Septante au temps d'Eusèbe, n'ont été traduits en grec qu'après le règne de Ptolémée II; quand on considère de plus que, dans ces différents livres, le style des traducteurs diffère singulièrement ; qu'en général le texte traduit se rapproche du code samaritain plutôt que du code palestinien ; que si les Juifs de Palestine, et Josèphe surtout, ont partagé un instant l'enthousiasme de ceux d'Égypte pour cette version, ils l'ont bientôt traitée avec une antipathie que le Talmud ne cache pas : quand on considère tout cela, la seule chose qui demeure probable, c'est que les Juifs d'Alexandrie traduisirent les livres de Moïse sous le règne des premiers Lagides, et que ces princes accueillirent ce travail avec l'empressement d'avides collecteurs (1).

Mais le firent-ils déposer à la Bibliothèque, comme les traductions faites par Manéthon et Ératosthène ? Je n'en doute

(1) On connaît sur ce sujet les textes d'Aristée, de Josèphe, de Philon, de Justin Martyr, de S. Irénée, de S. Clément d'Alexandrie, de S. Jérôme, de S. Épiphane, etc. qui se copiaient ; ainsi que les écrits de Vivès, Scaliger, de Magistris, Hody, Van-Dale, Vossius, Valknær, Eichhorn. Nous nous bornons à indiquer ceux de Spittler (*De usu versionis Alexandrinæ apud Josephum.* Gott. 1779), et de Reinhard (*De versionis Alexandrinæ auctoritate et usu.* Opusc. ed. Pœliz. I, p. 86), qui sont moins connus.

pas. On objecte contre cette pensée que Tertullien ne trouva de son temps, *au Sérapéum*, qu'un exemplaire du texte hébraïque (1) ; mais si le dépôt n'eut pas lieu au Sérapéum, — et cela est probable — l'incendie de la première Bibliothèque dans la guerre de César explique la remarque de Tertullien, et le fait d'une traduction déposée au Bruchium demeure probable.

Toutefois ce qui ne soutient pas l'examen, ce sont les fictions qu'Aristée et ses imitateurs ont successivement répandues sur ce fait. A qui persuader, en effet, que dans un pays où il y avait tant de Juifs, dans une capitale où ils avaient des synagogues régulièrement établies, il ait été nécessaire que Philadelphe fît venir leur code de Jérusalem ; qu'il ait appelé jusqu'à soixante-dix interprètes d'une ville où l'on savait peu le grec, tandis que tout le monde le savait dans sa capitale ; qu'ils aient fait un travail si imparfait par voie d'inspiration, et traduit si vite et lu en public une collection d'ouvrages si divers ; qu'on ait disposé pour eux une sorte de Musée ou de Syssitie transitoire et qu'on ait institué en leur honneur des banquets, sans que, de tout cela, rien ne fût venu à la connaissance de ces nombreux organes de la tradition alexandrine qui ont tant célébré leur favori ?

Qui ne voit pas, au contraire, par ce chiffre de LXX, que c'est ici le conte judaïsé des soixante-douze Grammairiens de Pisistrate ? En voyant une célèbre Bibliothèque se former sous la direction de Démétrius, les Juifs d'Alexandrie se seront empressés d'offrir leur Code pour cette collection, et, pour donner à leur version toute l'autorité dont elle avait besoin, ils l'auront attribuée à un conseil de traducteurs appelés de Jérusalem. Le chiffre de LXX n'est-il pas ce même nombre sacré qu'on trouve partout cité dans leurs affaires religieuses ? En effet, ce sont soixante-dix chefs qui assistent Moïse au désert ; soixante-dix magistrats qui forment le

---

(1) Apol. c. 18. — Cf. Epiph. de Pond. 11, et Scaliger in Euseb., p. 134.

sanhédrin de Jérusalem. Le fond historique d'une version faite en Égypte pour les besoins des Juifs qui cessaient de comprendre l'hébreu une fois adoptée, le narrateur primitif avait son thème fait pour tout le reste.

Mais c'est bien le *Pentateuque* seul qu'on a traduit sous les premiers Lagides ; et, en résumé, c'est aux cinq livres de Moïse et à quelques traités d'astronomie ou de chronologie égyptienne que se réduisent toutes les traductions faites sous Ptolémée II. C'est donc se tromper singulièrement, que de composer tout le fond de la première Bibliothèque d'Alexandrie d'ouvrages égyptiens ou traduits de la littérature orientale(1). Non-seulement personne ne connaît avant Eusèbe et l'Inconnu les *interpretes* dont ils parlent, mais personne n'a vu les ouvrages qu'ils auraient traduits. Aussi les *excellents interprètes* qu'ils mentionnent ne sont pas les Manéthon et les Ératosthène, mais les Septante dont il est question dans la tradition d'Aristée et de Josèphe adoptée à Byzance ; car c'est celle-là qu'ils suivent en cet endroit ; ce n'est pas celle des Strabon, des Plutarque, des Athénée. Si la Bibliothèque d'Alexandrie avait possédé réellement des ouvrages d'Orient traduits en grecs, les membres du Musée ne se seraient pas dispensés si complètement de les étudier. De cette étude, ils eussent été entraînés dans celle des monuments de l'Asie, et, de là, dans l'exploration de l'histoire, de la religion, des mœurs, de la politique de l'Égypte ; ils seraient entrés ainsi dans les vues de Ptolémée Soter, au lieu de se perdre dans celles de son fils, et le Musée ne serait pas devenu, contrairement aux vues de son fondateur, une simple école d'études grecques.

Ptolémée II a-t-il mérité le nom de fondateur de la Bibliothèque par d'autres travaux ? A-t-il donné, à cette institution, une organisation plus précise ? A-t-il, en particulier, appelé simultanément plusieurs savants à la tête de l'établis-

---

(1) Beck, § III, p. IV.

sement ; et a-t-il chargé chacun d'eux d'un département spécial ?

D'après l'Inconnu, trois savants distingués se seraient trouvés en même temps bibliothécaires, ou du moins collaborateurs à la Bibliothèque, et chacun d'eux, Zénodote, Alexandre et Lycophron, aurait dirigé un travail spécial. Si cela est exact, une organisation nouvelle et plus positive que la première a été donnée à l'institution de Ptolémée Ier par son fils. Or cela n'a rien que de probable ; car si l'un de ces princes fut plus grand politique, l'autre, élevé par trois savants, était plus instruit : il a donc pu faire ce que dit le scoliaste. Mais si, par hasard, ce dernier confondait en cet endroit les travaux qu'il attribue aux trois personnages en question avec d'autres travaux qu'ils firent réellement, moins en qualité de bibliothécaires qu'en qualité de membres du Musée, son texte n'ajouterait à l'histoire déjà si obscure de la célèbre Bibliothèque, qu'une erreur de plus. Or, cette pensée se présente naturellement ; et, en nous apprenant que Ptolémée II a fait classer les poëtes grecs par les trois savants qu'il nomme, il me paraît simplement changer des travaux librement exécutés en travaux ordonnés par un prince qu'il se plaît à mettre au-dessus de Pisistrate ; car tel est presque le but de son récit. En effet, Zénodote a donné aux poésies d'Homère des soins extraordinaires ; c'est là ce que la tradition a voulu dire et ce qu'elle dit à sa manière. A la vérité, Zénodote n'a pas fait le même travail pour les autres poëtes dont le scoliaste parle aussi ; mais en bien examinant le texte de ce dernier, on voit qu'il ne s'agit pas de révision, qu'il y est à peine question d'un peu plus que d'un simple travail de bibliothécaire. Les mots *in unum collegerunt et in ordinem redegerunt* ne disent pas que, des trois savants, l'un a formé un cycle épique, l'autre un cycle tragique, le troisième un cycle comique ; ils indiquent seulement qu'on a fait une collection complète et une mise en ordre des poëtes comiques, tragiques, épiques et autres. Ce travail,

Ptolémée II pouvait l'ordonner et les trois savants l'accomplir, cela est hors de doute ; mais la question est de savoir si le scoliaste du vi[e] siècle, qui a fourni ce fait au scoliaste du xve, n'a pas altéré une tradition déjà fort altérée. Il se pourrait, en effet, qu'il y eût dans cette tradition une grande méprise sur le travail exécuté par Zénodote à l'égard d'Homère ; une autre méprise sur un travail de Lycophron, qui avait écrit, sur la *Comédie*, un ouvrage dont Athénée a cité le neuvième livre, mais qui ne fut pas un travail de bibliothécaire sur les poëtes comiques ; et une méprise encore au sujet d'Alexandre l'Étolien, qu'on aurait chargé d'un travail sur les poëtes tragiques, parce qu'il était poëte élégiaque et tragique, mais dont l'ouvrage indiqué par le scoliaste est demeuré inconnu à toute l'antiquité. Dans mon hypothèse, le récit fait enfin par un dernier scoliaste d'après plusieurs générations d'autres scoliastes ne serait autre chose qu'un résumé fort libre des travaux exécutés réellement, sous le deuxième des Lagides, par un éditeur d'Homère, Zénodote, deux membres de la Pléiade tragique, Alexandre et Lycophron, et un membre de la Pléiade générale, Callimaque. Je ne pense pas qu'il y ait davantage ; et toute cette histoire doit désormais occuper, dans l'opinion des critiques, une place un peu différente de celle qu'on a voulu lui assigner.

J'arrive au cinquième point des travaux exécutés, suivant ces textes, sous Ptolémée II : Callimaque aurait mis des titres sur tous les volumes de la collection des ouvrages simples, non mixtes. Ce travail était utile, peut-être nécessaire ; le prince a pu le désirer, et Callimaque, le plus universel et le plus laborieux des savants, le faire. Mais le poëte Callimaque aurait-il réellement mis des étiquettes sur les volumes d'une collection que le fragment porte à 110,000, la scolie à 90,000 ouvrages ? Aurait-il même présidé à l'entreprise, ou bien cette tradition ne serait-elle pas encore l'amplification d'un autre travail plus certain, j'entends les *Tableaux* de tous les genres de littérature, ouvrage célèbre, qu'avait inspiré à Callimaque la collection que l'Inconnu lui fait étiqueter, mais ouvrage dont il a tort de faire une opération de bibliothécaire? Le mot de πίνακες qui signifie *libellus* et *index libri*, pourrait s'expliquer dans un autre sens par le travail que, suivant Plutarque (Syllac. 26) Andronicus a fait pour les écrits d'Aristote, auxquels il ajouta les titres et la table des matières, ἀναγράψαι τοὺς νῦν φερομένους πίνακας.. Mais je pense qu'on peut renoncer aux titres et aux tables comme aux étiquettes.

J'arrive au sixième travail indiqué par les textes, la *séparation des volumes simples et des volumes commixtes*, point important et qui se confond avec le *septième*, le relevé du chiffre des uns et des autres, relevé fait, suivant la scolie, sous le règne de Ptolémée II, et constaté dans un ouvrage de Callimaque. Ici, point de doute, l'Inconnu avait sous les yeux l'auteur qu'il copiait, Callimaque, et peut-être le *Musée* de ce savant, ou quelque notice extraite de ce livre, si déjà il n'existait plus; car je ne pense pas que les chiffres qui nous sont donnés se trouvassent dans les *Tableaux*. Ce que les textes disent, à cet égard, étant précis, mérite créance; cela ne s'inventait pas et cela est d'accord avec d'autres données.

En effet, des relevés analogues ont été faits pendant le règne de Ptolémée II, sous la direction de Démétrius de Phalère, si Josèphe est digne de foi, et Ptolémée III, a pu faire répéter cette opération par Eratosthène, car celle où figure le nom d'Eratosthène, appartient à ce règne. Dans ces indications toutes positives, il n'y a donc rien qui ne soit vraisemblable. Les princes qui faisaient tant de sacrifices pour une collection qu'ils désiraient rendre unique et fameuse partout, étaient naturellement curieux de savoir et de publier un chiffre; et plus ce chiffre se présentait ronflant, mieux il était accueilli. Celui du relevé de Callimaque pouvait être considérable; le zèle du prince pour les lettres était réellement extraordinaire, et, quelque opinion qui puisse prévaloir dans la question de la seconde bibliothèque, c'est un fait incontestable qu'une étonnante quantité de livres fut ajoutée par Ptolémée II à la collection faite par son père. Quelle fut cette quantité ?

Le chiffre en varie chez les anciens, et ces variantes font mauvais jeu aux modernes qui ne distinguent pas les époques, mais en tenant compte de tous les faits, on arrive à des résultats acceptables. Nous avons vu qu'à la mort de Ptolémée I, il y avait, nombre rond, 200,000 volumes. La chronique de Manassès donne pour l'époque de Philadelphe le nombre rond de 400,000, (1) que donnent aussi Sénèque et Orose, dont les indications relatives à l'époque du grand incendie semblent établir que la bibliothèque du Bruchium ne contint jamais plus de 400,000 volumes, et qu'après le règne de Ptolémée II on déposa ailleurs les acquisitions nouvelles, indications qui simplifient et éclaircissent beaucoup la discussion (2). Eusèbe, Cedrénus et le Syncelle, au contraire, se sont attachés au chiffre de 100,000. S. Epiphane a celui de 54,800, que nous allons tout-à-l'heure expliquer (3).

Ces différences, si notables et si frappantes chez des auteurs qui suivaient des indications anciennes et qui n'ont pas pu inventer de chiffres, étonnent à juste titre. Elles ont amené toutes sortes de conjectures. On aurait dû en faire une de plus, celle que ces variantes tiennent moins à des négligences ou à des exagérations qu'à des manières différentes de compter les volumes. Cette pensée se présente naturellement quand on considère le caractère de la collection dont il s'agit. En effet, on l'avait composée, dans l'origine, de tout ce qui pouvait s'acquérir; et, pour avoir la meilleure édition d'ouvrages fort altérés, on avait réuni un grand nombre d'exemplaires. Il y avait donc des *doubles*. Dès-lors il y avait deux manières au moins de faire le relevé de l'ensemble : on comptait ou l'on excluait les *doubles*, les *triples*, les *quadruples*, etc. Sans doute, il

---
(1) Édit. Paris, p. 20.
(2) *De Tranquill.* c. 9. — Oros. VI. c. 15.
(3) *De mensuris et ponderibus.* c. 9 et 11.

n'était pas également important de faire l'un ou l'autre de ces relevés, mais on était bien aise de faire l'un et l'autre.

Dans l'origine ceux qui écrivaient sur le Musée ou la Bibliothèque, se trompaient d'autant moins à cet égard que c'étaient des écrivains d'Alexandrie, tels que Callimaque, Eratosthène, Ptolémée VII, Aristonicus, etc. Ceux qui les copièrent plus tard prirent, au contraire, sans en avertir leurs lecteurs, tantôt le chiffre de tous les volumes, tantôt celui des volumes qu'on obtenait en comptant un seul exemplaire par ouvrage. De cette différence dans les indications résulta la confusion qui a désolé si long-temps la critique.

Plutarque avait, il est vrai, mis sur la voie d'une distinction, en donnant d'après Calvisius le chiffre de la bibliothèque de Pergame, livrée à Cléopâtre par Antonin. Il disait qu'il y avait 200,000 βιβλία ἁπλᾶ (1). Mais ce terme technique était devenu inintelligible, et de toutes les explications qu'on avait proposées, celles d'*autographes*, d'*ouvrages simples* à l'exclusion des doubles, de *feuilles* de parchemin ou de papyrus simples (non doubles), aucune n'avait prévalu. Notre Inconnu qui a pu copier en cet endroit Callimaque ou un scoliaste de l'auteur du *Musée*, en venant faire une distinction formelle entre les volumes simples, ἀμιγᾶ, *volumina simplicia et digesta*, et les volumes commixtes, συμμιγᾶ, semble expliquer le terme de βιβλία ἁπλᾶ qu'emploie Plutarque, dans le sens d'ouvrages dont le dépouillement est fait, dont l'intégrité et l'authenticité sont arrêtées, dont toutes les pièces faussement attribuées à l'auteur ont été écartées par les Chorizontes, en un mot, qui ont passé sur la planchette (πινακίδιον) où, suivant Galien, on déposait les ouvrages examinés, et dont enfin on ne comptait pas les doubles.

En effet, la scolie donne pour la bibliothèque du palais, 400,000 volumes *commixtes* et 90,000 volumes *simples*, nombre que le fragment porte à 140,000. Or, les mots, et, ce

---

(1) *Vita Antonii*. c. 58.

qui n'est pas moins décisif, les proportions des chiffres, si conformes à la nature des choses, autorisent également notre interprétation. On comprend, sans peine, que tout compte fait, il n'y ait eu, sur 400,000 volumes, que 100,000 ouvrages, et que la majeure partie de la collection faisait double emploi. Et tout s'explique dans ce système : les 100,000 volumes simples sont les 100,000 d'Eusèbe, de Syncelle et de Cedrénus élevés à l'état de nombre rond ; les 54,800 de S. Epiphane, sont les livres simples des 200,000 commixtes laissés par Ptolémée Soter ; les 400,000 de Sénèque, d'Orose et de Manassès sont les 400,000 commixtes, et avec les 90 ou 110,000 simples, ils forment les 500,000 d'Aristée, de Josèphe et de Zonaras (1).

La tradition qui fixe le chiffre de la seconde bibliothèque (celle qui était située hors du quartier des Palais) à 42,800 volumes ne distingue pas là les volumes simples et digestes des commixtes. Cela confirme l'exactitude de ses données ; car il est naturel de penser que le dépouillement d'une collection qu'on venait de verser dans l'ancien quartier n'était pas fait, lorsqu'Ératosthène en prit le relevé. On a dit, il est vrai, que la bibliothèque du Sérapéum *s'étant formée pour les besoins de l'enseignement dans ce quartier*, n'a eu qu'un exemplaire de chaque ouvrage ; mais cette hypothèse ne soutient pas l'examen. Rhakotis, habitée par la population égyptienne et dominée par son antique sacerdoce, ne fut pas le siège d'un enseignement grec sous les premiers Lagides ; elle ne l'est devenue que dans la suite des temps, après l'incendie de la bibliothèque du Bruchium, après les ravages exercés, dans le quartier des Palais, par Caracalla, Aurélien et Dioclétien, et après l'alliance qui se fit, entre toutes les fractions de la population païenne, à la suite du progrès, si alarmant pour elles, des institutions chrétiennes. Il serait d'ailleurs difficile de rien concevoir de plus moderne

(1) V. les notes à la fin du volume.

que cette hypothèse d'une bibliothèque académique, et rien de plus contraire à l'histoire qu'un enseignement grec institué au Sérapéum à une époque où toutes les études alexandrines se concentraient auprès de la cour et dans le quartier des Palais.

Tout s'accorde donc à rendre les dernières indications de l'Inconnu aussi vraisemblables que ses premières étaient fausses; et la diversité de leur origine suffit pour nous en expliquer la différence. Il avait puisé les unes, celles sur les traductions, dans les traditions judaïsées; il avait résumé sur les traditions générales les travaux de Philadelphe, et pris dans Callimaque, dans Ératosthène, ou dans des scoliastes qui avaient copié ces auteurs, les chiffres des deux relevés. On n'objectera pas, je crois, que les chiffres de 400,000 et de 100,000 sont trop ronds pour être copiés dans Callimaque; car Callimaque était non-seulement bibliothécaire, mais poëte et courtisan, et l'ami de ce Conon qui voyait parmi les constellations la chevelure de Bérénice, avait pu arrondir un chiffre si susceptible de l'être. Une exactitude rigoureuse était, je crois, sinon impossible, du moins d'une difficulté extrême et en dehors des habitudes de Callimaque comme de celles de Lycophron et d'Alexandre.

Il en a été autrement du relevé d'Ératosthène, qui nous présente un chiffre plus mathématique. En effet, le scoliaste invoque l'autorité d'un relevé fait par Ératosthène, un peu après celui de Callimaque; et c'est suivant moi à cette opération qu'appartient le chiffre moins rond, ou plus exact, de 42,800. Car, à cet égard, on doit dire de deux choses l'une: ou le témoignage d'Ératosthène se rapporte à un relevé spécial, ou bien il est une simple répétition de celui de Callimaque. Mais ce dernier cas n'est pas admissible, Ératosthène n'ayant ni vérifié ni écrit, dans la pensée du scoliaste, la même année que Callimaque, son prédécesseur à la Bibliothèque. Reste le cas d'un relevé spécial qui n'a pu se faire que sous le règne de Ptolémée III; Ératosthène n'ayant présidé à la Bibliothèque que sous ce prince. Aussi le scoliaste, tout en se bornant à résumer en traits généraux et sans distinction de règnes, indique-t-il une remarquable différence entre les deux opérations, en nous donnant le chiffre moins rond de 42,800 volumes, qui est celui de la seconde Bibliothèque, collection dont on ne saurait mieux placer l'origine que sous le règne de Ptolémée III et sous le bibliothécariat d'Ératosthène. On conçoit d'ailleurs qu'un troisième relevé porte un cachet spécial d'exactitude.

Après cela, je n'ai plus qu'à vider un incident et une objection. S'il est certain qu'Ératosthène a pu faire un relevé, puisqu'il a été bibliothécaire pendant de longues années, et sous le règne de Ptolémée III, Callimaque avait-il pu en faire un autre, et avait-il été bibliothécaire sous celui de Ptolémée II ? On en doutait avant l'assertion si formelle de la scolie latine, et l'on combattait surtout l'hypothèse que j'avais émise de plusieurs bibliothécariats simultanés(1). Or, si Cæcius dit vrai en attribuant des travaux de bibliothécaires à Alexandre, à Lycophron et à Callimaque, qui secondèrent les soins de Zénodote, il confirme à-la-fois mon hypothèse et le bibliothécariat de Callimaque, qui étaient mis en doute.

En effet, comme ce savant n'a pu être chef de la Bibliothèque que de l'an 246 à l'an 248 avant J.-C., il a dû être avant cette époque le collaborateur de Zénodote, comme Alexandre et Lycophron. Le docte Zénodote, qui remplaça Démétrius de Phalère la deuxième année de la 124e olympiade et 283 ans avant J.-C., vécut jusqu'à la 133e olympiade, et rien ne porte à croire qu'avant sa mort il ait laissé son poste à Callimaque, qui mourut lui-même fort âgé vers la deuxième année de la même olympiade, et qui, d'après cela, n'aurait passé à la Bibliothèque que les dernières années d'une vieillesse fatiguée. Pour qu'il ait pu exécuter une partie seule-

---

(1) *Essai historique sur l'École d'Alexandrie*, I, 92, 131.

ment des immenses travaux que le scoliaste lui attribue, et composer même les πίνακες, *étiquettes*, *tables* ou *tableaux*, il faut nécessairement qu'il ait été associé à Zénodote, avant de le remplacer. La simultanéité de plusieurs bibliothécariats est donc désormais aussi hors de doute que la réalité de celui de Callimaque.

Constituée en deux grandes divisions, celle des *commixtes* et celle des *simples* ou *digestes*, la bibliothèque, y compris peut-être le dépôt qu'on devait transporter plus tard au Sérapéum, mais qui était encore *indigeste*, se trouvait désormais dans une voie régulière, grâce aux travaux de chefs éminents et de subordonnés moins illustres. On savait ce qu'on possédait d'ouvrages à la grande Bibliothèque, et l'on pouvait compter le moment où, ce qui restait à dépouiller, serait également catalogué, si l'on m'accorde ce terme, pour former ensuite la petite. On pouvait donc dire, en parlant en poëte, comme Callimaque a dû parler dans son Musée, que deux collections différentes devaient leur origine à Ptolémée II, d'autant plus que la séparation avait peut-être commencé sous le règne de ce prince.

Voyons maintenant ce qui se fit pour le Musée.

CHAPITRE VII.

MUSÉE. — JEUX POÉTIQUES. — PLÉIADES. — VOYAGES D'EX-PLORATION. — COLLECTIONS D'HISTOIRE NATURELLE. — PARCS ROYAUX. — OBSERVATOIRES.

A la mort de Ptolémée Ier, nous avons vu le Musée composé de douze à quatorze membres, dont plusieurs enseignaient, s'entouraient de nombreux disciples et élevaient la science grecque, si élémentaire encore, à un rang que les écoles d'Athènes avaient été aussi incapables de lui donner que celles de Memphis ou d'Héliopolis. Ptolémée II imprima à cette institution une marche plus brillante encore, et éclipsa, sous ce rapport, la renommée de son père, au point qu'il en fut considéré comme le véritable fondateur. L'un des princes les plus savants de son époque, il attira dans sa capitale des savants et des professeurs, prit une part active à leurs discussions, ainsi qu'avait fait son prédécesseur, et favorisa à tel point l'étude de la poésie, de la géographie, de la médecine et enfin des beaux-arts, qu'il tua celle de l'histoire et de la philosophie, et changea si complètement le caractère de l'institution, qu'il en fit, comme disait Timon le Phliasien dans sa célèbre épigramme, une sorte de volière savante. Voyons, d'abord, ce qu'il fit pour les divers genres d'études qui prévalurent sous son règne.

Sa prédilection pour les travaux poétiques, qu'au besoin attesterait aussi la tâche que, suivant les scoliastes, il aurait donnée à Zénodote, à Lycophron et à Alexandre, se comprend aisément, puisqu'il était élève de Philétas. Elle doit l'avoir conduit à prendre une mesure extraordinaire pour encourager la poésie. Mais quelques vers de Théocrite sont la seule autorité qu'on ait à cet égard. Ce poëte, qui visita l'Égypte sous Ptolémée II, dit que jamais homme ne récita de beaux vers aux combats sacrés de Bacchus (Διωνύσου ἱερούς ἀγῶνας), qu'il ne reçût de ce prince une récompense digne de son art (1). Or, de cet éloge donné par un témoin oculaire, on peut conclure que le deuxième des Lagides ne se borna pas à faire réciter les poëmes d'Homère au théâtre, usage introduit par Démétrius de Phalère, qu'il n'aimait pas ; mais que, renouvelant les anciens usages de la Grèce, il invita les poëtes à dire en public des vers de leur composition ; que ces récitations eurent lieu aux Dionysiaques, et qu'on accordait des récompenses, soit à tous les lecteurs, soit du moins aux auteurs les plus distingués.

A cette indication de Théocrite on a rattaché un récit de Vitruve, qui devait prouver que Ptolémée II fit une institution permanente pour encourager la composition en vers ; qu'il fonda des *jeux poétiques* ou des *combats d'Apollon*. A la vérité, Vitruve rapporte qu'un des *Ptolémées* a institué une sorte de concours poétique, et l'on a généralement revendiqué ce fait aux fastes de Ptolémée II ; mais, dans tout le récit de Vitruve, il n'est pas un seul trait qui s'applique au règne de ce prince ; et il faut, en général, se défier beaucoup de tout ce que l'on a dit à cet égard. En effet, l'anecdote que rapporte cet auteur est aussi pleine d'erreurs que la scolie de Cæcius ; et l'on ne saurait, d'après ce seul texte, faire honneur à Philadelphe d'une institution qu'a ignorée tout le reste de l'antiquité. Voici ce que dit Vitruve : « Voyant que les Attales avaient établi à Pergame, pour le plaisir de tous — *ad communem delectationem* (2) — une bibliothèque distinguée, *Ptolémée* voulut en fonder une à Alexandrie. Quand il l'eut établie, il pensa qu'il fallait l'augmenter en provo-

---

(1) *Idyll.* XVII, v. 112.

(2) Cette assertion, que la Bibliothèque de Pergame fut fondée dans un intérêt public est curieuse ; nous la rapprocherons d'une assertion d'Aphthonius, relative à la Bibliothèque de l'Acropolis d'Alexandrie.

quant à la composition littéraire (1). Il institua donc des jeux consacrés aux Muses et à Apollon, en établissant des prix pour les vainqueurs parmi les écrivains, comme on en donnait aux vainqueurs parmi les athlètes. Cette institution faite, et les jeux devant être célébrés, il fallut choisir des juges instruits pour décerner les récompenses, *judices litterati qui ea probarent*. Déjà le roi en avait désigné six dans la *ville*; n'en trouvant pas de septième qui fût capable, il s'adressa à ceux *qui présidaient à la Bibliothèque*, et leur demanda s'ils connaissaient quelqu'un qui fût propre à cette mission. Ils lui désignèrent un certain Aristophane, qui venait tous les jours pour lire, suivant un certain ordre régulier, tous les livres de la collection. Aristophane, amené à l'assemblée des jeux, où des places étaient réservées aux juges, prit celle qui lui restait. L'*ordre des poètes* fut appelé le premier au combat, et pendant leurs lectures, le peuple avertissait les juges de ce qu'il approuvait. Quand les suffrages furent demandés, six juges s'accordèrent à donner le premier prix à celui qui avait plu davantage à la multitude, le second, au suivant. Mais Aristophane, invité à voter, désigna celui qui avait le moins plu au public. Le roi et toute l'assemblée l'interpellèrent. Il répondit qu'un seul des lecteurs *était auteur de ses vers* (2); que le reste n'avait fait que réciter les écrits d'autrui; que les juges devaient couronner des compositions et non pas des vols, *scripta, non furta*. On lui demanda des preuves. Sûr de sa mémoire, il fit retirer des armoires de la Bibliothèque qui lui étaient connues (3), des volumes qui

(1) Non putavit id satis esse nisi propagationibus in seminando curaret augendam.

(2) *Esse poëtam*. Ce mot ne doit pas être traduit ici par *poète*, mais par *auteur* de ce qui a été lu; c'est le sens primitif de ποιητής, qui fait, qui crée.

(3) Les écrivains latins, Vitruve et Orose, sont les seuls qui parlent de ces armoires auxquelles on fait jouer un rôle dans les Bibliothèques d'Alexandrie; Aphthonius, qu'on citait à ce sujet, parle d'autre chose. V. ci-dessous, 6e période, 3e chapitre.

forcèrent les auteurs eux-mêmes à convenir de leur plagiat. Le roi les punit, mais combla de présents et mit à la tête de la bibliothèque le savant qui les avait démasqués. »

Tel est le récit de Vitruve, et l'on voit qu'il n'y en aurait pas de plus important pour nous, s'il était exact; mais il est plein d'erreurs et d'invraisemblances. D'abord, ce n'est pas à l'imitation des Attales qu'on a fondé la bibliothèque d'Alexandrie; puis, ce n'est pas dans cette cité que l'homme le plus savant eût été oublié par un prince désignant les juges d'un combat poétique, ni que le peuple eût prétendu décerner des récompenses: dans Alexandrie, et à la face du Musée où régnaient tant d'érudition et de science, tout cela était impossible. Mais voici une inadvertance bien plus grossière. Ce n'est pas au Musée que le prince choisit six juges, c'est dans la ville, *ex civitate*; et lorsqu'il en demande un septième, ce n'est pas encore aux savants de la Syssitie, arbitres naturels d'un concours poétique, qu'il s'adresse, c'est à ceux de la Bibliothèque, que leurs travaux rendaient si peu propres à ces fonctions; le Musée n'est nommé ni comme institution ni comme édifice. S'il était possible qu'un architecte d'Italie eût inventé toute cette histoire, on la prendrait pour une fable. Elle a longtemps préoccupé les meilleurs critiques, elle court risque aujourd'hui de perdre toute espèce de valeur. Mais, de même qu'il se trouve un fait dans la fameuse lettre d'Aristée et qu'il s'en trouve d'autres dans la scolie de Cæcius, il en est un dans le récit de Vitruve. Ce récit n'est pas d'invention romaine, le mot de *poeta* nous le dit; il n'est pas de la composition de Vitruve, qui, en sa qualité d'architecte, y eût glissé le Musée, le Sérapéum et le Sébastéum, qu'il connaissait incontestablement: il a été fait d'après les vers de Théocrite, ou d'après quelque tradition alexandrine, par quelque enthousiaste d'Aristophane, réfugié à Rome, et à qui Vitruve l'emprunte.

Pour moi je le prends donc pour le souvenir orné d'une cérémonie qui a, peut-être, été célébrée plus d'une fois dans

Alexandrie, soit sous le règne de Ptolémée II, qu'illustrèrent tant de poëtes, soit sous celui de Ptolémée VII, qui est également fameux dans les lettres, et qu'honora ce même Aristophane, qui figure en première ligne dans tout ce récit. Ce qui est certain, c'est que l'un et l'autre de ces princes firent pour les études des efforts extraordinaires; que celui des deux qui nous occupe en ce moment aimait singulièrement les fêtes publiques, ainsi que le prouvent les Dionysiaques, ou la grande *pompe* par laquelle il célébra son association à l'empire, et les cérémonies qu'il ordonna pour son intronisation et pour l'apothéose de son père. Mais, si le texte de Théocrite est décidément en sa faveur, celui de Vitruve ne prouve pas le moins du monde que ce fût Ptolémée II qui fit une institution permanente pour l'encouragement de la poésie. Le texte de Théocrite, joint à la circonstance que les plus illustres poëtes vécurent à la cour de ce prince, et à celle que des lectures instituées au théâtre par Démétrius de Phalère étaient faites régulièrement à Alexandrie, autorise bien à conjecturer qu'on a pu célébrer dès cette époque des jeux littéraires, qui auront pu se répéter au temps d'Aristophane, sous Ptolémée VII, avec des résultats fort extraordinaires, quoique parfaitement expliqués par la différence des temps; mais le texte de Vitruve n'autorise pas même une induction à l'égard de Ptolémée II.

Il en est donc de cette création comme de celle de la première Bibliothèque, comme de celle de la seconde : le *zèle* de ce favori des traditions alexandrines est le seul fait incontestable; tout le reste est douteux, et c'est en ce sens que je modifie ce que j'ai dit, il y a vingt ans (1), et ce que tant d'autres ont dit avant ou après moi sur les fameux combats d'Apollon.

Voyons maintenant comment Ptolémée II a protégé les études de géographie et de zoologie. Ici encore nous trouverons

---

(1) *Essai historique sur l'École d'Alexandrie*, I. 82.

les faits altérés par de singulières exagérations. En effet, on ne s'est pas contenté de ce qui a eu lieu, de ce que les anciens rapportent; aux travaux entrepris, aux explorations faites par les ordres de ce prince, on a encore joint des créations, des établissements permanents. Les anciens parlent de parcs royaux: on en a fait des ménageries scientifiques; d'objets précieux rapportés des régions méridionales : on en a fait des musées d'histoire naturelle. A cet égard, Strabon, Diodore, Arrien, Athénée et Pline nous apprendront les faits. « La crue du Nil, par suite des pluies qui tombent dans la Haute-Égypte, dit le premier, a été connue par ceux qui ont exploré le golfe Arabique jusqu'à la région de la cannelle, et à ceux que les Ptolémées ont envoyés là, soit pour la chasse des éléphants, soit pour d'autres motifs; car ces princes s'occupaient de cela, surtout celui qu'on a surnommé *Philadelphe*, qui était curieux de s'instruire (φιλοσοφῶν), et qui, à cause de la faiblesse de son corps, cherchait toujours de nouvelles distractions et de nouveaux sujets d'amusement (διαγωγὰς καὶ τέρψεις) ». « La station de Ptolémaïs, dit ailleurs le même écrivain, était le résultat d'une entreprise d'Eumède, que le prince avait envoyé à la chasse aux éléphants, et qui, pour s'assurer une position, entoura une presqu'île d'un fossé et d'un rempart ». A cela Diodore, confirmant les voyages de découvertes et les chasses, ajoute ces cinq faits: « 1° Que le roi y dépensa de fortes sommes; 2° qu'il réunit un certain nombre d'éléphants propres à la guerre; 3° qu'il procura aux Grecs la connaissance d'autres espèces d'animaux encore inconnues; 4° qu'il montrait aux étrangers, comme la grande curiosité du pays, un serpent de trente coudées, que des chasseurs avaient pris avec des peines incroyables, et qu'on nourrissait avec le plus grand soin; 5° qu'il envoya Dionysius explorer l'Inde, Satyrus, le pays des Troglodytes, Ariston, l'Arabie et les régions de l'Océan ». Athénée fait une énumération fort curieuse d'animaux d'Éthiopie, d'Arabie et d'autres régions, qui traînèrent les chars de la pompe dionysiaque, dont nous avons déjà parlé. Pline nous apprend que Ptolémée II envoya dans l'Inde Mégasthène et Dionysius, tandis qu'Artémidore nomme surtout l'amiral Timosthène, et qu'Arrien cite à chaque instant le voyage de Mégasthène, tout en déclarant que l'auteur ne lui paraît pas avoir visité une partie bien considérable de l'Inde, et en le traitant d'amateur de fables, comme le fait Strabon (1).

Tels sont les faits connus aux anciens. On le voit, s'ils établissent d'une façon incontestable les voyages et les chasses ordonnés par Philadelphe, ainsi que les soins donnés par ce prince aux animaux rares qu'on lui apportait, ils ne parlent ni de ménageries scientifiques, ni de musées, ni d'aucun genre de collections d'histoire naturelle fondées dans l'intérêt des études. Que des animaux rares fussent entretenus au Musée ou dans le voisinage de cet asile, et que de cette mesure il soit sorti peu-à-peu une précieuse collection d'histoire naturelle (2), cela peut se soutenir comme hypothèse; mais ce qui vaut certainement mieux que de faire des romans de ce genre, c'est de se borner aux indications des anciens, qui ne parlent que d'explorations et de chasses exécutées par ordre de Philadelphe, ou de soins de conservation pris pour les animaux rares que renfermaient ses parcs. Il est bien naturel de croire que les savants du Musée s'associèrent aux goûts du prince, et que les deux médecins qui illustrèrent la science sous son règne, Hérophile et Érasistrate, profitèrent de ses parcs pour leurs études d'histoire naturelle, comme Ératosthène et Hipparque, de ses voyages d'exploration, pour leurs travaux de géographie et de cosmographie. Mais ni les travaux de ces savants,

---

(1) Strabo, XVII, c. 1 et 2, XV, XVI. — Diod. III, c. 35, 42. — Athen. V, § 32. — Plin. VI, c. 21. — Arriani Indica, passim. — Artemid. in Geog. Minor, ed. Hudson.

(1) M. Schlosser, *Universal-historische Uebersicht der Geschichte der alten Welt* II, 1, 198, sq. — M. Klippel, p. 121.

ni le plaisir que prenait le prince à montrer aux étrangers des animaux curieux ne fondaient les institutions dont on parle; et je n'ai trouvé nulle trace ni d'un cabinet d'histoire naturelle établi au Musée même, ni d'une ménagerie placée dans son voisinage.

Quant aux études médicales, Ptolémée II les encouragea d'autant plus qu'il était plus souffrant et qu'il avait à sa cour des médecins plus distingués. Ce n'est pourtant pas lui qui appela dans Alexandrie les médecins que nous venons de nommer : il les avait trouvés à la cour de son père. Il y a plus : il ne sut pas les y retenir tous les deux. Erasistrate se retira d'Alexandrie dans l'Asie mineure, où il mourut. On ne trouve pas non plus mention chez les anciens de quelque établissement spécial qu'on eût fait à cette époque pour la science qu'Hérophile, Erasistrate et leurs nombreux disciples cultivaient avec tant de succès, l'anatomie, qui manquait à la Grèce et que l'Egypte pouvait lui enseigner, ne fût-ce que par les opérations auxquelles elle procédait dans les nécropoles.

Nous arrivons aux beaux-arts. Curieux de toute sorte d'instruction et avide de tous les genres de gloire, Ptolémée profita de la paix et des trésors amassés par son père pour prodiguer ses encouragements aux arts, comme aux sciences et aux lettres. On en a pour preuve : 1° la pompe déjà indiquée, où l'on vit figurer des objets d'art d'un grand prix, tableaux, statues, vases, trépieds et ouvrages ciselés; 2° les édifices qu'il fit bâtir dans Alexandrie, et dont la magnificence devint proverbiale, si nous en croyons Philon, qui ajoute qu'on les appelait Philadelphiques (1), adulation qui ne prévalut pas, mais qui explique le nom de Philadelphion, que nous verrons plus tard, donner par imitation au Musée de Constantinople; 3° l'acquisition qu'il fit, sous le généralat d'Aratus, qui avait besoin de son assistance pour

---

(1) *Vita Mosis*. lib. II.

soutenir les glorieuses luttes de la ligue achéenne, des tableaux de l'école de Sicyone (1), qu'avaient illustrée Eupompe, Pamphile et ce même Appelle, qu'on rencontre à la cour de son père.

On le voit, en analysant d'après les anciens ce qu'a fait Ptolémée II pour les études d'Alexandrie, on ne trouve pas toutes les institutions que lui attribuent les scoliastes des temps postérieurs et les écrivains modernes, mais on reconnaît dans la vie de ce prince une singulière générosité et une activité prodigieuse; et à la vue de ces nombreuses acquisitions de tableaux et de manuscrits, de ces récompenses offertes au talent, de ces conquêtes faites sur le génie de la Grèce par voie d'achats, sur celui de l'Asie et de l'Afrique par voie de traduction, de cette exploration systématique des plus curieuses régions de la terre, on comprend ces deux choses : l'enthousiasme que ces travaux excitèrent chez les savants d'Alexandrie, l'éclat qu'ils répandirent sur le Musée.

Quant à l'enthousiasme que donna au monde littéraire le règne de Philadelphe, il se réfléchit dans toutes les traditions alexandrines, au point de les fausser en faveur de ce prince, et de lui faire attribuer non-seulement les créations de son père, mais encore des institutions auxquelles il n'a jamais songé.

Quant à l'éclat que ce beau règne assura au Musée, il suffit de dire qu'à partir de cette époque l'institution de Ptolémée I entra dans le domaine de la renommée, et que de tous les points du monde grec, on vint à la cour de Philadelphe pour en contempler les merveilles.

En effet, si nous avons pu compter dans cette école à peine douze à quatorze membres, du vivant de Ptolémée I, nous trouvons à Alexandrie, sous le règne de son fils, des classes entières de poëtes et de philologues, de

---

(1) *Plutarch.*, Arat. c. 12 et 13.

géographes et de médecins. Quels sont ceux de ces savants que peut revendiquer le Musée, et quelles directions ont-ils dû donner aux travaux de la belle institution du premier Lagide?

Pour ce qui est des poëtes, on trouve à la cour de Ptolémée II, outre Philétas de Cos et Philiscus [qui avaient déjà illustré celle de son père, et qui y figurèrent, l'un comme instituteur des fils de Lagus, l'autre comme prêtre de Bacchus], Asclépiade, Sosiphane, Homère le tragique, Alexandre l'Étolien, Lycophron, Callimaque, Apollonius de Rhodes, Théocrite, Aratus, Timon et Sotade.

Les trois premiers, Asclépiade, Sosiphane et Homère, sont peu connus; cependant l'un fut le maître de plusieurs poëtes distingués d'Alexandrie, et les deux autres sont cités comme membres de la pléiade tragique. Dès-lors il est probable qu'ils furent du Musée tous les trois.

Quant à Alexandre, Lycophron, Callimaque et Apollonius, ils furent polygraphes autant que poëtes, et tous les quatre membres de la Bibliothèque et des pléiades. On doit donc inscrire également leurs noms sur le tableau du Musée. Tous les quatre étaient d'ailleurs de véritables types du savant d'Alexandrie.

Alexandre, dont il ne reste plus que des fragments, était estimé comme poëte tragique, élégiaque et épigrammatique.

Lycophron, qui possédait une immense érudition, mais dont l'*Alexandra* ne permet pas de regrets sur les soixante autres tragédies qu'il avait écrites, cultivait les genres les plus divers (1), écrivait des traités sur la comédie, des éloges satiriques et des épigrammes, comme tout le monde en faisait sous Ptolémée II, et même des anagrammes, qui lui réussissaient mieux qu'à d'autres, si nous en jugeons par celle qu'il adressa à cette même Arsinoé qui avait des

---

(1) Les doutes qui s'élevaient déjà au temps de Tzetzès (*Comment. sur le*

goûts plus sérieux et dont nous avons déjà rappelé la correspondance avec le philosophe Straton (1).

Disons, en passant, que ces détails accusent des mœurs de courtisan peu convenables pour un poëte du Musée.

On a conclu d'une allusion qui se trouve dans l'*Ibis* d'Ovide, imitée de Callimaque, que les membres de la Syssitie étaient aussi mauvais confrères qu'adroits courtisans. L'une de ces inductions vaut l'autre; et si l'on a eu tort de rattacher la première à un jeu d'esprit, il ne faut qu'un mot pour apprécier la seconde. Déjà nous avons parlé des *Questions* et des *Solutions* qu'on échangeait au palais des Muses. Ces exercices dégénérèrent quelquefois en disputes plus animées que fructueuses; cela se conçoit, puisque cela se voit partout; mais si Lycophron, ce qu'un vers d'Ovide donne lieu de croire, périt réellement d'une flèche que lui lança un interlocuteur irrité, ce fut là certes une dérogation si violente aux habitudes de discussion établies dans la maison, qu'il n'en faut rien conclure du tout. La question n'avait effectivement rien de personnel, puisqu'il s'agissait de la supériorité des *Anciens* sur les *Modernes*, question où Lycophron eût mieux fait de soutenir l'affirmative que la négative (2).

En général, ce n'est là qu'un de ces contes ornés que les Grecs aimaient à débiter sur leurs écoles; contes qu'ils débitèrent aussi sur l'Académie, au sujet de la jalousie de Platon et d'Aristote, et qu'on répéta dans Alexandrie au sujet de Callimaque et d'Apollonius de Rhodes; contes qui n'étaient pas de pure invention et auxquels prêtait richement le caractère si connu des Grecs, mais contes où il est difficile de démêler le vrai du faux. Ajoutons donc, pour vider

---

vers 1226 *de l'Alexandra*) sur l'auteur de ce poëme, ont été renouvelés par Loyston, *Classical Journal*, vol. XIII, n° 25; XIV, n° 27. — Cf. Niebuhr, *sur l'époque à laquelle a vécu l'obscur Lycophron*. Trad. par M. de Golbéry, Strasb. 1826, in-8°.

(1) Il trouvait dans Arsinoé, ἴον Ἥρας, violette de Junon.
(2) Ovide, *Ibis*. V. 533.

cet incident auquel a donné lieu le docte Lycophron, que la vie du troisième des poëtes dont nous avons à parler, fournirait texte aux mêmes inductions sur la jalousie et les guerres intestines qui travaillaient le Musée, si des faits isolés prouvaient quelque chose.

En effet, appelé d'Eleusine où il professait avec éclat, Callimaque, qui continuait au Musée à former des disciples, tout en se livrant à des compositions variées et aux travaux de classement que lui attribue l'histoire de la Bibliothèque, paraîtrait avoir exercé dans Alexandrie une sorte d'empire mal accepté de ses confrères et même de ses disciples; et, soit qu'il leur eût porté ombrage, soit qu'il eût mal vu leurs succès, il aurait éclaté parmi eux des divisions qui sembleraient justifier l'épigramme de Timon.

Ce qui est hors de doute, c'est que Callimaque, qui composait sur tout, hymne, tragédie, élégie, traité d'histoire, récit de choses merveilleuses (1), lança contre celui de ses disciples dont il avait le plus à se plaindre, Apollonius, une satire intitulée *Ibis*, qui obligea ce dernier à se retirer à Rhodes. Mais ce fait, si grave qu'il serait, s'il n'avait pas d'autres motifs que ceux qu'on lui prête, nous apparaîtrait peut-être sous un tout autre jour, si nous connaissions les offres que la ville de Rhodes, qui avait depuis long-temps une école célèbre et qui combla Apollonius de distinctions, pourrait lui avoir faites.

Quoiqu'il en soit, on ignore si Apollonius, qui était de Naucratis, suivant Athénée, et d'Alexandrie, suivant Strabon, mais qui prit par reconnaissance le surnom de Rhodien, ne fit pas une longue absence d'Alexandrie, et s'il est vrai qu'il a corrigé pendant son exil la première édition de ses *Argonautiques*, composés d'abord sous l'influence de la poésie

---

(1) On avait de Callimaque, qui n'aimait pas les ouvrages de longue haleine, huit cents écrits. Suidas, v. Callimach. — *Athen.* III, 284, édition de Schweigh. — Clem. Alex. *Strom.* V. 571, 271.

lâche et molle de Callimaque, on n'en comprendrait que mieux la retraite du jeune écrivain. On concevrait mieux aussi la pureté classique de son travail, et la faveur dont jouit l'auteur à son retour. En effet, il devint chef de la Bibliothèque, nous l'avons vu, et il fut membre du Musée sous Ptolémée II, car il est évidemment le même Apollonius qui fournit une syllabe de son nom à la plaisanterie dirigée par le prince contre Sosibius (voyez ci-dessus, pag. 94). La preuve qu'on s'est trop exagéré sa polémique avec Callimaque, c'est qu'à sa mort il désira partager la tombe de son maître. Ses disciples, Aristophane et Sophocléas, lui portèrent à leur tour un grand attachement, et le Musée commenta son poëme avant qu'il fût imité à Rome par Térence, Varron et Valérius Flaccus. D'autres savants d'Alexandrie, Théon et la célèbre Hypatie, commentèrent encore ses vers après les imitations dont ils avaient été jugés dignes.

Nous arrivons à la seconde série des poëtes, ceux qui figurèrent à la cour de Ptolémée II, attirés par la renommée de ce prince et par celle des institutions d'Alexandrie, mais qui ne furent pas membres du Musée : Théocrite, Aratus, Timon et Sotade.

Théocrite, conduit à Alexandrie par la célébrité de cette capitale autant, peut-être, que par les violences qu'Agathocle exerçait à Syracuse, y fut accueilli avec une bienveillance à laquelle il répondit par de beaux vers ; et un instant on pouvait croire qu'il se fixerait sur les bords du Nil puisqu'il y suivait les leçons de Philétas et d'Asclépiade, et se liait d'amitié avec Callimaque, Aratus et Apollonius de Rhodes ; mais rien ne put lui faire oublier sa patrie, où le rappelèrent d'ailleurs les vertus, sinon les faveurs d'Hiéron. On est allé jusqu'à nier son voyage en Égypte : la quinzième de ses idylles l'atteste ; la dix-septième le prouverait également ; et c'est en vain qu'on lui contesterait ce petit poëme (1) : Cependant il paraît certain qu'il ne fut pas du Musée.

Aratus ne tient pas plus que lui à l'histoire de cette association. Si la renommée d'Alexandrie l'attira en Egypte ; s'il s'y occupa d'études avec Philétas, Callimaque, Théocrite et d'autres ; s'il y vit Timon et peut-être Ménédème, bientôt il quitta le Musée pour la cour de Macédoine. Toutefois, ses poésies portent le cachet du goût alexandrin, et l'école de cette ville les revendiqua en les commentant pendant plusieurs siècles. (2)

Timon, que son génie laissait à une distance considérable d'Aratus et de Théocrite, refusa aussi de s'attacher au Musée. Élève de Stilpon et de Pyrrhon, ce poëte sophiste, qui avait professé à Chalcédoine, convenait parfaitement aux vues de Ptolémée II, et rien ne prouve que ce prince, dont il visita les institutions, en quittant l'Asie-Mineure où il avait fait fortune, l'ait mal accueilli, quoiqu'on ait dit à ce sujet. Peut-être néanmoins sa visite coïncida-t-elle avec quelques-uns de ces débats d'intérieur dont nous avons parlé, et soit que ce spectacle l'éloignât du Musée, soit qu'il y redoutât des concurrents, il partit bientôt d'Alexandrie pour s'attacher, comme Aratus, à la cour d'Antigone. Si son épigramme sur le Musée, pièce à laquelle eût répliqué, s'il l'avait voulu, le moindre des poëtes d'Alexandrie, ne doit pas faire supposer qu'il a été repoussé de cette compagnie, elle fait croire au moins qu'il y a eu froideur entre lui et les Alexandrins, puisque, au lieu de répondre en poëtes, ils se vengèrent en critiques, en excluant de leur double pléiade l'auteur de tant de comédies, de tragédies et de silles.

Sotade ne fit non plus qu'une courte apparition dans les

---

(1) Barnesius, *vita Theocriti*. — Warton, *ad Barnesii vitam Theocr.*, dans l'édition de *Théocrite* par Warton, p. 56. — Bonanni, *de Syracus. Antiq.*, lib. II, c. 2.

(2) Theocrit. *Idyll*. VI, v. 1. — *Idyll*. XII, v. 9; et les notes des scoliastes sur ces passages. — Cf. *Vita Arati*, dans l'édition d'*Aratus* par Buhle.

régions du Musée; et, si Athénée dit vrai, l'on ne comprend pas qu'il s'y soit montré. En effet, cet écrivain rapporte que Sotade, qui avait fait, sur l'union de Ptolémée II avec sa sœur, une épigramme infâme, se serait enfui d'Alexandrie, aurait été saisi dans l'île de Caunus par Patrocle, général égyptien, et jeté à la mer dans un vase de plomb; mais il ajoute que le poëte parlait mal de Lysimaque à Alexandrie, de Ptolémée auprès de Lysimaque, et d'autres rois dans d'autres villes. Or, si les faits s'étaient succédé dans cet ordre, Sotade aurait vu Lysimaque avant Ptolémée II; et, dans ce cas, il y aurait une erreur grossière dans la relation de son supplice, car le poëte n'aurait été pris qu'au retour de son voyage auprès du roi de Thrace. Si, au contraire, Sotade avait paru d'abord à la cour de Lysimaque, puis à celle de Ptolémée, comment ce prince aurait-il pu accueillir un homme qui le déchirait auprès de Lysimaque, et qui, en Égypte, calomniait un roi de sa famille? Ce récit est donc aussi un de ceux où la tradition a rendu méconnaissable le fait primitif. Mais, ce fait, l'expulsion du poëte par le roi, paraît certain; et l'on aimerait à croire qu'un prince aussi distingué n'a repoussé dans Sotade que l'esprit de licence qui défigurait sa poésie; que, s'il n'a pas voulu souffrir, au milieu d'une population si encline au vice, un auteur qui souillait ce qu'il touchait, c'est qu'il détestait le genre si réprouvé des poésies ioniques. Mais, dans ce cas, il suffisait de renvoyer l'écrivain, sans joindre au bannissement un supplice barbare (1). Ce supplice, en effet, était d'autant plus odieux, qu'à cette époque on tolérait plus imprudemment, dans Alexandrie, des poëtes licencieux; que Rhinton et Alexandre l'Étolien, l'un et l'autre auteurs d'Ioniques, étaient tous deux membres du Musée, et qu'on songeait peu à la pureté des principes dans une capitale qui s'est toujours distinguée par la légèreté de ses mœurs. Dès-lors, c'est bien le

(1) *Deipnos.* XIV, p. 247, ed. Schweigh.

ressentiment d'une offense personnelle qui domina dans la conduite de Philadelphe à l'égard de Sotade ; et ce prince, donnant la mort à un poëte pour une épigramme, se montre plus passionné que l'aréopage littéraire de sa cour, qui n'en venge une autre que par une exclusion des pléiades.

Cette exclusion, toutefois, si elle a réellement suivi la fameuse épigramme, a dû paraître sévère à Timon ; car faire partie d'une des pléiades, était une distinction plus flatteuse que d'être du Musée. Être l'hôte des Lagides, c'était jouir d'un bénéfice ; c'était jouir de l'immortalité, que d'être d'une de ces deux constellations poétiques dont le rôle mérite ici une attention spéciale.

L'origine et toutes les destinées des deux pléiades, composées, l'une de poëtes tragiques, l'autre de poëtes en divers genres, sont inconnues (1). En effet, on ignore quelle est l'autorité qui les constitua ; on varie sur les membres dont elles étaient composées, et l'on manque de toute indication précise sur le rôle qu'elles ont joué. On croit naturellement que ce fut l'un des *classificateurs* de la Bibliothèque qui composa ces constellations poétiques dans une cité où l'on plaçait parmi les astres jusqu'à la chevelure d'une princesse (Voyez, ci-dessous, Conon) ; et l'on songerait tout d'abord à Callimaque, l'ami de Conon, pour lui attribuer une idée de ce genre ; mais comme ce poëte fut de la pléiade générale, et qu'il ne s'était pas décerné cet honneur lui-même ; que, de plus, le roi ne se fût pas arrogé le droit de les désigner, on pourrait croire que ce fut la Bibliothèque, ou le Musée, qui votèrent ces distinctions. Cependant, il y a trop de variation sur les noms dont se composaient les pléiades, pour qu'on puisse méconnaître la liberté des classificateurs. En effet, si la plupart des scoliastes mettent de

---

(1) Heyne, dans une dissertation déjà citée, parle d'une troisième, composée de poëtes comiques, mais qui n'a jamais existé. *Opuscula academica*, t. 97.

la pléiade générale, Æantide, Apollonius, Aratus, Callimaque, Lycophron, Nicandre et Théocrite; de la pléiade tragique, Alexandre, Philiscus, Sosithée, Homère le jeune, Æantide ou Anantiade, Sosiphane et Lycophron, d'autres retranchent Callimaque de la première de ces deux listes, et remplacent, dans la seconde, le nom de Sosiphane par celui de Sosithée ou de Dionysiade (1). D'autres encore donnent d'autres variantes. Or, de ces canons et de ces variantes il résulte évidemment que la classification fut, non pas un acte officiel une fois consommé, mais une affaire de critique sujette à révision. En effet, si l'on associa aux pléiades les noms les plus illustres de l'époque, on ne voulut pas admettre tous les poëtes de la cour, quels qu'ils fussent, et l'on ne s'attacha nullement à composer deux listes, chacune de noms différents, comme on aurait fait s'il eût été question d'une affaire d'amour-propre. Bien loin de là, on ne voulut pas même se borner au monde alexandrin, et si la plupart des poëtes qu'on nomma avaient paru un instant en Égypte, plusieurs, et même les plus illustres d'entre eux, l'avaient quittée, les uns pour la Sicile, les autres pour la Macédoine. C'était donc, en résumé, d'une simple classification sans privilège, sans avantage positif qu'il s'agissait.

Cependant cette distinction était, nous l'avons dit, bien supérieure à l'admission au Musée; elle a dû être ambitionnée, puisqu'elle a vécu si long-temps dans la tradition des philologues, et que, quelques siècles après, on datait encore du temps de la Pléiade. (2)

Après les poëtes, ce sont les philologues qui forment, sous le règne de Ptolémée II, la principale classe des savants d'Alexandrie; et aux noms de Zénodote, de Sosibius, de

---

(1) V. Suidas, passim. — Cf. Le γένος Lycophronis, par Tzetzès. — Vossius, de poetis graecis, p. 123. — Fabricius, bib. graec. II, p. 317. — Nagel, de Pleiadibus, Altorf, 1762, in-4°. — Schott, in Observat. lib. II, c. 1,

(2) Suidas, Sophocles.

Duris et de Zoïle, qui cultivèrent la philologie, il faut joindre ceux de la plupart des poëtes du temps, ainsi que ceux de leurs disciples. Tout favorisait leurs études, tout y aboutissait. On le comprend, sur cette terre étrangère, l'étude des modèles de l'antiquité était indispensable; et cette étude, vu l'état des textes anciens et les besoins de la Bibliothèque, fut nécessairement critique. La philologie devint donc la science première des savants d'Alexandrie.

Celui d'entre eux qui ouvrit l'immense série de leurs travaux, ce fut Zénodote, qui illustra ses débuts et ceux du Musée par cette édition d'*Homère* qui fit comparer le règne de Philadelphe à celui de Pisistrate.

La ville d'Alexandrie était vouée au culte d'Homère, comme Alexandre, son fondateur. On lisait Homère à la cour, on le récitait au théâtre, on l'expliquait au Musée; on y agitait mille questions sur Homère. Zénodote avait écrit des solutions sur ce poëte, Λύσεις Ὁμηρικῶν ἀπορρημάτων. Sosibius, son confrère, s'occupa comme lui du texte d'Homère et de la *solution* des difficultés qui s'y présentaient. Il savait les résoudre toutes; c'était un explicateur admirable, θαυμάσιος λυτικός, dit Athénée. Cependant, sa méthode était si arbitraire, que le roi lui-même la traita de jeu d'esprit. (*Voy.* ci-dessus, p. 94.)

A ces athlètes de la *Lythique* et de la *Zététique*, sciences favorites des critiques du Musée, vint se joindre un athlète plus audacieux, un homme dont le génie, encouragé dans Alexandrie, eût peut-être préservé de fâcheux excès quelques-unes des meilleures tendances de l'école. Ce fut Zoïle. Mais, loin de l'encourager, on le repoussa. Aux yeux des Alexandrins, Zoïle s'émancipait outre mesure, en critiquant le plus grand des poëtes. On ne voulut pas s'apercevoir des défauts de ces compositions dont on révisait et corrigeait les textes avec tant de dévoûment. Que Zoïle reprît le plus brillant des philosophes, Platon, et l'un des meilleurs orateurs, Isocrate, on le supportait : on s'irrita de ce qu'il blâmait Homère. Selon Vitruve, Ptolémée-Philadelphe, dont il vint rechercher la bienveillance, aurait écouté la lecture de son ouvrage contre l'*Iliade* et l'*Odyssée*, mais il aurait laissé sans réponse le lecteur. Zoïle aurait toutefois continué à demeurer en Egypte; et, tombé dans le besoin, *inopiâ pressus*, il aurait plus tard sollicité la générosité du prince. On lui aurait répondu alors, qu'Homère, depuis mille ans, nourrissait bien des hommes; qu'un écrivain aussi supérieur au poète que Zoïle à son tour devait être en état de se nourrir lui et beaucoup d'autres. Vitruve ajoute que Ptolémée II le fit pendre. Il est peu probable qu'il lui ait fait une réponse aussi sophistique, et impossible qu'il ait fait attacher à la croix un Macédonien qui implorait sa munificence. (1) Ce qui est certain c'est que Zoïle en reçut un mauvais accueil, et ce fut un grand tort; mais ce tort se conçoit. Depuis l'exemple donné par Alexandre, l'admiration pour Homère était une sorte d'étiquette chez les princes ses successeurs. Cassandre, roi de Macédoine, savait par cœur l'*Iliade* et l'*Odyssée*, copiées de sa main. Il les citait sans cesse. A la cour des Lagides l'étude d'Homère était une sorte de culte auquel ils associaient leur capitale. En effet, Démétrius de Phalère fut, selon Athénée, le premier qui produisit au théâtre des *Homéristes*, ou des gens qui récitaient les poésies d'Homère. A la vérité, Athénée ne dit pas que cette institution fût faite dans Alexandrie; mais quand même Démétrius l'aurait établie d'abord à Athènes pendant qu'il gouvernait cette ville, il serait certain qu'il aurait eu sous ce rapport, auprès de Ptolémée II, le même crédit qu'il avait eu en Grèce, et il est probable qu'il s'en serait servi de même dans Alexandrie (2).

La critique de Zoïle y blessait donc les convenances de la cour. Mais Philadelphe devait-il renoncer aux services de ce savant par un motif de cette nature, et le vulgaire des

---

(1) Vitruv. *præf*. lib. VII.
(2) *Athen*. XIV, 245, ed. Schw.

compilateurs faire une sorte de monstre d'un homme qui prenait quelque licence en critique? L'antiquité elle-même l'a quelquefois traité avec plus de justice (1). En effet, si elle lui a donné le surnom d'*Homeromastix* (qui châtie Homère), Zénodote le portait aussi; et beaucoup de ces *Diorthotes* du prince des poëtes qui ont si profondément altéré les textes *homériques*, depuis les grammairiens de Pisistrate jusqu'à Aristarque, eussent mérité cette épithète autant que Zoïle (2).

Dans tous les cas, il est fâcheux qu'une sorte d'*étiquette homérique* ait privé le Musée, où se trouvaient tant d'enthousiastes, d'un contradicteur aussi courageux, et dont l'audace, si excessive et si injuste qu'elle fût, pouvait conduire, de la critique des syllabes et des mots, à celle des pensées et de la composition, science si peu connue des philologues de la syssitie royale.

Ce qui aurait dû donner à cette classe de savants, dont les travaux ont si malheureusement prévalu sous le règne de Ptolémée II, un peu plus d'élévation, c'est que la plupart des poëtes de cette époque, et leurs disciples, partagèrent leurs travaux. En effet, les *Callimachéens*, et surtout Apollonius de Rhodes, Ératosthène et Philostéphanus de Cyrène, Aristophane de Byzance, Ister et Hermippe suivirent, sous ce rapport, l'exemple de leur maître commun, et joignirent à la poésie la philologie; seulement ils se divisèrent, pour les travaux d'érudition comme pour ceux d'imagination, en une infinité de coteries qui paralysèrent leurs succès.

Quelques-uns de ces disciples furent probablement les confrères du maître, tandis que d'autres firent partie du Musée sous les règnes suivants.

Les historiens, moins encouragés par Ptolémée II, ne se trouvèrent au Musée qu'en petit nombre, sous le règne de ce prince. Après Manéthon, qui fit d'utiles traductions (3),

---

(1) Dionys. Halicarn. *Epist. ad Pomp.*, p. 127.
(2) *Scolia ad Lucian.* T. II, p. 4.
(3) Euseb. *Præp. Ev.* et Joseph. c. Apion.

on ne trouve plus que Duris de Samos (1), Antigone de Caryste et quelques autres compilateurs de l'école de Callimaque, tels qu'Ister et Philostéphanus qu'on puisse considérer comme autant de membre du Musée. Manéthon lui-même, né à Diospolis, fut grand-prêtre à Héliopolis ; et s'il est probable qu'on l'attira dans les palais d'Alexandrie, il n'est pas certain qu'il s'y fixât. Dans tous les cas, je doute qu'on puisse inscrire un autre prêtre, Mélampus, au nombre des écrivains d'Alexandrie, qui auraient traduit de l'égyptien en grec sous le règne de Ptolémée II. (2)

Quant aux pilosophes attirés par Ptolémée I, il paraît que son fils les négligea complètement. Quoiqu'il eût reçu des leçons de Straton, jamais il ne montra le moindre goût pour la philosophie, et l'unique démonstration qu'on trouve, sous son règne, en faveur de cette science, c'est le fait d'une lettre échangée entre Arsinoé et le disciple de Théophraste. (*Voy.* ci-dessus, p. 123.) En effet, sous ce long règne, je ne trouve pas un seul philosophe que je puisse rattacher au Musée avec quelque certitude; car, quand même le Ptolémée à qui l'épicurien Colotès adressa un ouvrage que réfute Plutarque (3), serait le deuxième de ce nom, rien ne prouverait que l'auteur serait allé résider près de lui en Égypte.

Ptolémée Soter avait encouragé la géométrie, et s'était mis au nombre des disciples d'Euclide, qui en eut beaucoup. Il paraît que le deuxième des Lagides ne protégea pas cette étude; car Euclide n'eut aucun élève remarquable sous ce règne.

Ptolémée II favorisa davantage l'astronomie et la cosmographie; et toutefois nous ne trouvons auprès de lui, pour cultiver ces sciences, qu'Aristille et Timocharès; car Conon appartient à une époque un peu postérieure.

(1) Clinton, *Fasti Hellenici*, III, p. 498. — Sintenis *in Plutarch.* Pericl. page 193.
(2) M. Klippel, p. 122.
(3) Dans le traité, *Qu'on ne saurait vivre heureux d'après Épicure.*

L'étude, que Ptolémée, en raison de sa mauvaise santé, aimait le plus après celle des lettres c'était la médecine; il protégea si puissamment les travaux d'Erasistrate et d'Hérophile, installés par son père, qu'ils créèrent pour les Grecs la science de l'anatomie, que l'Egypte possédait depuis long-temps.

Hérophile, de la famille des Asclépiades, et élève de Proxagoras de Cos, avait illustré son nom par d'importants voyages. Erasistrate, petit-fils d'Aristote, élève de Théophraste et fondateur de l'école de Smyrne, avait déjà un nom quand il vint en Egypte. Rapprochés par une protection commune, ces deux hommes éminents fondèrent à Alexandrie deux écoles différentes, où ils attirèrent de nombreux disciples, et où la science fit d'autant plus de progrès que leur émulation mutuelle provoquait plus de travaux et plus de discussions.

Toutefois, Erasistrate ne voulut pas soutenir la lutte jusqu'au bout de sa carrière; il quitta le théâtre de sa plus grande illustration pour l'Asie mineure, où il mourut (1), et il n'est pas certain que les plus célèbres disciples de ces deux grands maîtres, Philinus de Cos, Sérapion d'Alexandrie, Straton de Béryte et Démétrius d'Apamée, se soient fixés à la cour des Lagides. Strabon parle, au contraire, d'un Didascalée d'Hérophiliens, qui florissait de son temps dans un temple de Phrygie (entre Laodicée et Carura), et d'une école d'Erasistratiens, fondée à Smyrne par Hicésius. (2)

Ptolémé II, qui présida aux études d'Alexandrie avec des tendances un peu exclusives, mourut la 3ᵉ année de la 133ᵉ olympiade (246 ans avant J.-C.), après un règne de 36 ou 38 ans, suivant que l'on compte ou rejette les deux années qui lui furent communes avec son père.

En résumé, la Bibliothèque et le Musée, ou l'école d'Alexandrie, offrent sous ce règne la situation suivante:

(1) Suidas.—Cf. Beck, *de scholâ medicorum Alexandrinâ*. Lips. 1810, in-4º.
(2) *Géog.*, L. XII, p. 580, ed. Casaub.

Bibliothèque du quartier du palais : 400,000 volumes *commixtes* ; 90,000 ou 110,000 volumes *simples*.

Bibliothécaires en chef : Zénodote, aidé d'abord d'Alexandre l'Étolien et de Lycophron, puis de Callimaque ; enfin Callimaque, aidé d'Ératosthène.

Bibliothèque du Sérapéum : préparée par l'acquisition de 42,800 rouleaux à l'état de *commixtes*.

MUSÉE ET PERSONNAGES QUI S'Y RATTACHENT :

1° Philétas,
  Philiscus,
  Zénodote,
  Asclépiade,
  Euclide,
  Lycus,
  Aristille et Timocharès,
  Hérophile,
  Erasistrate,
} Entrés sous Ptolémée Ier.

2° Callimaque,
  Lycophron, fils de Lycus,
  Apollonius de Rhodes,
  Antigone de Caryste,
  Conon,
  Soter,*
  Sosibius,*
  Sosigène,*
  Bion,*
} Entrés sous Ptolémée II.
* Ces quatre membres, peu connus, nous sont indiqués par l'anecdote d'Athénée, v. ci-dessus, p.

3° Manéthon, — Membre douteux.

4° Théocrite,
  Aratus,
  Callixène,**
} Hôtes accueillis avec distinction.
** Auteur de la description de la pompe qui fut célébrée pour le couronnement de Philadelphe.

5° Chrysippe, le médecin, à distinguer de Chrysippe de Cnide, maître d'Erasistrate, et de Chrysippe, élève de ce dernier. } Hôte accueilli avec distinction, mais dont l'intimité avec la première Arsinoé fut cause de l'exil de cette princesse.

6° Timon,
  Sotades,
  Zoïle, } Hôtes froidement accueillis ou durement repoussés.

7° Philostephanus, Ister, et autres Callimachéens,
  Démétrius d'Apamée, Straton de Béryte et autres médecins, } Disciples de membres du Musée, et membres probables.

8° Timosthène,
  Mégasthène,
  Dionysius,
  Satyrus,
  Ariston,
  Eumède, } Explorateurs dont les travaux se rattachent à ceux du Musée.

9° Archimède, auditeur de Conon. Les Septante. Colotès. } Hôtes douteux.

Ce tableau est plus considérable que celui de toute autre école grecque du temps, et que celui d'aucun autre règne de la dynastie. Sous ce rapport, l'époque de Ptolémée II est l'ère la plus glorieuse de la célèbre école. Mais si ce tableau atteste, par les noms qui y brillent, l'impulsion que le prince sut donner à certaines études, il prouve, par l'absence d'autres noms, qu'un changement profond a été apporté aux institutions de Ptolémée Ier. En effet, ce n'est plus ni d'une réunion de philosophes ou de moralistes, d'une institution intermédiaire entre l'école moitié philosophique, moitié littéraire d'Athènes, et le collège moitié religieux, moitié politique d'Héliopolis, qu'il s'agit désormais, c'est d'une école purement grecque, d'une école de littérature, de médecine et de cosmographie, d'une école qui chaque jour devient plus étrangère à ces études de religion, de morale, de politique, de philosophie et d'histoire qu'avaient protégées Démétrius de Phalère et son royal ami. Dès-lors aussi la nouvelle institution, quelque ardeur qu'elle puisse apporter, soit à ses jeux poétiques, soit à ses discussions de philologie, d'anatomie, d'histoire naturelle et de géographie, deviendra chaque jour plus étrangère à l'Égypte, s'isolera davantage, et sera frappée d'une stérilité morale plus profonde.

En effet, ce curieux travail des Septante qu'avait préparé le roi précédent une fois achevé, il n'est plus question de ce qui avait préoccupé les deux créateurs des institutions littéraires d'Alexandrie. Tous les desseins politiques qu'ils y avaient rattachés sont abandonnés par leurs successeurs; ils sont oubliés eux-mêmes comme leurs desseins, et leurs noms disparaissent des traditions. Si celui de Démétrius y conserve un souvenir, c'est grâce à l'erreur qui le croyait conseiller de Philadelphe, et Plutarque, qui indique si bien le but qu'avait eu Ptolémée Ier, dépeint ce changement, lorsqu'il dit que Ptolémée II protégea les discussions de critique et de littérature (1). Cependant les philologues qui avaient joui de ses prédilections, loin de parler de son père et des vues qu'il avait poursuivies, ne songèrent qu'à payer les graces que leur avait prodiguées le fils. Ils firent leur favori de leur élève et de leur confrère, le type du patron des lettres, du prince qui leur avait montré tant de prédilection. Ils en firent l'auteur de toutes les institutions littéraires d'Alexandrie, et le troupeau des scoliastes, plein de déférence pour ceux qui les nourrissaient en leur fournissant des mots à éplucher, ne sut que renchérir d'admiration pour le souverain qui raillait Sosibius, écartait Timon, repoussait Stilpon, assassinait Sotade, exilait Démétrius, mettait à mort le médecin Chrysippe (2), repoussait les historiens (3), abandonnait à sa femme le soin de correspondre avec les philosophes (4), dépensait des sommes immenses pour ses chasses sur les bords de la mer

---

(1) Προβλήμασι μουσικοῖς καὶ κριτικῶν φιλολόγοις ζητήμασι.

(2) Sharpe, p. 89.

(3) V. page suivante.

(4) Arsinoé paraît aussi avoir encouragé les sciences. Eratosthène donna le nom de cette princesse à un de ses ouvrages (*Athen.* VII, c. 1); et elle méritait, sous ce rapport encore, les honneurs d'un Arsinoéum. (*V. ci-dessus*, p. 57).

Rouge, amassait un grand nombre d'éléphants, et montrait aux étrangers, comme le plus beau monument de ses explorations, l'énorme serpent qu'avaient attrapé ses émissaires.

En résumé, ce qui caractérise le mieux le règne de ce prince c'est cet esprit d'ostentation royale que révèle la pompe ou plutôt la parade moitié religieuse moitié profane, et par cela même dénuée de sens, par laquelle il débuta, parade où figurèrent celles des divinités grecques auxquelles il se plaisait à rendre hommage, les animaux rares qu'il faisait rechercher à grands frais, tous les objets d'art et de luxe qu'il avait pu ramasser en Grèce et en Egypte, parade dont un écrivain distingué fait à tort, je crois, une cérémonie tout égyptienne, en substituant aux noms de Bacchus, de Sémélé et de Jupiter, que donne le texte d'Athénée, ceux d'Osiris, d'Isis et d'Amoun-Ré (1), qui sont ici d'autant plus déplacés que tout est grec dans les tendances et dans les travaux de Ptolémée II.

Quand le même écrivain dit que Ptolémée II employa Hégésias à lire Hérodote, et Hermophante à lire Homère, il oublie d'ajouter, que c'était *au théâtre*. (2)

Fêtes décrites par Athénée ou par Théocrite (3), travaux du Musée et de la Bibliothèque, collection d'objets d'art et de science, tout porte en effet le même cachet sous le règne de ce prince.

(1) Sharpe, *History of Ptolemies*, London, 1838, p. 67.
(2) Athen. XIV. c. 3.
(3) *Idyll.* XVII.

DEUXIÈME PÉRIODE.

De l'an 246 à l'an 146 avant Jésus-Christ.

CHAPITRE PREMIER.

ÉTAT GÉNÉRAL DES INSTITUTIONS LITTÉRAIRES D'ALEXANDRIE DEPUIS LA MORT DE PTOLÉMÉE II PHILADELPHE, JUSQU'À CELLE DE PTOLÉMÉE VI PHILOMÉTOR.

On date ordinairement de la mort de Ptolémée II la décadence de l'école d'Alexandrie, et cette erreur tient aux exagérations que les poëtes et les scoliastes débitent sur les travaux de son règne. Nous venons de voir à quoi se réduisent leurs exagérations. Toutefois, si ce prince n'a pas doté sa capitale de toutes les institutions qu'on lui attribue; s'il a mis plus d'ostentation que de goût dans le puissant patronage qu'il a exercé sur la Bibliothèque et le Musée, sur les lettres et les arts; s'il a changé d'une manière fâcheuse la pensée primitive de son père, par la direction qu'il a imprimée aux travaux des savants; si, d'une sorte de sanctuaire et d'une école de civilisation générale, mixte, il a fait une école toute grecque; s'il a substitué aux études d'histoire et de philosophie protégées par son père, de simples investigations de géographie et d'histoire naturelle, ou même des chasses et des voyages vulgaires; si, au lieu de fortifier les croyances religieuses de ses sujets, il leur a présenté de vaines pompes ou de folles parades ; enfin, si au lieu de respecter les mœurs, il les a scandalisées par sa conduite, il n'en est pas moins vrai que son règne avait jeté de l'éclat et laissé de brillants exemples. Ptolémée II avait favorisé les travaux de l'esprit, augmenté la Bibliothèque, donné à cet établissement une organisation qui liait ses successeurs, et assuré à sa dynastie, dans le monde grec, une gloire qu'ils devaient chercher à maintenir. Son fils a-t-il marché sur ces traces ou préféré celles du chef de sa maison? Et les successeurs de Ptolémée III ont-ils, à leur tour, suivi ce système de protection adopté par le premier de leurs ancêtres, ou bien ont-ils livré l'école d'Alexandrie aux caprices de leurs goûts et aux inspirations des circonstances?

D'après l'opinion reçue, ces princes se seraient peu occupés de l'école d'Alexandrie, et, immédiatement après Ptolémée II, la Bibliothèque et le Musée auraient commencé leur carrière de décadence. Mais, s'il est vrai qu'on a parlé de Philadelphe plus que d'aucun autre membre de sa dynastie, nous allons voir néanmoins que l'opinion générale est fort inexacte à cet égard, que plusieurs autres Lagides ont fait, pour les institutions littéraires créées par Ptolémée Soter, les efforts les plus généreux, et que, dans des circonstances plus heureuses, ils auraient peut-être rendu à ces institutions des services plus importants que ceux de Philadelphe.

Quant au fils de ce prince, il comprit parfaitement la politique élevée de son aïeul, et, s'il n'eût dépendu que de lui, il aurait ramené à leur point de départ ces mêmes établissements qu'avait altérés l'esprit d'ostentation et de vaine curiosité de son père. A la vérité, il y eut de la mollesse dans les mœurs de Ptolémée III comme dans celles de Philadelphe ; mais si sa conduite privée n'est pas à l'abri de censures légitimes, dans son gouvernement et dans sa conduite publique il déploya néanmoins plus de fermeté et des vues plus élevées. Son regard embrassa l'Orient et la Grèce, comme les contrées voisines de ses frontières, à l'est et au sud. Blessé dans ses affections de frère et dans ses droits de prince, il fit à Séleucus II la plus constante et la plus glorieuse des guerres qu'ait soutenues sa dynastie; il envahit la majeure partie de l'immense empire des Séleucides, y laissa des garnisons, garda la Syrie et, comme pour consoler les Egyptiens des pompes toutes helléniques de son père, il ramena en triomphe les statues enlevées à l'Egypte par Cambyse.

Rome lui offrait des secours; il les déclina avec politesse. (1)

En Grèce, il soutint avec une grande générosité la ligue des Achéens, et dirigea en même temps de ses conseils le roi de Sparte, Cléomène, qui luttait contre le despotisme macédonien. Enfin, après la désastreuse bataille de Sellasie, il reçut ce prince dans son palais.

Dans les régions méridionales, il continua les explorations de géographie et d'histoire naturelle commencées par Philadelphe (2). Si l'on en croyait la partie du monument d'Adulis qui se rapporte à son règne, et qui fut peut-être composée par Simmias, son envoyé, il aurait marché sur les traces de Sésostris. (3)

Il marcha sur celles d'Alexandre, en protégeant l'ancien culte du pays (4). Le premier de sa race il visita Thèbes, et plusieurs temples furent érigés par lui aux anciennes divinités de l'Egypte (5). Il prit l'épithète de *Chéri de Phtha*, le dieu de Memphis, qu'adoptèrent la plupart de ses successeurs dans les inscriptions hiéroglyphiques. (6)

(1) Eutrop. III, 1.
(2) Diod. III, c. 17, 18.
(3) La nécessité de séparer les deux parties de ce monument si souvent visité et décrit, depuis Cosmas jusqu'à Salt, et si souvent publié depuis Leo Allatius, a été reconnue par M. de Sacy (*Annales des voyages*, XII, 390), comme par Niebuhr et Buttmann (*Museum der Alterthums-Wissenschaft*, II, 105).
(4) Joseph. c. Apion., II.
(5) Letronne, *Recherches sur l'Egypte*, p. 7.
(6) Sharpe, p. 100.

La reine sa femme, dont l'héroïque sacrifice, une boucle de cheveux offerte aux dieux, sacrifice amené par les guerres d'Assyrie, a été célébré par un astronome et deux poëtes (Conon, Callimaque et Catulle), paraît s'être rattachée davantage aux institutions de la Grèce, à en juger par le sacerdoce qu'on fonda en l'honneur de Bérénice *Athlophore*, à l'imitation de celui d'Arsinoé *Canéphore*. Toutefois, c'est à peine si l'on peut prendre ces institutions au sérieux. C'était pour se conformer aux préjugés de l'Orient qu'Alexandre avait fait proclamer sa divinité; c'était dans les mêmes vues politiques qu'agissaient les Lagides: pour les Grecs d'Alexandrie ces sacerdoces n'étaient guère que des jeux un peu graves.

En voyant la reine offrir sa chevelure aux dieux, les astronomes mettre cette chevelure parmi les astres, les poëtes chanter ce sacrifice succédant au sacrifice d'un taureau, les prêtres grecs instituer des sacerdoces en l'honneur de deux princesses, et le conquérant de la Syrie, de retour de son expédition, aligner des épigrammes, car Ptolémée III en composa, on se fait une idée de la frivolité qui dominait alors dans la nouvelle capitale de la vieille Égypte. Cependant Euergète fit pour la cause des lettres plus que des épigrammes. S'il n'est pas exact de dire, comme on l'a fait, qu'il se soit appliqué à réunir encore plus de livres que son père (1), il a du moins le mérite d'avoir mis à la tête de la grande Bibliothèque l'homme le plus éminent de l'époque, Ératosthène. Peut-être fonda-t-il la seconde. Dans l'incertitude où l'on demeure à cet égard, les probabilités sont en sa faveur. En effet, on peut lui attribuer aussi bien qu'à Euergète II ou Ptolémée VII l'acquisition des autographes d'Eschyle, de Sophocle et d'Euripide, que Galien attribue simplement à Euergète (2). Ce n'est pas certes par la raison, qu'il a dans l'histoire une réputation meilleure que son descendant, puis-

---

(1) M. Parthey, p. 88.
(2) Galien, *Comment. 2 in Hippoc.*, lib. III. Epid. ed. Bas. V, 411.

qu'au contraire cette acquisition, accompagnée d'une fraude, convient le mieux à un prince de mauvaise réputation, mais bien par cette raison, qu'Euergète Ier aimait, comme son père, les choses rares et précieuses. Au surplus, cette revendication, que je crois hasardée, serait incontestable, qu'elle n'établirait pas ce qu'on veut, la supériorité de ses acquisitions sur celles de Ptolémée II.

Ce qu'on peut admettre, quand on considère l'empressement de ce prince à honorer l'ancien culte du pays, c'est que ce fut lui qui fit déposer une collection de livres au Sérapéum, et qu'il devint ainsi l'un des créateurs de la seconde Bibliothèque d'Alexandrie. D'abord, il entrait dans ses vues plus que dans celles de Philadelphe, à qui les scoliastes attribuent cette création, de rallier aux intérêts de sa dynastie et aux travaux du Musée un sanctuaire qui prenait chaque jour plus d'importance, et qui devait bientôt représenter tout le polythéisme d'Alexandrie. Ensuite, c'est sous son règne qu'Eratosthène a dû faire ce relevé qui nous a donné le chiffre de la collection naissante.

A l'honneur d'avoir fondé cette collection, un moderne ajoute celui d'avoir institué les combats poétiques dont l'origine est laissée dans le doute par Vitruve. (1)

Toutefois, ce qui seul est certain, au milieu de ces probabilités, c'est le bibliothécariat d'Eratosthène. En effet, le plus érudit des disciples de Callimaque, le savant le plus universel d'Alexandrie, fut appelé à la tête de la grande Bibliothèque vers la 135e olympiade, et il demeura le gardien en chef de ces trésors jusqu'à la 146e olympiade. La simultanéité de plusieurs bibliothécaires était alors établie, et le prince qui avait nommé Eratosthène, ne tarda pas à lui adjoindre, d'abord Apollonius de Rhodes vers la 144e olympiade, puis, à la mort de ce savant (olym. 145e), Aristophane de Byzance, autre élève de Callimaque. De cette sorte, le célè-

---

(1) M. Sharpe, p. 104.

bre vieillard put conserver son poste jusque dans ses derniers jours. (1)

Une époque où des hommes aussi éminents présidèrent aux deux Bibliothèques, pouvait être brillante encore ; elle ne le fut qu'en partie. Le successeur d'Euergète Ier, Ptolémée IV, que ses courtisans surnommaient *Philopator* et *Eupator* (2), tandis que la voix publique lui jetait l'épithète de *Gallus*, protégea les lettres, ou du moins la poésie, et fit ériger à Homère une sorte de sanctuaire (*voy.* ci-dessus, p. 59), qui fut un hommage littéraire plutôt que religieux, mais qui dut émouvoir singulièrement la syssitie royale et la ville d'Alexandrie, l'une et l'autre consacrées au culte d'Homère, et dont l'une corrigeait sans cesse les vers du prince des poëtes, tandis que l'autre les applaudissait tous les soirs au théâtre. L'histoire n'a pas conservé d'autre preuve du patronage que ce prince a pu exercer sur la littérature ; et à considérer cette vie si cruelle et si débauchée, ces supplices prononcés contre un frère, une mère, une sœur, la mère, la femme et les enfants du malheureux roi Cléomène, l'hôte de son père, on dirait d'un barbare qui n'a fait construire l'Homérion que par une sorte d'ostentation. Ce serait une erreur.

Si Philopator a été cruel envers ceux qui embarrassaient son gouvernement ; s'il a persécuté les Juifs (3), qui professaient tant d'attachement pour sa dynastie, il n'a pas manqué d'honorer la religion et la philosophie. La mauvaise com-

---

(1) Suidas, aux articles *Eratosthène*, *Apollonius*, *Aristophane* et *Aristonyme*. cf. Meineke, *Quæstiones Scenic*. II, 40. Ranke, *Vita Aristophanis*, c. VI; et Bernhardy (*édition de Suidas*), sur Aristonyme.

(2) Champollion-Figeac, *Chronologie des Lagides*, I, p. 229.—Saint-Martin, *Journal des savants*, 1821, p. 539; 1822, p. 560.—Letronne, *Recherches pour servir à l'histoire de l'Egypte*, p. 124 et 125.

(3) Il se vengeait ainsi, disent les historiens juifs, du châtiment qu'il avait éprouvé en voulant pénétrer dans le Saint des Saints, lors d'une visite à Jérusalem. III *Maccab.*

pagnie dont il s'entourait (1), et la ferveur licencieuse avec laquelle, vêtu en Galle, il célébrait les orgies de Cybèle, ont été pour la malignité alexandrine l'occasion de ces sobriquets qu'elle prodiguait volontiers, et l'incurie avec laquelle il abandonnait les affaires à la mère et au frère de sa maîtresse, Agathoclée, méritait des qualifications plus sévères ; mais il protégea le culte du pays et appela le stoïcien Cléanthe au Musée. Deux historiens du temps, Ptolémée, fils d'Agésarchus, qui a fait sa biographie, et Timée, qui écrivit celle de cette époque, de manière toutefois à mécontenter Polybe (2), avaient sans doute recueilli d'autres traits de son amour pour les études.

Lorsqu'une mort prématurée eut livré son sceptre à Ptolémée *Epiphane* ou *Euchariste*, enfant de cinq ans, ce furent d'abord trois ministres, Agathoclès, Sosibius et Tlépolème, qui se disputèrent le gouvernement, associant à leurs fureurs la population si passionnée d'Alexandrie. Quand ils se furent égorgés ou renversés, ce furent deux autres ministres, Aristomène et Scopas, qui continuèrent leurs divisions, et quand Scopas eut été mis à mort, ce fut enfin, après cette intronisation que rappelle l'inscription de Rosette faite à Memphis et déposée à Londres, entre le jeune roi et Aristomène qu'éclata la division. Dirigé par Polycrate et Aristonicus, Epiphane fit mourir par le poison l'ambitieux ministre qui lui disputait le pouvoir (3), et tuer les chefs des rebelles qu'on soulevait contre lui, mais il mourut sans avoir terminé la guerre civile ni commencé celle qu'il projetait contre Séleucus IV, l'an 184 avant J.-C.

Il est à supposer que la Bibliothèque et le Musée furent également négligés pendant ces débats si longs et si violents. Cependant il n'est pas probable qu'un Lagide n'ait

---

(1) Athen. VI, 12.
(2) Lib. XII. Cf. Sharpe, 119.
(3) Polyb. *Excerpt.* XXI.— Diod. Sicul. *Excerpt.* a. C. 192.

rien fait pour les lettres, et Epiphane peut revendiquer sans doute quelques-unes des louanges que les historiens donnaient indistinctement aux *Ptolémées*, embarrassés qu'ils étaient de ne pouvoir leur demander à eux-mêmes duquel d'entre eux il s'agissait, pour nous servir d'un mot piquant d'Elien. (1)

A partir de la mort d'Epiphane, il y eut plus de calme dans la ville d'Alexandrie, grâce à la régence de Cléopâtre, mère du jeune Ptolémée VI Philométor, et à la tutelle que M. Aemilius Lépidus vint exercer sur le roi d'Egypte, au nom du sénat de Rome (2). Mais lorsqu'à la mort de Cléopâtre, Lenæus et l'eunuque Eulæus se furent emparés du pouvoir, ils entraînèrent le jeune prince dans une guerre désastreuse contre le roi de Syrie. L'Égypte avait à revendiquer la possession exclusive de la Phénicie, mais une minorité et le règne d'Antiochus étaient peu favorables à cette entreprise. Antiochus, vainqueur d'une armée mal commandée, envahit le royaume, et s'en fit proclamer le chef à Memphis, sous prétexte de mieux conserver le trône à son neveu, tombé entre ses mains (170 ans av. J.-C.). Quels que fussent ses desseins, ils furent déjoués par les Alexandrins, qui proclamèrent roi le frère de Philométor, Ptolémée VII, surnommé *Euergète* par la cour, et *Physcon* ou *Kakergète* par le peuple. La révolte des Juifs de Syrie, qui força le conquérant de rentrer dans ses états ; le parti que prirent les deux rois d'Egypte conseillés par leur mère, de repousser en commun l'invasion étrangère, et enfin le cercle magique que la baguette de Popilius traça autour des pas d'Antiochus, qui était revenu à la tête d'une armée jusque sous les portes d'Alexandrie, sauvèrent l'indépendance du pays ; mais la capitale fut deux fois assiégée pendant cette lutte, la Syrie perdue pour l'Egypte, et la guerre civile jetée jusque sur les marches du trône. En effet, elle y éclata entre

---

(1) Ælian. V. H., lib. VIII, 1.
(2) Justin. XXX, c. 2. — Polyb. XV, 31.

les deux princes dès l'an 164 ; et Ptolémée VII, repoussé par la population alexandrine, fut si efficacement protégé par le sénat de Rome dont il alla solliciter l'assistance, qu'il eut d'abord la Cyrène et la Lybie, puis encore la Cypre, et enfin, à la mort de son frère, l'Egypte elle-même.

Dans des temps aussi agités, il ne resta aux Lagides que peu de loisir et de moyens pour l'encouragement des études. Quand ces princes manquaient d'argent au point de menacer quelquefois leurs meilleurs amis d'emprunts redoutés, ils négligeaient forcément les acquisitions que reclamait la nouvelle Bibliothèque, (car il paraît que l'ancienne ne pouvait pas contenir au-delà des 500,000 volumes qu'elle reçut sous le règne de Philadelphe), et n'appelaient au Musée que le nombre d'hôtes qu'entretenait cette institution elle-même.

Cependant Philométor eut les moyens de bâtir des temples à Isis, à Sérapis et à Antée (1), et les deux Bibliothèques continuèrent à subsister sous la direction d'hommes éminents. Nous avons vu qu'elles furent présidées par des disciples de Callimaque, jusqu'à la 148ᵉ olympiade (186 ans avant J.-C.). A cette époque, Aristophane eut pour collaborateur son futur successeur, Aristarque, qui garda ses fonctions jusque sous le règne de Ptolémée VII, un de ses élèves. C'étaient là les premiers savants du monde grec, et si faibles que fussent les ressources que l'état pouvait affecter au service des collections littéraires, il est impossible qu'elles n'aient pas été augmentées par leurs soins. Le travail des *Chorizontes* continuait et fournissait au Sérapéum des ouvrages examinés, complétés, débarrassés de toute addition frauduleuse. Moins on acquérait, et plus le travail des examinateurs était exact. L'activité des copistes ne fut pas suspendue non plus à une époque où Aristophane et Aristarque révisaient eux-mêmes les textes d'Homère et les Tableaux de Callimaque. Peut-être y eut-il aussi quelques traductions de faites à une époque où Eratosthène qu'on aimait à imiter traduisait de l'égyptien. On a

(1) Letronne, *Recherches*, p. 20 et 42.

dû naturellement traduire, examiner et copier d'autant plus qu'on achetait moins ; et nous ne pouvons jamais perdre de vue qu'Alexandrie était essentiellement une *fabrique de livres* comme Aulu-Gelle le dit fort bien. (1)

La situation du Musée offre aussi quelques faits à remarquer plus particulièrement.

---

(1) Ingens numerus librorum in Ægypto à Ptolemæis regibus vel conquisitus vel confectus est. VI, 17.

CHAPITRE II.

DU MUSÉE.

Les indications sur cet établissement sont rares pour cette époque, il est vrai, et l'on n'a pour en faire l'histoire, que quelques noms propres et quelques faits généraux. Toutefois ces notions suffisent pour établir que la situation de la syssitie fut aussi prospère que celle des Bibliothèques. En effet, grâce à l'indépendance qu'assuraient au Musée ses revenus, on y trouve, sous ces règnes si orageux, des études plus variées et plus fortes qu'en aucun autre temps. Si les poètes sont moins nombreux, les *philologues* (les grammairiens et les critiques prennent désormais ce nom à l'exemple d'Eratosthène) le sont davantage. Les historiens et les philosophes, dédaignés sous Philadelphe, reparaissent à la cour des Lagides, et se vengent par d'estimables travaux de l'indifférence qu'on leur avait montrée. Les médecins et les mathématiciens sont également nombreux.

Et d'abord, si l'on prenait pour des poëtes tous ceux qui firent des vers à cette époque, on en trouverait une liste considérable, car la plupart des philologues y prendraient place. Mais après Callimaque dont les derniers chants dominèrent ces générations, Eratosthène, Apollonius de Rhodes, Aristonyme, Machon et Rhianus sont les seuls écrivains qu'on puisse considérer comme des poëtes.

Eratosthène qu'on trouve dans toutes les catégories des savants, composa, sous le titre d'Arsinoé, un petit poëme qui était en tout point au-dessus de toute critique (1).

Quant à Apollonius, il fit école, redressa les aberrations

---

(1) Longin. *De Sublimi*, XXXIII, 5.

de Callimaque, et rendit à la poésie quelque chose de son antique simplicité (*V.* ci-dessous, p. 164).

Aristonyme fut un des derniers poëtes comiques, mais nous ignorons son mérite, n'ayant plus de lui qu'un vers et les titres de deux pièces, *Thésée* et *le Soleil qui gèle.* (1)

Rhianus fut plus tard, quand Rome imita Alexandrie, l'objet d'honneurs extraordinaires : L'empereur Tibère imita ses vers et fit placer son portrait ainsi que ses ouvrages dans les Bibliothèques publiques, avec ceux des hommes distingués.(2)

Machon vit ses comédies applaudies au théâtre.

Peu nombreux pour tout un siècle, ces poëtes suffirent à l'entretien du feu sacré à une époque où tout le monde lisait, récitait, écoutait, éditait les vers d'Homère. Ce qui manquait le plus à leurs compositions c'était la variété. Aristonyme et Machon se bornèrent à la comédie, Rhianus ne se distingua que dans la poésie didactique, la seule que l'on pût cultiver encore avec quelque chance de succès.

Il paraît toutefois que le drame était fort encouragé à cette époque, puisque les pièces de Machon eurent l'honneur d'être représentées au théâtre d'Alexandrie et conservées avec un tel soin, qu'Athénée les retrouva encore. Pour nous, si nous devions les apprécier d'après une dixaine de vers qu'on en a sauvés, nous jugerions avec sévérité un poëte qu'on mettait alors sans façon après les sept grands comiques. En effet, tout ce qui nous en reste roule sur la valeur d'un mets, appelé Mattya (3). Il en serait de même de Rhianus, dont il nous est resté aussi quelques fragments. (4)

A une époque où toute la ville d'Alexandrie était passionnée pour Homère, où elle s'occupait de l'Iliade et de l'O-

---

(1) Athen. VII, c. 8.
(2) Sueton. *in Tiber.* c. 70.
(3) Lib. XIV, c. 84.
(4) Winterton, *Poet. græc. minor.* p. 451.—Brunck, *Analect.* I, p. 479; II p. 525.

dyssée, au Musée, à la Bibliothèque, au théâtre; où l'on professait pour la poésie épique et la poésie dramatique du passé un culte exclusif, il était difficile qu'il y eût beaucoup de poëtes qui osassent hasarder des compositions auxquelles les circonstances étaient si peu favorables.

A cette époque tout invitait, au contraire, aux travaux plus modestes de l'érudition et de la critique. C'était là ce qui convenait au milieu de tant d'orages. Les savants paraissent l'avoir compris. Grâce aux célèbres bibliothécaires que nous avons nommés, et aux nombreux disciples qu'ils formèrent, la philologie prit dans ce siècle même son plus grand essor; non-seulement les études d'Eratosthène, d'Aristophane et d'Aristarque devinrent les études favorites d'Alexandrie, mais elles prirent sur celles de leurs prédécesseurs et de leurs émules de Pergame et d'Antioche, pour ne pas parler de ceux d'Athènes, un tel dégré de supériorité, qu'elles les éclipsèrent complètement. Il paraît qu'il y eut alors au Musée des générations nombreuses de critiques et de philologues. En effet, aux travaux et aux théories d'Eratosthène se rattachèrent ceux de Ménandre, de Mnaséas, d'Aristès et d'Aristophane; à ceux d'Aristophane, ceux d'Agallias de Corcyre, de Diodore, de Callistrate et d'Aristarque; à ceux d'Aristarque, ceux de *quarante* disciples qui eurent un nom dans la science.

Cependant si Aristarque eut ce nombre d'élèves célèbres, et si le chiffre de *quarante* ne doit pas s'entendre de ses simples auditeurs, il eut aussi dans Zénodote d'Alexandrie un rude adversaire.

Entraîné par le mouvement philologique, qui se rattachait toujours à ce culte d'Homère devenu une sorte d'étiquette de cour depuis Alexandre et qu'animait le sanctuaire érigé au poëte dans Alexandrie, les princes eux-mêmes se passionnèrent pour les travaux de la critique. Celui qui régna plus tard sous le nom de Ptolémée VII, et qui avait pris des leçons d'Aristarque, se fit mettre par ses travaux sur Homère au nombre des *Diorthotes* de ce poëte.

Nous avons dit que plusieurs de ces philologues furent poëtes ; d'autres se firent historiens. Ils s'occupèrent d'abord des destinées des lettres et revirent ou complétèrent le travail le plus important qu'ait exécuté dans ce genre la savante école d'Egypte, les *Tableaux* de Callimaque. Cette révision fut faite, en premier lieu, par Aristophane, en second lieu, par Aristarque, dont la critique plus sévère élagua des catalogues classiques tous les auteurs de son temps. (1)

D'autres philologues se livrèrent à des compositions de biographie et d'histoire générale. Hermippe de Smyrne, disciple de Callimaque, composa, peut-être d'après les *Tableaux* de son maître, sur les philosophes les plus célèbres, des notices dont profita plus tard Diogène de Laerte, circonstance qui explique les renseignements si étendus que cet écrivain donne sur les philosophes en général et en particulier sur les savants d'Alexandrie, leurs ouvrages, et même les épigrammes qu'ils provoquaient (2). Ptolémée de Mégalopolis eut le courage d'écrire la vie et le règne de Ptolémée Philopator, ouvrage souvent cité par Athénée (3). Timarque de Rhodes et Euphorion, contemporains d'Apollonius de Rhodes ; Philarque de Naucratis, à qui d'autres donnent pour patrie Athènes ou Sicyone, Artémidore et Diodore, disciples d'Aristophane, se firent aussi remarquer comme historiens. Enfin, Nymphis d'Héraclée paraît avoir écrit après son histoire d'Alexandre, des successeurs de ce prince et des fils de ces successeurs, une histoire spéciale des Ptolémées (4).

Mais si l'on peut, à juste titre, revendiquer ces écrivains à l'école d'Alexandrie, il faut assurement retrancher de ce tableau Chrysippe de Soles qu'on y a porté par er-

---

(1) Athen. IX, p. 408. — VIII, p. 336. — Quinctil. X, I. — Ranke, *de Aristophanis Vitâ*. — Welcker, *der epische Cyclus*, p. 8 et suiv.

(2) *V.* Diodore, Sphérus, etc.

(3) L. VI, p. 246 ; X, p. 425 ; XII, p. 577-578.

(4) Ælian. XVII. — 3, cf. Suidas. *v.* Nymphis. *Vid. Bernhardy ad* h. v.

reur (1), rien ne nous apprend que ce savant fût jamais du Musée. (2)

Il est douteux aussi que Philochore d'Athènes, que l'on compte au nombre des écrivains d'Alexandrie et qui fut quelque temps gouverneur de l'île de Chypre, ait été membre de la syssitie royale. Ce cumul qu'on voit sous la domination romaine, dans la vie du sophiste Polémon, qui fut gouverneur d'une province et membre du Musée, ne se rencontre pas sous la domination des Lagides. Il est donc probable que Philochore, qui visita sûrement Alexandrie, ne fut pas de la syssitie ; la tradition nous eût appris sur son compte une circonstance si curieuse. D'un autre côté il paraît impossible qu'un Athénien aussi distingué dans les lettres que Philochore n'ait pas eu de relations avec l'école d'Alexandrie.

Un autre historien, mais plus éminent, Agatharchide, profita des travaux du Musée, des ressources de la Bibliothèque et des voyages ordonnés par les Ptolémées, pour répandre la lumière sur la géographie, les mœurs et la langue de l'Ethiopie. En effet, il composa dans Alexandrie ces savants volumes que Photius nous a peut-être fait perdre par ses extraits. (3)

Tous ces ouvrages offraient aux Grecs une singulière instruction. C'étaient, à la vérité, des compilations plutôt que des compositions du genre oratoire, mais on ne saurait en contester le mérite, puisqu'elles ont servi de matériaux à Strabon, à Athénée, à Plutarque, à Diogène de Laërte, c'est-à-dire, aux écrivains qui répandent le plus de jour sur l'histoire, les institutions, les mœurs, les études, toute la civilisation de la Grèce.

Quant aux philosophes, qui devaient un jour se montrer si nombreux et si éminents dans Alexandrie, ils y reparurent en assez grand nombre durant cette période. Attirés d'abord

---

(1) M. Klippel, p. 147.
(2) On l'aura confondu avec le médecin du même nom.
(3) *Cod.* 213, 250, ed. Bekker.

par Ptolémée I, négligés bientôt par le fils de ce prince, ils s'empressèrent de se rendre aux invitations et aux encouragements de ses successeurs. Euergète I s'entoura d'un des disciples du chef de l'Académie, de Panarète, auquel, suivant Athénée, il aurait alloué douze talents, c'est-à-dire, 67,000 francs par an (1), fait qu'un auteur moderne revendique à tort au règne de Ptolémée VII (2). En effet, Panarète avait suivi les leçons d'Arcésilas, et ce philosophe avait cessé de professer la 4e année de la 134e olympiade, c'est-à-dire, l'an 241 avant notre ère, de sorte que s'il avait eu vingt ans à cette époque, il en aurait eu cent quinze à l'avénement d'Euergète II. Ce qui a trompé l'auteur que nous réfutons, ce sont les noms de Ptolémée Euergète qui peuvent convenir à deux princes différents; mais le nom d'Arcésilas pouvait l'avertir.

Le successeur d'Euergète I, Philopator, appela près de lui celui de tous les penseurs qui se distinguait le plus par la pureté de ses doctrines et la rigidité de ses mœurs, Cléanthe. Mais le chef du Portique fit ce qu'avait fait autrefois le chef du Lycée appelé par Ptolémée I : il envoya l'un de ses disciples, et Sphérus remplit cette mission en véritable savant d'Alexandrie, en composant des ouvrages et en discutant avec le prince jusque dans ses palais et à sa table.

On ignore si ses écrits furent publiés pendant son séjour en Egypte; mais si cela eut lieu, ils ont dû y produire quelque sensation. L'auteur y abordait, en fidèle stoïcien, les plus graves questions de morale et de politique; il y traitait de Socrate, du Principe de la morale, de Lycurgue, de la Loi, des Institutions politiques de Sparte. Il serait possible toutefois qu'il eût composé ces livres avant de se rendre en Egypte, dans le temps où il enseignait à Sparte, ayant pour auditeur le même prince qui devait périr plus tard en Egypte, Cléomène. Mais quelle que soit l'époque où parurent ces

---

(1) Athen. XII, c. 19.
(2) Klippel, p. 170.

compositions, on a nécessairement déposé dans la Bibliothèque d'Alexandrie les œuvres d'un homme qu'on appelait de si loin et que l'on distinguait au Musée comme à la cour.

On a même dû se montrer d'autant plus avide de ses écrits, que depuis ceux de Démétrius de Phalère, rien n'avait été publié sur la politique par les membres de cette institution.

Cependant, on invoque deux anecdotes rapportées par Diogène, pour prouver que Sphérus n'a pas exercé une influence digne d'un élève de Cléanthe; que, soit avec le prince, soit avec les philosophes, il débattait des questions oiseuses. C'est d'une thèse de métaphysique et d'une maxime d'école qu'il s'agit. Mais ces questions avaient l'une et l'autre leur importance. La première, celle de la certitude, qui demeurera éternellement le problème par excellence de la philosophie, avait pris à cette époque une phase nouvelle. Les Académiciens, infidèles au dogme de Platon, avaient abandonné non-seulement la certitude des notions ou des idées sensibles, mais encore celle des notions de l'intelligence. Les Stoïciens admettaient entre la science (ἐπιστήμη) et l'opinion (δόξα) un juste milieu, l'idée convaincante, φαντασία καταληπτική (1). C'est à cette théorie que se rapporte la première des deux anecdotes. Les Stoïciens, fort mécontents du probabilisme qui tuait la *science* au profit de *l'opinion*, combattaient l'Académie. Le roi la soutenait. Discutant avec Sphérus comme on discute à la cour, et voulant prouver à son adversaire que, dans certains cas, on n'a qu'une *opinion*, il lui fit servir un de ces fruits en cire qui trompent les yeux. Sphérus fut trompé. Mais pour cela, il ne s'avoua pas vaincu, et loin d'établir que ce philosophe jouit de peu de crédit en Egypte, cette anecdote atteste que le prince lui-même se faisait rendre compte des questions qu'agitaient alors les deux grandes écoles de phi-

---

(1) Sextus emp. ad. mathem. VII, 402 et suiv. ed. Fabric.

losophie, et les débattait avec le chef des stoïciens comme il les entendait.

La seconde anecdote sur le séjour de Sphérus en Egypte n'est pas moins curieuse. Elle montre qu'on examniait soit au Musée, soit à la cour, non pas des questions générales seulement, mais encore des questions spéciales et même personnelles. Mnésistrate reprochait à Sphérus d'avoir dit *que Ptolémée n'était pas roi*; Sphérus répondit que Ptolémée *étant tel qu'il était*, était réellement roi.

Ce débat se rapportait, comme on voit, à une discussion antérieure, et cette discussion avait roulé sans nul doute sur ce principe souvent avancé dans l'école de Platon et ailleurs, *que le sage est le seul roi véritable*, puisque seul il est *souverain*, sachant seul commander à lui-même. Sphérus avait dû affirmer, que quiconque était l'esclave de ses passions, *fût il roi*, n'était qu'un esclave, et, de ce principe que Mnésistrate appliquait à Ptolémée, pour embarrasser son adversaire, il résultait que, dans la doctrine de Sphérus, le roi n'était pas roi. Mais on le voit, loin d'être petite, cette discussion était grande à tel point, que Sphérus fut obligé d'y mettre fin par une de ces concessions qui ne trompent personne.

Euergète I, Philopator et Philométor paraissent avoir tous trois aimé les études ou du moins le commerce des philosophes. Outre Sphérus, qu'ils enlevèrent au Portique, ne pouvant lui enlever Cléanthe, et Mnésistrate, dont nous venons de parler, on trouve dans leurs palais ou dans Alexandrie, Sotion, Satyrus, Héraclide, fils de Sérapion (1), et Aristobule, sans compter Eratosthène, qui fut platonicien, Praxiphane, Hermippe et Agatharchide, qui furent péripatéticiens (2), et plusieurs autres savants qui cultivèrent également la philosophie. Les travaux de quelques uns de ces penseurs méritent une attention spéciale.

En effet, Sotion profita des immenses ressources de la Bi-

(1) Suidas dit que ce dernier fut historien et philosophe.
(2) Clem. Alexand. Strom. I, p. 365. — *Schol. Dionys. Thr.* p. 729.

bliothèque pour composer, sur les successions des chefs dans les grandes écoles de philosophie, un ouvrage qu'abrégea d'abord Héraclide, en attendant que Diogène de Laërte vînt composer d'après l'un et l'autre un troisième, que nous croyons digne d'une appréciation qui ne lui est pas échue jusqu'ici, et qui fit négliger ensemble Héraclide et Sotion (1).

Satyrus péripatéticien, continua ces travaux de biographie philosophique en s'attachant de préférence aux hommes du Lycée; mais ce qui le caractérise comme un écrivain original, c'est son travail sur les diverses populations (égyptienne, juive, grecque et macédonienne) d'Alexandrie. (2)

Celle de ces populations qui, s'il fallait en croire l'auteur de la lettre d'Aristée qu'on place sous les derniers Lagides, ou les écrits de Philon et de Josèphe, aurait toujours été un objet de prédilection pour ces princes, la population juive, n'avait encore fourni aux institutions littéraires d'Alexandrie qu'une partie de son code sacré, le Pentateuque; elle n'avait pas eu de philosophe digne de figurer dans les annales du Musée. Elle eut enfin Aristobule, qui fut non-seulement un péripatéticien distingué, mais qui doit avoir présenté à Ptolémée Philométor, l'un des favoris de la tradition juive, une interprétation de la loi mosaïque, et que la cour doit avoir chargé de donner des leçons à l'un des Ptolémées. Malheureusement les plus anciens écrivains qui nous parlent de ce personnage ont vécu quatre siècles après lui et sont en contradiction avec eux-mêmes de telle sorte, que S. Clément d'Alexandrie le met tantôt sous Ptolémée VI, tantôt sous Ptolémée II (3). On ne sait pas non plus, vu le silence de Josè-

(1) Hieron. *Cat. script. eccles. In init.* Id. *Advers. Jovin.*—Athen. VI, p. 248. 250. XII, p. 584. XIII p. 556. Diog. L., *in Empod.*

(2) Athen. IV, c. 17.—Eunapius; *vitæ Sophist. in initio.* — Diog. Laert. *in Anaxag.*

(3) Strom. I, p. 342. V, p. 595. ed. Sylb.—Euseb. *præp. evangel.* VIII, p. 370. IX b. p. 410. ed. Viger. Cf. Eus. *Hist. eccles.* VII, 32.—Hody, *De bibl. text. orig.* p. 11. *contra* Arist. Histor, p. 9.

phe et de Philon sur Aristobule, si c'est de lui que parle le second livre des Maccabées (c. 1, v. 10).

Il est vrai qu'Eusèbe et S. Clément d'Alexandrie nous ont conservé des fragments d'Aristobule le philosophe (1), mais l'auteur de ces fragments prête aux anciens poëtes de la Grèce des vers où les idées de Moïse et celles des Juifs sont à ce point dominantes, qu'on est réduit à prendre cet écrivain pour un imposteur ou ces fragments pour des pièces altérées, d'autant plus qu'il s'est conservé une autre leçon des mêmes vers (2). Réduits à des probabilités sur la vie et sur la pensée d'Aristobule, nous ne saurions toutefois révoquer en doute ni son existence ni son influence sur les doctrines des hommes instruits de sa nation; et l'on doit le regarder comme le plus illustre de tous ces Juifs qui, dans l'intervalle des interprètes du Pentateuque à Philon et Josèphe, ont poursuivi le dessein de faire accepter aux Grecs quelques opinions judaïques, en les mêlant soit aux fictions des poëtes, soit aux systèmes des philosophes de la célèbre nation dont ils étudiaient avec tant de soin la littérature, et au sein de laquelle ils prétendent avoir joué un si grand rôle. En effet, peu après l'époque du grand-prêtre Onias, qui bâtit un temple juif auprès des ruines d'un sanctuaire égyptien, ce qui perce dans la conduite d'Aristée [qui inventa une sorte de congrès philosophique dans Alexandrie pour faire, des rois et des philosophes de cette ville, des disciples de la sagesse des Septante], et dans celle d'Aristobule [qui fait, des plus grands hommes de la Grèce ancienne, des élèves de Moïse ou de David], c'est le désir de faire croire qu'il n'y a jamais eu de philosophie véritable que chez les Juifs, qu'ils ont été les sages et les précepteurs du monde

---

(1) Euseb. præp. ev. XIII, 12. p. 664. — Clemens Alex. I, p. 342. VI, p. 632. cf. Valkenaer, *Diatribe de Aristobulo*, ed. Luzak, Lugd. Bat. 1806 in-4.
(2) Justin Mart. *Cohort. ad Græc.* p. 15. — *De monarch.* p. 104, ed. Colon. 1636. — Clem. Alex. *Protrept.* p. 48.

dès les temps les plus reculés. C'est aussi là le système de Philon et de Josèphe, car suivant ces frauduleux interprètes des saints codes de leur nation, la Genèse et les Livres prophétiques bien entendus auraient contenu toute la doctrine de Pythagore, de Platon et d'Aristote, sans parler de celle d'Orphée, d'Homère et d'Onomacrite.

Quoi qu'il en soit d'ailleurs d'Aristobule, que ce philosophe ait allié le judaïsme au péripatétisme ou à un autre système ; qu'il ait présenté son principal ouvrage, le Commentaire sur le code des Juifs, à Ptolémée Philométor ou à quelque autre Lagide, il est certain qu'il ne fut pas du Musée. S'il en eût été, les Juifs n'eussent pas négligé de nous l'apprendre. Mais il a été, sans nul doute, l'un des chefs de cette école judaïque qui a existé dans Alexandrie depuis l'établissement de la grande colonie transplantée de la Judée en Égypte sous Alexandre, de cette école qui a fourni les véritables interprètes du Pentateuque, qui a traduit successivement les autres écrits de l'Ancien Testament, et qui a dû grandir surtout à partir du moment où la politique des Lagides donnait au judaïsme égyptien un sanctuaire indépendant de celui de Jérusalem, car l'Onéion établissait dans la personne d'Onias un sacerdoce rival de celui qu'on exerçait ailleurs sous la prépondérance des Séleucides.

Toutefois cette école dont nous ne voyons apparaître les représentants qu'à de rares intervalles, mais dont nous retrouverons plus tard l'influence sur l'école chrétienne et sur l'école gnostique qui s'élevèrent comme elle en face du Musée, n'est pas nommée une seule fois dans l'histoire, ni par les écrivains grecs ni par ceux des Juifs.

Le savant M. Sharpe ajoute aux philosophes qui professèrent au Musée à cette époque, Lycon, successeur de Straton (1). Je crois que c'est une erreur ; ce n'est pas au Musée des Lagides, ce me semble, c'est au Musée de Théophraste

---

(1) *History of* Ptolemies p. 106.

qu'a eu lieu cette succession, ainsi que le prouve le testament de Lycon, qui laissait à ses disciples le soin de se choisir un chef. (1)

L'érudition médicale eut dans cette période quelques représentants distingués au Musée, puisque, suivant Athénée, ils ont ranimé les études dans les îles et dans les villes de la Grèce, après avoir quitté Alexandrie. Il en est un grand nombre que les historiens des études médicales revendiquent au Musée ; malheureusement les compilateurs et les scoliastes ne distinguent pas suffisamment ceux qui continuèrent à Alexandrie les travaux d'Érasistrate et d'Hérophile de ceux qui allèrent fonder des écoles ou pratiquer la médecine ailleurs. (2)

Ce qui préoccupait les esprits à cette époque, c'étaient les études positives, c'étaient les découvertes faites par les voyageurs dans les régions inconnues du globe, celles plus éclatantes encore que les astronomes faisaient dans des espaces moins accessibles, et les progrès dans la science d'Euclide.

Il y eut, en effet, dans cette période enclose par une sorte de compulsion de savants dans Alexandrie par Ptolémée II et une violente expulsion par Ptolémée VII, une singulière rivalité parmi les villes d'Alexandrie et de Pergame, les îles de Sicile, de Samos et de Rhodes. Cette rivalité enfanta pour l'ethnographie, la géographie et l'astronomie, ainsi que la géométrie, des travaux beaucoup plus importants que tous ceux qu'avaient produits jusque-là la Grèce, ou l'Égypte ou la Babylonie; mais il en résulta aussi que le Musée, où Euclide, Aristille et Timocharès avaient ouvert la voie de belles découvertes, fut plusieurs fois menacé d'être dépouillé du haut rang qu'il occupait. S'il conserva Eratosthène pour la géographie mathématique et la cosmographie; si Conon, qui avait entendu Archimède à Syracuse et visité d'autres pays du monde grec, préféra la cour d'Euer-

(1) Diog. Laërt. V, 70, 71. cf. VII, 164.
(2) Sprengel, *Hist. de la médec.* 1. 594. 2ᵉ E.

gète Ier, son compatriote Aristarque aima mieux illustrer Samos ; et il n'est pas certain qu'Hipparque de Bithynie soit allé continuer en Égypte ses observations faites en Asie et dans l'île de Rhodes. Les leçons d'Ératosthène et de Conon attirèrent et fixèrent sans doute un certain nombre de disciples près du Musée ; cependant Eratosthène cultivait trop de sciences pour exceller dans toutes, et Conon était trop courtisan, ce semble, pour être savant avant tout. Les *Catastérismes* et le Commentaire sur les Phénomènes qu'on attribue au premier lui sont peut-être contestés avec plus de piété pour sa mémoire que de raisons critiques (1). Quant à Conon, il est impossible aujourd'hui de déterminer quels services il a rendus à l'astronomie, mais on sait que l'opinion de l'antiquité ne lui était pas favorable.

Quoi qu'il en soit, les travaux astronomiques d'Eratosthène, de Conon et de leurs disciples furent éclipsés par ceux d'Aristarque, qui fit en cosmographie une réforme fondamentale, en affirmant le mouvement de la terre, et qui fut accusé d'impiété pour une opinion qu'avait déjà soupçonnée l'école de Pythagore. Cette opinion, inconnue à Conon et aux habitants du Musée, semble prouver que si Aristarque a salué l'Égypte, il n'y a pas mis en avant sa plus forte pensée. Il a d'ailleurs dû visiter un pays, où son compatriote jouait un rôle si considérable à la cour et dans la syssitie royale. D'après un fait rapporté par Pappus, il aurait pu y rencontrer Apollonius de Perge qui suivait dans cette ville les leçons des Euclidiens (2) ; mais peut-être fut-ce sa dissidence même avec les savants de cette compagnie qui l'empêcha de s'y attacher.

On m'accuse d'avoir pensé autrefois le contraire et

(1) M. Bernhardy (Eratosth. p. 117 et 185) a renouvelé avec plus d'insistance les doutes de Valckenaer, mais les raisons qu'il donne pour rejeter d'une édition critique, les catastérismes que Matthiæ avait reçus dans une autre édition critique, ne sont pas décisives.

(2) Pappus, Collect. Math. VII, p. 251.

d'avoir agrégé cet astronome à l'école d'Alexandrie. J'ai parlé dans l'histoire de cette école d'un savant que je ne pouvais passer sous silence, quand il s'agissait d'indiquer la succession des travaux de Conon à Claude Ptolémée; mais j'ai dit qu'Aristarque n'appartenait au Musée que de loin. Voici mes termes (*Essai historique*, t. I, p. 139): *Aristarque est celui des astronomes de cette époque qui a montré à l'école d'Alexandrie la vraie méthode pour marcher aux découvertes.* Et par quoi étais-je autorisé à l'affirmer? Par la nature des choses. A qui persuader, vraiment, que l'école d'Alexandrie, qui a tout connu, n'ait pas connu les travaux d'Aristarque?

Outre sa première méprise, l'auteur qui m'avait si mal lu, commet une autre faute, et celle-là est plus grave, car c'est une erreur à mon sujet et au sujet d'Aristarque. J'aurais tort, dit-il, de placer cet astronome après Aristille et Timocharès (1), tandis qu'il résulterait des observations de Vossius qu'il aurait vécu après ces observateurs (2). La seule chose qui résulte d'une manière certaine des observations de Vossius, qu'il faut prendre pour ce qu'elles sont, c'est que cet écrivain s'est trompé; et après M. Klippel, il n'est plus personne, je pense, qui voulût mettre Aristarque, contemporain d'Aratus et de Cléanthe, avant Aristille et Timocharès, contemporains de Ptolémée Soter. J'ai d'ailleurs donné, il y a vingt ans, les raisons qui motivaient cette opinion et qui se trouvent partout. (3)

Hipparque, qui vécut sous le règne de Philométor et mourut sous celui d'Euergète II, vers 125 avant notre ère, mais qui fit dans l'île de Rhodes la majeure partie de ses observations, ne fut pas non plus membre du Musée; cependant il n'est pas admissible qu'il n'ait pas visité l'école d'Alexan-

---

(1) M. Klippel p. 149. Note 1.
(2) *Ibid* cf. *Vossius, de scient. mathem.* p. 157.
(3) Voir mon Essai hist. t. I, p. 140. — cf. *Saxii Onomast.* I, p. 104. Ideler, dans Wolf et Buttmann, *Museum der Alterthumswissensch.* II, p. 426 et suivantes.

drie, et quand même il n'y aurait pas fait d'observations, il se serait rattaché aux astronomes d'Égypte, en commentant Aratus et Eratosthène, et en léguant sa succession, le système perfectionné d'Aristarque, à celui des savants du Musée qui a le plus illustré l'observatoire d'Alexandrie, Claude Ptolémée.

Le nom et les travaux d'Apollonius de Perge sont contestés aussi à l'école d'Alexandrie en faveur de celle de Pergame. C'est à tort. Sa lettre à Eudème (p. 7. Ed. Oxon.) atteste qu'il ne fut à Pergame que peu de temps, et qu'Alexandrie était sa résidence habituelle. Selon Pappus, il y donnait des leçons aux Euclidiens, mais il est cité aussi parmi les élèves d'Euclide. Ce savant qui avait illustré le règne de Ptolémée, aurait-il vécu assez long-temps sous le règne de Ptolémée II, pour diriger les études d'Apollonius et même celle d'Aristarque, c'est-à-dire vers l'an 260 avant notre ère ? Il me paraît impossible qu'Euclide ait atteint cet âge.

Quoi qu'il en soit, Apollonius, l'un de ces grands hommes dont la nature est avare (Vitruve, I, 1), reprit la géométrie où l'avait laissée le fondateur de cette science, la rétablit dans ses honneurs au Musée, et fournit aux générations qui devaient s'y succéder de riches matières d'études et de commentaires.

Plusieurs savants du Musée virent, soit à Syracuse, soit à Alexandrie, l'un des hommes éminents de cette période, Archimède. Ctésibius et son disciple Héron rivalisèrent avec lui dans ses découvertes. Joignant à la théorie les applications les plus heureuses, inventant et décrivant l'orgue hydraulique et plusieurs autres machines, fondant en un mot la mécanique comme science par un traité spécial, ils assurèrent à l'école d'Alexandrie une de ses supériorités les plus incontestables.

Ces hommes si laborieux et dont les services furent si supérieurs aux travaux des philologues et aux vers des poëtes, même aux yeux d'une cour passionnée pour Homère, doivent avoir appartenu au Musée et concouru à accroître cette célébrité qui devenait de jour en jour plus universelle.

Il faut le dire, les beaux progrès que le Musée fit faire aux sciences physiques et mathématiques, y compris la médecine, progrès qui caractérisent cette période, sont ses titres les plus impérissables, et ces titres éclipsent tout ce que les *Diorthotes* d'Homère ou les membres des Pléiades, favorisés par Ptolémée II, ont pu offrir de plus subtil à leurs contemporains.

En effet, si l'École d'Alexandrie demeura toujours, dans les lettres, au-dessous des écrivains dont elle corrigea les textes et classa les mérites divers, elle fit dans les sciences, durant la période que nous parcourons, des progrès qui laissèrent loin derrière elle les plus fameuses Académies de l'antiquité, celles de la Grèce propre, comme celles de la Grande-Grèce, de l'Égypte et de la Babylonie.

En essayant de refaire la statistique des savants d'Alexandrie d'après ce qui précède, nous trouvons pour la période de 246 à 146 avant J.-C. ces douze catégories :

1º Euergète I, auteur d'épigrammes (Jacobs, XIII, p. 944);
Philopator, auteur d'une tragédie, (Scol. Arist. Thesm. 1059);
Epiphane, Philométor. } Protecteurs des lettres.

2º Callimaque,
Eratosthène,
Apollonius,
Aristophane,
Aristarque. } Bibliothécaires du Bruchium.

3º Callimaque,
Praxiphane,
Eratosthène,
Apollonius,
Aristophane,
Aristarque,
Zénodote jeune. } Philologues, membres certains ou probables du Musée.

4° Callimaque,
   Apollonius,
   Eratosthène,
   Aristonyme?
   Machon,
   Rhiauus,
   Euergète I,
   Philopator,
   Philométor. } Poètes, princes ou membres du Musée.

5° Eratosthène,
   Sphérus,
   Sotion,
   Héraclide,
   Satyrus,
   Panarète,
   Agatharchide,
   Praxiphane,
   Hermippe, Mnésistrate. } Courtisans ou philosophes, membres probables du Musée.

6° Cléanthe. Appelé sans succès.

7° Aristobule,
   Le Siracide. } Philosophes Juifs indépendants du Musée.

8° Praxiphane,
   Hermippe,
   Chrysippe,
   Phylarque, Héraclide. } Historiens, membres probables du Musée.

9° Callimaque,
   Callianax,
   Chryserme,
   André de Caryste,
   Cydias de Mylasa. } Médecins d'Alexandrie. V. Sprengel, p. 594.

10° Apollonius de Perge,
    Eratosthène,
    Ménélas. } Cosmographes et mathématiciens, membres du Musée.

11° Aristarque de Samos,
    Hipparque, Philochore,
    Timarque de Rhodes. } Hôtes probables du Musée.

12° Callistrate d'Athènes, disciple d'Aristophane; Apollodore, disciple d'Aristarque; Callimachéens, Aristophaniens et Aristarchéens inconnus. } Disciples des grammairiens du Musée.

On le voit, ce tableau est beaucoup plus imposant et plus significatif que les deux précédents. Il indique des travaux plus sérieux, plus étendus. Cela se comprend, plus les écoles de la Grèce étaient tombées, plus celle d'Alexandrie s'élevait par la célébrité des écrivains qui affluèrent au Musée et le nombre des disciples qui venaient chercher leurs leçons.

Elle ne jetait plus à la vérité ce genre d'éclat que les poëtes de la cour de Philadelphe avaient un instant répandu sur l'Égypte; mais elle exécutait des ouvrages plus importants, et donnait par de brillantes découvertes un démenti formel à la fameuse épigramme de Timon, épigramme qu'elle avait peut-être méritée quand on la lançait contre elle, mais qui n'avait plus aucun sens quand le Musée, au lieu d'être une simple école de grammairiens et de sophistes grecs, se présentait comme la plus florissante des institutions littéraires du temps.

TROISIÈME PÉRIODE.

146 à 48 avant Jésus-Christ, de Ptolémée VII à Cléopâtre.

CHAPITRE Ier.

DISPERSION DES SAVANTS DE L'ÉCOLE D'ALEXANDRIE. — INFLUENCE EXERCÉE PAR CETTE DISPERSION SUR LES AUTRES ÉCOLES GRECQUES. — ÉTAT GÉNÉRAL DES INSTITUTIONS LITTÉRAIRES DU MONDE GREC A CETTE ÉPOQUE. — ÉCOLES D'ATHÈNES, DE RHODES, DE TARSE, D'ANTIOCHE, DE PERGAME. — LE NICÉPHORE — LE LACYDIUM — LE MUSÉE DE PHÉNIX.

En voyant des études aussi sérieuses et aussi étendues se développer au Musée immédiatement après une ère si frivole, il y avait lieu de croire que les destinées de cette école allaient devenir plus importantes encore, qu'elle abandonnerait en partie la littérature, la poésie, la grammaire et la critique, pour s'occuper à peu près exclusivement, de science, avec Apollonius de Perge et Hipparque ; de morale et de philosophie, avec Sphérus et Aristobule ; d'histoire, de géographie et de cosmographie, avec Eratosthène, Agatharchide et Polybe, qui devaient venir animer ses travaux.

Telles étaient les illusions auxquelles on pouvait se livrer, quand un élève d'Aristarque, Ptolémée VII, vint suspendre tous ces travaux. Nous avons vu comment ce prince s'y éleva. Sa barbare conduite à l'égard de sa famille ne fut que son début dans la carrière du crime. Né avec des passions violentes et devenu plus odieux encore par sa servile soumission au sénat de Rome, qui protégeait en lui un instrument de divisions et de troubles, il était repoussé par les partisans de sa sœur, la régente, dont il avait fait sa femme, par ceux de son neveu, le jeune roi, qu'il avait immolé à sa fureur, en un mot par toute cette population d'Alexandrie si ardente, si passionnée, que son frère avait su s'attacher par la douceur de ses mœurs et par quelques entreprises qui avaient séduit ces faciles esprits. Ptolémée VII, pour se venger d'une réprobation aussi unanime, fit mettre à mort tous ceux qui avaient été élevés avec Philométor et les principaux habitans de la ville. Au moyen de ses mercenaires, il fit d'Alexandrie un désert, dit Justin (1). Il en fit égorger ou livrer au feu la jeunesse réunie au Gymnase, dit Valère Maxime (2). Polybe qui visita le théâtre de ces massacres, après avoir vu les ruines de Corinthe et de Carthage, confirme par ses assertions celles de ces deux historiens. (3)

Il paraît que les savants du Musée, les artistes, et même les médecins de la ville, indignés de ces horreurs ou redoutant les vengeances d'un prince qui ne savait rien respecter, abandonnèrent Alexandrie. Ils ne furent l'objet d'aucune persécution, l'histoire des lettres eût gardé souvenir d'une telle violence; mais ils craignirent sans doute les réactions et les fureurs par lesquelles le peuple devait venger les massacres commis au Gymnase. Deux écrivains qui virent le théâtre du crime, comme Polybe, Ménéclès de Barca et Andron d'Alexandrie, racontaient, dit Athénée, que les Alexandrins *avaient le mérite d'avoir instruit tous les Grecs et tous les*

---

(1) Lib. XXXVIII, c. 8.
(2) Lib. IX, c. 2, 2, 5.
(3) Lib. XXXIV. 14. Cf. Strabo l. XVII.

barbares; que toute instruction complète ou générale (ἐγκύκλιος παιδεία) ayant cessé à la suite des troubles qui avaient eu lieu dans le temps des successeurs d'Alexandre; mais qu'il y eut une restauration de toutes les études sous le septième Ptolémée qui régna en Egypte, celui que les Alexandrins ont si justement surnommé *Kakergète*. En effet, disaient ces deux écrivains, ce prince ayant mis à mort beaucoup d'Alexandrins et exilé un grand nombre de ceux qui avaient grandi avec son frère, *remplit* les îles et les villes de *grammairiens*, de *philosophes*, de *géomètres*, de *musiciens*, de *peintres*, de *pédotribes*, de *médecins* et *d'autres artistes*, qui, obligés par la nécessité d'enseigner ce qu'ils savaient, formèrent beaucoup d'hommes célèbres. (1)

On ne dit pas que les émigrants fussent du Musée, et une partie d'entr'eux, les pédotribes par exemple, sortaient du Gymnase, dont nous revoyons en cette occasion l'importance déjà signalée ailleurs et qui sera plus d'une fois encore le théâtre de vengeances politiques ; d'autres exilés, les peintres et les artistes, appartenaient à la population grecque indépendante, car les Egyptiens et les Juifs ne figurèrent pas dans ces sanglantes réactions : il est pourtant hors de doute que le Musée et la Bibliothèque, qu'Athénée oublie de mentionner, fournirent également leur contingent à l'exil, puisque, s'il n'y a pas trop d'exagération de la part des deux historiens, les émigrations furent tellement nombreuses, qu'elles remplirent les îles et les cités de la Grèce de savants et d'artistes qui y restaurèrent les études et les firent connaître même aux barbares.

A la suite de cette révolution il serait donc arrivé deux choses : l'école d'Alexandrie, qui venait de s'élever à son apogée et de se placer à la tête de toutes les autres, aurait tout-à-coup perdu ce rang ; et dans les îles et les cités de la Grèce, les études générales, tombées par les guerres d'Alexandre

---

(1) Deipn. IV, c. 25, § 83.

et les divisions de ses successeurs, se seraient ranimées.

Nous ne parlons pas de la propagation des lettres parmi les barbares, attachant peu d'importance à une phrase aussi banale; on peut considérer toutefois qu'au milieu des populations orientales ou septentrionales soumises aux Séleucides et aux rois de Thrace, il y avait des écoles grecques prêtes à recevoir les exilés; mais nous laissons cette partie des assertions d'Athénée pour examiner jusqu'à quel point les deux faits principaux qu'il allègue sont exacts, c'est-à-dire, la restauration des études en Grèce par suite de l'émigration alexandrine et la décadence de celles du Musée.

Et d'abord y a-t-il eu restauration dans les écoles des îles et des cités grecques à cette époque?

Les plus célèbres de ces écoles, celles d'Athènes, avaient grandement besoin d'être relevées, car elles étaient faibles à cette époque; néanmoins elles étaient plus fortes dans leur spécialité que celle d'Alexandrie, qui ne devint école spéciale de philosophie que plus tard, quand elle eut à défendre ensemble la religion, la philosophie et toute la Grèce ancienne. En effet, si l'Académie était tombée successivement des mains de Speusippe dans celles de Polémon, de Cratès, de Sosicratès, d'Arcésilas, elle se trouvait alors sous l'habile Carnéade, qui la dirigeait de 156 à 129 avant Jésus-Christ, dans une sorte de prospérité. Son chef, estimé de la république, venait d'être chargé d'une honorable ambassade à Rome; et quoique le dogmatique Platon eût désavoué une science qui scandalisa quelques membres du sénat de Rome, il eût vu avec joie un philosophe plaidant la cause de l'indépendance grecque devant les maîtres du monde et se faisant applaudir par la jeunesse de l'Italie comme par celle de la Grèce. La succession du Lycée de Théophraste, car il ne doit plus être question de l'ancien, était échue, après Straton et Lycon, à des hommes plus médiocres encore que la plupart des chefs de l'Académie; car il était difficile d'être en philosophie au-dessous de Hiéronyme de

Rhodes et d'Ariston de Jules : mais au temps de Ptolémée VII, le Lycée aussi s'était relevé, et son chef, Critolaüs, avait été jugé digne d'accompagner Carnéade à Rome. L'ancienne école du Portique, qui ne tenait plus ce local depuis long-temps et qui n'en eut pas d'autre, à ce qu'il paraît, n'avait cessé de grandir depuis que son fondateur avait entrepris d'épurer les principes du Cynosarge, et surtout depuis que l'Académie s'était perdue dans le scepticisme, le Lycée dans une sorte de nullité, et l'école d'Epicure dans cette absence de moralité qui s'accordait sans doute avec les mœurs générales de la Grèce, mais qui lui présageait la ruine prochaine de ses institutions et de sa liberté. Cléanthe, dont un disciple ranima les études philosophiques au Musée d'Alexandrie (1), Chrysippe, Zénon de Tarse et Diogène de Séleucie avaient donné au stoïcisme une telle importance que le dernier fut adjoint, dans l'ambassade de Rome, aux chefs des deux vieilles écoles d'Athènes, et qu'il fut invité en Italie d'y exposer ses doctrines. Si l'école d'Épicure ne fut pas représentée dans cette mission athénienne, où il s'agissait bien plus de parler à la générosité qu'à la politique de Rome, ce n'est pas qu'elle eût perdu de son importance, c'est plutôt que les Athéniens auraient voulu cacher ses progrès et ses principes. Comme elle avait toujours marqué par l'union plutôt que par la doctrine de ses partisans, elle n'avait rien perdu sous le gouvernement de Polystrate, de Dionysius, de Basilides; médiocres successeurs du médiocre Hermachus, ils avaient conservé l'institution, le jardin et le Musée du maître, ce qu'atteste l'épithète de κηποτύραννος, *le maître* ou *le chef du jardin*, que les historiens donnent encore à Apollodore.

Si faibles que fussent les écoles philosophiques d'Athènes, elles surpassaient donc celle d'Alexandrie; et la dispersion des savants de cette ville n'a pas dû y restaurer les études.

---

(1) Voir ci-dessus Sphérus.

Mais ce fait admis n'infirme en rien ce que disaient Andron et Ménéclès, qui ne parlaient pas d'études *spéciales*; qui faisaient remarquer, au contraire, que la dispersion de l'école d'Alexandrie ranima ailleurs les études *générales*.

Or, on cite plusieurs savants qui sont allés à cette époque porter leur science ailleurs, et il est très vrai que les écoles de la Grèce proprement dite et celles des régions barbares où il s'en trouvait, avaient besoin d'une instruction générale. Outre les guerres des successeurs d'Alexandre, c'était encore la dispersion des Grecs en Afrique et en Asie amenée par la conquête macédonienne et surtout par les institutions de ces princes, qui avait tué les études en Grèce. En effet, dans les régions les plus reculées de l'empire des Séleucides on trouvait, depuis cette époque, des colonies qui s'occupaient des lettres grecques et qui accueillaient avec empressement les hommes instruits qui leur parlaient du théâtre d'Athènes. Plusieurs princes attiraient des artistes grecs dans leurs palais (1). La moitié de l'Asie et les côtes de l'Afrique, Carthage elle-même *hellénisaient* (2), comme faisait le peuple jadis le plus exclusif du monde, le peuple juif; et parmi les rois qui résidaient dans les régions limitrophes de la Méditerrannée, c'était à qui s'attacherait le plus grand nombre de savants. A leurs yeux, on ne ressemblait à Alexandre et l'on n'avait le droit de s'en donner l'air sur les monnaies royales, qu'à la condition d'être entouré d'Aristotes. On s'en entourait, et on prenait dans les lettres, dans les sciences, dans les arts de la Grèce, ce qui convenait le mieux au goût de chaque pays, la poésie didactique, en Macédoine; la rhétorique, la fable, la poésie érotique et la musique, dans

---

(1) Sur Callimaque et Tigrane, Plut. *in Lucull.* 32. — Artavasdes, roi d'Arménie, faisait des ouvrages d'histoire et des tragédies. Plut. *Crass.* 53.

(2) On le voit par le périple d'Hannon de Carthage, écrit en grec, et par les études grecques du philosophe Clitomaque de Carthage.

l'Asie Mineure ; les jeux du cirque et du théâtre, le luxe de la rhétorique et une sorte de crédule philosophie, dans la Syrie; les études laborieuses, la grammaire, la critique, les sciences exactes et les sciences naturelles, dans l'Egypte.

Cependant l'école de ce pays fut la reine des autres.

En effet, si les rois de Macédoine attirèrent Aratus, Timon et quelques autres encore (1), ce ne furent que des poëtes alexandrins ou des philosophes d'Athènes qu'ils eurent à leur cour.

S'il se forma des écoles de rhétorique et de philosophie à Antioche, à Sidon, à Tarse et à Ephèse; si les Séleucides appelèrent à leur cour des savants et fondèrent des bibliothèques publiques (2); s'ils firent célébrer leurs exploits par quelques poëtes, ils furent loin d'établir dans leur capitale un enseignement un peu complet ou de fonder pour les lettres quelques institutions permanentes ; au contraire, tout ce que firent ces princes paraît s'être borné à des encouragements personnels (3), et l'école d'Antioche fut moins la création de la cour que celle du public ou des familles.

Les rois de Pergame rivalisèrent avec les Lagides d'une manière plus sérieuse et fondèrent des institutions analogues à celles d'Alexandrie. Non contents d'ériger de beaux temples et de former de grandes collections d'art, ils créèrent une bibliothèque où ils déposèrent tout ce qu'ils pouvaient se procurer de manuscrits, et attirèrent à leur cour des savants qu'ils excitèrent à faire des travaux semblables à ceux des Alexandrins. On y rédigea, par exemple, des Tableaux qui rivalisaient avec ceux de Callimaque. (4)

Attale Ier qui régna de l'an 241 à l'an 197, favorisa surtout

---

(1) V. Sextus *adv. mathem.* 276. — Diogène de Laërte et Athénée, *passim.*
(2) Voir sur Euphorion, Suidas, s. h. v. — Sur Hégésianax et Mnesiptolème, Athen. IV, p. 155 ; XV, p. 697.
(3) Athen. Deipn. XII, p. 547.
(4) Dion. Halic. *de Dinarcho judicium.*

les philosophes. Il professa une grande estime non-seulement pour Arcésilas, chef de l'Académie, mais encore pour Lycon, chef du Lycée; protégea l'étude du platonisme au point de fonder dans Athènes en faveur de Lacyde, une espèce de Musée, qu'on appela Lacydium, fait qui semble indiquer que les Platoniciens avaient perdu l'Académie (ci-dessus p. 32) comme les péripatéticiens avaient perdu le Lycée de la république. Eumène II, qui régna de l'an 197 à l'an 159 avant J.-C., fut encore plus zélé pour les lettres. Ce fut sous son règne qu'éclata entre Pergame et Alexandrie cette émulation si fameuse dans l'antiquité qui donna lieu à-la-fois à l'invention du parchemin et aux fabrications de tant de faussaires littéraires. Bientôt Pergame eut une école aussi célèbre que sa bibliothèque, et tandis que Néanthes, Musée, Nicandre, Apollodore, Leschides, Cratès de Malles, Hérodicus Téléphus et tant d'autres, illustraient la première, Athénodore donna ses soins à la seconde. Seulement il retranchait des volumes qu'il gardait ce qui choquait les Stoïciens, et il fallut arrêter ce zèle un peu barbare. (1)

Cependant, si Pergame eut une bibliothèque, elle n'eut pas de musée; car le Nicéphore qu'on a quelquefois considéré comme tel avait une autre destination (2), et les institutions de cette ville célèbre ne furent en somme qu'une pâle imitation de celles d'Alexandrie, qui finirent par les absorber, après les avoir appelées à la vie. Plus complètes que d'autres, elles n'offrirent à aucune époque cet *enseignement général*, dont Athénée déplorait la chute depuis l'époque d'Alexandre.

Quant aux îles et aux cités de la Grèce proprement dite, où jamais les gouvernements n'avaient fondé d'écoles consacrées aux hautes études, on y trouvait bien moins de science encore. Nous l'avons vu, le seul enseignement qu'y proté-

---

(1) Voy. l'accusation d'Isidore, dans Diog. Laert., VII, 1, 29.
(2) Strabon, lib. XIII, cf. la note de la traduction française (vol. IV, p. 13; II, p. 24, note 5).

geât l'état, c'était celui des gymnases, y compris les leçons de rhétorique qui embrassaient les éléments de la philosophie, de la morale et de la politique. L'île de Rhodes, dont la célébrité littéraire remontait plus haut qu'Eschine et Apollonius de Rhodes, se distinguait sous ce rapport, rivalisant avec les villes de Tarse (1), d'Éphèse, de Sidon, de Gaza. A entendre quelques-unes des exagérations si familières aux Grecs quand il s'agit de littérature, plusieurs des institutions que possédaient ces villes, et notamment celles de Tarse et de Rhodes, auraient rivalisé avec les écoles d'Athènes ou même d'Alexandrie; mais on sait ce que valent ces rapprochements, et le fait est qu'il n'y avait pas plus de science véritable à Tarse qu'à Rhodes, dont les écoles n'étaient guère suivies que par les jeunes gens du pays et ceux d'Asie. (2)

On a voulu assimiler aussi au Musée d'Alexandrie ou au Musée de Théophraste, le Musée de Phénix, sur lequel il nous reste un monument si complet et si curieux; on a pris ce Musée pour une institution littéraire (3), et l'on a demandé si l'on ne pourrait pas appliquer à l'organisation de la Syssitie d'Alexandrie les détails relatifs à son organisation; mais je ne vois pas comment on a pu mettre cette fondation à sacrifices et repas funèbres au nombre des écoles ou des institutions littéraires de la Grèce. (4)

Les écoles spéciales elles-mêmes, et celles de médecine en particulier, étaient toutes inférieures à celle d'Alexandrie, et pouvaient s'enrichir à la suite de la dispersion rapportée par Athénée, quoiqu'il ne soit pas question de celles-là, puisqu'elles n'offraient pas d'instruction générale.

Le fait affirmé par les deux écrivains que cite Athénée, est

---

(1) Diog. IV, 58. — Strabo, XIV, 673.
(2) Strabon, XIV, p. 661.
(3) Simon a Magistris.
(4) Voir Maffei, *Museum Veronense* p. XIV.—Boeckh, c. Insc. II, 1 p. 361.

peut-être exagéré, mais il est probable; et quoiqu'on n'ait pas conservé les noms de tous ceux qui allèrent répandre la science du Musée; quoique l'histoire littéraire du temps, si triste et surtout si imparfaitement sue jusqu'ici, ne nous apprenne pas les résultats du mouvement qui doit avoir suivi la fameuse émigration, cette émigration ne fut que trop réelle. La dépopulation d'Alexandrie frappa les ambassadeurs de Rome, ainsi que le philosophe Posidonius qui les accompagnait et qui a tracé de l'auteur de ces excès un portrait si grotesque (1).

Dans le silence des monuments, personne ne saurait donc contester les résultats qu'on attribuait à la dispersion. Que ces résultats n'aient pas été bien extraordinaires, on le conçoit, précisément parce qu'il y eut dissémination et que ceux qui avaient fait faisceau dans Alexandrie, ne furent que des maîtres isolés dans les villes où ils se réfugièrent.

Il en fut de même sans doute de ceux qui, pleins de confiance dans le génie d'Alexandrie, ne s'expatrièrent pas et de ceux qui vinrent les joindre sur les instances de Ptolémée VII : il y eut donc décadence véritable dans les études du Musée.

Cependant, Euergète II passionné dans ses vengeances politiques, était passionné aussi dans ses goûts littéraires, et véritable Lagide, il ne tarda pas à travailler au rétablissement des études dans sa capitale.

(1) Athen. IV, c. 25, § 3.

CHAPITRE II.

RÉTABLISSEMENT DE L'ÉCOLE D'ALEXANDRIE PAR PTOLÉMÉE VII. — SITUATION DU MUSÉE ET DES BIBLIOTHÈQUES SOUS LES DERNIERS LAGIDES. — INCENDIE DE LA BIBLIOTHÈQUE DU BRUCHIUM.

Élève d'Aristarque et plus savant qu'aucun de ses prédécesseurs, à l'exception du chef de sa dynastie, Ptolémée VII ramena les études dans sa capitale, et rendit aux institutions littéraires des services qui ne firent point pardonner ses fureurs, mais que célébra l'histoire. Son règne offre donc deux phases bien diverses, l'une de persécution, l'autre de restauration. On ignore l'époque précise où commence cette dernière, mais l'on sait que deux fois le prince se livra contre les Alexandrins aux vengeances les plus cruelles, la première fois, lors de son avènement, qui date, suivant la coutume égyptienne, du mois de septembre de l'an 146 avant notre ère, mais qui n'eut lieu réellement que l'an 145; la seconde fois, l'an 130, lors de sa rentrée dans Alexandrie, d'où une révolte l'avait expulsé un instant.

La dispersion des savants appartient-elle à la première ou à la seconde de ces époques de réaction? Aucun historien ne le dit, et la même incertitude règne sur l'époque de leur rétablissement, mais ce qui peut faire croire que c'est aux premières réactions que se rapporte l'exil des savants, c'est que les secondes n'eurent lieu qu'au bout de quinze ans de règne, et que les membres du Musée ne se seraient probablement pas exilés après avoir remarqué, pendant tout cet espace de temps, l'attachement d'Euergète pour les lettres. Ce n'est pas du moins quinze ans après son avènement qu'il aurait trouvé le parti de Philométor assez puissant, pour ordonner qu'on mit à mort les anciens compagnons de ce prince. C'est donc à son avénement que je place la dispersion des savants; et comme je ne pense pas qu'il ait tardé beaucoup à les rappeler, je n'établis aucune division à cet égard.

Dans les efforts qu'il fit pour rétablir les études, je trouve une sorte d'imitation de ce qu'avait fait le plus illustre de ses prédécesseurs, et je distingue dans ces efforts, sa bienveillance pour les savants, sa participation à leurs travaux, la composition d'un ouvrage, l'augmentation des bibliothèques et la reprise, sinon des combats poétiques, au moins de l'ancienne exploration des régions méridionales, exploration si importante pour la science du Musée et le commerce de l'Égypte.

Après avoir rappelé dans sa capitale des savants, comme il y rappela d'autres habitants (1), Euergète prit une part active à la restauration des études. Cela était d'usage dans Alexandrie; on avait toujours vu les Lagides entourés d'hommes instruits; ils aimaient à les interroger, à discuter avec eux, ou à leur donner des avis; quelquefois même ils leur proposaient des questions plus embarrassantes qu'utiles; d'autres fois, mieux inspirés, ils s'essayaient eux-mêmes à la composition littéraire. Ptolémée VII fit tout cela et, passionné pour la discussion, il poussa souvent ses doctes querelles jusque fort avant dans la nuit. (2)

C'était la philologie, l'histoire naturelle, et ce qu'on appelle la polygraphie qu'il aimait de préférence, en cela d'accord avec Ptolémée II, dont l'influence sur les travaux du Musée avait été fortement modifiée par Euergète I, Philopator et Philométor. Ptolémée VII ramena l'École d'Alexandrie vers les travaux qu'il affectionnait, et donna l'exemple de ces études plus variées et plus frivoles que profondes, en composant sous le titre de *Commentaires* (Ὑπομνήματα), un

---

(1) Justin, XXXVIII, 8, 7.
(2) Plut. *De Adulat. et Amic. disc.*, p. 68, A.

ouvrage étendu, en vingt-quatre livres, et qui, si je ne me trompe, appartenait moins à l'histoire proprement dite, qu'à la polygraphie et à l'histoire naturelle (1). Les anciens citaient Euergète parmi les philologues, et notamment parmi les *Diorthotes* d'Homère (2); mais quand on a supposé qu'il avait fait une édition de quelque chant du poëte, on a confondu, ce semble, avec un ouvrage écrit, les corrections qu'il demandait dans la discussion verbale; et Athénée nuit singulièrement à sa réputation de critique, en mentionnant une correction fort malheureuse qu'il proposait. (3)

Il était plus facile d'augmenter la collection des manuscrits que de corriger de vieux textes, et Ptolémée VII doit en avoir joint quelques-uns à la bibliothèque de ses prédécesseurs. C'est à son règne qu'appartient, suivant moi, un fait attribué par Galien à Ptolémée Euergète, sans autre désignation : je veux dire l'achat fait aux Athéniens des autographes d'Eschyle, de Sophocle et d'Euripide, en échange desquels on fit remettre des copies (4), troc que d'autres revendiquent avec moins de raison, au règne d'Euergète I. Un écrivain moderne affirme que ce fut, *sans aucun doute* (5), le savant Euergète II qui ordonna aux navigateurs et aux marchands d'acheter des livres à tout prix, et de les apporter à Alexandrie, mais ce fait est simplement attribué, par Galien *à un Ptolémée* quelconque (6); et c'est à tort qu'on appliquait jusqu'ici, à Euergète II, avec Heyne, ce que Galien et Pline rapportent de la jalousie qui éclata entre *Eumène* et

---

(1) Athen., lib. XIV, p. 381, ed. Schw. — M. Sharpe s'exprime ainsi, mais trop vaguement à mon avis, sur l'ouvrage du prince : « Like Ptolemy Soter his memorabilia, or an account of what he had seen most remarkable in his lifetime. » p. 160.

(2) Epiph. *De Mens. et Ponderib.*, c. 12. — Hieronym. in Daniel, c. 11.

(3) Athen., lib. II, p. 235, ed. Schw.

(4) Galen. opp., t. V, p. 411, ed. Basil. V. ci-dessus, p. 182.

(5) M. Klippel, p. 160.

(6) V, ci-dessus p. 113. Cf. Jean Lydus, p. 30. Boisson. Anecd. I, p. 420.

Ptolémée, au sujet des Bibliothèques d'Alexandrie et de Pergame ; car Eumène II étant le seul des Attales dont il puisse être question dans ce passage, les seuls Ptolémées dont il puisse s'agir sont ceux qui ont régné de l'an 197 à 159, ce qui exclut Ptolémée VII.

Enfin, on a revendiqué au règne de ce prince l'institution des jeux poétiques, dont nous avons déjà parlé (p. 54); mais lors même que cette institution aurait eu lieu, comme le dit Vitruve, au temps d'Aristophane et pendant la rivalité qui s'éleva entre les Attales et les Lagides, ce ne serait pas sous le règne de Ptolémée VII, ce serait sous celui de Ptolémée V ou de Ptolémée VI qu'il faudrait en mettre l'origine.

Ce qui seul est incontestable, c'est qu'Euergète II fit reprendre, dans l'intérêt du commerce et de la science, cette exploration des régions méridionales, qu'avait commencée Ptolémée II. A cet égard, le témoignage de Strabon, qui copiait Posidonius, est formel. Eudoxe de Cyzique, dit-il, vint en Égypte sous Euergète II, s'entretint avec ce roi et *ceux qui l'entouraient* (les savants, sans doute), surtout de la navigation du Nil, car ce prince aimait les curiosités étrangères et ne manquait pas d'instruction. Favorisé par une circonstance particulière, celle qu'il se trouvait en Égypte un prisonnier indien qui savait le grec, Eudoxe fit un voyage fructueux. Il en rapporta des épices et des pierres précieuses qu'il avait recueillies pour son compte, mais dont Ptolémée VII le dépouilla. (1)

On le voit, ce fut là un véritable voyage d'exploration. On a inféré du texte de Strabon joint à un passage d'Athénée sur les Commentaires de Ptolémée VII, que ce prince a fondé des collections scientifiques, ou du moins enrichi celles qu'avaient pu former ses prédécesseurs. Mais ce n'est là qu'une hypothèse. J'ai dit ce qu'il en était des collections de Ptolémée II (voy. p. 158). Je pense qu'il en a été de même

---

(1) Strabo, lib. II, c. 3.

de celles de Ptolémée VII. Tout ce que dit Strabon, c'est que cet avide collecteur dépouilla un savant ; et tout ce que disait le roi lui-même dans son livre, suivant le passage qu'en donne Athénée, c'est qu'il se gardait de manger les faisans qu'on élevait dans ses jardins (1). Cela prouve que Ptolémée VII mettait, comme Ptolémée II, une sorte d'ostentation à entretenir des animaux rares, mais cela ne prouve pas qu'il forma des cabinets d'histoire naturelle ou des collections scientifiques. Ce que les deux Lagides, le second et le septième, entreprenaient, soit pour satisfaire leur curiosité propre, soit pour complaire à celle des savants, était précisément ce qu'Alexandre qu'ils imitaient, avait fait pour Aristote. Or, ce philosophe et son successeur Théophraste avaient composé, sur l'histoire naturelle, des ouvrages que les membres du Musée ne songèrent pas même à imiter, encore moins à dépasser, et cependant les deux fondateurs du Lycée n'avaient jamais eu près d'eux de cabinet ; rien n'oblige donc d'en admettre un au Musée.

Malgré tout le zèle que Ptolémée VII a pu déployer en faveur des études, il ne se concilia pas les esprits, et, dans les traditions qui le concernent, on ne trouve nulle trace de bienveillance. L'opinion pardonne rarement aux princes qu'elle a deux fois repoussés et qui l'ont deux fois vaincue. Cependant, il paraît qu'à la mort de Ptolémée VII, qui arriva l'an 117 ou 116 avant J.-C., Alexandrie et l'Égypte jouissaient de nouveau d'une grande prospérité (2). Cléopâtre, veuve du dernier roi, occupa le trône avec son fils aîné, Ptolémée VIII, surnommé *Soter* II, *Philadelphe* II, *Potheinos* et *Lathyre*. On ignore ce que cette princesse a pu faire pour les lettres, mais on sait qu'elle encouragea un nouveau voyage d'Eudoxe dans les régions méridionales ; et l'on voit, par les inductions que le voyageur rattachait aux objets

---

(1) Athen. II, 71.
(2) Strabo XIV, 991.

trouvés dans cette excursion (1), ainsi que par d'autres circonstances, combien s'était développé en lui le génie de l'observation et de l'induction, et combien la science pouvait gagner à ses travaux, s'ils étaient protégés par la cour ou secondés par le Musée. Les membres de cette syssitie profitèrent sans doute des notes et des récits du célèbre voyageur, ainsi que Pline le fit longtemps après eux (2), mais la cour le dépouilla une seconde fois de ses trésors les plus précieux. (3)

Cléopâtre n'occupait plus le trône. Cette reine ambitieuse avait d'abord expulsé son fils aîné, pour s'associer son autre fils, Ptolémée IX, surnommé *Alexandre* I, à la place de qui elle avait régné jusque vers l'an 88 avant notre ère. A cette époque, Alexandre l'avait fait mettre à mort. Ce fut ce prince, ou Antiochus Grypus, qui remplaça le cercueil d'or d'Alexandre par un autre en verre, et qui fut chassé peu de temps après et remplacé par son frère aîné. Ce fut aussi l'un des deux qui dépouilla Eudoxe. L'histoire littéraire ne mentionne d'ailleurs ni l'un ni l'autre.

Leur successeur, Ptolémée X (Alexandre II, fils d'Alexandre I), élevé sur le trône par la protection de Sylla, ne figure que dans celle du Gymnase, qui fut si souvent le théâtre de mouvements politiques. A peine régnait-il depuis dix-neuf jours, que la populace soulevée par la nouvelle du meurtre commis par lui sur sa belle-mère Cléopâtre qu'il était venu épouser, alla l'arracher de son palais et l'entraîner au Gymnase, où elle l'égorgea.

A cette époque s'éclipsèrent ensemble l'honneur des Lagides et la gloire de leurs institutions littéraires. Déjà l'indépendance de l'Égypte avait cessé. A la mort de Ptolémée X, Rome, l'arbitre de ses destinées, se prétendit légataire d'un roi qu'elle avait fait. Les trésors de Ptolémée XI, surnommé

(1) Par exemple, la proue sculptée d'un bâtiment échoué qu'il montra dans Alexandrie.
(2) *Hist. Nat.*, lib. VI.
(3) Strabon II, c. 3.

Philopator II, *Philadelphe* II, *Néo-Dionysus* ou *Aulète*, et l'éloquence de Cicéron l'emportèrent sur l'avidité du sénat, ainsi que sur celle de Crassus et de César, qui désiraient se faire envoyer dans cette province. Grâce au secours de Pompée, dont la générosité se joignit au talent de Cicéron et à l'or que prodiguaient au sénat Sérapion et Dioscorides, émissaires de Ptolémée, ce prince fut enfin reconnu par la République, l'an 59 avant J.-C. Mais, dès cette époque, Rome, qui tenait depuis longtemps Carthage et la Grèce et qui venait de s'établir sur les côtes de l'Asie, prenait aussi l'Égypte, n'était la guerre de Mithridate. En attendant, et pour indiquer sa pensée, elle détacha l'île de Chypre d'un royaume amoindri de tous les côtés. Le peuple d'Alexandrie comprit cette spoliation, et s'emportant contre Ptolémée XI qui s'amusait au milieu de ces périls à disputer des prix à la flûte, quand il ne se livrait pas à ses orgies bachiques, il s'insurgea et le chassa de sa capitale. Le fugitif courut à Rome, comme pour justifier les soupçons de ceux qui l'accusaient de complicité avec le sénat; et pendant que ses filles élevées sur le trône appelèrent de tous côtés des princes qui voulussent partager avec elles les soins du gouvernement, les habitants d'Alexandrie envoyèrent à Rome une députation chargée de combattre le retour du roi. La crainte qu'inspirait ce prince empêcha ces mandataires dirigés par Dion l'académicien de remplir leur mission, et l'assassinat de ce chef justifiait peut-être leurs craintes; cependant Rome était accessible à leurs vœux, et les divisions du sénat, à défaut de leur influence, empêchèrent quelque temps Ptolémée Aulète de rentrer dans son royaume. Enfin, l'an 55 avant notre ère, Pompée arrivé au consulat chargea son lieutenant Gabinius de l'y ramener, et le docile Romain aida le prince jusque dans les plus rapaces exactions que lui dictait sa reconnaissance pour ses patrons. Il lui laissa même, pour sa sûreté, une garde de Gaulois et de Germains.

Trois ans après, Ptolémée XI mourut en mettant sous le patronage du sénat, son fils, Ptolémée XII âgé de 13 ans, et sa fille Cléopâtre âgée de 17.

Cléopâtre était seule en âge de régner; son frère reçut trois tuteurs, Pothinus, le philosophe Théodote et le général Achillas. Les troubles qui naquirent de ce bizarre gouvernement, furent augmentés encore par les querelles de César et de Pompée, dont l'un était le patron de la famille royale et dont l'autre aspirait à le devenir. Après la bataille de Pharsale, ils parurent en Egypte tous deux, Pompée, pour demander un asile, César, pour l'empêcher d'y lever des troupes. On ne pouvait prévoir que les Lagides répondraient aux bienfaits du premier par l'assassinat, ni qu'ils recevraient le second comme un maître. César enivré de ses succès s'arrogea avec orgueil le rôle d'arbitre entre Ptolémée et Cléopâtre, et exigea avec rigueur le remboursement des sommes qu'il avait prêtées au dernier roi. Mais le faible corps de 4000 hommes qu'il avait amené, ne suffisait pas pour lui assurer la soumission des esprits, et tout le monde, le roi, les ministres, l'armée, les habitants d'Alexandrie, se révoltèrent contre lui. Cléopâtre, qui attendait l'évènement, restait à Péluse. Bientôt Achillas porta l'armée égyptienne contre Alexandrie, et César assiégé dans le quartier des palais qu'il tenait avec le port, se voyant réduit à se défendre par tous les moyens fit mettre le feu aux galères égyptiennes qui l'embarrassaient. Les ordres qu'il avait donnés à cet égard dans une position désespérée, furent accomplis avec tant de précipitation, que l'incendie de la flotte se communiqua aux édifices voisins du port, et dévora, suivant l'expression de Dio Cassius, la grande et la meilleure Bibliothèque. (1)

Cette catastrophe, une des plus déplorables qui se rencontrent dans l'histoire des lettres, fut suivie d'une foule de

---

(1) L. XLII, c. 37 et 38, cf. Lucain, X, v. 494.

combats livrés dans les rues du Bruchium, dans le port et dans l'île de Pharos. Des secours amenés à César par Euphranor le Rhodien, par Mithridate de Pergame et par Antipater, général des Juifs, lui assurèrent enfin un triomphe qui fut d'abord celui de Cléopâtre, mais qui finit par n'être plus que celui de Rome, et qui livra des institutions déjà tombées en ruine à des maîtres étrangers que rien ne semblait intéresser en leur faveur (47 avant J.-C.).

Ces faits expliquent l'état où doivent s'être trouvées les institutions littéraires d'Alexandrie, depuis leur rétablissement par Ptolémée VII jusqu'à l'incendie qui dévora la plus importante de toutes. Il est hors de doute que, pendant ce siècle de querelles, de révoltes, de massacres commis à l'envi par les princes ou les populations d'Alexandrie, les lettres, si prospère qu'on en suppose la situation à la mort de Ptolémée VII, ne furent plus que rarement l'objet de travaux ou de dépenses un peu remarquables de la part des Lagides. Dans des temps de pénurie, où ces princes étaient réduits, pour se procurer l'or que leur demandait Rome, à violer les sanctuaires ou à décimer leurs sujets, leurs soins pour les établissements littéraires ont dû se borner à conserver; et c'est une preuve de leur singulier respect pour les œuvres de leurs pères, qu'ils n'aient pas aliéné les Bibliothèques et enlevé au Musée les revenus qu'y avait attachés la prévoyance de son fondateur. A voir les folles prodigalités de Cléopâtre pour Marc-Antoine, à compter cette immense quantité d'or qu'elle jette au vainqueur et à ses généraux, on ne croirait pas à l'épuisement de l'Egypte à cette époque; il n'en est pas moins vrai que ce royaume qui avait eu six millions d'habitants au temps de Ptolémée I, n'en avait plus que trois et ne payait plus que 12,500 talents d'impôts sous le règne de Ptolémée Néo-Dionysus. (1)

La réserve que montrèrent les Lagides à l'égard des biens

---

(1) Strabo, XVII.—Diod. Sic. XVII, c. 52, I, c 31.

du Musée atteste qu'ils ont maintenu les institutions littéraires. Il est vrai qu'il reste peu de renseignements à cet égard, et que les chefs de la Bibliothèque, personnages autrefois si célèbres, sont inconnus à partir d'Aristophane; mais le silence gardé à ce sujet tient sans doute au peu d'illustration personnelle que ces dignitaires ont obtenue dans les lettres, et le texte de Strabon sur le Musée prouvant que les Lagides continuèrent à désigner les présidents de cette maison, il n'y a pas de motif pour croire qu'ils aient négligé les chefs de la Bibliothèque.

Les annalistes de cette époque n'ont pas donné une grande attention au mouvement de la science; ils ont cependant conservé les noms de beaucoup de savants. Ce sont des grammairiens, des philologues et des médecins qu'on trouve principalement dans cet âge de décadence, tandis que les historiens et les philosophes, dont les travaux demandent une autre situation d'esprit, sont peu nombreux au Musée.

Les philologues et les critiques ont dû se rapprocher les premiers de Ptolémée VII rétablissant l'école, ce prince étant un critique et un philologue passionné. Il est vrai que son maître Aristarque ne quitta plus l'île de Rhodes où il avait trouvé un asile, mais plusieurs de ses disciples furent ses successeurs au Musée et à la Bibliothèque.

Le plus illustre d'entre eux, Apollodore, auteur d'une Bibliothèque mythologique et d'une Chronographie, avait peut-être recueilli au Musée les matériaux de ces compositions, et l'on doit en quelque sorte le rattacher à l'école d'Alexandrie; cependant il a préféré lui-même la cour des Attales à celle des Lagides et publié ses travaux en Asie. Un savant dont j'aime à parler avec égard me fait à ce sujet un reproche que je n'ai pas mérité. C'est sans façon (*ohne weiters*), dit-il, que j'ai nommé Apollodore comme membre du Musée (1). Déjà il m'a fallu repousser deux accusations de ce genre éle-

---

(1) Klippel p. 171. note 5.

vées au sujet d'un philosophe et d'un astronome ; voyons si celle-ci est mieux fondée. Après avoir mentionné (*Essai hist. sur l'école d'Alexandrie*, t. I, p. 280) le savant élève d'Aristarque, j'ajoutais : « Cependant, si Apollodore a dû sa science au plus célèbre critique d'Alexandrie, *il n'est pas certain qu'il appartienne au Musée*. Vossius a tort d'affirmer qu'il vécut sous Euergète II, s'il entend par là *que ce fut en Egypte*. Ce qui rend la chose douteuse, c'est qu'il a pu prendre les leçons d'Aristarque à Rhodes, dans les dernières années de ce philologue. Ce fut là qu'il suivit celles de Panétius, stoïcien à qui les Offices de Cicéron doivent une partie de leur prix. Apollodore a pu demeurer en Egypte sous Euergète II, mais ses ouvrages ont été composés en Asie. Sa Bibliothèque, ainsi que sa Chronographie, est dédiée à Attale Philadelphe, l'un des plus zélés émules des Lagides ». Cela était clair.

Quoique les Aristarchéens d'Alexandrie fussent privés de ce chef plus capable que nul autre de remplacer le maître, ils paraissent avoir pris une certaine importance à Alexandrie, où l'on distinguait depuis long-temps des Callimachéens, des Aristophanéens, des Aristarchéens. Pendant toute cette période ce furent ceux-ci qui régnèrent, et il me semble qu'ils formaient une école analogue à celles des philosophes d'Athènes, où les maîtres désignaient leurs successeurs. En effet, Aristarque avait nommé, pour le remplacer, un certain Ammonius ; et le fils de ce savant, appelé Ammonius aussi, fut à son tour chef de l'école au temps de Cléopâtre.

Autour de ces chefs se groupaient d'autres philologues, leurs partisans ou leurs émules ; et en face de leur camp se dressaient ceux de leurs rivaux, qui s'occupaient, comme eux, de la révision des textes d'Homère, de Pindare, d'Aristophane, qu'ils publiaient avec des commentaires et des signes critiques, et qui formaient le sujet de leurs discussions, de leurs lectures au Musée, ou de leurs traités sur les divers genres de poésie.

Il n'est aucun philologue de cette époque qui ait acquis

une célébrité majeure, y compris Apollodore lui-même ; et il en est plusieurs qui se sont fait si mal connaître qu'on ne sait plus à quelle école ils appartenaient ; mais ceux d'entre eux que l'on peut, d'après les scoliastes, revendiquer au Musée, paraissent avoir été fort laborieux. En effet, Ptolémée Pindarion s'occupa d'Homère, Antiochus, des auteurs de la moyenne comédie, Parmeniscus et Dionysius, des Tragiques. Aristonicus composa une histoire du Musée. Son père Ptolémée n'est guère connu que par lui. Dionysodore recueillit les Lettres de Ptolémée Soter (1). Archibius, fils d'Apollonius, commenta les épigrammes de Callimaque, l'un des anciens chefs de l'école. Enfin, Pamphile et le laborieux Didyme écrivirent sur une multitude de choses. (2)

De tous les temps les savants du Musée logés dans les palais des Ptolémées imitaient les mœurs de ces princes. Quand ils les virent tourner les regards vers Rome, ils y dirigèrent les leurs. Une foule de grammairiens, formés par ceux que nous venons de nommer ou même par leurs maîtres communs, allèrent à Rome ou à Pergame chercher ce calme et ces faveurs qui vont si bien aux travaux de l'intelligence et que n'offrait plus la ville des Lagides. Dionysius d'Alexandrie, fils de Téros de Thrace et disciple d'Aristarque, fut à Rome au temps de Pompée. Un de ses disciples, Tyrannion l'ancien, fut l'ami de Lucullus, qu'il accompagna de l'Asie Mineure à Rome, où il donna des leçons à Parthénius (3). Ce maître de Virgile passe aussi pour un fugitif d'Alexandrie : le fait est qu'il avait entendu Dionysius à Rhodes, ce qui au surplus n'empêche pas d'admettre que, de là, il se soit rendu en Égypte. Asclépiade, fils de Diotime, qui s'était fait un nom à Alexandrie en corrigeant les textes des philosophes, fut à Rome à la même époque (4).

---

(1) Lucian, Περὶ πταίσματος, c. 10.—Suid. v. Dionysod.—Villoison, Anecd. t. II, p. 184.—Menag. in Laërt. IV, 22.

(2) Suidas, aux mots *Archibius* et *Did.* — (3) Au mot *Tyrannion*.

(4) Suidas, au mot *Dionysius Alexandrinus*.

Didyme Chalkenteros lui-même ne résista pas aux séductions de la capitale de l'empire. (1)

Les historiens, nous l'avons dit, furent peu nombreux à cette époque, et ceux dont il est fait mention ne méritent guère que le nom de narrateurs ou de compilateurs. Polybe et Diodore de Sicile visitèrent Alexandrie dans cette période ; et quoique le sort de l'Achaïe fût de nature à en éloigner le premier, et que le second eût besoin de consulter les bibliothèques d'Alexandrie pour la composition de son grand ouvrage, ils ne se fixèrent ni l'un ni l'autre dans un pays dont la condition était trop peu favorable pour retenir des hommes aussi éminents. On venait encore sur les bords du Nil pour y faire des études et recueillir les matériaux des compositions qu'on méditait; mais on se retirait aussitôt qu'on le pouvait. Et quels travaux d'histoire pouvait-on y exécuter dans des temps si désastreux? Un instant, les explorations de Ptolémée VII et les observations recueillies par Eudoxe avaient ramené quelque mouvement dans les études historiques du Musée; l'injuste cupidité des princes avait découragé ces généreux efforts, en dépouillant celui qui les dirigeait, du fruit de ses périlleuses entreprises. D'ailleurs Eudoxe lui-même s'était attaché aux questions d'histoire naturelle de géographie, de navigation et de philologie plus qu'à celles de l'histoire politique.

Artémidore traita de préférence la géographie (2).

Alexandrie eut à cette époque quelques philosophes distingués; mais d'autres figurèrent mieux dans les affaires publiques que dans les travaux de la science. On les trouve à la cour, dans les ambassades, dans les intrigues, et jusque dans les assassinats qui défigurent les annales des derniers Lagides; on les rencontre à peine dans l'histoire de la philosophie. L'académicien Dion périt dans une mission qu'il n'eut pas le courage d'accomplir (3). Un autre académicien, Démé-

---

(1) Suidas, au mot *Didymus*. — (2) Hudson, Geog. Minor. I.
(3) Strabo XVII, c. 1.— Cicero, *orat. pro M. Cœlio*, c. 10, c. 121.

trius, dont la vie honnête passait pour la satire des mœurs de la cour, et qui avait commis aux yeux de Ptolémée XI Néo-Dionysus, l'inconvenance de garder ses habits d'homme dans une fête où tout le monde s'était vêtu en bacchante, alla, pour sauver sa vie, s'enivrer à la vue de tous les courtisans et danser dans une robe de gaze de Tarente (1). Théodote de Chios, le précepteur de Ptolémée XII, conseilla le meurtre de Pompée, et osa présenter à César la tête de la victime. Il devait expier un jour un crime si odieux de la part d'un philosophe (2). Enfin, le sophiste Philostrate ne se rencontre guère que dans le palais de Cléopâtre.

On ignore si ces parasites de cour, serviles agents d'une dynastie dégénérée, furent membres du Musée. Il en est de même pour Héraclite et Antiochus, deux autres platoniciens amis de Dion. Ce qui a plus d'importance que cette question, c'est un fait de mouvement intérieur, celui qu'Alexandrie commence à cette époque à devenir l'un des principaux foyers de ce platonisme dont elle devait bientôt professer les principes avec éclat, mais avec infidélité. En effet, outre les platoniciens que nous venons de nommer, nous y trouvons Ariste d'Athènes, Ariston de Cos, deux Sélius, un Tétrilius; et si nous les y voyons en conférence avec Lucullus, dont le seul nom fait sourciller l'historien de la philosophie, c'est au moins de science qu'ils s'occupent avec lui en Égypte. On avait apporté à Alexandrie deux livres de Philon, qui étonnaient singulièrement son élève Antiochus et qui fâchaient même ce philosophe, le plus doux des hommes, parce qu'il y trouvait une doctrine qu'il n'avait jamais entendu professer à son maître. Héraclite, interpellé à cet égard, affirmait la même chose. Il fallut cependant admettre l'authenticité de l'ouvrage. Il se trouvait auprès de Lucullus trois autres auditeurs de Philon, Publius Sélius, Caius Sélius et Tétrilius

---

(1) Lucian. *De calumnia.*
(2) Appian. *Bell. civ.* II, c. 90, cf. Plutarch. *Pompei.* c. 80. — *Cæsar*, c. 48. *Brut.* c. 33.

Rogus, qui l'avaient entendu professer les mêmes principes à Rome, et qui reconnaissaient son écriture. Si nous en croyons le récit que Cicéron met, à ce sujet, dans la bouche de Lucullus (1), on discuta sérieusement ces questions d'apostasie.

Ces questions en valaient la peine, nous le verrons en son temps. Ici nous nous bornerons à dire que Philon, chef de la quatrième Académie, affectait encore le vieux scepticisme de la deuxième et de la troisième, et qu'il combattait le dogmatisme du Portique qu'Antiochus cherchait à rendre aux platoniciens.

Deux stoïciens secondèrent alors au Musée la révolution qu'Antiochus y préparait en philosophie; c'étaient Arius et son fils Dionysius, dont les mœurs paraissent avoir offert un contraste remarquable avec la conduite des sophistes de la cour, puisqu'Auguste, arrivé dans Alexandrie, n'hésita pas à se dire publiquement leur ami. Ce fait peut attester en même temps que les philosophes pratiques jouissaient alors dans Alexandrie d'une considération d'autant plus haute qu'ils étaient plus rares. En effet, Arius paraît avoir exercé en Egypte une sorte d'ascendant dû à son caractère encore plus qu'à son génie, et le Musée n'a pu sans regret le voir partir pour Rome, où l'attendait le patronage de Mécène (2).

La syssitie royale n'a pas dû éprouver les mêmes sentiments lors que le sophiste Philostrate alla chercher en Sicile un asile conforme à ses habitudes de mollesse. (3)

J'arrive aux poëtes. On met sous ce règne deux membres de la pléiade tragique, Dosithée et Homère jeune. Il est très vrai que l'art des vers ne s'éteignit jamais au Musée, mais il est douteux qu'on eût élevé aux honneurs de la pléiade deux écrivains de cette époque.

Les médecins furent nombreux. Mais ils partagèrent le

---

(1) *Academic.* I, 4, II, 4, 6.
(2) Dio Cassius LI, c. 16.—Plut. *Apophth. Rom. August.*
(3) Suidas, Philost. — On ignore si c'est de lui que parle Eusèbe dans *Præp. evang.* X, c. 3.

goût des philosophes pour les affaires, plutôt que celui des autres savants pour les travaux de leurs prédécesseurs. Dioscorides et Sérapion furent les envoyés de Ptolémée l'Ancien à Rome; ils furent plus tard dépêchés par César auprès d'Achillas, qui commandait les troupes soulevées de l'Egypte. On est fort étonné de voir des médecins remplir cette mission. Il paraît toutefois qu'il se faisait encore dans Alexandrie des études sérieuses de médecine. Zopyre y dirigeait, sous Ptolémée XI, une école que suivit Apollonius de Cittium, qui de retour en Cypre dédia à ce prince un ouvrage d'anatomie qui nous reste. (1)

Cette école continuait encore sous Cléopâtre, époque où le médecin Philotas y fit ses études, recueillant en Egypte des anecdotes qu'il alla conter au grand-père de Plutarque.

Les mathématiciens restèrent fidèles à la science; mais il n'y en eut qu'un petit nombre à cette époque, et le plus célèbre d'entre eux, le péripatéticien Sosigène, qui bientôt devait aussi quitter Alexandrie pour Rome, marcha mieux sur les traces de Conon que sur celles d'Eratosthène et d'Hipparque.

D'après les indications que nous venons de réunir, le tableau du Musée se réduit, pour la période qui précéda l'incendie de la grande Bibliothèque, aux noms suivants:

1° Bibliothécaires. — Inconnus.

2° Alexandre, Ammonius, le père,
Ammonius, le fils,
Ptolémée Pindarion,
Parmeniscus, Ptolémée,
Aristonicus, fils de Ptolémée,
Dionysodore, Pamphile,
Dionysius, fils de Téros,
Archias,
Archibius, fils d'Apollonius,
Asclépiade, fils de Diotime.
Didymus Chalkenteros,

} Grammairiens ou philologues, membres probables ou certains du Musée.

---

(1) V. la *Sylloge* de Nicétas. — Sur les Callimach. et les Hérophil. Polyb. XII, 521.

3° Tyrannion l'Ancien. — Grammairien, membre douteux du Musée.

4° Dion,
Démétrius,
Théodote,
Philostrate,
Arius,
Dionysius. — Philosophes, membres probables ou certains du Musée.

5° Héraclite,
Antiochus,
Clitomaque,
Philon l'académicien. — Philosophes, membres douteux du Musée.

6° Timagène. — Historien, membre probable du Musée.

7° Zopyre, Dioscorides, Sérapion. — Médecins, membres probables du Musée.

8° Polybe, Philotas, Apollonius de Cittium, Diodore de Sicile, Publius Sélius, Caïus Sélius, Tétrilius, Posidonius, Apollodore. — Hôtes du Musée.

Archias, Dionysius,
Antiochus,
Tyrannion,
Timagène. — Savants qui ont quitté Alexandrie ou le Musée avant l'incendie de la Bibliothèque.

10° Aristée ou le faux Aristée. — Ecrivain juif indépendant du Musée.

On voit par ce tableau que l'école d'Alexandrie était encore la plus nombreuse des écoles grecques et la seule encyclopédique, comme aurait dit Athénée.

L'émigration forcée lui avait néanmoins porté, sous Ptolémée VII, un coup que l'émigration volontaire sous les Romains devait rendre mortel.

QUATRIÈME PÉRIODE.

De l'an 47 avant J.-C., à l'an 138 après J.-C.—De César à Adrien.

Vue générale sur les trois dernières périodes.

Malgré les désordres qui suivirent le rétablissement de l'école d'Alexandrie par Ptolémée VII, et les troubles qui marquèrent la domination des derniers Lagides, les institutions littéraires de leur capitale s'étaient maintenues.

C'est une opinion reçue, que l'incendie de la grande Bibliothèque et l'établissement de la domination romaine par César ont ruiné les études d'Alexandrie; que depuis cette double catastrophe, les savants, privés d'une cour bienveillante et prodigue, manquèrent à-la-fois, au milieu de l'indifférence de la population, d'encouragements et de sympathies, tandis que ceux qui se rendaient à Rome y trouvaient des trésors et des honneurs. Avec l'incendie du Bruchium et le règne de Rome commencerait donc l'agonie du Musée.

Il y a dans cette opinion quelque vérité et une grande exagération. En effet, ce n'est ni l'incendie du Bruchium, ni l'empire des Césars qui a tué l'école d'Alexandrie. Quand Auguste fit de l'Égypte une province romaine, la perte de 500,000 volumes était presque réparée par le don d'Antoine de 200,000 autres, et, dans les premiers temps de la domination romaine, les chefs de l'empire firent, pour l'école d'Alexandrie, plus de dépenses que n'en avaient fait tous les Lagides ensemble depuis la mort de Ptolémée II. Ce n'est donc pas le renversement des rois grecs par Auguste qui a tué l'école d'Alexandrie; ce qui l'a tuée, c'est la ruine du polythéisme. L'opinion que je combats s'appuie sur certains faits isolés; celle que j'avance, sur ce puissant ensemble de nouveautés que le christianisme, introduit dans l'empire par les écoles juives, vint établir dans le monde, en attendant qu'un chef de Rome l'élevât sur le trône.

C'est là ce qui a tué le Musée et la Bibliothèque des Lagides, toutes les Syssities et toutes les Écoles grecques.

Ce point de vue doit dominer nécessairement l'histoire des trois dernières périodes de l'école d'Alexandrie, et loin de trouver les six siècles qu'elles embrassent moins curieux que les trois qui les précèdent, on doit les considérer comme beaucoup plus importants. En effet, il s'agit d'intérêts plus graves, puisque dans les écoles rivales qui se trouvent désormais en présence, on rencontre toutes les questions morales du temps, et tous les débats politiques de l'ancien monde attaqué par un monde nouveau. Nous n'avons pas, il est vrai, à faire ici l'histoire de ces débats; mais dans celle du Musée même éclatera partout la preuve que ce qui a mis fin à son existence, ce n'est ni l'incendie d'une bibliothèque, ni une domination étrangère, ce sont des causes morales.

Dans l'origine de la domination romaine, aucun genre d'encouragements ne manqua aux institutions littéraires des Lagides, et de nombreuses fondations furent faites pour les soutenir. Mais bientôt la politique des empereurs changea à cet égard. Adrien et ses successeurs encouragèrent les écoles de la Grèce; Constantin et les siens, celles du christianisme. Les siècles que nous allons parcourir n'offrent donc pas le même caractère. Je les distingue en trois périodes, dont la première commence avec César ou Cléopâtre réparant les ruines du fatal incendie; la seconde, avec Adrien qui rétablit les écoles de la Grèce; la troisième, avec Constantin qui assure le triomphe de celles du christianisme, en attendant qu'Amrou vienne faire triompher la cause du mahométisme.

Ainsi, malgré tous les efforts de César et de ses successeurs, l'école d'Alexandrie dut succomber : 1° parce que l'empereur Adrien rétablit celles de la Grèce; 2° parce que l'empereur Constantin fit triompher celles du christianisme; 3° parce que la conquête musulmane vint achever la ruine de tout ce qui pouvait rester des créations littéraires des Lagides.

La première de ces trois périodes est un âge de faveurs et de prospérités pour ces établissements. Afin d'en faire ressortir les faits spéciaux, j'examinerai successivement : 1° la véritable portée de la catastrophe de l'an 47 avant J.-C.; 2° les efforts de Cléopâtre, de César et d'Antoine, pour réparer ce désastre; 3° les encouragements accordés aux institutions littéraires d'Alexandrie et les créations faites en leur faveur par Auguste, Tibère et Claude; 4° l'état de ces établissements dans l'intervalle du règne de Claude à celui d'Adrien, ainsi que la situation des autres écoles grecques et celle des écoles judaïques, gnostiques et chrétiennes d'Alexandrie; 5° la composition du Musée pendant cette période.

CHAPITRE PREMIER.

ÉTAT DU MUSÉE ET DES BIBLIOTHÈQUES APRÈS LA CATASTROPHE DE L'AN 47 AVANT J.-C. — DE LA PROTECTION QUE LEUR ACCORDA CLÉOPATRE, AIDÉE DE CÉSAR ET D'ANTOINE. — BIBLIOTHÈQUE DE PERGAME DÉPOSÉE DANS ALEXANDRIE. — CHIFFRE.

Pour apprécier exactement ce que Cléopâtre, César et Antoine ont pu faire sous ce rapport, j'examinerai avant tout la véritable portée de la catastrophe et l'état où se trouvaient les Bibliothèques et le Musée après l'incendie.

Quant à la bibliothèque du Bruchium, le désastre avait été complet; toute cette collection, que nous avons vue forte de 200,000 volumes à la mort de son fondateur, de 400,000 *commixtes* et d'environ 100,000 *simples* sous le règne de Ptolémée II, avait péri. Mais du moins on n'avait perdu que cela; cette collection n'avait pas été augmentée, les nouvelles acquisitions ayant été déposées au Sérapéum. Il ne faut pas supposer non plus que tous les ouvrages qu'elle renfermait fussent détruits. La vraie perte ressortira d'une classification des volumes dont elle était composée. C'étaient : 1° tous les écrits classiques qui se trouvaient sur les Tableaux de Callimaque revus par ses continuateurs, car aucun de ces écrits n'a dû y manquer, vu la généreuse avidité des Lagides; 2° tous les ouvrages grecs qu'on avait pu se procurer; 3° les publications de tous les écrivains d'Alexandrie ; 4° les éditions critiques soignées par ces écrivains, et particulièrement par Zénodote, Aristophane et Aristarque ; 5° les traductions faites de l'égyptien, de l'hébreu, du chaldéen, de l'éthiopien, etc. ; 6° un assez grand nombre d'autographes qu'on s'était procurés par divers moyens.

Cette belle collection avait donc deux sortes de prix fort différents : l'un déterminé par le nombre des volumes, et que j'appellerai la valeur *numérique*; l'autre, déterminé par la spécialité et la rareté de ces volumes, et que j'appellerai la valeur *morale*.

Quant à la première, on peut l'indiquer d'une manière assez précise, puisque le fragment grec et la scolie latine (p. 130) nous donnent le chiffre de 490,000 ou de 510,000 volumes, et qu'il est à croire qu'on joignit aux 42,800 du Sérapéum, les acquisitions faites postérieurement à Ptolémée II. Il n'y eut donc qu'une perte de 500,000 volumes.

Cependant la confiance que nous inspirent le fragment et la scolie n'est pas entière, et les auteurs qui parlent de l'incendie, Sénèque, Ammien Marcellin, Aulu-Gelle et Orose, pour ne point invoquer ceux qui les ont copiés ou altérés dans les âges suivants, sont loin d'être d'accord, soit entre eux, soit avec les deux témoignages que nous venons de nommer. Or, plusieurs de ces auteurs ont pu consulter des documents antérieurs au fragment et à la scolie ou des savants d'Alexandrie parfaitement instruits, et quoiqu'ils ne distinguent pas, tous, les deux Bibliothèques d'Alexandrie dont l'une fut brûlée, l'autre sauvée, on ne saurait rejeter entièrement leur témoignage pour suivre celui de la tradition byzantine, représentée par l'Inconnu.

Sénèque, *qui distingue* ces deux collections, dit qu'il périt dans l'incendie de César 400,000 volumes. (1)

Ce chiffre, Orose le donne aussi, en affirmant que ce furent là tous les livres qui existaient au temps de César, et

---

(1) *De tranquill. animi*, c. 9. Cf. Oros. VI. 15.

en ajoutant qu'on ne doit pas s'imaginer qu'il y eût alors une seconde collection située en dehors du Bruchium.

Aulu-Gelle et Ammien-Marcellin donnent aux deux Bibliothèques, pour l'époque de César, le chiffre de 700,000, et semblent livrer le tout à l'incendie qui dévora la flotte. (1)

Certes, voilà une grande divergence. Cependant ce n'est pas le chiffre de 700,000, c'est celui de 400,000 qui s'explique mal. Le premier a deux explications. Ou bien Aulu-Gelle et Ammien ont donné le total des deux Bibliothèques d'Alexandrie, sans distinguer celle qui périt et qui était de 400,000 volumes, de celle qui ne périt pas et qui était de 300,000. Ou bien on avait ajouté aux 510,000 volumes déposés au Bruchium sous Ptolémée II, 190,000 autres dans l'intervalle de la mort de ce prince à l'incendie, qui aurait trouvé ainsi les 700,000 volumes qu'on à l'air de lui livrer : ce fait, je ne l'admets pas, mais il serait possible.

Quant au chiffre de 400,000 donné par Sénèque et Orose, il offre, au premier aspect, plus de difficultés que celui de 700,000. En effet, comment se fait-il qu'aucun de ces écrivains qui possèdent un chiffre exact, celui des 400,000 commixtes, ne mentionne les 90,000 ou 110,000 simples, et n'arrive ainsi au chiffre de 500,000 donné par Josèphe? Évidemment, par la raison que nous avons dite, c'est-à-dire, que si quelques auteurs ont eu le secret des relevés de Callimaque et d'Ératosthène, ce secret avait échappé aux autres.

A mon avis, la seule collection de 400,000 commixtes, plus 90 ou 100,000 simples a péri, et nous pouvons dire, je crois, à juste titre que nous connaissons d'une manière assez précise la valeur numérique de la perte.

Cependant, à cet égard, il me reste un adversaire à combattre et une question secondaire à vider. Un auteur moderne croit pouvoir réduire les 700,000 volumes des deux Bibliothèques, chiffre qu'il considère comme un *maximum*

---

(3) *Aul. Gell. noct.* VI, c. 17.—Am. Marcell. XXII, c. 16.

exagéré, au chiffre de 100,000 (1). Il n'a pour cela, ce me semble, d'autres motifs que celui de 54,000 donné par S. Épiphane pour une toute autre époque, et une hypothèse qui lui est propre, celle que ce même César qui se mettait dans la foule à écouter les philosophes d'Alexandrie, quand il n'était pas occupé au palais de Cléopâtre, aurait mis toute la collection dans des cabanes ou des bâtiments à la destination de Rome. Mais, d'abord, cette hypothèse est jugée; ensuite le nombre de S. Epiphane expliqué; puis, le chiffre de 700,000 loin de présenter un *maximum* exagéré, se trouve encore au-dessous de la réalité, s'il doit représenter la Bibliothèque incendiée du Bruchium et celle du Sérapéum, comme cela me paraît être dans la pensée d'Aulu-Gelle et d'Ammien. En effet, voici la somme approximative des livres que reçut Alexandrie dans l'intervalle de Ptolémée I à César :

Bibliothèque du Bruchium, volumes commixtes.	400,000
— — volumes simples...	110,000
Bibliothèque du Sérapéum.	42,800
Augmentation probable sous les successeurs de Ptolémée II, par voie de copie ou d'achat. . . .	200,000
Total.	752,000

Je le sais, quand j'estime à 200,000 volumes l'augmentation faite pendant l'espace de deux cent quarante-six ans, je reste au-dessous de toutes les probabilités, aux yeux de ceux qui admettent que Ptolémée II en acquit 400,000 dans l'espace de trente-six ans, et aux yeux de ceux qui supposent que Ptolémée III en réunit un plus grand nombre que son père.

Vient maintenant la question secondaire. La Bibliothèque du Bruchium, que valait-elle en volumes modernes ? La condition extérieure des livres anciens, qui étaient des fascicules, c'est-à-dire, des assemblages de feuilles ou de

---

(1) M. Parthey, p. 81.

simples rouleaux, donnait aisément un chiffre élevé. Quand on n'avait, pour apprécier le contenu de ces livres par voie de comparaison, qu'une indication sur le nombre de volumes que formaient les *Métamorphoses* d'Ovide (1), je calculai que la Bibliothèque du Bruchium, incendiée par César, n'aurait pas répondu à une collection moderne de 150,000 volumes. On a querellé ce chiffre. On a dit, d'abord, que j'aurais dû indiquer quelle espèce de volumes j'entendais; mais je ferai remarquer à cet égard que, quand on parle d'une bibliothèque de 150,000 volumes, chacun sait combien il y entre de livres de divers formats et qu'il me paraissait inutile de dire que je n'entendais parler exclusivement ni d'in-folio, ni d'in-36. On a dit, ensuite, qu'en prenant pour base de calcul les papyrus récemment trouvés en Égypte, et en particulier celui de l'île d'Éléphantine, qui contient 677 hexamètres du 24ᵉ livre de l'Iliade, on arriverait à des chiffres moins élevés; car il aurait fallu quarante de ces rouleaux pour la totalité de l'Iliade et de l'Odyssée (2), et comme ces ouvrages peuvent s'imprimer aujourd'hui très-convenablement en deux volumes, la bibliothèque du Bruchium, au lieu de répondre à 150,000 volumes, tels qu'il s'en fait en Allemagne, ne répondrait qu'à 20,000. Mais, si au lieu de mettre l'Iliade en deux volumes, vous n'en faites qu'une édition diamant, vous réduirez vous-même la bibliothèque dont il s'agit à 10,000 volumes in-36; tandis que si vous imprimez Homère en six beaux volumes, tels qu'il s'en fait en France et en Angleterre; puis, si au lieu d'un papyrus de 8 pieds, vous m'accordez qu'il y en eut au Bruchium de 12 à 14, je crois que les 400,000 volumes ou rouleaux commixtes, et les 90,000 ou 110,000 volumes simples que fit brûler César approcheront singulièrement de l'évaluation que j'ai faite d'après un autre point de comparaison. Enfin, si au lieu d'un

---

(1) *Essai hist.* I, 196.
(2) 27, 810 vers.

rouleau de papyrus égyptien trouvé à Éléphantine, et qui ne fut pas nécessairement une copie d'un rouleau d'Alexandrie, quoiqu'on dise, nous prenons pour base de nos calculs des fascicules de feuilles ou des volumes véritables venus de la Grèce proprement dite ou des îles, les 540,000 volumes réduits en cendres par César, équivaudront, même matériellement, à une collection moderne de 150,000 volumes.

Mais ce sont là évidemment des évaluations qui ne comportent qu'une exactitude approximative; et tout ce que je veux conclure se borne à ceci, c'est qu'en ajoutant à toutes les richesses littéraires du monde grec au temps d'Alexandre toutes les productions publiées par la féconde école d'Alexandrie et ses rivales ainsi que les traductions faites de plusieurs langues, on avait possédé au Bruchium, valeur numérique, une Bibliothèque moderne d'un rang assez notable.

S'il s'agit maintenant de préciser la valeur morale de cette même collection, nous n'examinerons pas si Tite-Live en parle avec une gravité convenable, lorsqu'il l'appelle *un monument remarquable de la magnificence et de la sollicitude des Lagides* (1); ni si Sénèque devait qualifier le goût de ces princes de « luxe littéraire (2), qui même n'avait rien de littéraire, vu que la Bibliothèque était un vain étalage plutôt qu'un moyen d'étude; » car ce n'est pas l'amour-propre des Ptolémées qui est en question, c'est l'intérêt de l'esprit humain, et pour apprécier cet intérêt, il faut demander ce qui a réellement disparu dans ce désastre.

Les 400,000 rouleaux de commixtes existaient aussi ailleurs, puisque c'étaient des doubles ou même des triples.

Sur les 90,000 ou 110,000 volumes simples, 10,000 au

---

(1) Elegantiæ regum curæque egregium opus. Senec. *de Tranq.* c. 9.
(2) Studiosa luxuria, immo ne studiosa quidem, quoniam non in studium, sed in spectaculum comparaverunt. *Ib.*

moins se retrouvaient au Sérapéum, à Rome, à Athènes, à Pergame, dans d'autres Bibliothèques publiques ou privées.

Des autres on peut faire deux parts. Il y en avait d'inutiles, remplis de futilités, de jeux de mots, d'épigrammes, de mauvais vers, de questions de critique et de grammaire, de solutions oiseuses. Mais il y avait aussi, d'abord, des autographes, des exemplaires ou des éditions uniques débarrassées des pièces fausses par les Chorizontes, ou corrigées par les plus grands philologues; il y avait, ensuite, toute cette foule de mémoires et de traités spéciaux que les membres du Musée avaient eu la patience d'élaborer durant près de trois siècles, et dans ce nombre étaient de solides travaux, non pas d'érudition littéraire seulement, mais de science et de médecine; enfin il y avait des travaux discutés dans ces réunions dont l'Exèdre, la Promenade et la Table commune étaient le théâtre habituel, travaux pleins des meilleures traditions et marqués au coin de la plus profonde sagacité, puisqu'il n'y a qu'une voix sur le génie de la population alexandrine.

Mais la ruine de la grande Bibliothèque fut-elle complète?

Les textes semblent le faire croire. Cependant on a dû en sauver des débris; la flamme n'a pas pu dévorer toutes les parties de l'édifice; le Musée, qui n'en fut pas même atteint, conserva au moins les volumes qu'on gardait dans les salles occupées par les savants, et ceux qui se trouvaient au palais de Cléopâtre étaient sauvés aussi.

En tirant parti de ces débris, ainsi que des dépôts du Sérapéum, de ceux des temples d'Eleusine et de Cyrène (1), ou des collections particulières (2), on composait au Bruchium ou ailleurs une bibliothèque assez notable encore.

---

(1) Orose, VI, 15, nous apprend après beaucoup d'autres, qu'il y avait des livres dans les temples.

(2) Aristobule avait possédé incontestablement des volumes qui n'appartenaient pas à la Bibliothèque; la même chose a dû avoir lieu pour d'autres.

D'ailleurs celle du Sérapéum eût suffi aux savants, car il est impossible d'admettre qu'il n'ait existé dans Alexandrie qu'un seul exemplaire des ouvrages les plus importants.

De plus, Cléopâtre s'empressa de réparer la perte causée par l'incendie. On eût dit qu'après avoir uni son sort à celui de César, c'était son devoir de faire oublier aux habitants d'Alexandrie le tort qu'il leur avait fait. Tant qu'il vécut, elle n'eut de dévouement que pour lui. Il est vrai qu'après la mort de son frère Ptolémée XII, qui avait régné avec elle, Cléopâtre, pour se conformer aux usages de la dynastie, s'associa, sous le titre d'époux, le jeune Ptolémée XIII ; mais ce fut néanmoins elle seule qui régna.

César, avant de quitter l'Égypte pour combattre les ennemis de Rome en Asie, et les fils de Pompée en Espagne, s'appliqua sans doute lui-même à réparer des désastres sur lesquels il garde le silence dans ses écrits (1). Avant la guerre, il avait montré aux Alexandrins, et surtout aux savants, une bienveillance spéciale. Pendant ses jours de loisir, dit Appien, on le voyait *admirer la beauté des édifices et écouter les philosophes au milieu de la foule, ce qui valut la confiance des habitants à un homme qui ne cherchait pas d'affaires*, ὡς ἀπράγμονι (2), épithète qu'il eût mal méritée, si, d'après l'hypothèse d'un écrivain moderne, il avait fait mettre en caisses, pour être transportés à Rome, les volumes de la grande Bibliothèque. Il n'eut pas le loisir d'aller encore écouter les philosophes *au milieu de la foule*, après le rétablissement de la paix ; mais sa protégée, la savante Cléopâtre effaça, autant qu'elle le put, la trace des ravages causés par l'incendie et par les combats livrés dans le plus beau quartier de la ville. Les Alexandrins, pour se procurer le bois nécessaire à la confection des rames avaient dégarni les *Portiques*, les *Gymnases* et d'autres

---

(1) *Bell. civil.* III, c. 111.
(2) *Bell. civil.* II, 89.

édifices publics, et s'étaient servis des soliveaux pour la navigation (1); il est évident qu'elle rétablit ces bâtiments.

La jeune reine, passionnée pour les lettres et les arts, parlant l'éthiopien et le latin, outre le grec et l'égyptien, protégea sans nul doute les nouveaux travaux du Musée avec le même empressement qu'elle avait mis à rétablir les Gymnases et les Bibliothèques; mais cette princesse qui réunissait en elle seule toutes les qualités de sa dynastie, avait-elle les ressources nécessaires pour réaliser ses desseins? La profusion avec laquelle elle jeta ses trésors au successeur de César et à ses amis doit le faire croire.

Enfin, Marc-Antoine, qui remplaça le vainqueur d'Alexandrie dans le patronage de l'Egypte et dans les bonnes grâces de la reine, comme dans la dictature de la république, voyant l'ardeur de la princesse pour la cause des lettres, s'empressa de lui donner la bibliothèque des rois de Pergame léguée au sénat, (2) et cette collection était précieuse non-seulement en ce qu'elle contenait les travaux d'une école rivale du Musée, mais en ce qu'elle offrait 200,000 volumes *simples* et *digestes*, ἁπλόα, c'est-à-dire, à un seul exemplaire, et un exemplaire examiné de chaque ouvrage.

La perte qu'avait essuyée Alexandrie n'était pas réparable complètement, et elle ne fut pas réparée par tous ces moyens, les sciences n'ayant pas été cultivées à Pergame avec le même succès qu'en Egypte; cependant la collection des Attales renfermait des ouvrages de prix; ces princes avaient fait d'immenses sacrifices pour leur bibliothèque, et les savants avaient exécuté pour eux d'importants travaux.

Désormais il y avait donc de nouveau dans Alexandrie, outre les débris sauvés de la Bibliothèque du Bruchium et les livres du palais, du Musée, du Gymnase, des temples et

---

(1) Deerant remi; porticus, gymnasia, ædificia publica detegebant; asseres remorum usum obtinebant. *Bell. Alexandr.* c. 13.

(2) Plutarch. *in Anton.* c. 58.—Voir *Essai historique*, etc. 1, 206.

des particuliers, deux collections considérables, celle du Sérapéum, qu'on doit évaluer de 200 à 300,000 volumes simples ou commixtes, et celle de Pergame, qui se composait de 200,000 volumes simples : ce qui fait qu'il y eut, *après la catastrophe*, autant de ressources véritables, autant d'ouvrages qu'auparavant, car on peut admettre sans hésiter qu'aux 90,000 ou 110,000 simples qui existaient au temps de Ptolémée II déposés au Bruchium on en avait ajouté autant d'autres déposés au Sérapéum.

Mais que fit-on de ces débris ou de ces trésors, et où fut placé la bibliothèque de Pergame ?

Au Musée, disent ceux qui confondent l'ancienne Bibliothèque avec le Musée. Dans le local réparé de l'ancienne collection et avec les volumes sauvés de la ruine, disent ceux qui distinguent ces institutions ou ces édifices, et qui pensent qu'on a pu sauver des volumes comme des pans de mur de la la grande Bibliothèque. Au Sérapéum, disent ceux qui considèrent que ce bâtiment était immense et qu'il recevait depuis long-temps ce que ne pouvait recevoir le Bruchium.

Quelques considérations générales me semblent dominer cette question, qu'on ne doit pas se flatter de résoudre.

Je dirai, d'abord, que si la collection de Pergame fut placée sous l'administration de Cléopâtre même, on a dû la mettre au Bruchium, par la raison qu'il manquait une bibliothèque dans ce quartier et que cette princesse devait y faire disparaître avec grand soin les vides occasionnés par les guerres d'un héros dont elle destinait le fils au trône. Je ferai remarquer ensuite, que si Cléopâtre avait fait construire un bâtiment pour cet effet, il en serait resté trace dans l'histoire d'Antoine ou dans la sienne. J'ajouterai enfin, qu'il n'est pas probable qu'une construction nouvelle ait été faite au Bruchium, quand d'autres parties des palais royaux, si considérables au temps de Strabon, étaient prêtes à recevoir les volumes de Pergame et les débris de l'ancienne collection.

Si ces vues sont fondées, comme je le crois, il n'y eut pour le Musée, après le règne de Cléopâtre, entre sa situation ancienne et la nouvelle, que cette seule différence, qu'autrefois il avait à ses côtés une bibliothèque de 400,000 volumes commixtes et d'au moins 110,000 volumes simples, tandis qu'il en avait une de 200,000 volumes simples sans commixtes depuis l'époque de César et d'Antoine, sans parler des volumes du Sérapéum, ce qui nous permet de dire que, s'il y avait *moins de volumes*, il y avait *plus d'ouvrages*.

Cela nous explique parfaitement, je crois, le silence que, dans ses détails si précis sur le Musée, Strabon garde sur l'ancienne et la nouvelle collection; c'est qu'il n'y avait presque rien de changé.

Il serait donc vrai que, grâce aux efforts réunis de Cléopâtre et d'Antoine, qui exécutèrent ensemble tant d'autres travaux (1), et qui avaient construit dans le voisinage des résidences royales, sur une jetée du grand port un palais remarquable, le *Timonium*, l'école d'Alexandrie était parfaitement rétablie, quand le neveu de César vint joindre l'Egypte à l'empire romain, à titre de province, et mettre un préfet à la place des Lagides.

(1) Plut. *Vita Ant.* c. 69.

CHAPITRE II.

L'ÉCOLE D'ALEXANDRIE SOUS LA PROTECTION D'AUGUSTE, DE TIBÈRE, DE CALIGULA ET DE CLAUDE. — NOUVELLES INSTITUTIONS LITTÉRAIRES. — LE SÉBASTÉUM. — RÔLE DE PHILON ET DE JOSÈPHE. — LE CLAUDIUM.

Lorsqu'une domination nouvelle vint ainsi prendre possession de l'Égypte, il y avait lieu de croire qu'elle tenterait ce qu'avait fait la domination grecque qui l'avait précédée, qu'elle y ferait prévaloir sa langue et ses mœurs pour mieux y consolider son empire; que des écoles latines y seraient substituées aux écoles grecques, comme on avait substitué, trois siècles auparavant, des écoles grecques aux écoles égyptiennes. Il n'en fut rien. Des écoles latines furent instituées par les Romains dans d'autres contrées, à Carthage, à Hippone et à Madaure, mais Rome qui aimait à copier la Grèce dans ses établissements littéraires, loin d'affaiblir ceux d'Alexandrie, s'empressa de les maintenir, de les étendre et d'exercer à leur égard tout le patronage de l'admiration.

La nouvelle ère où nous voyons entrer, sous Auguste, les institutions littéraires fondées par les Lagides, est donc une ère de faveurs et de prospérité; cependant elle amena la ruine de l'École d'Alexandrie et ce résultat se conçoit.

La conquête d'Auguste changea complètement la situation politique de l'Égypte, et Alexandrie subit encore plus de changements que le reste du pays, car elle perdit le droit d'élire dans son sein des juges, des magistrats et un sénat (1). Un *juridicus* nommé par l'empereur administra la justice dans la capitale, tandis qu'un *præfectus augustalis* dirigeait les intérêts généraux du pays (2). Ce n'était donc plus à ses propres lois qu'obéissait désormais l'Égypte, et ce n'était plus à ses besoins qu'étaient affectés exclusivement ses revenus. Ceux qui la gouvernaient ne formaient plus une minorité heureuse de tous les rapprochements qui se faisaient entre elle et l'antique nation des Égyptiens, c'étaient des maîtres étrangers et puissants, qui dédaignaient jusqu'au devoir de se faire des partisans. Ces maîtres pouvaient être généreux, mais, avant tout, ils voulaient être absolus, et ils le furent. A la vérité, ils souffrirent dans Alexandrie, à côté du *juridicus*, quatre magistrats indigènes, un *exégète* chargé de l'approvisionnement, un *hypomnématographe* tenant les archives; un *archidicaste* ou grand juge, et un *stratége* de nuit, veillant à la police (3). Mais c'étaient là moins des magistrats que des agents; et tant qu'on put croire à quelque velléité d'indépendance, le poste de préfet, le seul qui eût de l'importance, ne fut confié qu'à des Romains, qu'à des personnages assez secondaires pour n'être pas tentés de faire, de l'un des greniers de Rome, le théâtre d'une révolte ou un marche-pied vers l'empire. Ce poste échut bientôt à des hommes du pays (4); mais si Néron le leur abandonna, c'est qu'il savait les contenir. Les mesures du gouvernement de Rome portaient, en général, un cachet de force et d'égoïsme qui pesait à la population d'Alexandrie plus que n'avait fait le despotisme plus oriental de ses rois. Placée sous l'égide de l'aigle romaine et délivrée de ces déchirements inté-

---

(1) Heyne, *Op. acad.* VI, p. 439.
(2) Strabo, XVII, c. 1.
(3) Ibidem.
(4) Tacit. *Hist.* I, c. 11.

rieurs qui l'agitèrent autrefois sous une dynastie perdue de mœurs, et qui depuis un siècle avait fait d'Alexandrie un théâtre de guerres civiles et de massacres, cette population pouvait tirer de l'admirable position de la ville des avantages plus considérables que jamais. La sécurité dont elle jouissait désormais dans ses relations avec le monde connu, offrait donc à la perte de son indépendance une large compensation. Mais que pouvait-on lui donner en place de tout ce qu'elle chérissait le plus, cette liberté de parole et de pensée, ce droit d'intervenir, ne fût-ce que par la violence, dans les affaires de l'État, et cette nationalité macédonienne que les rois les plus absolus dans leurs doctrines lorsqu'il s'agissait de la vieille Égypte, ne manquaient pas de respecter dès qu'il était question d'Alexandrie? Quand la vie morale d'un peuple est lésée dans tous les battements de son cœur, il n'est pas de prospérité matérielle qui calme ses peines.

Six ans après la conquête, l'an 24 avant J.-C., la situation matérielle d'Alexandrie était, comme celle de l'Égypte entière, plus prospère qu'elle n'avait été depuis un siècle. Un témoin oculaire, Strabon, qui accompagna le préfet Ælius Gallus dans une de ses tournées, nous atteste ce fait (1); mais cet écrivain si réservé ne parle pas de la situation morale. A voir les travaux de l'intelligence protégés par les chefs de l'empire comme ils l'avaient été par les Lagides, à voir dans l'intervalle du règne d'Auguste à celui de Caracalla, de nouvelles institutions fondées dans Alexandrie à l'instar de celles des Ptolémées, on s'attendrait naturellement à une nouvelle ère de progrès littéraire; mais quand on considère combien cette protection accordée par les Romains aux Grecs qu'ils avaient soumis à leurs armes et qu'ils ne cessaient de copier, était froide et fière, on comprend qu'elle soit demeurée stérile : c'était la protection d'un maître et d'un étranger. Il faut néanmoins rendre toute

(1) Lib. XVII, c.

justice à Auguste, à Tibère, à Caligula, à Claude, pour la bienveillance qu'ils s'efforcèrent de montrer à une ville conquise, quand Rome elle-même leur demandait des édifices et des institutions littéraires.

Auguste, en sa qualité d'héritier de César et de vainqueur d'Antoine, fut plus que généreux, il voulut être populaire, et plein de ces idées démocratiques, ou du moins démosthéniennes, qu'une éducation toute grecque donnait alors aux jeunes Romains, ce prince se plut à haranguer la population d'Alexandrie du haut d'une tribune, où le stoïcien Arius se tenait à ses côtés. Il dit à cette occasion, en assez mauvais grec, qu'il épargnait la ville pour trois raisons, à cause de sa grandeur et de sa beauté, à cause de l'amour qu'il portait à son fondateur Alexandre, et à cause de l'amitié qui l'unissait au philosophe qu'on voyait à ses côtés (1). C'étaient là de bizarres rapprochements, mais à ses yeux, Auguste n'était rien moins qu'Alexandre faisant respecter la maison de Pindare, et aux yeux des Alexandrins, ce discours était un engagement que prenait le nouveau maître.

Pour imiter glorieusement les Lagides, après avoir rivalisé avec Alexandre, Auguste fit construire, à l'orient et à trente stades de la ville, sur les bords de la mer, au nord d'Éleusine, un hippodrome, des temples et d'autres édifices, qui formèrent un faubourg, celui de *Nicopolis*, où l'on devait célébrer des jeux quinquennaux en commémoration de sa victoire sur Antoine, et qui eurent pour effet de faire déserter le quartier de Nécropolis ainsi que celui du Sérapéum, le centre de la population égyptienne. (2)

Ce dernier fait, constaté par Strabon, prouve qu'en dépit de tout ce que les Lagides avaient fait pour la partie grecque de la cité, les Égyptiens l'avaient abandonnée aux Macédoniens ou aux Juifs, et s'étaient groupés autour du sanctuaire

---

(1) Plut. *Apopht. rom.*—Seneca, *consol. ad Martiam*, 6. 4.
(2) Strabo, XVII, c. 1.

de leur grande divinité, dont nous verrons bientôt leurs descendants se rapprocher de nouveau, lorsque les successeurs d'Auguste viendront châtier les révoltes des Grecs, et faire du Bruchium et de Nicopolis une sorte de désert. Nous retrouverons d'ailleurs ces mouvements du quartier grec au quartier égyptien, ou du quartier juif et chrétien au quartier polythéiste, quand nous ferons plus tard l'histoire intérieure d'Alexandrie, celle de ses doctrines religieuses et philosophiques, celle de ses révolutions morales et politiques.

Strabon, qui esquisse à grands traits, a le tort de ne pas nommer les temples et les édifices construits par Auguste. Il en était un toutefois qui méritait une attention spéciale, s'il fut érigé par Auguste, et si ce prince en l'érigeant le fit tel que le décrit Philon, c'est-à-dire, offrant une sorte d'imitation du Musée et des Bibliothèques d'Alexandrie. Malheureusement le philosophe juif peint avec des couleurs tellement orientales, qu'on ne sait trop comment séparer dans son tableau la fiction et la réalité. « Le sanctuaire qu'on appelle *Sébastéum*, dit-il, est consacré à César *Epibaterios* (1). Il s'élève très haut, très splendide, et en face des ports les plus sûrs. Il est si magnifique qu'il n'existe rien de pareil au monde. Il est plein d'objets offerts en don, soit tableaux, soit statues. Il est revêtu d'or et d'argent en son pourtour. Il est immense par ses PORTIQUES, ses BIBLIOTHÈQUES, SES APPARTEMENTS, ses bois, ses propylées, ses vastes espaces et ses lieux découverts. Orné de tout ce qu'il y a de plus riche, il est l'espoir de ceux qui abordent, et le salut de ceux qui s'embarquent. (2) »

Si l'on pouvait prendre au pied de la lettre les détails d'une description dont la fin n'est pas conforme aux pures doctrines du judaïsme, et qui est évidemment empreinte d'exagération, le fondateur de l'Augustéum aurait voulu imi-

(1) Qui fait son entrée dans la ville.
(2) Ad Caj. p. 697. édit, Turneb. Paris, 1552.

ter au moins la Bibliothèque et le Musée, sinon le Sérapéum, qui était un sanctuaire spécial; et il aurait créé non-seulement une collection de livres, mais des appartements, c'est-à-dire tout ce qui pouvait tenir lieu des deux célèbres institutions qu'il imitait. Pour faire tomber surtout le Musée, il ne fallait plus que le priver de la dotation des Lagides et en joindre une autre à son établissement ; par cette mesure il anéantissait l'ancienne syssitie, et rattachait à la sienne la Bibliothèque du Bruchium, où Cléopâtre avait mis les volumes de Pergame, et celle du Sérapéum, qui devait subsister pendant six siècles encore.

Point de doute, si telle eût été la pensée du fondateur de l'Augustéum, il y réussissait facilement. Mais, d'abord, il faut, rabattre beaucoup de la description si emphatique que Philon nous donne du Sébastéum; ensuite, il faut considérer qu'Auguste, ou celui de ses successeurs qui créa cette institution, a pu fonder dans Alexandrie un sanctuaire avec des portiques garnis de livres, sans avoir le dessein de ruiner les écoles anciennes. La continuation de ces dernières, l'invraisemblance d'une création nouvelle, enfin l'obscurité qui règne sur le Sébastéum et le silence que les écrivains profanes gardent jusque sur le nom de cet édifice, ont porté quelques critiques à rejeter le texte de Philon comme un récit fait à plaisir; mais il y a nécessairement un fait au fond de ces exagérations même, et cet écrivain s'adressant à un successeur d'Auguste, n'a pu lui débiter des inventions. Le Sébastéum a dû exister, et il a dû être digne d'Auguste ; mais on admettra sans hésitation que son fondateur n'a voulu ruiner ni la Bibliothèque, ni le Musée.

Le désir de réparer les pertes causées aux lettres par César et d'éclipser Marc-Antoine, paraît lui avoir suggéré l'idée d'une institution qui eût à-la-fois un sanctuaire, comme le Musée, et une Bibliothèque, comme le Sérapéum. Cependant quand on vient à demander en quel lieu fut érigé ce bâtiment, quelle bibliothèque on y mit, quels savants en occupèrent les appartements, et quel rôle ils jouèrent dans les lettres, on ne rencontre de réponse qu'à une seule de ces questions.

D'abord le rôle qu'a joué le Sébastéum est inconnu ; on ne cite aucun des savants qui ont pu en faire partie. Il serait naturel de croire que l'*ami* d'Auguste, le philosophe Arius, eût été placé à la tête de l'institution, si c'eût été un asile pour les savants ; Arius, au contraire, quitta Alexandrie pour Rome, et dès lors il faut admettre, ce me semble, qu'il n'y a pas eu de Syssitie dans le sanctuaire d'Auguste, qui, en général, eut peu d'importance, soit que les chefs de l'empire l'aient abandonné après Caligula, soit qu'une autre fondation, le Claudium, par exemple, soit venue l'éclipser avant qu'il eût reçu tous ses développements.

On ne saurait pas dire non plus où le fondateur de l'Augustéum aurait pris la bibliothèque dont parle Philon, car, quand même celle de Pergame n'eût pas encore été placée, ce qu'on ne peut admettre si le bâtiment fut érigé sous Auguste ou sous Tibère, il est à croire qu'Auguste n'eût pas construit un sanctuaire pour y mettre un présent offert à Cléopâtre par Antoine qu'il venait de combattre ; dans le cas où les livres des Attales étaient encore disponibles, ils couraient risque, au contraire, d'aller à la destination que leur avait faite le dernier de ces princes. Enfin, si le Sébastéum eût renfermé cette collection, comment cette institution ne se trouverait-elle plus mentionnée après Philon ?

Les volumes des *bibliothèques* du Sébastéum provenaient donc d'un autre côté. On nous dit, à la vérité, qu'il n'est pas probable qu'après l'incendie de César il se soit trouvé dans Alexandrie d'autres collections que celle de Pergame ou celle du Sérapéum dont pût disposer Auguste ; que s'il n'a pas pris la première, par le motif que nous venons d'indiquer, il n'a pas dû prendre la seconde, parce que c'eût été dépouiller un sanctuaire ; cependant, ces raisons ne sont pas péremptoires, et nous pouvons fort bien ignorer la source qui a fourni des livres au Sébastéum sans être autorisés à démentir Philon qui affirme qu'il en possédait ; nous ne savons pas non plus où Auguste a pu prendre la bibliothèque qu'il mit dans l'*Apollinéum* de Rome, et cependant nous ne nions pas pour cela qu'il y eût des livres dans cette institution.

Le lieu ou s'élevait le Sébastéum, est le seul point qui permette des inductions un peu positives. Il est évident que ce fut près du quartier de Nicopolis qu'Auguste avait créé, et dans celui du Bruchium que son oncle avait ravagé.

Mais quand on dit que le Sébastéum ne fut autre chose que l'ancien Musée, ou bien cette Acropolis décrite au IVe siècle par le rhéteur Aphthonius, ce sont là de simples assertions qu'on nous donne pour des faits. Le Sébastéum ayant eu plus d'analogie avec le Sêma, l'Arsinoéum et le Mausoléum, qu'avec le Musée, essentiellement consacré aux études, ou avec le Sérapéum, essentiellement consacré au culte, il n'est ni probable qu'on l'ait transféré dans l'ancien Musée des Lagides, ni qu'on y ait mis ce Musée, ni enfin qu'on en ait fait une Acropolis.

Fondé par Auguste ou par Tibère, le Sébastéum était un édifice indépendant de tout autre, et c'est pour cela même qu'il se perdit dans l'histoire aussi rapidement que le Césaréum et le Timonium. C'est pour cela aussi que personne n'en parla plus après Philon.

Les trois édifices dénommés d'après les trois auteurs de la domination romaine en Égypte eurent le même sort, avec cette différence que celui d'Auguste ne se trouve pas même mentionné par un écrivain qui, sous Tibère, parle du Timonium et du Césaréum, ainsi que de tout ce que la ville d'Alexandrie offrait de plus curieux. En effet, ce qui semble prouver qu'à cette époque le Sébastéum n'était pas plus important comme institution littéraire qu'il ne l'était comme sanctuaire, c'est que Strabon, dans ses indications si positives sur le Musée et qui montrent que, sous le règne de Tibère, cette belle institution suivait une marche aussi régulière que sous les Lagides, et jouissait aussi doucement que jamais de ses revenus administrés sous la présidence d'un prêtre, ne parle d'aucun établissement rival.

Il est vrai, toutefois, que Tibère aurait pu ériger le sanctuaire d'Auguste après le voyage du géographe en Egypte; dans ce cas le silence de ce dernier serait expliqué. Or Tibère peut être fort bien considéré comme le fondateur du Sébastéum; quelque nom que ce prince ait dans les annales de l'empire, il aimait Auguste, recherchait les savants, et cultivait avec amour la science de prédilection des Alexandrins, la philologie (1). Déjà nous avons dit qu'il professait une grande admiration pour un écrivain du Musée, le poëte Rhianus; il était de plus en rapport avec le chef de la Bibliothèque d'Alexandrie, Chérémon, qu'il appela près de lui à Rome pour lui confier l'éducation de Néron (2); serait-il étonnant, d'après tout cela, que ce fût lui qui fonda dans Alexandrie le sanctuaire d'Auguste?

Le successeur de Tibère, Caligula, à qui Philon doit avoir adressé le discours où il est question du Sébastéum, n'est pas cité dans les annales littéraires d'Alexandrie, et Philon, qui parle du Sébastéum avec tant d'emphase, ne donne pas lieu de croire que ce prince se soit occupé ni du Musée, ni de la Bibliothèque, établissements que l'auteur juif passe entièrement sous silence.

Josèphe garde le même silence dans son *Traité contre Apion*, où il parle d'un chef de la Bibliothèque d'Alexandrie (Chérémon) et de plusieurs membres du Musée (Manéthon, Posidonius, Molon et Apion), traité où il expose la polémique permanente qui régnait entre les Juifs, les Égyptiens et les Grecs ou les Macédoniens, mais où il ne nomme aucune des institutions littéraires de cette célèbre cité. Les écrivains juifs de ces siècles suivent en général la même marche. Préoccupés de leurs intérêts nationaux et de leurs doctrines

---

(1) Sueton. *Tiber.* c. 70.
(2) Suidas s. v. Dionysius et v. Alexander d'Egée.

spéciales, ils ont pour point de vue dominant de faire voir qu'ils sont la plus ancienne et qu'ils ont toujours été la plus honorée des nations ; que tous les grands princes les ont comblés de faveurs ; que tous les écrivains illustres ont profité de leur sagesse, et que ceux qui les ont persécutés ou ont mal parlé d'eux étaient égarés par les plus mauvaises passions. C'est en ce sens qu'écrivirent le faux Aristée, Aristobule, Philon et Josèphe, qui, tous les quatre, connaissaient parfaitement Alexandrie, mais dont aucun ne mentionne le Musée, et qui ne parlent de la Bibliothèque que dans un seul intérêt, pour enregistrer l'hommage rendu à la sagesse de leur loi par Démétrius de Phalère, et par celui des Ptolémées qui appela les prétendus LXX interprètes.

Quant au premier siècle de l'ère chrétienne, le silence de Philon et de Josèphe est d'autant plus regrettable, que Suétone rapporte un fait plus surprenant. En effet, le Sébastéum était à peine achevé et ses portiques garnis de bibliothèques, suivant Philon, que l'empereur Claude fonda dans Alexandrie un nouveau Musée. Or s'il est un fait qui doive étonner au premier aspect, certes c'est celui-là. L'ancien Musée ne suffisait-il plus, pour qu'un autre devînt nécessaire? Ou bien aurait-on voulu une école rivale ?

La fondation de Claude n'eut pas ce dernier but, et Suétone s'explique trop clairement sur les vues du prince pour qu'on puisse s'y méprendre; il y avait cependant, au fond de cette création si rapprochée de celle du Sébastéum, le germe d'une grande innovation, le texte du biographe de Claude nous en avertit.

Voici ce texte : *Denique et græcas scripsit historias,* τυρρηνικῶν *XX,* καρχηδονιακῶν *VIII, quarum causa veteri Alexandriæ museo alterum additum ex ipsius nomine, institutumque ut quotannis in altero* τυρρηνικῶν *libri, altero* καρχηδονιακῶν*, diebus statutis, velut in auditorio recitarentur, toti a singulis per vices.* (1)

On le voit, Claude crée bien un Musée et prescrit aux

---

(1) In Claudio, 42.

bénéficiers de son institut une lecture annuelle, mais ce travail ne leur sera pas spécial et ils ne seront, comme lecteurs, que les confrères des membres de l'ancien Musée. Ils liront *chacun à son tour, une fois par an, à époque fixe, alternativement, en leur entier et à haute voix, comme on lit devant un auditoire, les 20 livres de l'histoire de l'Etrurie, et les 8 livres de l'histoire de Carthage, composés par le fondateur.*

Tel est l'unique but de l'institution ; ce n'est pas un second Musée, une Académie embrassant tous les genres d'études, c'est un simple théâtre de lecture historique que fonde Claude, et la seule obligation qu'il impose aux membres de sa fondation, c'est qu'ils lisent ses ouvrages.

Cette institution était bizarre, un peu semblable à celle d'Épicure, qui voulait que les membres de son association gardassent toujours sa philosophie et son jardin, et célébrassent en commun sa mémoire dans des fêtes convenues. Il y avait cependant, dans cet établissement jeté par un prince de Rome au milieu des savants d'Alexandrie, le germe d'une grande innovation. Il y avait, d'abord, un nouveau Musée, une école rivale, puis, un travail commun aux deux associations, l'obligation de lire l'histoire de deux régions négligées parmi les membres de l'ancienne ; elles devaient même s'en occuper toutes deux d'une manière qui devait nécessairement faire prévaloir les études historiques.

De quelque manière qu'on envisage cette création, elle a de quoi surprendre. Elle est vraiment nouvelle. Tout y vise à un but très spécial ; la lecture y devient, une fois par an, pour chaque savant, une occupation principale. Des lectures, de tout temps, s'étaient jointes, dans les séances du Musée, aux entretiens et aux discussions des savants et des récitations plus solennelles avaient eu lieu en Grèce, au temps d'Hérodote et de Sophocle ; elles s'étaient renouvelées à l'époque de Ptolémée II où les poésies d'Homère étaient lues devant le peuple d'Alexandrie. Des usages semblables existaient à Rome (1); mais ces usages n'avaient pas la même portée que ceux qu'établit le savant empereur, en constituant les membres de deux compagnies rivales, une fois par an, lecteurs solennels de deux ouvrages d'histoire écrits à la gloire des Romains, les maîtres des deux Musées.

Ce fut donc réellement une institution nouvelle qu'établit Claude. Mais loin de vouloir mettre de côté l'ancien Musée, il créa, au contraire, une sorte de rivalité entre les membres des deux syssities en leur imposant alternativement la même tâche, et si l'on rencontre avant tout, dans sa création, le désir de perpétuer la mémoire de ses ouvrages, on y trouve néanmoins aussi le dessein plus généreux d'appeler l'attention des savants de l'Égypte sur des études sérieuses, et de les attacher en particulier à l'histoire si imposante des vainqueurs l'Etrurie et de Carthage. Or, il faut l'avouer, cette institution, si bizarre qu'en fût le motif, était propre à conduire l'école d'Alexandrie dans des voies plus larges; l'histoire de l'Etrurie expliquait l'origine des institutions primitives de Rome, celle d'une religion et d'une civilisation remarquable ; l'histoire de Carthage faisait connaître une colonie de Tyr devenue métropole et qui avait envoyé de nombreuses colonies dans l'Occident; ces colonies avaient formé elles-mêmes des établissements importants.

C'étaient donc à-la-fois les plus glorieuses conquêtes de Rome, monarchie ou république, la religion, les lois et les destinées de deux nations dont le berceau remontait à la Grèce et à l'Orient, que rappelaient les ouvrages de Claude ; et si imparfaits qu'on veuille les supposer, ils étaient, par les investigations auxquelles ils conduisaient, de nature à faire des deux Musées, pour les études historiques, des institutions d'une importance spéciale. Proscrire cette tâche, c'était dans d'autres circonstances, revenir à la pensée primitive de Ptolémée Lagus et de Démétrius de Phalère.

(1) Val. Maxim. III, c. 7, 10.—Horat. 73.—Sat. I, 4, 73.

Mais sur quelles bases le fondateur jeta-t-il cet établissement, et comment en ménagea-t-il la durée? Cherchant une immortalité personnelle, Claude dota-t-il son Musée comme les Lagides avaient doté le leur, ou bien partagea-t-il l'ancienne dotation entre les deux établissements?

Sur ces deux grandes questions, le silence des anciens est absolu. Cependant, puisque le Musée de Claude conserva une existence distincte de l'ancien, et qu'on mentionne expressément un membre qui était de cet institut au IIIe siècle de notre ère, il avait évidemment une dotation spéciale; il se fût éteint avec Claude, s'il n'avait pas eu cette condition de durée.

L'existence d'un bénéfice a dû assurer le maintien de la création; mais est-on demeuré fidèle au vœu que, tous les ans, à des jours fixes et à tour de rôle, les membres des deux Musées récitassent solennellement, dans l'un des édifices, l'histoire d'Étrurie, dans l'autre, l'histoire de Carthage? Ou bien les habitants du Claudium ont-ils, au bout de quelque temps, abandonné les compositions du prince, pour reprendre l'habitude de ne lire que les leurs? Il est probable qu'après avoir lu pendant quelques années les vingt livres sur l'Étrurie et les huit livres sur Carthage, qui ont dû prendre un grand nombre de séances, on n'a pas continué cette espèce de corvée littéraire. Quand on considère le mépris où tomba Claude dès sa mort, et la difficulté qu'il y avait pour les membres de l'ancien Musée, la plupart grammairiens, philosophes, mathématiciens ou médecins, de lire ou même d'écouter avec quelque intérêt, tous les deux ans, des ouvrages d'histoire assez étendus et fort médiocres, on se persuade que les savants n'ont pas tardé beaucoup à rentrer en jouissance de leur liberté et à négliger Carthage et l'Étrurie pour leurs études favorites. Il est certain que, s'ils avaient continué avec un dévouement surhumain la lecture d'ouvrages, qu'en critiques exercés ils devaient apprécier sans sympathie, ils se fussent au moins dédommagés de leur ennui par des discussions sur le fond même des deux volumes. Mais, dans ce cas, ces volumes ne seraient pas tombés dans une obscurité si profonde; ils auraient acquis assez de célébrité pour que des compilateurs tels qu'Athénée les mentionnassent dans leurs ouvrages; ils eussent enfin provoqué d'autres compositions sur deux régions si célèbres: or, rien de cela n'étant arrivé, il est évident que les lectures prescrites par Claude furent suspendues peu de temps après sa mort.

CHAPITRE III.

LES ÉTABLISSEMENTS LITTÉRAIRES D'ALEXANDRIE DEPUIS LE RÈGNE DE CLAUDE JUSQU'A CELUI D'ADRIEN.

Cependant le Musée de Claude se maintint ; et quoiqu'il ne parvînt jamais à la célébrité de l'ancien, ni même à la moindre illustration, il existait encore au temps d'Athénée, qui vécut jusque dans les premières années du IIIe siècle. A cette époque, il comptait parmi ses membres des gens peu distingués, et une qualification dont Athénée se sert à leur égard, rapprochée d'une autre dont Apollonius de Tyane se sert à l'égard des membres de l'ancien Musée, doit faire croire qu'ils étaient fort peu estimés. Athénée, en parlant de l'art du parasite et d'une pièce du poëte Antidote, intitulée *Protochoros*, dit qu'on y rencontrait un personnage semblable à ceux qui *maintenant sophistiquent au Claudium*, δι ἐν τῷ Κλαυδίῳ νῦν σοφιστεύουσι (1). Or, quoique le mot de σοφιστεύειν puisse, au besoin, désigner ces études mixtes de grammaire, de rhétorique et de philosophie, dont s'occupaient alors tant de Grecs, on est porté à le prendre dans un sens défavorable, à cause du terme plus flatteur dont se sert Apollonius de Tyane dans une lettre aux membres de l'ancien Musée, qu'il appelle δι ἐν μουσείῳ σοφοί (2). A la vérité, ce rapprochement entre les expressions de deux écrivains qui ont vécu à deux siècles de distance, si la lettre de Philostrate remonte à Apollonius, n'est pas un argument décisif ; cependant l'assimi-

---

(1) Athénée dit même qu'on est honteux de les nommer. Lib. VI, 424.
(2) Epist. divers. philos. Venet. 1499, t. II. E. 34, p. 12.

lation que fait Athénée entre un personnage méprisable et les membres d'une *institution savante, rivale de celle dont il était probablement membre lui-même,* conduit à notre induction; et il paraît que le Claudium, soit par suite d'une organisation vicieuse, soit par l'absence de sympathie de la part du peuple et des savants d'Alexandrie pour les vues de Claude, tomba dans cette même nullité où tomba aussi le Sébastéum.

Il serait possible toutefois de tirer du mot dont se sert Athénée pour caractériser les travaux des membres du Claudium, du mot σοφιστεύειν, une autre induction, celle, qu'ils professaient, comme ceux du grand Musée, ce qu'on appelait alors la science des sophistes, c'est-à-dire, les lettres et la philosophie. Aux yeux des Romains si jaloux d'apprendre les lettres grecques et qui s'appliquèrent si peu aux sciences, le principal mérite des savants d'Alexandrie, c'était cet enseignement. Il paraît qu'ils ne les appréciaient guère sous d'autres points de vue, et une seule fois Rome les consulta sur une question de science ; ce fut quand Néron conçut le projet de percer l'isthme de Corinthe. En effet, Philostrate dit que ce prince prit l'avis des philosophes de l'Égypte (1), et ces *philosophes* étaient évidemment les savants du Musée, car ceux-là seuls étaient en état d'apprécier le travail en question. On trouve bien encore un autre savant qui éclaire Rome de ses lumières, c'est Sosigène d'Alexandrie aidant César dans la réforme du calendrier ; mais ici c'est un fugitif, ce n'est pas un corps de savants qu'on consulte.

Toutefois, si Rome apprécia peu les travaux scientifiques, elle rechercha toujours l'enseignement littéraire.

Nous n'avons pas, il est vrai, d'indications spéciales sur les quatre règnes qui suivirent celui de Claude ; mais nous savons que Vespasien, qui fut élevé sur le trône par une révolte et proclamé par le gouverneur d'Alexandrie, nomma un grand nombre de professeurs d'éloquence, et leur assigna

---

(1) *Vita Apoll.* IV, c. 14.

des traitements élevés (1). Cette mesure ne fut pas spéciale à l'Égypte, mais elle fut sans doute inspirée au prince par l'école d'Alexandrie, dont il a dû rencontrer les membres à son entrée dans la capitale, si nous en croyons Philostrate, qui dit que les *philosophes* et *toute la sagesse* (σοφία πᾶσα) de la ville allèrent le recevoir aux portes (2). Un auteur moderne prétend que ce prince *eut de fréquents entretiens avec les membres du Musée, dans le voisinage desquels il avait pris un logement commode* (3); mais je ne sais où il a vu ces détails, qu'ignorent Tacite, Dio-Cassius et Suétone. Ils ne sont pas même autorisés par Philostrate, qui donne, dans la vie fabuleuse d'Apollonius de Tyane, de longs entretiens entre l'empereur et trois philosophes qu'il doit avoir rencontrés à Alexandrie, mais dont aucun ne fut membre du Musée d'Egypte, dont Vespasien ne fut pas aussi enthousiaste que voudrait le faire croire le sophiste, et qu'il eût assurément mal accueillis, s'ils étaient venus lui démontrer, comme le dit Philostrate, que *la démocratie était le seul gouvernement raisonnable, tandis que la monarchie était contraire aux lois divines et humaines.*

Vespasien disputant l'empire à Vitellius avait trop d'affaires pour s'entretenir ainsi avec des savants. Ce qu'il recherchait davantage, c'étaient des oracles et de l'argent. Suivant Dio-Cassius (LXVI, c. 8), il se montra fort affable, mais ne songea qu'à battre monnaie, ce qu'il fit jusque dans les sanctuaires, et ce qui l'exposa bientôt aux railleries habituelles des Alexandrins, qui l'avaient cru plus religieux en le voyant consulter Sérapis (4). Appelé au trône par une révolte, il avait pu, au premier moment, accueillir les membres du Musée comme tout le monde; mais au fond il aimait si peu les philosophes, que bientôt il les expulsa tous de Rome, à l'ex-

---

(1) 20,000 fr. (cent grands sesterces). Suet. *in Vespas*, c. 20.

(2) *Vita Apoll.* V, c. 27.

(3) M. Klippel, p. 221.

(4) Suet. *Vespas.* 7. — Tacit. *Hist.*, IV, c. 81.

ception du seul Musonius (1). Son fils, Titus, plus tolérant, rappela les stoïciens; toutefois il protégea les études moins que son frère Domitien, qui bannit à la vérité les philosophes, et qui, pendant son séjour en Égypte, ne s'occupa non plus que d'affaires et de cérémonies religieuses (2), mais qui institua des combats de poëtes et d'orateurs, ainsi que des prix de prose grecque et latine(3), et qui combla les lacunes que plusieurs incendies avaient mises dans les bibliothèques de Rome, en faisant copier à Alexandrie les ouvrages perdus (4).

En général, de Claude à Adrien, le patronage des chefs de l'empire pour les institutions des Lagides est peu sensible; on dirait qu'à leurs yeux, tout ce que la politique des nouveaux maîtres demandait de respect pour l'antique Égypte était offert; que désormais on pouvait traiter Alexandrie comme toute autre cité des provinces conquises. On voyait ses savants arriver à Rome; elle était donc subjuguée, et si on ne la dépouillait pas encore de ses institutions comme de ses obélisques; si, au lieu de lui enlever ses livres, on en faisait prendre des copies, c'est qu'on voulait lui laisser les morts en voyant accourir les vivants. Ils accouraient. C'était la marche naturelle des choses; les chefs de l'empire pouvaient protéger Alexandrie, mais ils devaient favoriser Rome.

Nerva et Trajan, qui ne firent rien pour la première, songèrent peu aux études de la seconde; mais Adrien s'en occupa beaucoup.

Ce fut pourtant ce prince si zélé pour les sciences et si célèbre pour la protection qu'il leur accorda en Grèce, qui porta aux institutions d'Alexandrie les coups les plus sensibles :

---

(1) Dio Cass., LXVI., c. 13.
(2) Les historiens qui rapportent qu'il consacra dans Memphis le bœuf Apis, ne disent pas qu'il ait donné le moindre témoignage d'intérêt aux savants du Musée.
(3) Xiphil. *in Domit.* — Suet. *in Domit.*, c. 4.
(4) Suet. *in Domit.*, c. 20. — Plin., *Hist. nat. Præf.* — Quinct. X, 1. — Valer. Flacc. II, v. 12. — Lactant. I, c. 22.

mais l'on peut dire qu'il en hâta la chute sans le vouloir.

En effet, il se montra bienveillant pour les Alexandrins, il leur rendit les priviléges dont Auguste les avait dépouillés, et témoigna aux membres de leur Musée un intérêt qui pouvait leur rappeler l'empire des Lagides, car à l'instar de ces princes, il proposa aux *professeurs*, dit Spartien, des questions et les discuta avec eux (1); mais en décernant les honneurs et les avantages de l'institution à quatre littérateurs qu'il voulait distinguer, il fit les quatre nominations les plus funestes pour l'avenir de cette institution. Elles sont curieuses toutefois.

Voici en quels termes Philostrate rapporte celle de Dionysius de Milet, à qui l'on attribuait sur la mnémonique des secrets reçus des Chaldéens, et qui donnait à ses disciples une grande facilité pour les discours. « Il fut honoré grandement par toutes les villes qui admiraient sa sagesse, mais plus grandement encore par l'empereur, car Adrien le nomma gouverneur d'une province considérable, σατράπην αὐτὸν ἀπέφηνεν οὐκ ἀφανῶν ἐθνῶν, le créa chevalier, κατέλεξε τοῖς δημοσίᾳ ἱππεύουσι, et l'associa à ceux qui étaient nourris au Musée, καὶ τοῖς ἐν τῷ μουσείῳ σιτουμένοις, table ouverte en Égypte en faveur des hommes éminents de tous les pays». (2)

A cette première nomination faite par Adrien, il faut ajouter celle du sophiste Polémon de Smyrne, rhéteur distingué, que saint Jérôme mettait au rang de Démosthène, de Cicéron et de Quintilien (praef. *Comment. in Gal.* l. III), et que saint Grégoire de Nazianze s'efforçait d'imiter (3). Trajan, dit Philostrate (4), avait accordé à Polémon de voyager aux frais de l'État, par terre et par mer; Adrien

---

(1) *Vita Hadriani*, c. 20.
(2) *Vita Dionys. Milesii.* ed. Olearlo, p. 524; ed. Kayser, p. 38. — Cf. Dio Cassius LXIX, p. 789, ed. Reim.
(3) Suidas s. v. Gregorius. — Hieronym. *Catal. Eccles.*, c. 117.
(4) *Vita Polemonis*, ed. Kayser, p. 44. V. sur Polémon, Phrynich. s. v. κατ' ὄναρ. Cf. Lobeck, p. 421.

étendit ce privilége à tous les siens et l'associa au cycle du Musée, pour lui donner part à la *pension égyptienne,* κατέλεξε δὲ αὐτὸν καὶ τῷ τοῦ Μουσείου κύκλῳ εἰς τὴν Αἰγυπτίαν σίτησιν.

Ce qui prouve combien cette distinction était flatteuse, c'est que, dans sa reconnaissance, le sophiste fit frapper une médaille en l'honneur du prince. (1)

Suivant Athénée le même honneur fut accordé au poëte Pancrate, qui avait présenté à l'empereur un lotus *rouge*, en proposant de donner à cette fleur le nom d'Antinoé, pour perpétuer la mémoire du favori que le prince venait de perdre en Égypte, et en expliquant d'une manière fort bizarre l'origine de la couleur qu'elle présentait. (2)

Enfin, une inscription grecque nous apprend qu'Adrien nomma à la présidence du Musée son ancien précepteur, Lucius Julius Vestinus, qu'il avait fait successivement son secrétaire, garde des bibliothèques *grecques* et *latines* de Rome, et grand-prêtre d'Alexandrie et de toute l'Égypte (3).

Nous avons dit qu'il n'est rien de plus curieux que ces faits. En effet, ils établissent : 1° qu'au temps d'Adrien, vers le milieu du II° siècle, le Musée jouissait encore de son ancienne dotation; 2° qu'il se trouvait, comme au temps des Lagides et des premiers empereus, sous la présidence d'un prêtre; 3° qu'il n'était confondu ni avec le Sérapéum, dont Vestinus, Grec ou Romain, n'eût pas pu être le pontife, ni avec la bibliothèque du Sérapéum, ni avec celle du Bruchium, puisque l'inscription ne place pas ces établissements sous sa direction; 4° que, pour un savant, c'était une distinction tellement flatteuse d'y être admis, qu'un littérateur admiré de toutes les villes qu'il honorait de sa présence, fit frapper une médaille en l'honneur du prince qui l'en avait jugé digne; 5° que l'entrée au Musée n'était pas incompatible avec

---

(1) Nicasii *Dissert. de Numo Pantheo Hadriani*, p. 23.
(2) Deipnos. XV, p. 677.
(3) Fabretti, III, 479. — Letronne, *Recherches sur l'Égypte,* p. 251.

les honneurs du rang de chevalier (1), ni avec ceux de gouverneur de province, et qu'on pouvait y joindre l'avantage de voyager aux frais de l'État dans toute l'étendue de l'empire; 6° que l'admission au Musée se faisait directement par le prince, quand il était question du président, et même quand il s'agissait de simples membres de l'association; 7° qu'à cette époque on agrégeait à la syssitie sans obligation de résidence, puisque Dionysius et Polémon quittèrent peu l'Asie mineure, et qu'ils jouirent néanmoins de ces indemnités du Musée dont on tenait un registre nominatif (v. ci-dessus, p. 94), car il est évident que l'intention de l'empereur n'était pas de décerner aux deux sophistes des honneurs stériles, et qu'il désirait, au contraire, leur procurer des avantages réels; 8° enfin, qu'à cette époque, l'ancien Musée avait, sur celui de Claude et tous ceux qui pouvaient exister, soit dans Alexandrie, soit ailleurs, une telle supériorité de renommée, qu'en en parlant, on disait simplement le *Musée*.

Cet usage est attesté aussi par d'autres textes et d'autres circonstances (2). Quand le prince dont il est question alla visiter la syssitie des Lagides et rechercher les savants d'Alexandrie, il n'eut pas même la pensée d'aller au Claudium, ou, s'il l'eut, personne n'eut celle de mentionner sa visite dans cette maison, dont l'existence devait cependant se prolonger encore bien au delà de son règne.

Mais quelle a dû être l'influence des faits qui fournissent ces inductions? Ont-ils donné aux études du Musée quelque éclat, quelque impulsion nouvelle, comme on pourrait le croire au premier aspect; ou bien, simples faveurs du prince, sont-ils demeurés stériles comme de vaines distinctions?

Le fait est qu'Adrien a précipité la chute du Musée par ce qu'il a fait en Egypte et par ce qu'il a fait ailleurs.

(1) *V.* sur cette dignité, Salmasius *in Spartiani Hadrian.*, c. 7, et *Jul. Capitol. ad Marc. Ant.*, c. 4.

(2) Arius ἐx μουσείου, *V.* Letronne, *Statue vocale de Memnon*, p. 217. — Suidas, s. v. Theon.

En effet, il a mis à la tête du Musée un chef qui avait rempli près de lui les fonctions de secrétaire, et à Rome celles de garde des bibliothèques, mais un chef dont l'instruction était médiocre, dont le nom était peu connu, qui appartenait à une de ces familles romaines où l'on apprenait assez de grec pour pouvoir aspirer à certaines places, et qui a pu être propre aux fonctions sacerdotales que lui confiait le prince, mais qui n'apportait aucune illustration littéraire à la maison qu'il venait diriger. Les autres nominations d'Adrien étaient plus fâcheuses encore pour la prospérité des lettres ; elles établissaient des *sinécures* en faveur de Dionysius et de Polémon, et elles récompensaient, dans Pancrate, de plates adulations ; il était impossible que de pareils choix, qui changeaient le caractère du Musée et présentaient aux successeurs d'Adrien les plus fâcheux exemples, n'y perdissent pas les études.

Cependant, ce prince acheva d'affaiblir celles d'Alexandrie en créant à Rome, un athénée ; à Athènes, une bibliothèque ; à Rome, à Athènes et dans les villes les plus importantes de la Grèce, des chaires de grammaire, d'éloquence et de littérature grecque en général.

L'effet de toutes ces mesures, funestes pour le Musée les unes et les autres, fut d'autant plus rapide que déjà de nombreuses émigrations avaient atteint l'école d'Alexandrie ; que déjà une partie considérable de la population de cette ville, celle qui professait le christianisme, s'en éloignait avec une vive antipathie ; que deux autres, celles qui professaient le judaïsme et l'ancien culte de l'Égypte, l'avaient toujours vue avec jalousie, et que les Grecs eux-mêmes, ou les Macédoniens, comme ils aimaient à s'appeler, de tout temps race frivole, semblaient regarder cet établissement avec une grande indifférence. Un fait autorise cette induction à leur égard.

Un rhéteur de ce siècle, Dion Chrysostome, qui se plut à leur adresser une de ses compositions oratoires, et qui commence par les qualifier de *rieurs*, n'a rien de plus sérieux à leur dire sur ce Musée qu'un jeu de mot : il les invite à joindre les Grâces aux Muses, afin que leur temple des Muses (μουσεῖον) ne soit pas un vain nom, comme il y en a tant d'autres auxquels ne répond aucune chose. (1)

Le règne d'Adrien, qui fut pour les écoles de la Grèce une ère de restauration et de prospérité, marque donc une époque de décadence pour celles d'Alexandrie; mais il est incontestable que, dans les premiers temps de la domination romaine, les chefs de l'empire n'avaient cessé de prodiguer aux établissements littéraires de l'Égypte tous les genres d'encouragements, et le tableau que nous allons présenter des membres du Musée pendant cette période va nous en fournir une preuve de plus.

(1) Orat. XXXII.

CHAPITRE IV.

COMPOSITION DU MUSÉE PENDANT CETTE PÉRIODE. — SITUATION DES AUTRES ÉCOLES GRECQUES. — APPARITION DES ÉCOLES JUDAÏQUE, GNOSTIQUE ET CHRÉTIENNE D'ALEXANDRIE.

La protection accordée aux établissements d'Alexandrie par César, Antoine, Auguste et Claude, porta ses fruits, et l'école des Lagides se maintint quelque temps prospère et active sous ses nouveaux maîtres. Un assez grand nombre de savants quittaient l'Égypte pour Rome, et néanmoins il en resta beaucoup dans Alexandrie, grâce à l'ancien Musée, à celui de Claude, au Sérapéum et au Sébastéum.

On y trouvait toujours les mêmes catégories d'auteurs : des grammairiens qui joignaient l'étude de la rhétorique à celle de la philologie et de la critique ; des historiens qui étaient en même temps géographes et polygraphes ; des philosophes qui professaient les uns l'éloquence, les autres la morale, la politique et la religion ; des mathématiciens qui réunissaient l'étude de l'astronomie et de la mécanique à celle de l'arithmétique et de la géométrie ; et enfin, des médecins qui joignaient l'histoire naturelle et la botanique à l'anatomie.

L'école d'Alexandrie apparaît même plus nombreuse dans cette période que dans celle de Ptolémée VII à Cléopâtre, et une plus grande affluence s'explique à la fois par l'incorporation de l'Égypte à l'empire et par l'enseignement plus régulier qu'on y offrait désormais, obligé qu'on était de songer à la jeunesse d'un plus grand nombre de cités.

Cette jeunesse venait apprendre avant tout, le grec, langue

savante et riche qu'avaient étudiée Cicéron, César, Auguste, les plus grands orateurs de Rome, et que désormais tout Romain qui aspirait aux dignités devait posséder à peu près comme la sienne. Ainsi le voulaient les mœurs et les nécessités d'un empire qui avait absorbé le monde grec, et qui était dominé par la puissance du génie qu'il avait soumis à ses lois. Aussi les grammairiens, les philologues et les critiques faisaient-ils la majorité des savants d'Alexandrie et du Musée.

Il paraît même qu'ils y formaient plusieur écoles; et que soit au Musée, soit dans la ville, on venait se grouper librement autour d'eux, suivant leur doctrine et leur célébrité.

Ainsi, nous trouvons au temps de Cléopâtre, d'Auguste et de ses premiers successeurs, toute une série de chefs : Archias, Epaphrodite, Philoxène, Xénarque, le maître de Strabon à Séleucie et à Alexandrie; Euphranor, Didymus, Apollonius et Théon, qui furent les maîtres d'Apion, que nous verrons lui-même devenir chef d'école.

Peu après ces savants professaient Apros; Héraclide, disciple d'Apros et de Didyme; Tryphon, fils d'Ammonius, petit-fils d'Ammonius, disciple d'Aristarque; Démétrius d'Adramytte, qui s'attira le surnom d'Ixion, pour avoir volé les bracelets de Junon dans un temple d'Alexandrie; le rhéteur Héliodore, que cite Horace; son disciple Irénée, qui se fit appeler *Pacatus* à Rome; Chérémon et son disciple Dionysius, fils de Glaucus, qui devint à Rome bibliothécaire et personnage politique. (1)

Plus tard encore, à partir du règne de Néron, et vers l'époque de Trajan et d'Adrien, c'est une autre génération non moins nombreuse de rhéteurs et de grammairiens que présente l'école d'Alexandrie; ce sont Nicanor, Séleucus, Orion, qui fit en latin le panégyrique d'Adrien; Sérapion, Pollion, son fils; Diodore ou Théodore, Léonidas, Héphestion, d'Alexandrie, Ptolémée, fils d'Héphestion, et Harpocration.

(1) Suidas s. hh. vv.

Héphestion et Harpocration ne s'étaient rendus en Égypte que pour acquérir la science dont ils devaient si bien trafiquer à Rome.

Enfin Apollonius Dyscolus éclipsa tous ses rivaux par la multiplicité de ses travaux, et Julius Vestinus, le lexicographe, par la haute position qu'il acquit, la présidence du Musée.

Un nombre aussi considérable de grammairiens s'explique à-la-fois par la nouvelle situation qu'avait faite au Musée la conquête romaine, et par l'existence simultanée de plusieurs écoles. Cette simultanéité se comprend à son tour, dès que la ville d'Alexandrie est envisagée comme l'école principale du monde greco-romain. Or elle avait ce rang. En effet, on y venait se former pour les affaires, pour la rédaction, la correspondance ou l'enseignement. Dans ce dernier cas, on débutait en Égypte, puis on se rendait à Rome, où l'on était recherché et payé en raison de la renommée qu'on venait d'acquérir sur le premier théâtre de l'érudition.

Le rang qu'Alexandrie occupa dans l'opinion des maîtres du monde n'est pas attestée seulement par cette affluence, il l'est par le don d'Antoine, la fondation de l'Augustéum, l'admiration de Tibère pour les poëtes d'Alexandrie, l'institution du Claudium, la déférence de Néron pour les membres du Musée, les visites que firent à cette maison plusieurs empereurs, les nominations qu'y fit Adrien.

Les savants d'Alexandrie méritaient ces hommages. Ceux dont nous venons de réunir les noms dans le groupe des grammairiens et des philologues, embrassaient dans leurs travaux la critique littéraire, l'art oratoire, et, si nous en jugeons par l'exemple d'Apion et de Chérémon dont Josèphe réfute si vivement les ouvrages (1), toutes les questions d'histoire et de religion que présentait la situation de l'Égypte.

Il nous faut considérer d'ailleurs que les études de langue grecque acquéraient chaque jour plus d'importance. A me-

---

(1). *Contra Apionem.*

sure que les diverses parties de la population hellénique, jadis fractionnées et isolées les unes des autres par la diversité des mœurs et des institutions, se confondaient davantage en une sorte de nation idéale, désormais soumise aux mêmes maîtres, le langage aussi tendait à devenir partout le même (γλῶσσα κοινή), et les dialectes disparaissaient des livres comme de l'usage. La ville d'Alexandrie parlait elle-même un idiome où perçait le dialecte macédonien ; cependant le Musée avait fait, pour la grammaire et la prosodie, plus de travaux qu'aucune autre école, et si celle d'Athènes lui contestait la supériorité du goût et ces grâces de la diction qui constituaient l'atticisme, elle ne songeait pas même à rivaliser avec lui sous le rapport de l'érudition et de la critique. Or, c'était cette science que cherchait Rome ; et l'art oratoire tel qu'elle le demandait, l'art raffiné et savant, Alexandrie l'offrait mieux qu'aucune autre cité du monde grec.

Plus cet art était utile et richement payé à Rome, plus il prédomina naturellement dans cette période.

La poésie était moins cultivée. A la vérité on l'aimait encore et quelques-uns des chefs de l'empire avaient institué des combats de poésie grecque ; mais Rome qui distribuait les prix, jugeait mal des vers et donnait mieux les récompenses dues à la prose ; aussi la prose l'emporta partout. Quelques critiques étudièrent la vieille poésie de la Grèce et de l'Ionie ; ces derniers se firent remarquer par cette prédilection, et on les distingua par le surnom d'*Homériques* (1). D'autres essayèrent encore d'imiter cette poésie ou de faire des vers à leur façon, mais ils furent en petit nombre et n'ajoutèrent rien à l'art, le *poëme anthomérique* de Ptolémée Chennus, en 24 livres, les 14 livres de rapsodie du même auteur, dont nous parlerons bientôt, nous donnera l'occasion de le répéter. L'épigramme est peut-être le seul genre

---

(1) Arius, poëte homérique du Musée. *V.* ci-dessus, p. 268. — Le grammairien Séleucus portait aussi l'épithète d'*Homérique*.

de poésie alexandrine qu'on puisse lire encore avec quelque plaisir, et les anthologies ont conservé de Léonidas des vers pleins de sel. Il suffisait du petit talent qu'exige ce genre pour se placer parmi les poëtes. Nous avons vu qu'Adrien reçut au Musée Pancrate, qui ne se distingua que par une idée que l'empereur seul trouva poétique (1). (Voyez ci-dessus, page 267.)

Les historiens, les géographes et les polygraphes furent plus nombreux que les poëtes, et quelques-uns d'entre eux firent d'estimables travaux. Chérémon, qui rappelait à-la-fois l'érudition de Manéthon et celle d'Ératosthène, fut grammairien, philosophe, astronome et historien. Appartenant par sa naissance et son éducation à l'Égypte ancienne, il composa des *Ægyptiaca* et des *Hieroglyphica*, qui lui valurent le titre d'écrivain sacré, ἱερογραμματεὺς (2), et que nous estimerions d'autant plus, qu'à en juger par un fragment qui se trouve dans un traité de *Porphyre* (3), leur auteur était moins *grécisé*. Suivant Josèphe, il y aurait abordé des questions de polémique nationale et religieuse du plus haut intérêt; car c'est dans ces deux ouvrages, sans doute, qu'il avait émis les opinions que l'adversaire d'Apion réfute avec tant de chaleur. La description d'Alexandrie, faite à cette époque par Nicanor, ne serait pas moins précieuse (4); et les recherches d'Apion sur *Diverses nations* nous offriraient d'autant plus d'intérêt que, dans la polémique dont nous venons de parler, ce savant paraît avoir été, du temps de Philon, à la tête du parti gréco-égyptien. Josèphe lui conteste cette supériorité et nie l'alliance des Grecs avec les Égyptiens; ce sont ces derniers seuls qui auraient été, suivant lui, les auteurs de la division; tant que les Juifs et les Macédoniens se seraient trouvés seuls à Alexandrie, ils auraient été d'ac-

---

(1) Contemporain d'Athénée (*Deipnos.* XV, c. 6).
(2) Eus. *Præp. Ev.* XI, 57, v. 10, ed. Vales.
(3) *De Abstinent.* IV, p. 360.
(4) Steph. Byzant. *V. Alexandria.*

cord, et ce serait *l'introduction des Égyptiens dans Alexandrie* qui aurait rompu la paix; mais Josèphe est évidemment dans l'erreur sur l'origine de cette polémique, et nous croyons qu'il l'est aussi sur le mérite de son adversaire.

Ariston et Eudore, qui soutenaient une autre polémique, qui s'accusaient mutuellement de plagiat au sujet de leurs *Traités sur le Nil*, sont d'autant moins regrettés, qu'un géographe qui n'était pas d'Alexandrie, sut mieux profiter des travaux amassés dans cette ville pour la magnifique composition qu'il nous a laissée : je parle de Strabon.

Il en fut des immenses matériaux qu'on avait réunis dans Alexandrie pour l'histoire générale ou particulière, comme de ceux qu'on avait recueillis pour la géographie politique ou physique. Ce fut un écrivain élevé dans Alexandrie qui les exploita le mieux dans cette période, ce fut Appien, né en Égypte, mais qu'on ne saurait considérer comme membre du Musée puisqu'il vécut à Rome.

Sur la fin de la période précédente, nous avons remarqué dans Alexandrie une singulière réunion de philosophes, les uns purement sophistes, les autres courtisans et hommes politiques, d'autres encore hommes d'études graves et sérieusement occupés d'une restauration de cette science si dégénérée alors, si absorbée dans la commune décadence de toutes choses en Grèce. Cette renaissance se développe dans les premiers siècles de notre ère; et à mesure que dans cette ère grandit la sérieuse doctrine que S. Marc avait fait connaître dans Alexandrie, ce ne sont plus des cyrénaïciens, des épicuriens ou de frivoles sophistes qu'on rencontre au Musée, ce sont des stoïciens, des péripatéticiens ou des platoniciens, qui recherchent des doctrines plus positives et surtout plus religieuses que celles de leurs prédécesseurs. Leur nombre est assez considérable. Auguste enlève au Musée *son ami* le stoïcien Arius; mais un autre stoïcien lui succède aussitôt dans l'enseignement des doctrines du Portique : c'est Théon, qui écrit à-la-fois sur la rhétorique et la physiologie. En même temps il s'en rencontre un autre qui donne à ses leçons un plus haut degré de gravité : c'est Sotion d'Alexandrie, le maître de Sénèque, qui associe aux principes des stoïciens ceux de Pythagore. Chérémon, qu'on fit venir de l'Égypte à Rome pour l'éducation du futur chef de l'empire, professait également le stoïcisme. Le péripatétisme était représenté par Boéthus, le maître de Strabon ; Ariston et Eudore, les géographes, et Alexandre d'Égée ; mais l'ancien système du Lycée ne suffisait pas non plus à ceux qui le professaient à cette époque. Ammonius, que Néron enleva au Musée pour l'envoyer à Athènes, comme Tibère lui avait enlevé Chérémon au profit de Rome, joignit au péripatétisme la doctrine de Platon ; et l'on voit par son disciple Plutarque combien la tendance morale et religieuse était forte dans son enseignement.

Au milieu de ces graves éléments de méditation, l'un des plus beaux mais des plus mystiques génies de l'époque, Philon, vint jeter ceux du mosaïsme, déguisés autant que possible sous un vernis platonicien, comme Aristobule les avait déguisés une première fois sous les dehors du péripatétisme. Un débat très varié, très sérieux, rattaché aux intérêts de plusieurs écoles profanes et de plusieurs sanctuaires, était ainsi établi sur le même théâtre, et sinon sous les portiques du Musée, où certainement Philon n'eût pas été accueilli avec une grande courtoisie, du moins dans l'enceinte de la même cité. Pour qu'Alexandrie devînt le foyer d'un puissant mouvement de philosophie, il ne fallait qu'un penseur qui vînt rendre au dogmatisme toute sa nouveauté, en le faisant passer, sous toutes ses formes, par l'épreuve du doute ou du scepticisme.

C'est là précisément ce que fit Énésidème, dont on ne peut fixer l'époque précise, mais qui parut dans l'intervalle de Cicéron à Sexte l'Empirique, et qui franchit avec hardiesse les écoles moyennes d'Arcésilas et de Carnéade, pour reprendre avec Pyrrhon l'examen du principe même de la connaissance. En l'attaquant plus spécialement dans ses éléments sensibles, dans les sciences d'observation et dans les études médicales (1), il l'atteignait précisément dans tout ce qui mettait l'école d'Alexandrie le plus directement en jeu ; et nous verrons comment elle répliqua.

Aux méditations sérieuses de la philosophie se joint toujours un mouvement sérieux dans les sciences exactes et dans les sciences naturelles.

Les premières eurent dans cette période Sosigène, qui réforma le calendrier pour Jules César; et Claude Ptolémée, qui observa le ciel mieux qu'on n'avait fait avant lui, et qui, tout en revenant à quelques erreurs rejetées par ses prédécesseurs, eut le mérite de résumer pour une longue postérité, comme pour ses contemporains, la science cosmographique de l'école de Canobus comme de celle d'Alexandrie.

Ménélas, qui seconda ces travaux, ne les avança peut-être pas, mais il maintint la supériorité de l'école d'Égypte sur les institutions rivales.

Les sciences naturelles, et surtout les sciences médicales, n'étaient plus cultivées par des hommes aussi éminents qu'Hérophile et Érasistrate; mais Alexandrie était encore l'école de médecine la plus célèbre; et pour un praticien c'était à Rome, comme ailleurs, un grand titre à la confiance que d'en avoir été l'élève (2). Nous avons vu qu'Asclépiade de Pruse, formé par les leçons de Cléophante, quitta Alexandrie au moment où allait s'établir la domination romaine. Soranus, élevé à la même école, lui fit la même infidélité à l'époque de Trajan et d'Adrien (3), quand les honneurs de l'archiatrat établi depuis Domitien étaient si séduisants pour un Grec; mais d'autres s'attachèrent au théâtre même de la science, et plusieurs professeurs, parmi lesquels on

---

(1) Diog. Laert. IX, 116. — Eus. præp. evang. XIV, 7, 18.
(2) Sprengel, *Gesch. der Artzneik.* I!, p. 132.
(3) Suidas, s. h. v.

distinguait Héraclien, l'enseignaient avec succès, quand Julien et son condisciple Galien, qui devait la réformer un jour, vinrent l'étudier dans cette célébre cité. (1)

D'après ce qui précède, le tableau de l'école d'Alexandrie, des membres, des hôtes, des disciples ou des émules du Musée et des chefs de la Bibliothèque, pendant cette période, serait à faire ainsi qu'il suit :

1. Bibliothécaire. } Chérémon, le seul qui soit cité dans cette période.

2. Président du Musée. } Vestinus, le seul de tous les présidents dont le nom soit parvenu jusqu'à nous.

3. Ptolémée?
   Aristonicus?
   Xénarque,
   Epaphrodite,
   Philoxène,
   Euphranor,
   Didyme, Apros?
   Apollonius, fils d'Archibius,
   Apion Pleistonikès ou Mochthos, Tryphon,
   Archibius?
   Dionysius,
   Séleucus, l'Homérique,
   Orion,
   Sérapion, Nicanor,
   Démétrius d'Adramytte,
   Téléclès?
   Habron,
   Apollonius Dyskolos,
   Pollion,
   Diodore ou Théodore, disciple de Téléclès,
   Harpocration?
   Héphestion?
} Grammairiens et rhéteurs, membres certains ou probables du Musée.

(1) *Comment.* 2. *in lib. de natur. hum.* p. 22.

4. Héliodore, le rhéteur.	Membre probable du Musée, qui devint préfet de la province.

5. Léonidas,
   Pancrate,
   Arius, à distinguer du philosophe du même nom.
	Poëtes, membres probables.

6. Apion,
   Chérémon,
   Ariston,
   Eudore,
   Nicanor, fils d'Hermias.
	Historiens, géographes, polygraphes, membres probables.

7. Aréios ou Arius,
   Boéthus,
   Sosigène,
   Ariston,
   Eudore,
   Chérémon, Théon, Sotion, Héraclide; Sarpédon, disciple de Ptolémée,
   Ammonius, plus tard à Athènes; Euphrate; Enésidème, discipl d'Héraclide(1).
	Sophistes et philosophes, membres probables ou certains.

8. Dionysius, Polémon.	Philosophes, membres non résidents du Musée.

9. Sosigène,
   Ménélas,
   Claude Ptolémée.
	Mathématiciens, cosmographes, astronomes, membres probables.

10. Cléophante, Soranus,
    Héraclien,
    Julien.
	Médecins, membres probables.

11. Ptolémée, maître du philosophe Héraclide, Héraclide, maître d'Enésidème.	Membres douteux.

---

(1) L'école sceptique remontait à Timon, par Ptolémée, disciple d'Eubule, et Eubule, disciple d'Euphranor.

12. Didymus, aux entrailles de fer (1), Apros (2), Héraclide du Pont, Asclépiade de Myrlée, à distinguer du médecin; Archibius,
Tyrannion l'ancien,
Tryphon,
Habron, disciple de Tryphon,
Tyrannion le jeune,
Démétrius d'Adramytte,
Apion, le dernier Aristarchéen,
Chérémon, précepteur de Néron; Dionysius, son disciple; Pollion,
Xénarque de Séleucie,
Epaphrodite,
Irénée ou Pacatus,
Ammonius, le philosophe,
Soranus. } Savants qui ont quitté Alexandrie pour Rome, Athènes ou Pergame.

13. Héraclide du Pont, disciple de Didymus à Alexandrie, (3)
Strabon,
Appien;
Apollonius de Tyane, Asclépiade de Pruse,
Dion, stoïcien et rhéteur, et son ami Euphrate d'Alexandrie, Stoïcien, qui se trouvèrent à Alexandrie avec Vespasien et Apollonius. (4) } Hôtes ou membres du Musée.

(1) Il écrivit contre Cicéron et n'appartient qu'au début de cette période.
(2) Fut-il en Egypte? Héraclide du Pont l'entendit à Rome, après avoir entendu Didyme à Alexandrie. Suidas, s. v. *Heraclid. Pont.*
(3) Il ouvrit une école et donna des leçons à Rome sous Claude et Néron. Suidas, s. v. *Heraclid.*
(4) Phil. *Vita Apollonii*, II.

Un nombre aussi considérable de savants, et en particulier de grammairiens, de rhéteurs ou de sophistes, qui se rattachent tous à l'École d'Alexandrie, est un fait d'autant plus frappant, qu'il y avait plus d'écoles sur les divers points de l'empire et dans des villes plus propres à attirer la jeunesse, telles que Rome, Athènes, Pergame, Smyrne et Antioche, sans parler de Tarse ou de Rhodes, qui continuèrent à jouir d'un enseignement assez notable.

Le nombre des philosophes qui se retrouvent au Musée est d'autant plus remarquable aussi, que les écoles de la Grèce maintenaient leur enseignement, et que quelques-unes d'entre elles avaient encore une sorte de célébrité. L'Académie subsistait. Son siége fut ravagé, il est vrai, par Sylla, qui enleva ensemble la bibliothèque d'Apellicon et ce grammairien (1); mais depuis longtemps le platonisme n'était plus attaché exclusivement au Gymnase où il était né, et les platoniciens se maintinrent après comme avant les guerres du dictateur.

En général, la philosophie était enseignée partout où il y avait une école de rhétorique; et l'île de Rhodes, par exemple, où l'on n'avait cultivé d'abord que l'éloquence, eut, sous la direction de Posidonius, premier magistrat ou Prytane de la cité, des leçons de métaphysique qui attirèrent Cicéron et Pompée. D'autres villes qui n'avaient jamais eu d'écoles eurent des cours de philosophie à cette époque; il est vrai, toutefois, que plusieurs d'entre elles eurent aussi peu de durée que celle de Nicopolis en Épire, qui naquit et mourut avec Épictète, son fondateur; et que beaucoup de philosophes préférèrent, comme Arrien, les faveurs de Rome à l'indépendance des provinces. En général Rome, en créant des bibliothèques, des musées (2), des chaires, des combats d'éloquence et de poésie, attirait trop puissam-

---

(1) Suidas, v. *Sylla*. — Lucian., *adv. indoct.*
(2) L'Apollinéum d'Auguste, l'Athénée, etc.

ment des gens qui ne demandaient pas mieux que de venir, et qui semblaient tous partager l'opinion de Démétrius de Phalère, le fondateur de la bibliothèque d'Alexandrie, sur la nécessité d'entourer les princes d'autres conseils que ceux de leurs amis.

Cependant, ce ne furent pas les établissements de Rome, ce furent ceux d'Athènes qui affaiblirent le plus l'École d'Alexandrie. Plutôt que de s'expatrier et, pour ainsi dire, se faire Romain, en allant suivre les écoles instituées à Rome, la jeunesse grecque préférait la cité des Lagides. Ce ne fut plus la même chose quand Adrien rétablit l'enseignement d'Athènes. Dès ce moment, ce fut Athènes qui redevint la capitale des lettres grecques; et dès lors, la décadence du Musée fut d'autant plus rapide, que, d'un côté, il subit de violentes catastrophes, et que, d'un autre côté, il s'éleva tout-à-coup en face de lui deux écoles nouvelles, l'une chrétienne, l'autre gnostique, et qui, nous allons le voir, firent l'une et l'autre leur apparition dans Alexndrie avec un grand éclat.

CINQUIÈME PÉRIODE.

De l'an 138 à l'an 312 avant Jésus-Christ.

D'ADRIEN A CONSTANTIN.

CHAPITRE PREMIER.

DÉCADENCE DES INSTITUTIONS LITTÉRAIRES D'ALEXANDRIE SOUS LES ANTONINS. — RÉTABLISSEMENT DES CHAIRES D'ATHÈNES. — ORIGINE ET PROGRÈS DU DIDASCALÉION OU DE L'ÉCOLE CHRÉTIENNE. — ÉCOLES GNOSTIQUES D'ALEXANDRIE. — SUPPRESSION DE SYSSITIES PAR CARACALLA. — RUINE DU BRUCHIUM PAR AURÉLIEN. — FIN PROBABLE DES MUSÉES ET DES BIBLIOTHÈQUES DE CE QUARTIER. — RAVAGES EXERCÉS DANS ALEXANDRIE PAR DIOCLÉTIEN. — NOUVEAU RÔLE DU SÉRAPÉUM.

Adrien prépara la ruine des établissements d'Alexandrie, non-seulement par les funestes nominations qu'il fit au Musée, mais surtout par la puissante rivalité qu'il lui donna en rétablissant les écoles de la Grèce et de l'Asie-Mineure.

Trois autres causes vinrent hâter la décadence des institutions que les Lagides et les premiers Césars avaient faites pour les lettres; ce furent d'abord les progrès du christianisme, qui détachèrent des écoles païennes une partie considérable de la population; ce fut ensuite l'indifférence de Rome pour les études d'Alexandrie; ce furent enfin les violences que plusieurs chefs de l'empire exercèrent dans cette splendide cité.

I. Déjà, avant le règne d'Adrien, Athènes reprenait quelque chose de son ancienne célébrité. Quoique Sylla eût ravagé l'Académie et enlevé ce qui restait de la bibliothèque du Lycée; que, dans l'intervalle du dictateur au règne de Trajan, on fût réduit aux leçons de rhéteurs ou de sophistes payés par leurs élèves, il s'était maintenu des débris d'études dans Athènes. Quand Adrien y rétablit des bibliothèques et des chaires (θρόνοι) richement dotées (1), principalement pour l'éloquence et la philosophie, ces institutions répondirent si bien à l'esprit du pays, et attirèrent des diverses parties du monde grec et romain une jeunesse si nombreuse, que la cité de Platon et de Démosthène parut entrer un instant dans une ère nouvelle. Citoyens, élèves, professeurs, tous se prirent d'enthousiasme pour l'éloquence et la philosophie. Ce fut une véritable exaltation. Ceux qui occupaient les *trônes* de la science parèrent leurs discours (ἐπιδείξεις, διαλέξεις, λαλίαι) avec un luxe singulier, et firent de leurs salles de cours, qui prenaient le nom de *théâtres*, une sorte de spectacle public; et plus la foule des auditeurs les couvrait de ses fanatiques applaudissements, plus ils renchérissaient les uns sur les autres pour attirer encore plus d'élèves et provoquer des démonstrations plus véhémentes. Bientôt, Antonin le Pieux ayant joint aux dotations de ces chaires, des immunités, et surtout la dispense, pour les professeurs, des fonctions municipales; puis, Marc-Aurèle ayant donné au cours de philosophie une organisation

---

(1) Pausan. I, 18, 6, cf. 5. — Hieron., *Chronic.*; olymp. 227. — Philost. I, 24.

plus complète, il y eut de nouveau, dans Athènes, des professeurs de platonisme, de stoïcisme, d'épicuréisme et de péripatétisme (1). Les *diadochies* se rétablirent alors avec une régularité qui n'avait pas lieu même au Musée, et, dans une sage prévision, l'on forma des caisses pour suppléer aux intermittences possibles de la faveur impériale. (2)

Les écoles de Pergame, d'Éphèse, de Tarse, de Smyrne et d'Antioche reçurent quelques développements aussi ; et il est probable que, partout, la question religieuse qui avait surgi aux portes d'Antioche et qui dès son origine y avait trouvé des partisans, fournit aux débats du monde grec un élément nouveau. Déjà Athènes, Éphèse et Rome comptaient dans leur sein, comme Antioche, des chrétiens qui ne se bornaient plus à professer la nouvelle religion à l'intérieur, qui la prêchaient au dehors. Déjà les docteurs du christianisme affluaient à Rome, où s'étaient rendus leurs maîtres, les chefs des apôtres ; déjà des philosophes d'Athènes embrassaient leurs principes, et ces principes, introduits dans les provinces les plus reculées de l'empire, sous la bannière du judaïsme, attaquaient trop profondément les mœurs par les croyances et les institutions par les mœurs, pour que les professeurs du polythéisme n'y vissent pas un péril imminent.

II. Ce péril était plus grand pour Alexandrie que pour toute autre cité de l'empire. En effet, depuis longtemps le judaïsme, qui préparait au christianisme, avait en Égypte un grand centre d'activité ; il y avait donné une version de son Code ; fondé, ce qu'il ne possédait nulle part ailleurs, un sanctuaire indépendant de Jérusalem, celui d'Héliopolis, et créé des synagogues où s'étaient formés deux hommes éminents, Aristobule et Philon. Seuls parmi les savants de leur religion, ces deux écrivains avaient acquis de la célébrité,

---

(1) Philost. *Vit. Soph.* II, 2.
(2) Photii *Bibl.*, p. 346. — Eunapius, *ed. Wyttenb.*, p. 45.

mais d'autres avaient secondé assurément leurs travaux, tous empreints d'un singulier prosélytisme (1). Si ces travaux avaient obtenu peu de succès au Musée, du moins les savants s'en étaient émus, depuis Manéthon jusqu'à Apion. On avait repoussé avec dédain ces doctrines qui venaient revendiquer la paternité de toutes les idées élevées qu'avait enfantées la Grèce, depuis Orphée jusqu'à Platon, et qui ne se cachait sous le manteau de ce philosophe ou sous celui d'Aristote, que pour mieux régner; mais ce que le judaïsme n'avait pas fait par lui-même, il devait le faire par ses disciples. Il en avait formé. Philon était devenu le commun précepteur de tous ceux, parmi les docteurs chrétiens, qui voulaient s'instruire de la philosophie ou du polythéisme, sans étudier les écrits des païens où tout blessait leur foi. Cette étude de Philon, jointe à celle d'Aristobule, d'un côté, d'un autre, à celle des apôtres dont le langage était si semblable, fit tout-à-coup, des simples leçons données par les chrétiens à leurs catéchumènes, des écoles de philosophie, de dialectique et de polémique, qui combattirent les doctrines des philosophes, pendant que les prédications ordinaires convertissaient la foule du peuple et révélaient aux penseurs une crise profonde dans la société.

La plus célèbre de ces écoles s'établit en face du Musée d'Alexandrie, et puisa dans ce voisinage sa science et sa supériorité. Fondée par S. Marc, comme l'insinue S. Jérôme (2), ou par un de ses successeurs, comme on a lieu de croire, elle était encore consacrée aux catéchumènes quand la direction en fut confiée, soit à un ancien stoïcien, soit à un ancien platonicien, car les témoignages d'Eusèbe, de S. Jérôme, de Philippe Sidète et de Rufin se divisent entre Athénagore et S. Pantène. Dirigée, depuis les An-

---

(1) Matter, *Histoire du christianisme et de la Société chrétienne*, 2e édition, v. I, p. 39.

(2) Catal. c. 36, p. 107.

tonins, par un philosophe, l'école jusque-là destinée à la jeunesse devint un centre d'études philosophiques et philologiques pour les prêtres et les chefs des établissements chrétiens. Quelques modernes pensent qu'elle aurait eu la prétention d'imiter le Musée (1). Loin de là, elle conserva son nom modeste de Διδασκαλεῖον ou de Παιδευτήριον qu'on donnait en Grèce aux écoles de l'enfance (2). Ses chefs prenaient celui de διδάσκαλοι κατηχήσεων (3) et ils caractérisaient fort bien cet établissement en l'appelant διδασκαλεῖον ἱερῶν λόγων ou ἱερὰ διατριβή.

Tandis que le Musée embrassait toute la littérature et toute la science connue, y compris la médecine, le Didascalée se consacrait essentiellement aux études religieuses. Mais ces études, d'abord bornées aux Saintes lettres, à Philon et à Josèphe, comprirent bientôt la philosophie, l'histoire, et jusqu'à un certain point la mythologie et la cosmographie de la Grèce. Elles formaient donc un puissant ensemble, dominé par un seul principe, la foi, et elles avaient tout l'attrait de la science, attrait que les chrétiens ne redoutaient pas. Ils remarquaient même avec une sorte de satisfaction qu'Athénagore devenu docteur de catéchèses continuait de porter le *pallium* des philosophes (ἀνὴρ ἐν αὐτῷ χριστιανίσας τῷ τρίβωνι), comme il continuait à professer avec la précision et la rigueur des méthodes de l'école. Athénagore avait enseigné la philosophie; il avait dirigé, dans Alexandrie même, une école platonicienne (ἀκαδημαϊκῆς σχολῆς προϊστάμενος), et avec son manteau, il gardait la science et l'autorité du professorat. On doit penser de même de S. Pantène, qui vé-

---

(1) « Quia Alexandriæ jamdudum Museum illud celeberrimum floruerat, similis scholæ christianæ instituendæ facile capere potuerunt consilium ». Guericke, *de scholâ quæ Alexandriæ floruit catecheticâ*, p. 20.

(2) Euseb. *Hist. ecc.*, V. 10. — Photii Bibl. c. 118. — Niceph. *Hist. eccles.*, IV, 32. — Philipp. Sid., p. 488.

(3) Hieronym. *cat.* c. 38.

cut, suivant S. Jérôme, sous Septime-Sévère et Caracalla, mais qui fut peut-être quelque temps le contemporain d'Athénagore, sinon son collaborateur au Didascalée, et qui, dans tous les cas, fut le maître de S. Clément d'Alexandrie. Ce dernier, qui le nomme le *père* de ses ouvrages, avait reçu de lui la succession du Didascalée (1), comme Théophraste avait reçu autrefois, d'Aristote, celle du Lycée, et Speusippe, de Platon, celle de l'Académie. A partir de cette époque, les auteurs chrétiens emploient même les termes de ἡγεῖσθαι, διαδέχεσθαι et de διάδοχος, ces locutions habituelles des écrivains et des écoles profanes.

L'enseignement de philosophie donné au Didascalée fut d'autant plus dangereux pour le polythéisme, qu'il fut plus éclectique, et que ceux qui le faisaient avaient renoncé plus complètement aux principes exclusifs des sectes de philosophie qu'ils avaient quittées. L'éclectisme, nous le voyons par une foule d'exemples et celui de Plutarque surtout, était la tendance de l'époque. Beaucoup de philosophes passaient pour appartenir à des écoles différentes. S. Pantène, qui était stoïcien suivant Eusèbe, était pythagoricien suivant Philippe Sidète. S. Clément d'Alexandrie, formé à la meilleure des écoles chrétiennes de son temps, nourri de toute la science sacrée et profane qu'offrait Alexandrie, professa hautement l'éclectisme. « Ce que j'appelle philosophie, dit-il, ce n'est pas celle des Stoïciens, ni celle des Platoniciens, ni celle des Épicuriens, ni celle des Péripatéticiens; mais tout ce que chacune de ces sectes a dit de bon, *ce qui enseigne le juste avec science, tout cela réuni, c'est là ce que je nomme philosophie.* » (2)

S. Clément prit la direction du Didascalée vers la fin du IIe siècle. A cette époque, la doctrine qu'il venait profes-

---

(1) Euseb., *Hist. eccles.* VI, 6. — Hieronym. *Catal.* c. 38. — Photius, *Bibl.*, cod. 118. — Cf. Routh. *Reliq. sacr.* III, 263.
(2) Strom. I, p. 338. ed. Oxon.

ser était celle des meilleurs esprits. Exposée comme elle l'est dans ses *Stromates*, dans son *Exhortation aux Grecs*, dans son *Pédagogue*, écrits où il pressait si vivement ses adversaires de s'élever au-dessus des vieilles fables et des stériles mystères du polythéisme, elle était belle. Elle eut l'attention du Musée. Les chrétiens ne formaient encore qu'une faible minorité ; mais déjà leurs progrès alarmaient les chefs de l'empire ; déjà les prêtres et les philosophes les attaquaient.

Cependant, quand le savant Origène, à peine âgé de dix-huit ans, reçut le Didascalée des mains de S. Clément (1), la polémique était beaucoup plus ardente encore. Nous le voyons par l'ouvrage que ce docteur oppose à Celse, l'un des plus véhéments adversaires du christianisme, et l'un des écrivains du temps qui connaissait le mieux Alexandrie, à en juger par l'écrit même que réfute Origène (2).

La preuve que l'enseignement chrétien devenait redoutable, c'est que les philosophes le calomniaient avec violence, et que plusieurs chefs de l'empire, excités par eux et par les pontifes du polythéisme, prenaient pour l'anéantir des mesures plus sévères. Cependant, si ces mesures purent suspendre les progrès du Didascalée, en forçant Origène à la retraite, elles ne purent arrêter les docteurs de J.-C. Comment atteindre des hommes qui enseignaient, comme eux, les lettres profanes pour *quatre oboles* par jour, et les lettres sacrées gratuitement, allant nu-pieds, jeûnant beaucoup ou prenant une nourriture grossière (3)?

Le Didascalée se maintint donc debout, à travers toutes les rigueurs, sous la succession à peu près régulière d'Héraclas, de Dionysius, de Piérius, de Théognoste, de Sérapion, de Rhodon. Distingué depuis Origène en deux classes, il n'a-

---

(1) Euseb. h. e. VI, 3. — Hieronym., *Cat.* 54. — Phot., *Cod.* 118. — Niceph., *Hist. eccles.* IV, 33.

(2) *Contra Celsum*. C'est dans cet ouvrage qu'il donnait sur les mystères des écoles gnostiques d'Alexandrie, des détails si curieux.

(3) Euseb. VI, 3. — Niceph. V, 4, 5.

vait sans doute point d'autre édifice que la maison de ses chefs, point d'autres revenus que la charité des fidèles jointe au faible salaire des élèves; point d'autre organisation que le saint dévouement de ses docteurs : il enseignait toutefois les lettres profanes et sacrées, et le mouvement des iu´es étant de son côté, il devait entraîner les esprits sérieux.

D'autres se détachèrent du polythéisme pour aller ailleurs. En effet, à côté de cet éclectisme chrétien si bien défini par S. Clément d'Alexandrie, il s'en était placé un autre qui prétendait offrir plus de séduction aux polythéistes du Musée, et qui excita de la part du pouvoir les mêmes rigueurs, de la part des philosophes les mêmes haines, on le voit encore dans les fragments que cite Origène de l'ouvrage perdu de Celse : c'était le gnosticisme qui joignait aux éléments purement grecs et purement chrétiens deux autres encore, la théogonie de l'Égypte et l'astrolâtrie de l'Orient.

Il paraît même que les écoles gnostiques, dont la première fut fondée dans Alexandrie par Basilide sous le règne de Marc-Aurèle, la seconde, par Valentin, quelques années après, la troisième, par les Ophites, un peu plus tard encore, se firent attaquer des polythéistes avant le Didascalée, et que dans Alexandrie on confondit les chrétiens avec les gnostiques, comme dans Athènes et à Rome on les confondit avec les Juifs. Celse reprochait aux chrétiens les doctrines des Basilidiens, des Valentiniens et des Ophites (1); et si nous en croyions une source qui paraît un peu suspecte quand il s'agit du savant Adrien, ce prince lui-même aurait confondu les chrétiens avec les adorateurs de Sérapis (2), er-

---

(1) Matter, *Histoire du gnosticisme*, t. II, p. 81 et suiv.

(2) Illi qui Serapin colunt Christiani sunt, et devoti sunt Serapi qui se Christi episcopos dicunt. Nemo illic Archisynagogus Judæorum, nemo Samarites, nemo Christianorum presbyter non mathematicus, non haruspex, non aliptes. Ipse ille patriarcha cum Ægyptum venerit, ab aliis Serapidem adorare, ab aliis cogitur Christum.... Unus illis Deus nullus est. Hunc Christiani, hunc Judæi, hunc omnes venerantur, etc, Vopisc. *Vita Saturnini*.

reur à laquelle le syncrétisme de l'école gnostique pouvait seul donner lieu.

Le Musée, sanctuaire hellénique que les prêtres du Sérapéum attachés à l'ancien culte de l'Égypte et les prêtres du judaïsme, ainsi que les philosophes de cette religion, avaient toujours vu avec antipathie, et que les institutions d'Auguste et de Claude étaient venues affaiblir, au moment même où les désertions pour Rome devenaient si fréquentes, se trouva donc tout-à-coup entre deux institutions nouvelles, l'une et l'autre également hostiles, l'école chrétienne, distinguée en deux classes, et l'école gnostique, divisée en trois grandes sections. Or ces écoles s'adressaient précisément, en philosophie, à ce penchant pour l'éclectisme, en religion, à ce besoin de foi, qui constituent les caractères et les passions de l'époque; et ces puissantes rivalités s'élevaient au moment même où la libéralité des chefs de l'empire rétablissait les écoles de la Grèce et de l'Asie.

La position du Musée était embarrassante. S'il continuait ses études profanes sans faire attention aux nouveautés du siècle, il était abandonné de ce siècle; s'il les combattait, il se rendait sur un terrain nouveau, et laissait là les lettres et les sciences pour les doctrines morales; s'il les embrassait, il se tuait. Aucun membre de la syssitie n'embrassa donc l'éclectisme, que présentait d'un côté un docteur du christianisme, S. Clément d'Alexandrie, ni celui que présentaient, d'un autre côté, les chefs du gnosticisme, Basilide et Valentin; mais les philosophes du Musée en conçurent un autre, celui d'Ammonius Saccas, qu'ils opposèrent aux deux écoles rivales. Quant à leurs collègues les grammairiens, les mathématiciens et les médecins, ils poursuivirent leurs anciens travaux, comme si rien n'était changé dans ce monde grec et romain, où deux religions en présence engageaient toutes les institutions de l'empire.

Ainsi, quand S. Pantène quittait le Portique, et Athénagore l'Académie, pour enseigner au Didascalée; quand S.

Clément d'Alexandrie proclamait son admirable éclectisme ; quand Héraclas, le disciple d'Origène, abjurait le polythéisme sous les yeux du Musée ; quand de jour en jour on annonçait des conversions nouvelles, cette vieille école, présidée par un prêtre que le chef de l'empire choisissait parmi ses anciens secrétaires ou bien dans quelque sanctuaire d'Alexandrie, se reposait sur ce patronage impérial ou sur ces mesures de rigueur qu'il provoquait contre les *novateurs* et s'en rapportait à ses philosophes pour arrêter le torrent qui débordait sur le monde. Les vieux corps se livrent aux illusions de l'enfance.

D'autres causes de ruine pour le Musée vinrent bientôt se joindre à celles que nous venons d'indiquer. D'abord le cours de ces faveurs sur lesquelles il vivait fut remplacé par l'indifférence ; puis il fut frappé par une série de catastrophes. En effet, en attendant que le christianisme démolît le Sérapéum, et que le mahométisme brûlât la dernière des bibliothèques, ce fut le polythéisme qui porta les coups les plus violents à ces institutions.

III. Après Adrien, qui assimilait les gens de lettres aux chevaliers et aux gouverneurs de provinces, qui mit à la tête du Musée son ancien secrétaire, et qui associa à la syssitie égyptienne un vil adulateur et deux sophistes, cette belle école fut traitée avec indifférence. Le rhéteur Héliodore qui était parvenu au gouvernement de l'Égypte sous Adrien même, et qui garda ce poste sous les règnes suivants, ne paraît pas avoir porté le moindre intérêt aux travaux de la science qui l'avaient élevé, ni aux collègues dont il avait partagé la demeure. Antonin-le-Pieux et Marc-Aurèle aimaient les études ; mais le dernier, qui professait pour la Grèce une si grande déférence et se faisait initier à ses mystères avec tant de ferveur, ne prit soin que de l'enseignement d'Athènes, pour lequel il créa des chaires. Auteur distingué, et cherchant partout les orateurs comme les philosophes, il a dû voir, pendant son voyage en Égypte, les membres du Musée ; mais il ne s'est conservé aucune trace ni de sa présence dans ce palais, ni de sa bienveillance pour l'école d'Alexandrie, tandis que sa visite à Éleusis et sa prédilection pour les écoles d'Athènes ont été célébrées par tous ses biographes. (1)

Son fils Commode, qui fut aussi en Égypte, répéta peut-être la visite de son père; mais, si cela est, elle fut complètement stérile. Septime Sévère s'occupa d'Alexandrie, mais assurément il ne consulta ni les intérêts du Musée, ni ceux de la Bibliothèque, quand, pour assurer la conservation des documents qui se trouvaient encore dans les anciens sanctuaires, il les fit enfermer dans le tombeau d'Alexandre, qui avait échappé, comme le Musée, à l'incendie de César (2). Un prince savant et libéral comme Claude eût fondé un établissement spécial pour l'étude de ces écrits, ou ordonné au Musée de les comprendre dans ses études. Les savants ne fussent peut-être pas entrés dans cette voie plus que les protégés de Ptolémée II n'étaient entrés dans celle des études orientales, ni les membres du Claudium dans celle des études occidentales; mais du moins Sévère agissait avec l'intelligence de son devoir. Ce qu'il fit pour cacher les anciens écrits de l'Égypte eût dû également réveiller la curiosité des savants; mais à ce qu'il paraît, ils furent insensibles au prix de ces trésors.

Cependant Septime-Sévère donna aux Alexandrins le droit de délibération (*jus buleutarum*), dont ils étaient privés jusque-là, n'ayant depuis Auguste, comme sous leurs rois, qu'un seul juge (3). On a supposé que la ville érigea, en l'honneur du prince, une colonne que l'on admire encore et que, par erreur, on appela longtemps la colonne de Pompée (4). Dans tous les cas, l'attention du chef de l'empire

---

(1) Julius Capitolinus se borne à dire de lui : *Fuit Alexandriœ clementer cum iis agens.*

(2) Dio-Cassius II, p. 1266, ed. Reimaro.

(3) Spart. Severus, c. 17.

(4) V. ci-dessus, p. 52.

ne se fixa point sur ces établissements littéraires, qui seuls la distinguaient de tant d'autres cités conquises.

IV. Vinrent les catastrophes. Et d'abord l'arrivée de Caracalla en Égypte devint funeste à la ville d'Alexandrie, dont la population avait lancé contre ce prince quelques-unes de ces épigrammes que prodiguaient ses habitudes railleuses et ses vieilles hostilités contre le pouvoir. Caracalla s'en vengea par un massacre épouvantable. Dissimulant sa colère quand il entra dans la ville à la tête d'un nombreux corps de troupes, il se logea dans le Sérapéum, temple des Égyptiens, et lança de là ses soldats, pendant la nuit, dans les maisons, pour en faire égorger les habitants. Le lendemain il fit renouveler le carnage pour en avoir le spectacle, et manda au sénat qu'il s'était vengé, mais qu'il serait inutile de parler du nombre des victimes. Encore n'était-ce là que le début de ses fureurs. Caracalla avait à exercer d'autres vengeances; il en voulait aux savants comme au peuple, et aux institutions comme aux magistrats. Afin d'accomplir tous ses desseins sans rencontrer d'obstacles, il expulsa de la ville les étrangers, et fit entrecouper les rues de murailles gardées par des soldats qui empêchaient toute communication entre les habitants. Puis, il priva la cité des priviléges qu'elle tenait d'Adrien, et les savants ou du moins les péripatéticiens, des bénéfices qu'ils possédaient.

D'après une vieille tradition, Alexandre était mort d'un poison qu'Aristote, irrité de la fin de son disciple Callisthène, avait transmis à Antipater (1). Caracalla, pour venger sur les Aristotéliciens le héros de Macédoine, son modèle, ordonna que leurs livres fussent brûlés, et leur ôta les Syssities dont ils jouissaient, ainsi que les autres avantages, ὠφελείας. Dio-Cassius, qui rapporte ces faits (2), dit dans un

---

(1) Arrian. VII, p. 309.
(2) Caracalla, c. 7. — 23, cf. Spartien. Caracalla, c. 5. — Hérodien. l. IV. c. 7. — 10.

autre endroit (c. 22), qu'il supprima aussi les spectacles et les syssities des Alexandrins, et qu'il empêcha ceux-ci de communiquer les uns avec les autres. Doit-on conclure de ce passage que le prince irrité supprima, non pas toutes les réunions qui avaient pour but des repas ou des festins et tous les spectacles publics — ce qui constituait une mesure de police qu'on comprendrait fort bien, puisqu'il fallait enlever aux Alexandrins les occasions de s'entendre — mais toute la syssitie du Musée, de telle sorte que ses rigueurs ne seraient plus tombées sur les péripatéticiens seulement, mais sur tous les savants, ce qui ne serait plus d'accord avec les sentiments qu'on lui prête pour les partisans d'Aristote? Ou doit-on admettre qu'il commença par priver de la syssitie et des autres avantages les seuls péripatéticiens, et qu'ensuite, par un de ces progrès dans le mal si naturels aux despotes, il a étendu ses rigueurs à toutes les syssities, celle de l'ancien Musée, comme celle du Claudium, à toutes le institutions analogues et à tous les spectacles de la ville? Il y a doute, mais, dans le dernier cas, il aurait fermé bien des établissements et confisqué bien des dotations.

L'extravagance de cette mesure ne nous inspirerait pas beaucoup d'incertitude sur les résolutions d'un prince que les Alexandrins appelaient *la bête d'Ausonie*, mais, en vérité, les textes de Dio-Cassius ne les justifient pas. Ils portent, sans doute, que les péripatéticiens furent dépossédés des avantages dont ils jouissaient au Musée, qui pourtant n'est pas nommé, ou dans une syssitie spéciale, qui n'est pas connue non plus, ce qui n'empêche pas de croire qu'il y en eût une; mais Dio-Cassius ne dit pas qu'après avoir sévi contre une classe de philosophes, Caracalla a supprimé le Musée des Lagides ou le Musée de Claude. Heyne n'a pas craint de lui faire dire cela, et d'autres ont émis la même hypothèse (1); voici toutefois comment il faut entendre Dio-Cassius.

(1) M. Klippel dit sans façon, *er hob zuletzt die ganze Anstalt auf.* p. 228.

Cet écrivain parle deux fois de la suppression de syssities. La première fois, il borne cette mesure aux disciples d'Aristote, et il est précis, par la raison que le souvenir d'Alexandre et d'Aristote le force de l'être. La seconde fois, où il parle de la séquestration des Alexandrins, il dit, sans rien préciser—parce que rien n'est plus spécialement en cause, ni le Musée, ni le Claudium — que l'empereur supprima les *spectacles* et les *institutions à repas communs* des citoyens. Dio ne détermine pas les personnes que frappa cette mesure, mais, pour bien l'entendre, il faut se poser ce dilemme: ou il rappelle un fait déjà mentionné, la persécution des péripatéticiens, ou il donne un fait nouveau, la suppression de toutes les institutions à repas communs. Dans le premier cas, rien n'indique l'anéantissement d'une section du Musée, où il n'y avait pas de sections (v. p. 90); dans le second cas, le Musée était atteint, mais il ne l'était pas plus que les autres syssities. Le fait est que l'historien ne veut parler ni du Musée de Claude, ni du Musée des Lagides; car si telle eût été sa pensée, il l'aurait exprimée tout autrement, et d'autres écrivains seraient venus la confirmer; mais tout ce qu'il dit, c'est que les péripatéticiens furent privés de leur syssitie, y compris les autres avantages, et que les Alexandrins en général furent privés de toutes leurs syssities et de leurs spectacles. Cela fait quatre choses distinctes : syssitie des péripatéticiens, leurs autres avantages, syssities Alexandrines en général et spectacles, mais cela n'implique pas la ruine du Musée.

On dit, pour prouver la suppression du Musée, qui ne fut pas supprimé, que, dans sa fureur, Caracalla eut l'idée de mettre le feu à la Bibliothèque (1). Mais, d'abord, ce n'est d'aucune des bibliothèques publiques qu'il s'agissait, c'était

---

(1) M. Klippel, p. 227. *Er gieng mit dem Gedanken um die treffliche Bibliothek zu verbrennen.* — Dio Cassius dit, au contraire, τὰ βιβλία αὐτοῦ, c'est-à-dire, les livres d'Aristote, ce qui est différent. LXXVII, c. 7.

simplement des livres d'Aristote; ensuite, puisque cette petite collection expressément désignée ne fut pas brûlée le moins du monde, pourquoi veut-on faire croire que le Musée, qui n'est pas nommé, a été anéanti comme par un coup de foudre?

Autre erreur: Pour rendre plus probable cette destruction qui est devenue une sorte de fait, on dit que l'empereur s'était retiré au quartier de Rhakotis (1) afin de sévir de là, comme d'une retraite assurée, contre le reste de la ville; mais Dio-Cassius qui parle de la résidence du prince au Sérapéum, ajoute, qu'il demeurait dans le sanctuaire, ἐν τεμένει, et l'on pouvait s'y établir par ostentation de piété sans avoir pour cela le dessein de détruire le Bruchium.

S'il était besoin d'une hypothèse pour faire comprendre le silence de Dio-Cassius sur le Musée et le Claudium, je dirais qu'il a pu exister dans Alexandrie beaucoup d'autres syssities; que cet usage emprunté par la ville de Sparte à l'île de Crète, était ancien; que, dans une cité où il y avait tant de savants qui ne pouvaient pas être des syssities royales, il avait dû s'en former nécessairement d'autres, et qu'à l'exemple des philosophes d'Athènes qui avaient une caisse et des associations spéciales, des syssities pour les partisans de Diogène, et d'autres pour ceux de Panétius (2), les philosophes d'Alexandrie avaient dû former plus d'une association. On ne m'objectera pas le silence de l'histoire; c'est à peine si les écrivains de cette époque mentionnent quelquefois les établissements publics; il n'est donc pas étonnant qu'ils passent sans les citer ceux qui étaient moins célèbres; et en considérant que, même chez les auteurs chrétiens si jaloux des succès de leur enseignement et si nombreux dans ces

---

(1) M. Parthey dit, *au Sérapéum, dans l'Acropolis* (p. 96); mais il n'y avait d'Acropolis ni au Sérapéum, ni dans toute Alexandrie. V. ci-dessous.

(2) Le Stoïcien. v. Athen., *Deipn.* V, 185. — Cf. Meursius, *Creta* X, 174. — Stuckius, *Antiq. Conviv.* I, 31.

siècles, on n'a qu'un mot sur deux écoles de philosophie fondées dans Alexandrie, l'une par Athénagore, l'autre, par Anatolius, qu'un autre mot sur l'école exégétique fondée par Panétius le Chrétien et qui a dû posséder une assez notable collection de livres, on conçoit l'existence de bien des syssities païennes, qui ont disparu de l'histoire.

Les ravages de Caracalla dans Alexandrie ne sont d'ailleurs que trop certains ; mais ou ils n'atteignirent pas les établissements littéraires, ou ils y firent si peu de mal, qu'aucun écrivain n'eut l'idée de nommer à ce sujet ni le Musée, ni le Claudium, ni aucune des bibliohèques publiques.

Et, en effet, les fureurs de ce prince contre les péripatéticiens furent aussi passagères que d'autres actes de violence. On sait qu'avec la vie de l'empereur qui proscrivait, cessait l'effet de la proscription. Or, Caracalla fut assassiné peu de temps après sa sortie de l'Égypte, et, depuis cette époque, on ne trouve plus vestige de la disgrâce dont il avait frappé, soit les syssities d'Alexandrie en général, soit celles des partisans d'Aristote en particulier ; les péripatéticiens ne furent pas plus exclus du Musée qu'auparavant ; au contraire, on les y rencontre en plus grand nombre à partir de cette époque.

Enfin, la preuve que les Musées d'Alexandrie ne furent pas anéantis par Caracalla, c'est qu'après lui Athénée les trouva debout ; [il fut apparemment de l'un et connut les membres de l'autre ;] et la preuve qu'on ne ruina pas non plus le Bruchium, c'est qu'Aurélien le trouva debout aussi et y exerça des ravages dont tout-à-l'heure il sera question.

Mais il est hors de doute que les institutions d'Alexandrie languirent depuis Adrien, et que parmi les premiers successeurs de Caracalla, les uns, tels que Macrin et Héliogabale, négligèrent les lettres, tandis que les autres, Alexandre-Sévère, par exemple, qui assigna aux professeurs des salaires et donna des secours aux disciples pauvres mais d'honnête naissance, continuèrent ce système de protection générale qu'avait commencé Adrien et qui ruinait le monopole littéraire dont Alexandrie avait joui si long-temps.

Après ce prince, une rapide succession de chefs, les uns faibles, les autres cruels, tous impuissants, jetèrent l'Égypte, comme le reste de l'empire, dans une série de troubles et de guerres civiles qui, sous le règne de Galien, désolèrent Alexandrie pendant l'espace de douze ans. La peste s'étant jointe à la guerre, tous ces maux paralysèrent naturellement les institutions littéraires du Bruchium; cependant, ils ne les ruinèrent pas et ne dépeuplèrent pas trop ce quartier, qui demeura le plus beau de la ville jusqu'au temps d'Aurélien.

A cette époque, une catastrophe décisive vint frapper Alexandrie, où Firmus s'était fait proclamer empereur et s'était fait l'allié de la reine de Palmyre.

Aurélien avait à peine vaincu la longue résistance de Zénobie, qu'il se porta en Égypte. Firmus et la population d'Alexandrie, avertis par l'exemple de Palmyre, se défendirent avec opiniâtreté. Mais Aurélien ayant pénétré dans la ville, il se livra contre le Bruchium, qui, par la solidité de ses murailles, lui avait opposé de grands d'obstacles, aux mêmes fureurs qui venaient d'épouvanter Palmyre (1). Alexandrie, dit Ammien Marcellin, fut privée de son plus beau quartier, du Bruchium qui avait été long-temps la résidence d'hommes éminents, et dont les murailles furent renversées (2). Eusèbe, encore plus positif, dit que ce quartier long-temps assiégé fut enfin détruit (3). En quel sens faut-il prendre ces termes absolus trop prodigués par les historiens? Je l'ignore, mais ce qui est hors de doute, c'est que le Bruchium où s'élevaient autrefois tant de palais, le Musée, la Bibliothèque, le théâtre et d'autres édifices somptueux, fut abandonné,

---

(1) Vopisc. *Vita Aurelian.*
(2) L. XXII, 16.
(3) Euseb. *Chronic.*, p. 176, ed. Scalig. — Euseb., *Hist. eccles.* VII, c. 18 — c. 21.

et se trouva bientôt en dehors de l'enceinte d'Alexandrie. C'est dans cet état que le vit, un siècle plus tard, S. Jérôme (1), dont les biographes de S. Hilarion et du grammairien Apollonius, qui l'habitait, confirment le témoignage (2).

Ce qui le confirme plus explicitement encore, c'est qu'à cette époque, vers l'an 390, aucun des anciens établissements du Bruchium n'est plus nommé et que c'est le Sérapéum qui est le foyer du polythéisme.

La destruction a-t-elle été lente ou instantanée? La seconde bibliothèque du Bruchium, celle qui avait été rétablie par Cléopâtre avec le don d'Antoine, et les deux Musées, celui des Lagides et celui de Claude, périrent-ils dans les flammes, ou put-on en sauver quelque chose? Je ne sais. Mais puisqu'Ammien le dit, il est hors de doute qu'à cette époque, l'an 272 de notre ère, toutes les institutions littéraires du Bruchium éprouvèrent de grandes pertes, si même elles ne succombèrent entièrement.

Cependant, un musée, des bibliothèques et quelques syssities se conservèrent encore ou furent rétablis, puisque nous en retrouvons même après cette catastrophe. Ces institutions se maintinrent-elles dans l'ancien quartier des palais, ou bien les savants furent-ils obligés de quitter le Bruchium et de se réfugier dans le quartier de Rhakotis, comme autrefois on s'était retiré de ce quartier pour aller peupler le Bruchium et Nicopolis? On l'ignore. Mais il est certain que, dans l'intervalle de 272 à 390 après J.-C., le quartier du Sérapéum devint le foyer du polythéisme (3); et le Bruchium ravagé, on fut heureux, après la ruine de tant d'autres bibliothèques et tant d'autres sanctuaires, de retrouver Rhakotis avec ses sanctuaires et ses bibliothèques. Il

---

(1) *In vitâ S. Antonii.*

(2) Ἐις τὶ χωρίον πλησίον Ἀλεξανδρείας μεταφοιτᾷ. Κρούιχον (βρουχεῖον) ὄνομα αὐτῷ, dit le premier; ᾤκει ἐν τῷ πυροχείῳ οὕτω καλουμένῳ τόπῳ περὶ Ἀλεξανδρείας, dit le second.

(3) V. Scaliger, *ad Eusebii chronic.* p. 176.

n'est pas à croire pour cela que le Bruchium *abandonné* se trouva désormais *anéanti*; au contraire il conservait son nom; on le distinguait de la ville, on le visitait, on y rencontrait des savants, nous venons de le voir; mais les voyageurs du xiie siècle qui trouvèrent de si beaux restes de construction dans le quartier de Rhakotis n'en virent point du Bruchium.

Avec les débris du Bruchium et les établissements de Rhakotis, Alexandrie demeura ou redevint de nouveau la principale école de l'empire; et ses institutions conservées ou rétablies, résistèrent pendant plus d'un siècle encore à toutes les causes de ruine. Alexandrie avait tant de livres que rien ne semblait pouvoir en épuiser le riche approvisionnement, et qu'un instant de calme ou quelques signes de faveur impériale rendaient la vie sinon la prospérité à ces restes de musées ou de syssities qui se rattachaient avec orgueil à l'époque d'Alexandre-le-Grand, et qui devenaient désormais une sorte de sanctuaires pour le polythéisme si vivement attaqué.

La politique de Dioclétien, de Galère et de Maximien, qui prétendaient extirper le christianisme, rendit à la vieille école d'Alexandrie toute la faveur du pouvoir. A la vérité, Dioclétien exerça de grandes rigueurs dans cette ville, qu'un rebelle, Achilleus, avait soulevée et défendue contre lui pendant huit mois, et la colonne qui lui fut érigée par le gouverneur ne doit nullement être prise pour un monument de la reconnaissance publique (1); cependant, malgré ses colères, il y protégea les institutions du polythéisme. Il est vrai que, dans des vues purement politiques et pour ôter aux habitants d'une cité trop opulente à ses yeux les moyens de se créer des ressources périlleuses, il doit avoir fait brûler les livres qui traitaient de l'art de faire de l'or et de l'argent (2); mais, si ce fait est exact, il prouve que Dioclétien ne combattait pas les études, puisque, dans ce cas, il eût fait

---

(1) La colonne dite de Pompée.
(2) Jean d'Antioche, *Excerpt. Val.* p. 834. — Suidas v. *Dioclet.*

joindre les livres de philosophie et de littérature aux autres.

Loin de craindre les lettres profanes, ce prince devait compter sur leur secours pour vaincre l'ennemi commun.

Leur assistance manqua si peu aux chefs de l'empire de la part d'Alexandrie, qu'au contraire cette cité joua un grand rôle dans la lutte des deux religions, et que bientôt, de tous les fonctionnaires, ce fut gouverneur de l'Égypte, Hiéroclès, qui réclama le plus hautement l'oppression du christianisme. Il en attaqua la doctrine comme un péril pour l'état ; il en combattit le fondement historique en y opposant la vie et les miracles d'Apollonius de Tyane ; il fit valoir, pour le rendre ou suspect ou odieux, des considérations de morale et de politique, de philosophie et de religion.

Cette dernière circonstance me paraît indiquer le concours de quelques membres du Musée à une publication dont l'effet fut si terrible. Ce qui indique peut-être encore mieux ce concours, c'est la persécution qui fut spécialement dirigée contre l'école rivale du Musée, contre ce puissant Didascalée, dont le chef, Piérius (1), devint encore une fois le point de mire des violences administratives, comme l'avaient été ses prédécesseurs ; car il est à remarquer que ce fut toujours le chef du Didascalée qu'on persécuta d'abord, lorsque dans Alexandrie on attaqua le christianisme (2). Cela se comprend, d'ailleurs, puisque ce poste conduisait ordinairement au siége épiscopal, et, mieux encore, quand on sait que plusieurs fois il fut occupé par des philosophes sortis du polythéisme, tels que S. Pantène, Athénagore et Héraclas.

Alexandrie était alors l'un des principaux théâtres de la lutte des deux religions, et cette lutte était la grande af-

---

(1) Hieron. cat. c. 76.

(2) Origène exilé par le proconsul d'Alexandrie, sous le règne de Décius, n'avait pu reprendre sa place que sous le règne de Galien, l'an 260 de notre ère. — Euseb. *Hist. eccles.* VI, 40. — Niceph. V, 28.

faire des deux institutions rivales, le Musée et le Didascalée.

La situation des deux établissements fut bien différente. Tant que le polythéisme demeura sur le trône, le Musée fut l'objet de toutes les prédilections impériales, et le Didascalée disgracié dans l'opinion de la majorité, celui de toutes les violences.

Lorsque, l'an 312, Constantin publia son fameux décret de Milan, ce fut le contraire ; alors les institutions polythéistes entrèrent dans une voie qui marque dans l'histoire de l'École d'Alexandrie une ère nouvelle, et qui sera l'objet de la dernière partie de nos recherches.

Mais nous devrons d'abord donner la composition des Écoles ou des Musées de la grande cité littéraire pendant la présente période.

CHAPITRE II.

ÉTAT DES MUSÉES, DES BIBLIOTHÈQUES, DES ÉCOLES ET DES SYSSITIES POLYTHÉISTES D'ALEXANDRIE. — ÉCOLES CHRÉTIENNES ET GNOSTIQUES.

L'enseignement rétabli en Grèce par Adrien et complété par ses successeurs avait donné à l'école d'Alexandrie de puissantes émules dans Athènes, dans Rome, et dans d'autres cités importantes de l'Occident et de l'Orient. Mais si c'étaient là pour l'école d'Alexandrie autant de rivales, ce n'étaient que des rivales éloignées. Le voisinage des écoles chrétiennes et gnostiques établies dans Alexandrie même, avec le dessein de renverser jusqu'aux principes du polythéisme, fut plus périlleux; et cette position, si nouvelle pour les savants d'Alexandrie, modifia sensiblement leurs tendances et leurs travaux. De la sphère où ils s'étaient renfermés avec trop de prédilection, de cette philologie un peu étroite qui étouffait même les sciences et la médecine, ils furent obligés de passer aux études morales et philosophiques. Aussi trouve-t-on désormais parmi eux peu de médecins, de grammairiens, de mathématiciens, d'historiens et de poëtes; ce sont, au contraire, les philosophes qu'on y voit en majorité, si l'on peut appeler philosophes des savants qui s'occupent de préférence des questions religieuses, et qui mettent au service des sanctuaires toutes leurs études, toutes leurs facultés.

Pour ce qui est, d'abord, des études médicales, c'est à peine si l'on trouve, après Galien, Soranus et Julien, un autre médecin encore qui se fasse remarquer. En effet, Léonidas n'a pas laissé de trace dans la science.

Dans les études mathématiques, Claude Ptolémée, Isidore, son disciple Hypsiclès, et Diophante seuls se distinguent.

Il n'y a pas non pas non plus de poëtes qu'on puisse nommer ; car quand même Ptolémée Chennus et Tryphiodore, deux de ces incorrigibles idolâtres du *divin* Homère qui se perpétuaient dans Alexandrie depuis tant de générations, auraient composé à cette époque leurs *Poëmes anthomérique* ou leurs *Poëmes sur Marathon et Troie*, et l'*Odyssée lipogrammatique* (1), ce ne serait pas une raison de dire qu'il y eût des poëtes au Musée.

Quant aux philologues, ils ne renoncèrent pas aisément à leurs faciles habitudes, pour s'élever aux travaux plus graves que leur demandait ce monde nouveau qui débattait de si hautes questions ; la tâche qu'ils s'étaient imposée leur semblait d'autant plus importante, que chaque jour l'antiquité disparaissait davantage. Cependant ils furent peu nombreux et ils sentirent aussi la nécessité de varier leurs travaux. Leur premier chef dans cette période, Hérodien, fils d'Apollonius Dyskolos, leur donna de bons exemples, en joignant, à ses Traités de prosodie et à ses Explications des dictions d'Hippocrate, un ouvrage de mœurs, le *Banquet de Pouzzoles*, et des compositions sur la *commensalité* et le *mariage*. Héphestion, qui composa un Traité de *métrique*, comme pour continuer les travaux d'Hérodien, suivit encore ses directions en rédigeant quelques traités sur d'autres sujets, par exemple, la Poésie dramatique.

Cependant, ces deux maîtres virent bien qu'autour d'eux on demeurait froid pour leurs travaux, et ils quittèrent Alexandrie pour Rome, où l'empereur Vérus fut leur élève.

Didyme jeune, Didyme Aréios et plusieurs des cinquante grammairiens du nom de Démétrius, ont peut-être appar-

---

(1) *Essai historique*, t. I. p. 286. V. ci-dessus, p. 274.

tenu aussi au Musée; mais, dans ce cas, effrayés de la situation nouvelle que le christianisme faisait à cet institut, plusieurs d'entre eux l'auraient quitté également pour l'Italie.

Rome, qui cachait la nouvelle religion au sein d'une majorité païenne et qui payait largement les maîtres de langue grecque, les attirait de tous les côtés. S'il est probable que Phrynichus, originaire de Bithynie, et Julius Pollux, qui était de Naucratis, profitèrent des travaux d'Alexandrie pour la composition de leurs lexiques; il est certain que le premier professa à Rome sous Marc-Aurèle, et que le second y prononça l'éloge de Commode.

Les historiens avaient toujours fait défaut au Musée. Pendant toute cette période qui est de cent soixante-quatorze ans, on n'en voit pas un seul dans Alexandrie; mais on y rencontre le plus illustre des compilateurs d'anecdotes, Athénée de Naucratis, qui fut sans doute membre de la grande syssitie, et qui ne laissa pas que de montrer tout son dédain pour la petite (v. ci-dessus p. 262).

Cet écrivain, dont l'ouvrage, si caractéristique pour les mœurs de l'époque, fut fait d'après les travaux les plus spéciaux qu'on eût sur la ville d'Alexandrie et sur ses institutions (1), et qui parle des écoles rivales que peuplèrent les cruautés de Ptolémée VII, quatre siècles avant lui, ne parle pas de celles que les chrétiens et les gnostiques venaient de fonder près du Musée. Cela se conçoit. Religieuses avant tout, elles avaient peu d'importance aux yeux d'un conteur de propos de table, qui déserta l'Egypte comme tant d'autres, pour aller prendre sa part aux largesses de Rome avide de savoir, et qui cite parmi ses commensaux Ulpien et Galien, dont ni l'un ni l'autre n'accorda la moindre attention au christianisme. (2)

Cependant, ces écoles préoccupaient depuis longtemps les

---

(1) Athénée cite ou copie plus de cinq cents écrivains et en nomme plus de sept cents.

(2) Vers l'an 228 ap. J.-C.

générations successives du Musée, et elles jetèrent dans les études philosophiques tous les esprits supérieurs de l'époque. En effet, depuis le commencement de cette période, tout autre débat était dominé dans Alexandrie par le débat religieux; et cette ville nous montre continuellement en présence, et quelquefois dans la même enceinte, les philosophes du Musée, les docteurs de l'Église et les chefs des gnostiques.

Dès-lors, c'est une philosophie nouvelle qui doit régner sur ce théâtre; ce n'est plus de doutes et de probabilités qu'il peut y être question, c'est de croyances et de dogmes. Aussi, la doctrine qui a le plus de partisans au Musée, c'est celle qui s'annonce comme la plus positive, qui se rattache le plus étroitement aux mystères de la religion, et qui entre le mieux dans la voie qu'a tracée aux philosophes du paganisme le thaumaturge Apollonius de Tyane.

C'est donc en vain que Sexte l'empirique, et Lucien de Samosate, gouverneur d'une partie de l'Égypte sous Marc-Aurèle, viennent combattre cette tendance; c'est en vain que l'un reprend les armes du pyrrhonisme, que l'autre choisit celles de la satire, et joint le sel d'Aristophane à la critique d'Euhémère; si éloquentes que soient les attaques du sophiste, et si profond que soit l'examen du philosophe, leur opposition n'est pas acceptée et ne se fait pas plus de partisans au Musée que dans les autres écoles de la Grèce, qui ont le même besoin d'opposer un dogme à un autre dogme.

Potamon, au contraire, qui continue au commencement du IIIe siècle l'œuvre de Dion et d'Arius, et qui professe dans Alexandrie, sous une forme polythéiste, l'éclectisme qu'y professe le savant et pieux Clément sous une forme chrétienne, trouve aussitôt des disciples qui entrent avec lui dans une voie si nécessaire. L'un d'eux, Ammonius Sakkas, paraît même avoir la prétention d'unir étroitement l'éclectisme chrétien et l'éclectisme polythéiste, et il réussit au point d'attirer dans une sorte de syncrétisme de la Grèce et et de l'Orient les esprits les plus distingués, surtout

Plotin, Origène zélé polythéiste et Origène zélé chrétien.

Ammonius, qui fut à tel point familier avec le christianisme et avec le polythéisme qu'on ne sait auquel des deux le rattacher, avait conçu, à ce qu'il paraît, comme certains chefs du gnosticisme, le dessein de faire prévaloir l'éclectisme en religion, ainsi qu'en philosophie. Les chrétiens et les païens le crurent également des leurs ; et tout comme il n'est pas probable qu'Origène l'eût entendu, s'il ne l'avait cru chrétien, il n'est pas probable que la plupart de ses disciples eussent professé le polythéisme, s'ils ne l'avaient cru de cette religion. Comment Ammonius conciliait-il ensemble des doctrines si contraires ? On l'ignore ; mais si peu compréhensible que soit ce fait, il jette un grand jour sur l'état des esprits dans ce siècle de syncrétisme et de transformation.

Il est un autre point qui mérite attention. Puisqu'Ammonius n'a pu professer ni au Musée, où il devenait ouvertement païen, ni au Didascalée, où il devenait ouvertement chrétien, où professait-il ? On l'ignore encore ; mais ce fut nécessairement dans quelque autre local. Le fait qu'il y en avait d'autres encore dans Alexandrie, est donc confirmé par un exemple de plus. En examinant le récit de Dio-Cassius sur les syssities supprimées par Caracalla, nous avons été amenés à admettre que certains philosophes, et en particulier les péripatéticiens, avaient une association ou une syssitie plus spéciale que celle du grand Musée. D'un autre côté nous savons que les chrétiens eux-mêmes avaient, dans Alexandrie, d'autres écoles de philosophie que le Didascalée ; qu'un docteur, devenu célèbre comme évêque d'Antioche, y fonda une Académie péripatéticienne (1). C'est sans doute dans une école du même genre, dans une école particulière, qu'Ammonius fit ses leçons.

Les disciples de ce chef de secte, éclectique en religion

(1) Anatolius. V. Niceph. H. E. VI, c. 36.

comme en philosophie, mais dont l'histoire n'est pas nette et qu'on paraît avoir souvent confondu avec d'autres personnages du même nom, païens ou chrétiens, ne continuèrent pas à professer un syncrétisme impossible. Ils se partagèrent en deux camps ennemis, Origène le chrétien à la tête de l'un, Plotin à la tête de l'autre. Origène fut philosophe éminent, mais chrétien scrupuleux, sauf l'erreur que censura l'Église; Plotin, penseur profond, fut polythéiste exalté, partisan des doctrines orientales, des mystères de la Grèce et de l'Égypte. Le premier soutint, dans Alexandrie même, avec autant de persévérance que d'éclat, la lutte qui s'était engagée, et ne quitta l'Egypte qu'au milieu des plus grandes persécutions; le second enseigna avec l'enthousiasme d'un mystique, et fonda une puissante école, mais il demeura peu lui-même sur le théâtre de ce débat. On sait qu'il n'avait commencé l'étude de la philosophie qu'à l'âge de 28 ans, qu'il était resté onze ans auditeur d'Ammonius, que dès l'âge de 40 ans il se trouvait à Rome, et que de plus il avait fait, sous le règne de Galien, un voyage en Orient. C'est donc à peine pendant dix-huit mois ou deux ans qu'il aurait pu compter parmi les membres du Musée et les maîtres d'Alexandrie.

Son principal disciple, Porphyre, qui avait entendu en même temps l'un des Origène — on ignore si ce fut le païen ou le chrétien, si ce fut à Césarée ou dans Alexandrie — n'enseigna pas non plus dans cette ville, aimant mieux se mêler aux grands de Rome et intervenir auprès d'eux pour faire marcher de front, contre les doctrines et les institutions chrétiennes, les violences de Galère et de Dioclétien avec les accusations des philosophes. (1)

Ammonius avait laissé d'autres disciples que Plotin, surtout Origène le païen et Hérennius; et Plotin en avait laissé d'autres que Porphyre, surtout Eutochius; on ignore com-

---

(1) Matter, *Histoire du christianisme et de la Société chrétienne*, t. I, p. 103

ment ils tinrent la place de leurs maîtres au Musée, et s'ils s'y attachèrent avec plus de constance. La peste et les guerres civiles, suivies des vengeances impériales qui désolèrent, à cette époque, Alexandrie et surtout le Bruchium, ainsi que nous l'avons dit, en auraient-elles banni les philosophes, et leurs disciples auraient-ils préféré, à leur tour, le séjour de Rome à celui d'une ville aussi agitée ?

Quant aux chefs du Didascalée, n'ayant rien à demander aux maîtres du monde, ne cherchant ni ne fuyant le martyre, ils gardèrent leur poste; et, s'il n'est pas certain, il est au moins probable que Piérius, Achillas, Théognoste, Sérapion et Pierre Martyr, dirigèrent successivement ou simultanément cette école, de l'an 265 à 312 de notre ère. A cette époque, les philosophes revinrent dans Alexandrie, et sans doute pour y reprendre le débat. C'était trop tard. Cette ère de ruine du Musée et du polythéisme, la dernière que nous ayons à retracer, avait commencé avec le décret de Milan.

Le tableau des membres des différents établissements d'Alexandrie pendant la période qui nous occupe est important, on le conçoit d'après ce qui précède.

1° Présidents du Musée et chefs des Bibliothèques.	Inconnus.
2° Hérodien et Héphestion, illustres dès la période précéd. Didyme jeune, Didyme, auteur de Géorgiques ; Démétrius ?	Philologues, membres probables ou certains de l'ancien Musée.
3° Ptolémée Chennus.	Poëte, membre probable.
4° Athénée.	Sophiste ou polygraphe, membre probable du Musée.
5° Isidore, Hypsiclès, Claude Ptolémée, Diophante.	Mathématicien, membre probable du Musée.
6° Léonidas.	Médecin, membre probable.

7° Sexte.
  Didyme Ateios, Potamon,
  Ammonius Saccas,
  Plotin,
  Hérennius,
  Origène le païen.
    } Philosophes, membres douteux.

8° Pan. — Seul membre connu du Musée de Claude.

9° S. Pantène.
  S. Clément d'Alexandrie,
  Origène,
  Héraclas,
  Dionysius,
  Piérius,
  Théognoste,
  Pierre Martyr.
    } Chefs certains ou probables du Didascalée.

10° Athénagore,
  Achillas,
  Sérapion.
    } Chefs douteux du Didascalée.

11° Athénagore. — Fondat. d'une école platonicienne

12° Anatolius (plus tard évêque de Laodicée). — Fondateur d'une école péripatéticienne.

13° Panétius. — Fondat. d'une école catéchétique.

14° Membres inconnus de la syssitie (libre ou rattachée au Musée) des péripatéticiens.

15° Héliodore, le grammairien, gouverneur de l'Egypte.
  Lucien, le sophiste, gouverneur d'une province d'Egypte.
  Hiéroclès, gouverneur d'Alexandrie,
    } Hôtes et patrons du Musée.

16° Asclépiade et Quintius. — Membres du Sérapéum et du Musée. V. ci-dessus, p. 96.

17° Hérodien, Héphestion, Plotin. — Membres de l'École d'Alexandrie qui ont préféré le séjour de Rome ou d'Athènes.

SIXIÈME ET DERNIÈRE PÉRIODE.

De l'an 312 à l'an 641 après J.-C.

DE CONSTANTIN A OMAR.

CHAPITRE PREMIER.

LES INSTITUTIONS LITTÉRAIRES D'ALEXANDRIE SOUS L'EMPIRE DU CHRISTIANISME. — RÉACTION POLYTHÉISTE PENDANT LE RÈGNE DE JULIEN. — SÉRAPÉUM DE CANOBUS ET D'ALEXANDRIE. — RÉACTION CHRÉTIENNE PENDANT LES RÈGNES DE JOVIEN A THÉODOSE. — DESTRUCTION DU SÉRAPÉUM. — SUPPRESSION DES ÉCOLES POLYTHÉISTES D'ATHÈNES. — PRISE D'ALEXANDRIE PAR AMROU, INCENDIE DE LA BIBLIOTHÈQUE ET FIN DE L'ÉCOLE D'ALEXANDRIE. — DERNIÈRES TRACES DES ÉDIFICES LITTÉRAIRES.

Les chefs de l'empire, devenus les maîtres de l'Égypte, y avaient maintenu les établissements littéraires des Lagides, les uns par respect pour la mémoire de ces princes, les autres par amour pour les lettres. Depuis que leurs successeurs s'étaient engagés dans la grande lutte du christianisme et du polythéisme, qui avait pour eux un caractère politique plutôt que religieux, ils les soutenaient par raison d'état, et ils s'y croyaient obligés; car le christianisme, qui amenait par le changement des mœurs celui des lois de l'empire, était plus puissant en Égypte que partout ailleurs. Il n'était du moins exposé nulle part avec plus de science : aussi était-ce là qu'on lui portait les coups les plus impitoyables toutes les fois qu'on l'attaquait, et il n'est pas de cité qui ait dû recevoir avec plus d'émotion que celle d'Alexandrie le décret de Milan, qui donnait aux chrétiens comme à tout le monde la faculté de suivre la religion que chacun préférerait. (1)

A cette nouvelle, les prêtres et les philosophes, qui jusque-là demandaient sans cesse l'anéantissement de la nouvelle religion, durent comprendre que désormais il fallait se borner aux seules armes de la dialectique. Mais déjà ils avaient pu se convaincre qu'elles ne leur suffisaient pas pour arrêter les conversions; et quand ils virent Constantin embrasser le christianisme, bâtir des églises, conférer avec les évêques, renverser Licinius qui protégeait les polythéistes, et sortir de Rome païenne pour établir sa résidence dans Constantinople purifiée de toute inauguration profane (2), ils durent se persuader qu'ils n'auraient pas même la liberté de la discussion; qu'au contraire on dirigerait contre eux toutes les rigueurs qu'ils avaient fait peser si long-temps sur leurs adversaires, et qu'il ne leur restait plus désormais qu'à s'unir étroitement, qu'à combattre avec les seuls moyens qu'on leur laisserait, ceux de l'enseignement et de la publication, l'un et l'autre aussi limités qu'ils les avaient faits naguère dans un sens opposé.

(1) Euseb. h. e. X, 5. — Lactant. *de Mortib. Persecut.* c. 48.
(2) Matter, *Histoire du christianisme et de la Société chrétienne*, t. I, p. 259.

Cela constituait une ère nouvelle pour l'école d'Alexandrie qui avait déjà passé par tant de phases; et comme tout le cercle des spéculations philosophiques était épuisé, on ne pouvait chercher que dans les mystères de la religion les armes et l'enthousiasme qu'il fallait pour soutenir une lutte aussi inégale. Mais le Musée ne s'était guère occupé jusque-là d'études religieuses; il n'avait qu'un sacerdoce insuffisant et ne possédait pas de mystères. Aussi commença-t-il à s'effacer dès cette époque pour faire place au Sérapéum, qui était depuis long-temps le principal sanctuaire du polythéisme égyptien, et qui fut bientôt aussi celui du polythéisme grec.

Un auteur moderne dit, à la vérité, que Constantin restaura le Musée ruiné par Caracalla; mais cette assertion est doublement inexacte (1). D'abord, nous avons vu que Caracalla n'a ni anéanti ni ravagé le Musée; ensuite, si Constantin a favorisé les études en rendant le calme à l'empire ou en protégeant les établissements d'instruction générale (2), il est faux qu'il ait protégé l'école profane d'Alexandrie. Le Musée existait encore, cela est hors de doute, puisqu'on cite des savants de la fin du IVe siècle qui en furent membres; mais, dans tout le cours de ce siècle, il ne faisait pas plus parler de lui que le Claudium, le Sébastéum ou le Gymnase, et il n'est pas certain qu'il ne soit allé avec sa dotation se rattacher au Sérapéum, même avant l'époque de Théodose. Cette fusion est, au contraire, d'autant plus probable, que nous voyons des prêtres de Sérapis membres du Musée. (3)

Si cette réunion n'eut pas lieu, il est à croire que le Musée s'empressa de prendre un caractère de réserve qui ne choquât pas trop ni les chrétiens ni les païens, et qui permît désormais aux uns et aux autres de faire dans la règle ce qui n'avait

---

(1) *Constantinus Museum a Caracalla rescissum restituit.* Guericke, *de scholâ Alex. catech.* p. 116.
(2) *Cod. Theod.* XIII, 3, XIV, 9.
(3) V. ci-dessus, p. 98.

eu lieu jusque-là que par voie d'exception et pour les leçons du seul Ammonius, c'est-à-dire, de se réunir dans la même école. Cette circonstance expliquerait, d'abord, la chute du Didascalée qui date de cette époque, et qui aurait eu lieu tout naturellement quand le Musée offrait, sans aucun mélange de danger, une partie de l'instruction qu'autrefois on cherchait ailleurs; elle expliquerait aussi l'affaiblissement graduel de cette institution, réduite désormais à un état de promiscuité qui n'offrait plus rien de spécial ni aux chrétiens, ni aux païens, promiscuité qui pouvait convenir à la science, mais qui gênait singulièrement la foi et invitait en vain à l'indifférence deux partis dont l'un se rattachait avec enthousiasme au Sérapéum maintenant desservi par des philosophes, tandis que l'autre se groupait avec orgueil autour d'un siège épiscopal presque toujours occupé avec éclat.

Ce qui peut-être contribua davantage à la chute du Musée, ce fut la concurrence toujours plus forte que lui firent les écoles de la Grèce, de l'Italie et de l'Asie-Mineure. Depuis les créations d'Adrien, ces établissements attiraient de préférence la jeunesse chrétienne ou païenne. L'Athénée de Rome paraît avoir pris tous les développements d'une académie complète. Les écoles d'Athènes, de Nicomédie et d'Antioche étaient devenues les chefs-lieux de l'éloquence et de la philosophie, ou du moins de la rhétorique et de la sophistique (1). Béryte attirait tous ceux qui avaient besoin d'une étude savante de la jurisprudence (2). A ces écoles si florissantes vint encore se joindre celle de Constantinople, rivale dangereuse, et qui embrassait toutes les sciences, y compris la philosophie. (3)

Ces puissantes écoles firent d'autant plus de tort à celle d'Alexandrie, qu'elle fut plus négligée par la famille flavienne.

---

(1) Agath. II, 15.
(2) Eunap. *Vitæ Soph.* et *Liban.* de vita suâ.—Boissonade, *in Eunap.*, p. 375.
(3) Himer. Orat. VII, 13.— Themist. Orat. XXIII, p. 355.

Bientôt on sentit l'effet de cet abandon. Quand S. Grégoire Thaumaturge fit ses études vers le milieu du III⁰ siècle, toute la jeunesse curieuse de philosophie affluait encore dans la *grande Alexandrie*, de toutes les parties de l'empire (παντοχόθεν). C'est S. Grégoire de Nysse qui nous l'apprend (1). Lorsqu'au contraire ce jeune fidèle, son frère S. Basile et leur ami S. Grégoire de Nazianze, firent les leurs au commencement du IV⁰ siècle, ils *visitèrent* encore Césarée et Alexandrie, où il y avait de vieilles écoles chrétiennes, mais ils *s'arrêtèrent* à Athènes, au milieu de cette innombrable multitude d'étudiants dont ils nous peignent les mœurs et l'admiration pour les sophistes Himérius et Proérésius d'une manière si curieuse. (2)

S. Grégoire de Naziance resta cinq ans dans Athènes, où le futur adversaire de ces pieux chrétiens, Julien, était leur camarade (Greg. Nazianz., orat. IV, p. 132, ed. Col.).

Julien, ramené à l'hellénisme par des études spéciales et d'imprudentes rigueurs de famille, apprécia l'importance d'Alexandrie, et donna à l'un des savants dont il était entouré, au médecin Zénon de Chypre, la mission de ressusciter les institutions polythéistes de cette ville (3). Cette mission paraissait facile à remplir, car le terrain était préparé, et Zénon le connaissait.

En effet, il avait quitté Alexandrie à la suite d'une insurrection qui avait donné gain de cause au polythéisme. Les païens, fiers de la protection de Julien et irrités au plus haut degré contre Grégoire ou George de Cappadoce, évêque arien qu'on avait mis sur le siège épiscopal de S. Athanase et dont les violences avaient provoqué toute leur haine, s'étaient élevés contre lui, l'avaient massacré et avaient rétabli leur culte dans toute sa splendeur. Julien, loin de sévir contre les coupables, s'était borné à les reprendre en philo-

---

(1) *Vita Gregor. Thaumat.* Greg. Nyss. Opp. III, 536.
(2) V. Greg. Naz. Or. XX, 326. XLIII, 780.
(3) Julian. Epist. 45.

sophe, et hâté de leur pardonner en faveur de son oncle le comte Julien, leur ancien gouverneur (1). Zénon devait achever de leur rendre, par le rétablissement de l'école d'Alexandrie, leur ancienne supériorité. Mais cette tâche était difficile; le siége épiscopal, à peine devenu vacant, fut repris par S. Athanase, et ce fut en vain que l'empereur exila ce prélat, la majorité des habitants se déclara chrétienne.

Zénon, bientôt privé de son puissant protecteur, fut heureux de pouvoir faire oublier sa mission éphémère de polythéiste dans sa chaire de médecine, autour de laquelle il fixa de nombreux disciples.

On distingua parmi eux Jonicus, Magnus et Oribase; et c'est la grande gloire de Zénon de les avoir formés. (2)

Pour ce qui est du Musée ou de la Bibliothèque, sa mission avait été à peu près stérile. Julien, au lieu de faire quelque sacrifice pour ces deux établissements, demandait au contraire qu'on lui envoyât la belle collection de manuscrits qu'avait formée l'évêque massacré par la population païenne, George de Cappadoce (3); il causait même un véritable préjudice à la ville d'Alexandrie, en mettant dans le portique du palais de Constantinople une bibliothèque que ses successeurs paraissent avoir continuée et peut-être agrandie aux dépens de celle d'Alexandrie, quoiqu'on affirme que Jovien la fit brûler sur les instances de sa femme. (4)

Les successeurs de Julien, dominés par les intérêts religieux de l'empire, et ne songeant à la ville d'Alexandrie qu'autant que le demandaient les débats soulevés par les Ariens, loin d'accorder aux établissements du polythéisme

---

(1) Epistol. X. — Ammian. Marcell. XXII, 11.
(2) Eunap. *in Jonico, Zenon. et Oribas.*
(3) Epistol. IX.
(4) Suidas, s. v. Ἰοβιανός. — Cf. *Leo Allat. Diatribe de Georgiis*, p. 307. Suidas dit que cet édifice était un temple érigé par Adrien à la mémoire de son père Trajan, et dont Julien avait fait une bibliothèque pour l'eunuque Théophile.

le moindre encouragement, les virent avec autant d'antipathie que ceux du gnosticisme, et partout ils firent fermer les sanctuaires et les écoles, malgré les éloquentes apologies que Symmaque et Libanius présentèrent en faveur de ces « monuments de la science et de la piété des anciens », l'un en Occident, l'autre en Orient.

Le Sérapéum, grâce à la vénération superstitieuse que lui portait une population qu'on craignait d'irriter (1), se maintint jusqu'au règne de Théodose ; mais sa ruine était arrêtée depuis le moment où Grégoire, l'évêque arien, passant devant un temple d'Alexandrie, s'était écrié : *Jusqu'à quand tolérera-t-on ces sépulcres ?* Chaque jour le Sérapéum était plus délaissé. La ville, grâce à l'influence du Didascalée et d'un épiscopat distingué, avait embrassé le christianisme avec d'autant plus d'empressement, que c'étaient des docteurs plus éclairés qui l'enseignaient (2). Déjà l'ancien culte n'avait plus qu'un petit nombre d'hommes distingués ; depuis longtemps ses prêtres se montraient faibles, et les philosophes qui défendaient pour eux les sanctuaires, n'avaient ni l'éloquence des Himérius et des Proérésius d'Athènes, ni la position éminente de Libanius à Antioche et à Constantinople, de Symmaque à Rome. Loin de séduire les esprits par d'élégants discours ou des publications ingénieuses, ils s'égaraient, au contraire, dans un mysticisme plus propre à obscurcir l'imagination qu'à satisfaire l'intelligence. Ils étaient eux-mêmes moins philosophes que prêtres, et on les voyait plus souvent occupés aux sanctuaires de Sérapis qu'au Musée, plus dévoués à l'école de Canobus qu'à celle d'Alexandrie.

En effet, Canobus avait une ancienne école sacerdotale dont on avait fait une école de magie, et l'on professait encore plus d'attachement pour ce sanctuaire que pour celui d'Alexandrie ; le peuple s'y rendait avec d'autant plus d'em-

---

(1) Zosim. III, 11, 5.
(2) On le voit par Origène Philoc. 13, et les études du patriarche George.

pressement, que ce voyage était plus facile et qu'il y régnait une plus grande licence (1). Un prêtre de Canobus, Antonin, fils de la pythonisse Sosipatra (2), et un prêtre du Sérapéum, Olympus ou Olympius de Cilicie, que son enthousiasme pour le culte de Sérapis avait fait nommer *maître sacré* (ἱεροδιδάσκαλος), se distinguaient plus par leurs ténébreuses intrigues que par la puissance de leur enseignement (3); et plus ils parvenaient à fanatiser la jeunesse grecque ou égyptienne, plus ils irritaient l'autorité impériale ou l'Église, l'une et l'autre également lasses de tolérer plus longtemps la vieille splendeur du Sérapéum.

Déjà la législation byzantine avait ordonné la clôture des temples, et Alexandrie voyait encore les siens ouverts. Les chrétiens réclamèrent. Théodose mit à la disposition de l'évêque un temple de Bacchus ou d'Osiris, ou un *Mithreum*, car Socrate diffère sur ce point de Sozomène (4). En le convertissant en église chrétienne, on livra à la risée publique quelques objets du culte qui s'y trouvaient, et on fit remarquer au peuple quelques symboles qui choquaient la décence, quelques statues creuses dont s'étaient servis les prêtres pour prêter leurs paroles aux dieux. Déjà l'affaire de Tyrannus, prêtre de Sérapis, dont la conduite licencieuse avait révolté les païens eux-mêmes, était devenue le sujet d'amères récriminations entre les partisans des deux cultes. Irrités de plusieurs procédés qui n'étaient qu'un appel à l'opinion, mais qui constituaient à leurs yeux un outrage, les païens, qu'avaient réunis les excitations des philosophes, assaillirent

---

(1) Strabo, XVII, c. 1.
(2) Eunap. *in Ædes*, t. I, p. 42; ed. Boissonade.
(3) Jam vero Canopi quis enumeret superstitiosa flagitia ubi prætextu sacerdotalium litterarum, ita enim appellant antiquas Ægyptiorum litteras, magicæ artis erat pene publica schola. Quem locum velut fontem quendam atque originem dæmonum, in tantum venerabantur pagani, ut multo ibi major celebritas quam apud Alexandriam haberetur. Rufin. XII, c. 26.
(4) Sozom. VII, 15. — Socr. V, 16. — Rufin. XII, 22.

les chrétiens, en tuèrent plusieurs, en entraînèrent d'autres au Sérapéum, qui leur servait de citadelle, et mirent à mort ceux qui refusaient de sacrifier à Sérapis. Le gouverneur essaya de calmer leurs fureurs; Olympius les engagea à mourir pour leur religion, sans se laisser abattre par l'aspect des statues brisées de leurs dieux : ces dieux, ils les rejoindraient dans le ciel. On prit les ordres de Théodose; ce prince pardonna aux coupables, « afin qu'ils se laissassent toucher de la mansuétude chrétienne », mais il ordonna la démolition des sanctuaires qui entretenaient la résistance. La démolition eut lieu sous la direction de Théophile, qui fit commencer par le Sérapéum, qu'on abattit, qu'on *ravagea complètement*, dit Rufin, et d'où l'on fit transporter le nilomètre dans une église chrétienne, l'an 391. (1)

Une seule statue, probablement celle d'un cynocéphale, fut laissée debout dans Alexandrie, afin de servir de preuve monumentale contre le polythéisme (2).

Suivant les uns, on aurait donc démoli le Sérapéum *jusques aux fondements*; suivant les autres, la solidité des constructions n'aurait pas permis de renverser ces fondements; et, au moyen de quelques réparations, on y aurait bientôt établi des moines; à cet égard, un écrivain chrétien, Evagrius, se trouve d'accord avec un historien païen.(3)

Il en fut, en effet, de cette destruction du Sérapéum sous Théodose, comme il en avait été de la dispersion de l'école d'Alexandrie sous Ptolémée VII, de l'incendie de la grande Bibliothèque sous César, et de la suppression des syssities sous Caracalla, c'est-à-dire, que la catastrophe fut beaucoup moins considérable qu'on n'avait cru d'abord, et qu'elle fut bientôt réparée en grande partie.

Pour qu'elle fût complète, il aurait fallu démolir, non-

---

(1) Rufin. XII, c. 22. — Pour le symbole de la croix que les chrétiens crurent reconnaître sur quelques pierres, V. Suidas, s. v. Σταυροί.

(2) Socr. V, 17.

(3) Eunap., *Vita Ædesii*, t. I, p. 41, ed. Boisson.

seulement le sanctuaire de Sérapis, mais encore les vastes dépendances de ce sanctuaire, les cours, les portiques, les appartements et la bibliothèque qui s'y trouvait établie depuis plus de six siècles, et qu'on avait sans cesse augmentée. Cette démolition complète ne paraît nullement avoir eu lieu, et cela par d'excellentes raisons : d'abord parce qu'il suffisait, pour le but qu'on voulait atteindre, de détruire le sanctuaire; ensuite, parce qu'il aurait fallu de trop longs ou de trop barbares travaux pour anéantir des constructions aussi solides et d'aussi célèbres collections.

Lorsque Eunapius rapporte qu'on introduisit des moines dans les *lieux saints* (du Sérapéum) (1), comme on en introduisit dans le sanctuaire de Canobus, qui en avait été une succursale, cela est d'autant plus probable, que les écrivains chrétiens affirment, de leur côté, qu'on bâtit, sur l'emplacement du *temple* de Sérapis, une église, dédiée sous l'invocation de saint Jean-Baptiste, le 26 mai 395, et qui porta le nom d'Arcadius. (2)

Voilà pour le *temple*. Quant aux dépendances, il est certain qu'elles ne furent pas démolies, et que si l'on essaya d'y porter la hache, si l'on commit quelques excès ou quelques pillages dans cet ensemble que Tacite (H. IV, c. 84) compare à une ville, ce fut si peu de chose, que bientôt il n'y parut plus.

Cela résulte d'une série de témoignages dont le premier est à-peu-près contemporain et dont le dernier descend jusqu'au xiiie siècle. Ces curieux témoignages autorisent les inductions suivantes : que ces dépendances étaient encore magnifiques; qu'elles reçurent, dans le cours du ve et du vi^e siècle, les débris des anciennes institutions d'Alexandrie, ceux de l'école chrétienne comme ceux des divers instituts païens; qu'à la suite de cette réunion, le souvenir du Musée

---

(1) Εἶτα ἐπεισῆγον τοῖς ἱεροῖς τόποις τοὺς καλουμένους Μοναχοὺς, p. 64, ed. Commel.

(2) Lebeau, *Histoire du Bas-Empire*, éd. de Saint-Martin, IV, 412.

s'effaça de la tradition populaire, au point qu'on oublia complètement qu'il avait été fondé au Bruchium ; qu'on confondit le Sérapéum avec cette ancienne Académie, et qu'on en rattacha l'origine au fondateur de la ville, Alexandre ; que le nouvel établissement fut à tel point prospère, qu'à l'époque de l'invasion arabe, le Sérapéum possédait encore une bibliothèque considérable.

Nous allons voir combien ces inductions sont légitimes. Cependant, ce n'est pas sans peine qu'on les établit et qu'on dégage les faits d'une série de traditions entremêlées d'erreurs et de fables ; car, à cet égard, les auteurs des pays et des siècles les plus divers semblent rivaliser ensemble.

Le plus ancien de ces auteurs, Aphthonius, ce rhéteur d'Antioche qui a fait un Manuel pour remplacer celui d'Hermogène admis jusque-là dans les écoles, nous a laissé des indications d'autant plus précieuses, qu'il est le seul contemporain qui constate la conservation des dépendances du Sérapéum. Mais cet écrivain pourrait égarer par quelques détails, par le ton général qui règne dans son langage, et jusque par le titre qu'il a donné au morceau d'éloquence que nous appliquons au Sérapéum. En effet, au lieu de donner à l'édifice qu'il décrit, le nom qu'il portait, il lui donne celui d'*Acropolis*, qui ne se rencontre dans aucun écrivain exact sur Alexandrie, et ce qu'il en dit est en partie altéré par l'exagération, au point qu'on serait tenté de croire qu'au lieu de faire une peinture fidèle, il s'est amusé à réunir, dans un même tableau, les traits les plus saillants qu'offraient l'Acropolis d'Athènes, le Musée, le Sébastéum et le Sérapéum d'Alexandrie ; le tout à l'exemple de Diodore de Sicile composant le tableau de son Osymandéum. Toutefois, en dépouillant ses indications des formes oratoires que nous sommes accoutumés à trouver dans les écrivains qui nous parlent de l'ancienne Alexandrie, on trouve un fonds de vérité dans le tableau d'Aphthonius sur le Sérapéum, comme on en trouve un dans le tableau de Philon sur le Sébastéum ; et l'on voit qu'il existait encore dans Alexandrie, sous un nom que le rhéteur met de côté, un immense édifice formant un carré long, offrant une cour environnée de colonnes et de vastes portiques succédant à cette cour. Ces portiques étaient divisés par des colonnes et formaient des cabinets, consacrés, les uns à des dépôts de livres que *pouvaient consulter tous ceux qui voulaient s'appliquer à l'étude de la philosophie*, les autres, *au culte des anciennes divinités*. L'édifice était magnifique. On avait prodigué les dorures au toit de ces portiques et aux chapiteaux de ces colonnes, et toute cette cour était richement ornée. On y voyait entre autres, et en bas-relief sans doute, les combats de Persée. Au milieu de la cour se trouvait une colonne d'une grandeur extraordinaire, « qui servait comme de signe pour reconnaître les chemins, et qui faisait apercevoir cet édifice sur mer et sur terre ». Progymn. c. 12, p. 103, ed. Walz.

Cependant trois objections graves s'élèvent à cet égard.

I. Comment l'auteur a-t-il pu donner, *à cette époque* et après une démolition fameuse dans les annales du temps, aux restes ou aux dépendances du Sérapéum, le nom d'*Acropolis*, inconnu jusque-là dans la topographie de la ville ?

II. Est-il à croire qu'on y ait consacré des cabinets, les uns, *au culte des anciennes divinités*, les autres, à des salles de bibliothèque et de lecture *accessibles à tous ceux qui voulaient s'appliquer à l'étude de la philosophie ?* Car, à cet égard, se présente ce dilemme : ou Aphthonius a écrit *avant* la destruction du Sérapéum par Théophile, et, dans ce cas, son tableau ne prouve rien ici, puisqu'il appartient à une époque antérieure aux ravages de 394 ; ou il a écrit *après*, et, dans ce cas, ce qu'il dit des cabinets consacrés au culte du polythéisme est improbable, tandis que ce qu'il affirme des cabinets de lecture est contredit par Orose, qui a trouvé *vides* les armoires qui avaient jadis renfermé les livres.

III. Enfin, qu'est-ce qui autorise l'application au Sérapéum de la description qu'Aphthonius fait d'une Acropolis ?

Quant à la première de ces objections, c'est sans doute une étrange idée de la part d'Aphthonius, que de venir donner le nom d'Acropolis à un ensemble d'édifices composé de portiques, de sanctuaires et de salles d'études; cependant le Sérapéum était réellement situé sur une éminence formée par la nature et élevée par l'art (1); le mot de ἄκρα, dont on se servait pour désigner cette élévation, et qui signifie en même temps *promontoire*, *château-fort* et *citadelle*, conduisait naturellement à celui d'Acropolis un rhéteur dont l'imagination était préoccupée de l'Acropolis d'Athènes, et ce mot lui semblait d'autant plus heureux que le rapprochement entre le Parthénon et le Sérapéum flattait davantage un polythéiste, car Aphthonius était polythéiste.

Nous opposons deux réponses au dilemme que suggère l'époque à laquelle il a pu écrire et nous disons d'abord que son tableau est postérieur à l'an 391.

En effet, il parle, ici et ailleurs, *d'anciennes divinités*, c'est-à-dire de celles qui furent proscrites, dont le culte fut interdit, les temples fermés et les statues brisées, sur la fin du IVe siècle. (2) Mais si, d'un côté, ses indications deviennent d'autant plus précieuses, qu'elles établissent mieux l'existence de ces magnifiques portiques après 391, n'est-il pas surprenant de voir une partie des cabinets qu'ils formaient consacrés au culte de ces *divinités proscrites?* Cette objection est une des plus graves. On conçoit néanmoins que l'administration chrétienne, qui toléra pendant plus d'un siècle encore l'enseignement de la philosophie païenne, ait été bien aise d'accorder au culte d'une population considérable, sinon un temple, du moins quelques réduits d'un édifice fermé de tous les côtés.

Quant à l'argument tiré d'Orose contre les cabinets de lecture, il n'en est pas un; car d'abord Aphthonius aurait pu fort

---

(1) Ἐπὶ τῆς ἄκρας, ἣν νῦν Ῥακῶτιν καλοῦσιν. Clemens Alexand. I, 42, ed. Potter. cf. *White Ægypt.* I, 400.

(2) Οἱ πάλαι θεοί.

bien trouver des livres au Sérapéum, immédiatement après l'an 394, et Orose ne plus y rencontrer que des *armoires vides* vingt ans plus tard, l'espace de quelques années suffisant pour une grande dilapidation ; mais le fait est que les armoires d'Orose n'ont rien de commun avec les cabinets d'Aphthonius. Une simple observation va nous en convaincre. Orose, qui vit Alexandrie vingt ans après la catastrophe de 394, rapporte, à la vérité, qu'il trouva *dans des temples d'Alexandrie* des armoires qui jadis avaient contenu des livres, et qui étaient vides de son temps, les chrétiens en ayant dispersé les volumes (1) ; mais *Orose ne parle pas du Sérapéum*, et rien dans ses indications ne prête à la confusion qu'on a faite quand on a dit qu'il avait trouvé vides les *armoires* d'Aphthonius, qui ne connaît pas d'*armoires*, qui ne connaît que des cabinets. Orose parle si peu du Sérapéum, qu'il n'a en vue que quelques-uns de ces temples d'Alexandrie qui avaient possédé des archives, des volumes sacrés, que les chrétiens étaient venus en arracher sur la fin du IV⁰ siècle, mais dont ils avaient laissé subsister les armoires. Qu'on veuille bien se pénétrer de ce petit fait ; il est important pour la question de l'incendie de la dernière bibliothèque d'Alexandrie ; et nous aurons besoin de l'invoquer quand reviendra cette question, l'une des plus embrouillées que présente l'histoire d'Alexandrie.

Nous répondons à la troisième et dernière objection, relative à l'application du tableau d'Aphthonius au Sérapéum, que les textes que nous allons donner ne laissent pas le moindre doute sur la légitimité de cette application ; car, malgré l'état de décadence où les auteurs de ces textes ont trouvé le magnifique édifice décrit par Aphthonius, et malgré quelques différences de détail, l'identité ne saurait être douteuse ; la colonne qui guidait autrefois le voyageur dans cette espèce de labyrinthe consacré aux sciences, nous sert encore de boussole dans ce labyrinthe de ruines.

(1) L. VI, c. 15.

A partir d'Aphthonius, et pendant six siècles, les écrivains gardent le silence à cet égard; et quand les conquérants d'Alexandrie font au viie siècle le relevé des monuments de cette ville, ils se bornent à nommer en masse 4000 palais ; mais à partir du xie siècle les historiens donnent des détails qui permettent de renouer la chaîne des traditions.

Voici d'abord ce que dit, d'après un écrivain antérieur, un anonyme qui rédigea en 1067 une description d'Alexandrie, et qu'a traduit M. de Sacy : « Le grand palais d'Alexandrie est ruiné aujourd'hui ; il est placé sur une grande colline, en face de la porte de la ville; sa longueur est de 500 coudées, et sa largeur, de la moitié ou environ. Il n'en existe plus rien, si ce n'est ses *colonnes* ou *piliers* (*Sawari*, mot dont Michaëlis a fait *Severus*), qui sont encore sur pied, sans qu'*aucune soit tombée*, et sa porte, qui est de la bâtisse la plus solide et la mieux construite. » (1)

Un abréviateur d'Edrisi (ce dernier écrivait vers 1153) assure que la grande colonne appelée *colonne des piliers* (*Amud Sawari*) se trouvait dans un bâtiment situé au sud de la ville, que les colonnes de cet édifice qui formait un carré long étaient encore sur pied, qu'il y en avait 16 pour chacun des côtés les plus courts, et 67 pour chacun des côtés les plus longs; que la grande colonne, garnie d'un chapiteau et posée sur une base en marbre, se trouvait du côté septentrional. (2)

L'auteur du *Tohfat Alalbab*, qui visita Alexandrie l'an 1117, compta 300 colonnes. (3)

Benjamin de Tudèle, qui parcourut l'Égypte peu de temps après, et qui paraît avoir écrit vers l'an 1160, vit et décrivit aussi ces belles ruines; mais sa description donne deux faits nouveaux, l'un matériel, l'autre moral. Le premier, c'est

---

(1) *Manuscrits de la Bibliothèque du Roi*, n° 580, p. 61.
(2) De Sacy, *Abd-Allatif*, p. 232.
(3) Ibid. p. 233.

l'existence de 20 salles ou cabinets que le voyageur nomme *Écoles*, et qu'on distinguait encore de son temps, mais qu'aucun de ses prédécesseurs n'avait remarquée, ou du moins mentionnée; le second, c'est l'existence d'une tradition ou d'une opinion populaire qui rattachait ce monument aux noms d'Aristote et d'Alexandre, tradition que jusque-là aucun écrivain n'avait constatée non plus, mais qui avait dû se former peu de temps après la conquête arabe. Voici le texte du voyageur : « Hors de la ville, dit-il, est l'*École d'Aristote*, précepteur d'Alexandre, qui est un grand et bel édifice orné de colonnes de marbre entre chaque école. Il y a environ 20 de ces écoles (salles) où l'on venait de tous les endroits du monde pour entendre la sagesse du philosophe Aristote. » (1)

Ces traditions et ces portiques se fussent sans doute conservés ensemble jusqu'à nous, à l'ombre de la colonne qui les dominait et comme cette colonne elle-même, sans un acte de barbarie qui s'attaqua à ces ruines.

En effet, Abd-Allatif nous apprend qu'un gouverneur d'Alexandrie, nommé *Karadja*, qui commandait dans cette ville pour Saladin, fit transporter et jeter ces colonnes sur le bord de la mer, afin de rompre l'effort des flots et mettre les murs d'enceinte à l'abri de leur violence. On voyait néanmoins, encore au temps d'Abd-Allatif, des débris de ces monuments autour de la *colonne des piliers* qui restait seule debout, et l'on pouvait juger par ces restes que les colonnes avaient été couvertes d'un toit qu'elles soutenaient. Cet historien ajoute que l'édifice lui-même était le portique où enseignaient Aristote, et après lui ses disciples ; que c'était là l'Académie que fit construire Alexandre, quand il bâtit cette ville, et où était placée la bibliothèque que brûla Amrou. (2)

De ces indications il résulte évidemment que c'est bien du même édifice, du grand portique quadrangulaire que par-

---

(1) Voyage, trad. de l'hébreu par Sabatier I, p. 232. Amsterd., 1734, in-12.
(2) De Sacy, *Abd-Allatif*, p. 183.

lent Aphthonius et les écrivains que nous venons de citer ; que ce portique était réellement situé auprès de la *colonne des piliers* qui est encore debout, et près de laquelle Pococke découvrit les vestiges des colonnes enlevées par Karadja ; que le Musée était oublié au moment de la conquête arabe ; et que déjà une tradition générale identifiait le Sérapéum et l'ancienne Académie d'Alexandrie.

Cette opinion était établie sans doute au moment de la conquête arabe. En effet, s'il s'en était répandue une autre au moment de la conquête, une seconde eût eu peine à naître. En Orient, les traditions ont, comme les mœurs et le langage, un caractère de constance qui justifie cette induction.

J'ajoute maintenant que, de tous ces textes, aucun ne dit, à la vérité, que le Portique ou l'Acropolis fût le Sérapéum, mais que l'identité de la position met ce fait hors de doute, et que cette identité est acquise par la comparaison des indications de Strabon avec l'emplacement de la colonne de Dioclétien ; que Strabon place le Sérapéum en dedans du canal tiré du port Kibotos au lac Maréotis ; que là même s'élève la colonne de Dioclétien, qui semble restée debout comme pour guider les recherches de l'historien ; que, toutefois, plusieurs géographes modernes, et Danville entre autres, placent le Sérapéum ailleurs, en le rapprochant de l'Heptastade, mais que cette opinion est sans fondement.

Il est donc établi qu'à la fin du IVe siècle ou dans les premières années du ve, il existait dans l'ancienne enceinte du Sérapéum un immense portique avec des salles de lecture et quelques petits sanctuaires. Ce point constaté, nous reprenons maintenant l'histoire de l'école d'Alexandrie après la catastrophe de 391, en partant de ces SEPT faits : que la Bibliothèque de l'édifice était demeurée sinon intacte, du moins considérable ; que l'on y avait rattaché l'ancien Musée ou l'ancienne Académie ; que l'on y tolérait dans quel-

---

(1) White, *Ægypt.*, p. 1, p. 38.

ques cabinets le culte des anciennes divinités; que, cependant, le christianisme régnait sur cet ensemble; que, sur l'emplacement du sanctuaire de Sérapis s'élevait l'église de Saint-Jean; que des moines occupaient les appartements des anciens *agneuontes*, et que de cette sorte ce foyer des mystères réunis d'Osiris-Dionysos, de Sérapis-Pluton et de Mithra était anéanti comme celui de Canobus, sa succursale.

En effet, le caractère dominant des études de l'Ecole d'Alexandrie fut désormais à tel point chrétien, qu'on put laisser tomber le Didascalée, et qu'il tomba complètement à partir de cette époque. Dès le commencement du IVe siècle, c'est-à-dire dès la première proclamation de la liberté chrétienne faite en 312, cette institution, destinée à former des hommes capables de lutter contre les philosophes du polythéisme, s'était affaiblie au point qu'on ne sait plus qui la dirigea après Pierre Martyr, de l'an 313 à 320 de notre ère, si ce ne fut le savant Arius; qu'on ignore complètement qui en fut le chef de 320 à 430, et qu'on doute si de 330 à 340 ce fut réellement Macarius Politicus. Il est certain que, de 340 à 390, ce fut le savant Didyme, et il est probable que, de 390 à 395, ce docteur fut secondé par Rhodon. Mais on ne cite plus aucun professeur du Didascalée après cette époque, qui coïncide avec la destruction du Sérapéum; et Philippe de Side, successeur de Rhodon, nous apprend que ce maître lui-même se transporta d'Alexandrie dans cette dernière ville. Cela se conçoit, la lutte du Didascalée contre le sacerdoce de Sérapis et les philosophes du Musée terminée, la mission du Didascalée était accomplie, et dès la fin du Ve siècle on parlait de cette école comme d'une institution qui avait cessé d'exister. (1)

Le Claudium, le Sébastéum et le Musée eurent-ils le même sort; cessèrent-ils également d'exister à partir de 391, et toutes les études furent-elles concentrées dans les dépendances du Sérapéum? On l'ignore. Personne ne mentionne

---

(1) Cassiod., *Inst. div. Scrip. in Praef.*

la chute de ces établissements ; et la situation générale d'Alexandrie ne permet à ce sujet aucune induction positive. De ce que S. Jérôme, S. Epiphane et S. Hilarion trouvèrent le Bruchium un peu désert et détaché de l'enceinte de la ville, il ne s'ensuit pas qu'il eût cessé d'être l'asile des lettres ; car la solitude ne tue pas les travaux de l'esprit ; ni l'Académie ni le Lycée n'avaient rien perdu à s'établir hors de l'enceinte d'Athènes.

Toutefois, il est vrai, le Musée du Bruchium ne se trouve plus nommé à partir du ve siècle. Ce qui seul est certain, c'est que des écoles de grammairiens, de critiques, de philosophes et de médecins se maintinrent dans Alexandrie, même après la catastrophe de 391, et que ces écoles, quoique dominées par l'administration chrétienne de l'empire et de la cité, n'appartenaient pas à l'Eglise ; qu'au contraire elles continuaient l'ancien ordre d'idées ; qu'à la vérité presque toutes les traces de l'organisation primitive des anciennes syssities y disparaissaient, et que le polythéisme se maintint dans ces travaux repris au portique du Sérapéum où se trouvaient quelques petits sanctuaires, quoi u'il ne soit plus question de la présidence d'un prêtre.

Cette situation mixte, où le polythéisme était au fond du cœur, le christianisme dans l'administration, manquait de toute sincérité ; mais elle était amenée par la force des choses, c'était celle d'une transaction. C'était aussi celle d'une transition, car elle ne pouvait ni permettre un véritable développement, ni durer longtemps. Ces études, qui n'étaient plus païennes et qui n'étaient pas encore chrétiennes, pouvaient bien plaire à quelques vieux rhéteurs ou à quelques sophistes qu'elles nourrissaient, et qui, dans leurs écrits, se vengeaient, comme Eunape, de la gêne imposée à leurs paroles ; mais elles ne pouvaient trouver de sympathies dans aucune fraction du peuple. Ce que l'on devait rencontrer le plus souvent dans ces écoles, c'étaient de jeunes chrétiens qui venaient y chercher des armes pour combattre un jour les maîtres qui les formaient, et réfuter ceux de leurs condisciples qui écoutaient encore avec trop de soumission ces éloquents débris du passé.

Sous ce rapport, ces études offraient un puissant intérêt à ceux qui en avaient besoin, et ce fut pour eux que l'administration chrétienne les maintenait en laissant aux professeurs une dernière ombre de liberté; que les empereurs eux-mêmes admettaient aux dignités Thémistius et Libanius, les plus illustres de ces maîtres; qu'ils pardonnaient au talent avec lequel ils enseignaient leurs élèves chrétiens, le polythéisme qu'ils professaient eux-mêmes.

Rien ne s'opposait donc à la continuation des études profanes d'Alexandrie ni à la fréquentation de ses écoles publiques par la jeunesse païenne et chrétienne. Ces études reprirent si bien, que Théon d'Alexandrie, membre du Muséo, suivant la désignation expresse de Suidas (1), professa les mathématiques publiquement, et que sa fille Hypatie enseigna la philosophie du polythéisme avec un éclat qui séduisit le jeune Synésius au point qu'il lui fut difficile, sinon impossible, de s'en détacher entièrement quand il fut devenu chrétien et évêque. Il est très vrai qu'Hypatie, qui semblait imiter dans ses apparitions publiques la majesté et la grâce des anciennes divinités de l'Olympe, excita contre elle les violences de la population chrétienne; mais d'autres professeurs de philosophie lui succédèrent sans exciter les mêmes fureurs, et, en cessant ou en déguisant leurs hostilités contre le christianisme, ils purent continuer leur enseignement dans tout le cours du ve et du vi^e siècle.

Il n'y eut peut-être pas dans leur succession la même régularité que dans celle des philosophes d'Athènes, leurs contemporains de la chaîne hermaïque; et les chefs de l'école d'Alexandrie (2), Ammonius, Hiéroclès, Énée de Gaza et

---

(1) V. Θέων, ὁ ἐκ τοῦ μουσείου.
(2) V. Damasc., *Apud Phot.*, p. 346, a.

Olympiodore n'égalèrent pas en célébrité Plutarque, Syrianus, Proclus, Marinus, Isidore, Zénodote et Damascius, les chefs de l'école d'Athènes ; mais peut-être ils leur furent supérieurs sous le rapport de la science. Ils les surpassèrent aussi sous le rapport de la réserve qu'elle donne ; et quand Justinien ferma l'école d'Athènes, l'an 529, moins pour soulager son trésor que pour obéir à sa conscience, il épargna celles d'Alexandrie. Il leur aurait défendu d'enseigner, que les philosophes de cette ville ne seraient pas allés s'expatrier avec leurs confrères de la Grèce, si j'apprécie bien la modération de leurs principes. (1)

Il est vrai, quand Alexandrie n'occupait plus que le troisième rang parmi les villes de l'empire, l'enseignement qu'elle offrait encore était peu étendu ; mais on y rencontrait toujours de bonnes études de philosophie, de philologie, de médecine et de mathématiques, et même des cours de jurisprudence. Pour mettre fin à ces travaux, il fallut deux invasions barbares et le bouleversement si complet qu'amena le mahométisme. Ces catastrophes vinrent enfin succéder à tant d'autres dans la première moitié du vii° siècle.

La première des deux invasions, celle des Perses, sous Khosrou II, l'an 616, ne fut que passagère, et n'anéantit rien. Quoiqu'elle soumit toute l'Égypte à l'ennemi et qu'elle fût assez redoutable pour que le préfet et le patriarche se réfugiassent en Chypre, les historiens n'y rattachent aucun fait spécial sur les études. (2)

La seconde, au contraire, celle des Arabes, qui eut lieu l'an 640, fut suivie d'une longue occupation, et son début doit avoir amené l'incendie de la dernière bibliothèque d'Alexandrie. En effet, d'après trois écrivains orientaux, l'un du xii° siècle, l'autre du xiii° siècle, le troisième du xv°, Abd-Allatif, Aboulfaradj' et Makrizi, le conquérant Amrou

---

(1) Malalas, p. 449 et 451. — Agathias II, 30.
(2) Niceph., p. 7, et ib. Petav.—Theoph., p. 252.—Bar Hebræus, *Chronic. Syr.* p. 99.

aurait anéanti, sur la décision du calife Omar, toute la collection de livres qui se trouvait dans la ville. Mais il n'est pas de fait plus contesté dans l'histoire que celui-là. Voyons d'abord ce qu'on affirme à cet égard, puis ce qu'on objecte, et enfin ce qui semble ressortir d'entre les exagérations des uns et les doutes des autres.

Et d'abord Abd-Allatif, qui distinguait dans ses 13 livres *ce qu'il avait vu de ce qu'il avait appris d'autres*, dit dans les premiers, dans ceux qui contiennent *ce qu'il a vu*, en parlant des débris du portique quadrangulaire, dont il a été question ci-dessus (page 323) : Je pense que cet édifice était le portique où enseignaient Aristote, et après lui ses condisciples, et que c'était là l'Académie que fit construire Alexandre quand il bâtit cette ville, et où était placée la bibliothèque que brûla Amrou-ben-Alâs, avec la permission d'Omar. (1)

Aboulfaradj donne plus de détails. En parlant des savants qui ont illustré Alexandrie, et surtout de Jean Philoponus, il raconte que ce dernier, bien accueilli d'Amrou, qui écoutait avec plaisir des discours de philosophie auxquels les Arabes n'étaient pas accoutumés, lui dit un jour qu'après avoir tout visité dans Alexandrie et marqué de son sceau tout ce qui pouvait être utile, le vainqueur devrait lui céder ce qui ne pouvait l'intéresser lui-même, c'est-à-dire, les livres *philosophiques* qui se trouvaient au *trésor royal*; qu'Amrou n'osant en disposer sans avoir consulté le calife, lui écrivit et en reçut cette réponse : *que si les volumes en question étaient d'accord avec le livre de Dieu, ce dernier suffisait; que s'ils y étaient contraires, on n'en avait nul besoin; et qu'il fallait les détruire*; que, sur cette décision, Amrou les fit distribuer dans les bains d'Alexandrie pour servir à les chauffer, et qu'ils furent consumés dans l'espace de six mois. (2)

---

(1) *Abdollatiphi compendium memorabilium Ægypti*; ed White. Tubing. 1789, p. 64. — Cf. *Abd-Allatif, Relation de l'Égypte*, trad. de l'Arabe, par M. de Sacy, Paris, 1810, p. 183, 240.

(2) *Hist. Dynast.*, p. 114, trad. de Pococke.

Makrizi, qui n'a vécu qu'au xv⁰ siècle, paraît simplement reproduire le même fait, d'après Abd-Allatif ou l'opinion générale; il ajoute cependant une tradition fort curieuse, celle que Benjamin de Tudèle avait rencontrée, dès le xii⁰ siècle, sur le fondateur de l'édifice dont on ne voyait plus debout qu'une seule colonne. Cette colonne était, dit-il, d'après l'opinion générale, au nombre de celles qui soutenaient le portique d'Aristote, et on disait qu'en cet endroit s'était trouvé le *palais de la science*, qui avait contenu la Bibliothèque brûlée d'après les intentions d'Omar, fils de Khettab. (1)

On voit que, si l'opinion générale recueillie par ces trois écrivains était fondée, il aurait existé une bibliothèque considérable au moment de la conquête. Elle aurait été enlevée à cette époque d'un bâtiment dont il serait resté de belles colonnades jusqu'au xiii⁰ siècle; et, dans ce siècle où la tradition sur l'ancienne Alexandrie s'était nécessairement altérée, on aurait pris ces débris pour ceux de l'ancien Musée, édifice dont on aurait rattaché l'origine non pas au nom de Ptolémée Soter et de Ptolémée Philadelphe, mais à celui d'Alexandre, dont tout l'Orient admirait les exploits, et à celui d'Aristote, dont il lisait les ouvrages.

Pour ce dernier point, la tradition était sans doute fort altérée; mais pour ce qui est de l'existence d'une bibliothèque au moment de la conquête et de sa destruction par les Arabes, ces deux faits, loin d'offrir rien de fabuleux ou d'incroyable, portent au contraire le cachet de la vraisemblance et de l'exactitude. Il faut pourtant un certain courage pour les défendre; car, depuis les doutes que Renaudot a jetés sur ces deux faits dans son Histoire des patriarches d'Alexandrie (2), c'est une opinion établie, qu'ils ne reposent que sur des contes orientaux. On fait à cet égard les objections suivantes.

---

(1) Dedel, p. 31.—Langlès, Voy. d'Eg. par Norden III, 179.—White, 91. 126.
(2) *Historia... habet aliquid* ἄπιστον *ut Arabibus familiare est*, p. 170.

On dit, d'abord, que les trois écrivains en question méritent d'autant moins de confiance, qu'aucun des autres historiens d'Orient qui retracent la conquête de l'Égypte par les Arabes, ne mentionne les mêmes faits.

On dit, ensuite, que ces faits sont inconnus aux auteurs les plus spécialement appelés à les retracer, à Eutychès, patriarche d'Alexandrie, qui a vécu au xe siècle, et qui raconte en détail la prise de la ville par les Arabes ; à Elmacin, qui a vécu au xiiie, et qui retrace le même évènement ; à Aboulféda, qui a vécu au xiiie siècle aussi, et qui aurait dû également le rapporter, soit dans sa *Description de l'Égypte*, soit dans la cinquième partie de son *Histoire abrégée du genre humain*.

On prétend qu'il n'y avait plus de bibliothèque dans Alexandrie lors de la conquête arabe ; et grossissant une erreur que nous avons déjà mise à nu, celle que, dès le ve siècle un écrivain latin, Orose, en aurait trouvé les armoires *vides* (voyez ci-dessus, page 326), on dit qu'il résulte des textes de deux écrivains du vi^e siècle, Jean Philoponus et Ammonius Hermiae, que les anciennes bibliothèques n'existaient plus, ce que tant d'invasions et de catastrophes rendraient d'ailleurs fort probable.

On assure, de plus, que Jean Philoponus, qui joue un si grand rôle dans le récit d'Aboulfaradj', était mort avant la prise d'Alexandrie.

On dit, aussi, que les erreurs commises sur le Musée, au sujet d'Aristote et d'Alexandre, par deux des trois écrivains, font juger de la confiance que mérite tout leur récit ; et l'on assimile ce qu'on appelle ces contes arabes à d'autres fables analogues sur des bibliothèques portées dans les rivières et qui y auraient formé des ponts, etc.

On ajoute, enfin, que les califes avaient défendu la destruction des volumes juifs ou chrétiens sous les peines les plus sévères, et qu'il n'en périt point ailleurs, pendant les premières conquêtes des Musulmans.

Ces raisons, présentées d'une manière plus ou moins complète par Assemanni, Gibbon, Reinhard et d'autres, paraissent fort spécieuses au premier aspect; mais sont-elles décisives? Je ne le pense pas, et je dois attacher à les combattre une importance d'autant plus sérieuse, qu'elles sont plus généralement admises.

Quant aux deux premières, elles n'en forment qu'une : c'est cet argument tiré du silence qui est jugé, et en vertu duquel on nierait l'existence de la moitié des institutions et la moitié des catastrophes connues dans l'histoire. Pour ne parler ici que de la bibliothèque d'Alexandrie, n'avons-nous pas vu, en effet, que si cet argument était admis, on prouverait, par le 17ᵉ livre de Strabon, qu'il n'y eut jamais de bibliothèque dans Alexandrie, et qu'il n'y eut pas d'incendie dans cette ville sous César? Et cependant Strabon avait vu de ses yeux le théâtre de l'incendie, et il avait mille fois entendu le récit de la catastrophe, de la part de gens qui l'avaien vue de leurs yeux. Or, l'écrivain qui garde ce silence, donne une description exacte de la capitale des Ptolémées, et parle des plus belles institutions de ces princes. Il y a plus, le livre où Strabon oublie la Bibliothèque qui existait de son temps, il l'a fait avec les matériaux qu'il y avait recueillis. Cet exemple ne montre-t-il pas clairement, et pour la millième fois, ce que valent des inductions tirées du silence?

De cet argument du silence, passons aux témoignages explicites d'Orose, d'Ammonius et de Philoponus, qui doivent attester qu'il n'y avait plus de bibliothèque à brûler quand Omar s'empara d'Alexandrie. Et d'abord, quant au texte d'Orose, il est on ne peut plus mal invoqué. Orose, nous l'avons vu, parle d'armoires vides qu'il a trouvées *dans des temples*, et ne dit nulle part qu'il n'y eût plus de son temps de bibliothèques dans Alexandrie. Si, de son silence sur les bibliothèques ou débris de bibliothèques profanes qui existaient encore, on infère qu'il n'y en avait plus, il faut inférer aussi de son silence sur celle du Didascalée, qui existait encore au commencement du v⁰ siècle, qu'elle s'était dispersée également, ce que personne ne saurait admettre.

Le texte de Philoponus semble plus favorable au premier aspect; il ne l'est pas quand on l'examine d'un peu plus près. En effet, en parlant de l'authenticité d'une portion des *Analytiques* faussement attribuée au chef du Lycée, ce grammairien-philosophe ajoute : On dit que dans les *anciennes bibliothèques* (ἐν παλαῖαις βιβλιοθήκαις), il se trouvait quarante livres d'Analytiques (1). Mais peut-on induire sérieusement de la disparition des *anciennes* collections, qu'il n'y en eût pas de *nouvelles*? S'il faut conclure quelque chose des mots de Philoponus, n'est-ce pas précisément le contraire, c'est-à-dire, qu'il y en avait de *nouvelles*, mais que les *anciennes*, celles qui brûlèrent au temps de César, ayant été détruites, on n'avait pas pu ou on n'avait pas voulu mettre dans les nouvelles les 40 livres en question? Jean Philoponus ne dit pas le moins du monde que, de son temps, il n'y avait plus de bibliothèques dans Alexandrie; il dit seulement que dans les *anciennes bibliothèques* qui n'existaient plus, et qui d'ailleurs avaient renfermé tant de *commixtes* et de faux livres, on trouvait des écrits faussement attribués à Aristote.

Le passage d'Ammonius, important pour l'histoire des ouvrages d'Aristote, est encore plus contraire que celui de Philoponus à la thèse qu'on veut établir. « Il doit y avoir eu, *dans la grande bibliothèque* (ἐν τῇ μεγάλῃ βιβλιοθήκῃ), dit cet écrivain, qui est plus précis que le précédent, quarante livres d'*Analytiques* et deux de *Catégories* (2) ». Voilà tout ce qu'Ammonius rapporte, et cela prouve sans doute ce que tout le monde sait, c'est-à-dire, que la *grande* bibliothèque d'Alexandrie, brûlée l'an 47 avant notre ère, n'existait plus au v⁰ siècle de cette ère; mais cela ne prouve pas plus, et in-

---

(1) Au lieu de quatre qui nous restent.
(2) Philop., *Comment. ad Arist. Analyt.*, pr. 1, fol. 2. B.
(3) *Comment. in Arist. Categ.* ap. Ald. fol. 3. A.

férer de ce texte qu'au temps d'Ammonius, il n'existait point d'autre bibliothèque dans Alexandrie que celle qui était brûlée depuis *cinq* siècles, c'est vraiment faire de singulières inductions.

Il en est une plus légitime, celle que suggère aussi le texte de Philoponus, c'est-à-dire, qu'à la *grande*, qui n'existait plus, il en répondait une *petite*, qui existait encore. Mais, dans ce cas, dit-on, Ammonius y serait allé vérifier l'existence des quarante livres? J'ai ici quelque peine à répondre. On vérifie ce qu'on a besoin de vérifier. Mais si Ammonius savait ce qu'on eût voulu qu'il vérifiât — et comment ne l'aurait-il pas su — pourquoi serait-il allé le vérifier? — Cela était d'ailleurs bien simple, on n'avait pas fait recopier les quarante livres, par la raison qu'ils n'étaient pas authentiques?

On objecte aussi que le récit d'Aboulfaradj fait jouer, en 641, un rôle à Jean Philoponus, qui serait mort longtemps avant cette époque. Mais pour quelle raison fait-on mourir ce grammairien avant la conquête arabe? C'est parce qu'on le fait auteur de l'*Hérésie des trithéistes* qui remonte à l'an 578, et parce qu'il a été le disciple d'un Ammonius qui a vécu au vi[e] siècle. Or, pour ce qui est de l'hérésie, c'est à tort qu'on l'a confondu avec Jean d'Askusnages, qui en fut le véritable auteur; pour ce qui est du nom d'Ammonius, l'un des plus communs en Égypte, il ne prête aucune force à cette argumentation, qui vaut ce que valent les précédentes.

Le parallèle qu'on a établi entre les livres d'Alexandrie distribués dans les bains de cette ville, et ceux d'une autre jetés dans une rivière, où ils auraient formé pont, est piquant; il n'est que cela. On ferait des rapprochements plus ingénieux, et l'on produirait des récits orientaux plus extravagants, qu'ils ne prouveraient pas davantage. Quand on dit que celui d'Aboulfaradj est un conte des Mille et une nuits, ce n'est pas ce récit, c'est le rapprochement qui est étrange. Il y a sans doute, dans l'entretien d'Amrou et de

Philoponus, ainsi que dans la décision que doit avoir rendue le calife Omar, une part à faire au style historique de l'Orient; mais, sauf ces exagérations que nous trouvons, à propos d'Alexandrie, dans Théocrite, dans Josèphe, dans Philon, dans Vitruve, dans Athénée et dans les Scoliastes, presque au même degré que dans Abd-Allatif, Aboulfaradj' et Makrizi, il n'y a, dans les récits de ces derniers, rien qui ne soit conforme aux mœurs du temps et aux probabilités historiques.

Le prophète venait de mourir. Aux yeux des Musulmans, son Code, tiré de ceux des juifs et des chrétiens, contenait tout ce qu'il leur importait de connaître; car, à cette époque, il ne s'agissait pour eux d'aucune autre espèce d'écrits que de livres de religion. Aristote, qu'ils ont tant lu plus tard, et toute la philosophie et la littérature de la Grèce, qu'ils ont traduites et imitées pendant tant de siècles, leur étaient parfaitement inconnus; et Omar n'a pas dû comprendre, plus qu'Amrou, ce que Philoponus ou tout autre avait pu dire d'écrits *philosophiques*; il a dû les déclarer inutiles.

Quand on assure que les Arabes ne détruisaient pas de livres lors de leurs premières conquêtes, on va contre l'histoire et contre l'opinion des écrivains musulmans. L'un d'eux, Hadji-Kalfa, qui n'est pas fort ancien, mais qui est fort érudit, nous apprend, sur les premiers partisans de Mahomet, qu'ils furent scrupuleux au point de *brûler les livres qui leur tombèrent entre les mains dans les pays dont ils firent la conquête*. (1)

Quand les Musulmans eurent conquis les provinces de la Perse, [dit Ebn-Khaldoun, qui établit pour les sciences des rapprochements entre les Perses et les Grecs,] et que plusieurs des livres de ces régions furent tombés en leur pouvoir, Saad, fils d'Abou-Wakkas, écrivit à Omar, pour lui demander la permission de les transporter chez les Musulmans. La réponse d'Omar fut : *Jetez-les dans l'eau*; car si ce

___
(1) De Sacy, *Abd-Allatif*, p. 241.

qu'ils contiennent est capable de diriger (vers la vérité), Dieu nous a dirigés par quelque chose de bien supérieur à cela ; si, au contraire, ce qu'ils renferment est propre à égarer, Dieu nous en a préservés. *On jeta donc ces livres dans l'eau et dans le feu* (1). Cela se conçoit.

Il n'est contre les trois écrivains qu'une seule objection qui soit grave : c'est l'erreur sur le palais d'Alexandre ou cette Académie d'Aristote, qu'un de ces narrateurs prétend avoir vue. Mais il faut considérer ici que c'est une tradition qu'il recueille, que ce n'est pas une question d'histoire qu'il résout, et que rien n'était plus naturel, dans la ville d'Alexandrie, que de rattacher à un héros connu de tout l'Orient les plus belles ruines de la cité qu'il avait fondée. On pouvait d'ailleurs, à juste titre, faire remonter jusqu'à lui ce Musée jadis établi dans le quartier des palais royaux. Or une fois le nom d'Alexandre adopté, celui d'Aristote ne pouvait manquer de s'y joindre. Aristote n'a sans doute pas enseigné au Musée, mais n'est-ce pas un de ses disciples, Démétrius de Phalère, qui en a dirigé la création ?

Cette objection est donc de la force des précédentes.

Il en est d'autres qu'on pourrait se dispenser de produire ; mais c'est les réfuter que de les exposer. Ainsi, on a vu le même écrivain affirmer, d'abord, qu'il n'a pas pu se conserver de livres en Égypte jusqu'au VIIe siècle, parce qu'on y écrivait sur une matière très-altérable, le PAPYRUS ; et puis déclarer un peu plus loin, que si l'on avait employé ceux qui existaient lors de la conquête à chauffer les bains publics, on aurait empesté la ville par la mauvaise odeur que répand le PARCHEMIN. (2)

Un autre a dit qu'il n'y avait plus de livres à Alexandrie par la raison que Julien fit établir une bibliothèque à Constantinople, et qu'après un incendie qui la dévora sous le

---

(1) Ibid., p. 242.
(2) Reinhard, p. 48 et 51.

règne de Basiliscus (1), Zénon la fit rétablir aux dépens de celles d'Alexandrie ; mais le moyen de prendre au sérieux de tels arguments !

Ce qui fit la fortune du scepticisme de Renaudot, ce fut d'abord l'érudition qu'Assemanni mit au service de cette hypothèse, ce fut ensuite l'esprit de critique de Gibbon, esprit si séduisant pour les écrivains du dernier siècle. Mais, quand on considère de quelle manière le meilleur historien de l'antiquité grecque, Hérodote, était traité avant l'expédition d'Égypte, on ne saurait être surpris de la façon dont sont traités trois écrivains d'Orient, qui prêtent d'ailleurs à de justes critiques par ces chiffres de quatre mille bains et de six mois, par cette relation d'entretiens auxquels ils n'ont pas assisté, et par ces noms d'Alexandre et d'Aristote qu'ils acceptent de la tradition.

Mais, on le voit, s'il y a des considérations qui peuvent faire hésiter, il n'y a pas un argument qui puisse faire douter. L'EXISTENCE ET L'INCENDIE D'UNE BIBLIOTHÈQUE DANS ALEXANDRIE, AU TEMPS D'OMAR, EST UN FAIT A RÉTABLIR DANS L'HISTOIRE.

Gibbon lui-même, tout en se livrant au plaisir de renverser une autorité, sentait ce que n'ont pas senti tous ses copistes, c'est-à-dire, qu'il était impossible de contester une collection de livres à une ville si distinguée encore par ses travaux scientifiques ; à une ville où le vainqueur trouva quatre mille palais, car ce chiffre, d'ailleurs si bien expliqué par Saint Martin (2), est accepté par ceux même qui veulent qu'il n'y eût pas quatre mille bains dans Alexandrie, ni de quoi les chauffer avec des livres pendant six mois (3). Gibbon admet donc qu'on a pu brûler une bibliothèque ; mais ce n'était, suivant lui, qu'une bibliothèque chrétienne, pleine, dit-il, d'écrits de polémique. Or, pour celle-là, il la

---

(1) V. ci-dessus, note 4, p. 318.
(2) Lebeau, hist. du Bas-Empire, XI, p. 204.
(3) Reinhard, p. 50.—Gibbon, decline and fall, etc., chap. 51.

livre aux flammes avec des réflexions trop gaies et trop connues pour qu'il soit nécessaire de les répéter.

Deux orientalistes célèbres, d'un autre esprit que Gibbon, Langlès et de Sacy, sont entrés en partie dans la même voie. Langlès dit qu'il est INCONTESTABLE, qu'à l'arrivée des Musulmans, il existait encore à Alexandrie une Bibliothèque, et qu'elle fut livrée aux flammes (1). M. de Sacy admet comme *vraisemblable* le récit d'Aboulfaradj'; et l'autorité avec laquelle il apprécie le génie d'un historien d'Orient est d'autant plus grande, qu'il produit plus de témoignages orientaux, pour établir *qu'à cette époque les Musulmans détruisaient les livres*; mais il ajoute qu'on avait pu mettre une bibliothèque pour le service de l'école d'Alexandrie dans les armoires dont parle Aphthonius, et ici (p. 243 de la traduction d'*Abd-Allatif*), le célèbre orientaliste tombe dans une erreur d'autant plus singulière, qu'Aphthonius ne parle d'*armoires* que dans les traductions latines qui ont trop longtemps régné dans les écoles; que le mot σηκοί, qu'on y traduit par *armaria*, signifie des *retraites*, des *cabinets*, des *réceptacles* propres à recevoir des livres, et que dans la traduction qu'il donne plus haut du texte d'Aphthonius, il ne met pas *armoires*, mais *cabinets* (p. 235). Cette erreur étant l'unique raison qui ait pu le porter à croire que la bibliothèque du Sérapéum n'existât plus au temps d'Omar, est la seule aussi qui l'ait porté à dire qu'on avait pu en former une autre; mais on voit que cette hypothèse est complètement inutile, et elle est d'autant plus inadmissible que l'œuvre qu'elle suppose devenait plus difficile.

L'idée de Gibbon n'était pas heureuse; mais il n'était pas non plus nécessaire de créer une bibliothèque spéciale, et de la déposer dans les armoires de l'Acropolis, pour que le vainqueur d'Alexandrie trouvât à brûler une bibliothèque, puisqu'il est à croire que l'immense portique du Sérapéum,

---

(1) Voyage de Norden, Notes III. p. 173 et suiv. — Sainte-Croix, Mag. Encyclop. IV, 433.

qui devint si fameux après la concentration de toutes les études de l'ancien Musée et de l'ancien Didascalée dans ces bâtiments, avait recueilli, avec les livres de ces deux institutions, ceux du Sébastéum, du Claudium et de toutes les syssities qui s'étaient éteintes avant ou après la catastrophe de 391. (1)

Il est deux choses qui sont hors de doute dans cette question, la première, qu'Alexandrie possédait pendant le ve et le vi[e] siècle, après la destruction du sanctuaire de Sérapis, et probablement dans le portique quadrangulaire où Benjamin de Tudèle distinguait encore, au xiie siècle, vingt locaux d'écoles séparés les uns des autres par des colonnes de marbre, une collection de livres assez considérable pour permettre de vastes travaux ; la seconde, que ces collections, loin de se borner aux ouvrages de religion, embrassaient les diverses branches d'études.

Cela ressortira nettement, je crois, de l'histoire des derniers savants de cette époque; et Gibbon lui-même, à l'aspect de leurs travaux eût avoué qu'Amrou a pu brûler dans Alexandrie autre chose que des livres de théologie.

(1) Je dirai ici que je préfère avec Pagi la date de 391, qui est celle de Prosper, à celle de 389, qui est celle de Marcellin, et qu'on suit ordinairement d'après l'autorité de Tillemont.

CHAPITRE II

LES DERNIERS SAVANTS DE L'ÉCOLE D'ALEXANDRIE. — LES THÉATRES DES SOPHISTES D'ATHÈNES. — LE PHILADELPHÉION DE CONSTANTINOPLE.

Quoique l'école d'Alexandrie fût singulièrement décimée par les évènements que nous venons de rappeler, ses annales, dans ces siècles d'indifférence et de persécution, offrent encore des grammairiens, des critiques, des lexicographes, des rhéteurs, des historiens ou des polygraphes, des philosophes, des mathématiciens et des médecins.
Les évènements de 391 eurent pour résultat d'expulser d'Alexandrie quelques-uns des plus savants philologues, et notamment deux prêtres de Sérapis fort érudits, Grecs l'un et l'autre, Ammonius et Helladius, qui se réfugièrent à Constantinople, où ils donnèrent des leçons à Socrate, le futur historien de l'Eglise (1). Cependant, c'est dans cette période que furent exécutés quelques-uns des plus importants travaux de philologie et surtout de lexicographie. Tels furent ceux d'Orus ou Horapollon d'Alexandrie, (auteur des *Hiéroglyphiques*, l'une des parties des *Téméniques* dont parle Suidas), qui se rendit également à Constantinople; ceux d'Orion de Thèbes, sans doute élève de l'école d'Alexandrie, et auteur (?) d'un *Dictionnaire étymologique* et d'une *Anthologie de sentences* rédigée pour l'impératrice Eudoxie; ceux d'Harpocration, auteur d'une *Anthologie* perdue et d'un *Lexique des dix orateurs attiques*, qui reste; ceux d'Hésychius, auteur d'un *Lexique* qui nous a conservé un grand nombre de passages d'écrivains perdus; ceux d'Helladius d'Antinoé, du

(1) Soc. H. E. V, 16. — Photius, c. 28.

iv⁰ siècle ; ceux d'Helladius d'Alexandrie, auteur d'un Lexique intitulé *De l'Emploi de tous les mots dans l'ordre alphabétique*, qui formait, suivant Photius, cinq volumes dont Suidas a pu profiter pour son ouvrage, ainsi qu'il paraît avoir profité du grand travail d'Hésychius dont il ne nous reste que l'abrégé; ceux d'Ammonius, auteur du *Traité des synonymes* ou des *Locutions semblables et différentes* suivant les différentes époques de la langue, et d'un *Traité*, [encore manuscrit], *des mots impropres*, Περὶ ἀκυρολογίας; ceux enfin de Jean Philoponus, *Des dialectes et Des mots qui changent de signification d'après les accents*.

Les poëtes étaient depuis long-temps peu nombreux à Alexandrie. Cependant, sans parler des hymnes de Synésius, l'élève de la célèbre Hypatie, on peut assurément revendiquer à cette ville, outre Coluthus de Lycopolis, l'auteur du poëme l'*Enlèvement d'Hélène* (1), plusieurs autres compilateurs de vers que l'Égypte nourrissait encore à cette époque. (2)

Je crois aussi qu'on doit rattacher à l'école d'Alexandrie l'historien Olympiodore de Thèbes, ce continuateur d'Eunape (de l'an 407 à 425) dont Photius rappelle les 22 livres de *Matériaux historiques* (3); le géographe Cosmas surnommé Indopleustès, le premier qui crut devoir réfuter, dans l'intérêt du christianisme, la cosmographie de Ptolémée; Sévérus, auteur d'*Éthopées* et de *Contes*; le romancier Achille Tatius; Eustathe, auteur d'*Isménias* et d'*Isménie*, écrivain chrétien, comme Cosmas lui-même, et dont les ouvrages portent le cachet d'Alexandrie, qu'on en considère le style ou l'érudition.

Cependant les études favorites de l'école d'Alexandrie, pendant cette dernière période, furent celles de la philosophie, de la médecine et des mathématiques.

Cette philosophie mystique qui est propre à l'école d'A-

---

(1) V. l'édition donnée par M. Julien et celle de Schaefer, et le *Journal des savants*, juillet 1823, p. 406.

(2) V. Eunap. *Vit. Proaeres.*, p. 92.

(3) Phot., c. 80.

lexandrie, cette philosophie qui avait été enseignée avec tant de réserve par Ammonius Saccas, et puis développée tout-à-coup avec tant d'audace par Plotin et Porphyre, devint un instant dominante dans toutes les écoles, en Italie, en Sicile, en Syrie, en Grèce, dans tout l'empire. Elle s'allia partout avec les sanctuaires de la religion et reçut, dans son union avec les mystères du culte gréco-égyptien, des mains d'Iamblique, une sorte de manuel qui valut à ce chef un grand nombre de partisans. Il paraît avoir séduit ceux d'Alypius d'Alexandrie, maître qui se bornait aux entretiens et aux discussions, mais qui ne publiait pas (1).

La réputation de ces professeurs ayant grandi, ils eurent des disciples si nombreux, dit Eunape, que s'étant rencontrés par hasard, les chefs, semblables à deux astres, étaient entourés à tel point, que leur *théâtre* (auditoire) ressemblait à un grand Musée (2).

Cette rencontre fut curieuse. Alypius, dont l'amour-propre était piqué, voulut briller aux yeux de ses anciens disciples pour mieux conserver les nouveaux. Il proposa donc à Iamblique, en forme de dilemme, une de ces questions qu'aimaient à traiter les sophistes et que les Grecs écoutaient avec ravissement, à savoir, *Que le riche est un homme injuste ou l'héritier d'un homme injuste*. Mais Iamblique, qui méprisait ces parades et qui sentait que les temps étaient sérieux, déclara qu'il ne s'occupait pas, dans ses discussions, des *avantages extérieurs* d'un homme, mais qu'il recherchait s'il possédait en abondance les vertus philosophiques. Après ces mots, il disparut et toute l'assemblée se sépara. (3)

J'aime à croire que cette rencontre eut lieu dans Alexandrie, la patrie d'Alypius, ville chère à Iamblique. Si cela était, et si Eunape n'exagérait pas trop, il y aurait eu bien des philosophes en Égypte à cette époque. Je dois dire ce-

---

(1) Eunap. *Vita Iamblich.*, p. 29.
(2) Ibid.
(3) Ibid.

pendant que l'école de Plotin fut un peu *sporadique* depuis le départ de ce philosophe pour Rome; et Iamblique, *qui avait le don de prévoir et de faire des miracles*, voyagea autant que Porphyre et Plotin.

Le principal disciple de ce philosophe, Édésius, *qui ne jouissait pas de l'inspiration des dieux, ou qui ne pouvait en faire aveu, vu l'iniquité des temps et la destruction des temples* (1), s'établit à Pergame, en Mysie, et l'on ignore quel fut, après Iamblique, et à partir de l'an 333, le chef de l'école plotinienne en Égypte, si ce ne fut pas Claudien, le frère de Maxime, qui y enseigna au temps de Julien (v. Eunape), mais il est certain qu'elle se maintint à Alexandrie et à Canobus, et que, vers le milieu du IV⁰ siècle, elle eut pour chefs la visionnaire Sosipatra, la femme du philosophe Eustathe, élevée chez des Chaldéens, ou par des génies, si nous en croyons le crédule Eunape (2). Sur la fin du même siècle, cette école était dirigée par deux hommes qui y professaient avec enthousiasme, Olympe, et Antonin, fils de Sosipatra, qui répondit avec éclat à l'illustration de sa mère et de son père, et qui se consacra à l'instruction de ceux qui se faisaient initier (τοῖς τελουμένοις) à Canobus. Antonin s'était d'abord fixé dans Alexandrie; mais, séduit par le site de Canobus, il était venu dans cette ville, s'y était entouré d'une foule de jeunes gens qui ne cessaient de remplir le sanctuaire de Sérapis, et quoique simple mortel, dit Eunape, il s'était élevé à la communion des dieux, négligeant le corps, étudiant la sagesse inconnue au vulgaire, et prédisant à ses nombreux disciples, *qu'après lui ils n'auraient plus de temple* (3). Il lui venait des auditeurs d'Alexandrie (οἱ κατὰ τὴν Ἀλεξάνδριαν τότε σχολάζοντες). De plus, une multitude de peuple qui se renouvelait sans cesse affluait au Sérapéum d'Alexandrie de toutes les régions du monde, et Antonin instruisait les curieux,

---

(1) Eunap. *Ædes.* ed. Comm. p. 33.
(2) Eunap. Ibid., 54.
(3) Ibid., 59, 60, 62.

soit dans la doctrine platonicienne, soit dans des sciences plus élevées. Mais, ainsi qu'il l'avait prédit, il fut le dernier qui pût enseigner au sanctuaire de Sérapis, secondé par Olympe, ce professeur sacré (ἱεροδιδάςκαλος) de Sérapis, dont le génie, l'éloquence et la beauté exerçaient une influence si puissante, que Suidas en parle avec admiration.

Peut-être devrait on mettre aussi dans cette catégorie, Horapollon, l'interprète des hiéroglyphes.

C'est donc à peine s'il y eut, lors de l'incendie du Sérapéum, un moment d'interruption dans cet enseignement, puisque la fille de Théon, Hypatie, se présenta dès le commencement du v⁰ siècle pour rétablir ces leçons et qu'elle compta un nombre d'auditeurs qui excita des colères.

Peu de temps après cette femme si admirée, un philosophe d'Alexandrie qui pouvait avoir suivi ses leçons, Syrianus, qui voulait l'accord d'Orphée, de Pythagore et de Platon (2), se trouva à la tête de l'enseignement d'Athènes. (3)

Vers le milieu du v⁰ siècle, Alexandrie fut de nouveau le principal foyer des études spéculatives; et le célèbre Proclus, si avide de ces sciences, crut devoir se rendre d'abord en Égypte, afin de mieux y puiser à la source les doctrines d'une école que Plotin avait donnée au polythéisme comme un dernier mot de salut. Proclus, né en 412, y vint vers 434, et trouva dans cette ville qui n'avait plus de sanctuaire, plus de Musée, plus de temple de Sérapis, un enseignement régulier de philologie, de mathématiques et de philosophie. Il n'entendit pas, à ce qu'il

---

(1) Liban. *Orat. pro templis*, p. 21. — Eunap. *Vit. Soph.*, p. 59, sq. — Cf. Suidas, *in V. Olympus*, nom que d'autres écrivent *Olympius*.

(2) D'après une erreur de Suidas, reproduite dans beaucoup de livres, Hypatie aurait épousé Isidore, disciple de Proclus; j'ignore d'où vient cette opinion qui fait vivre après le milieu du v⁰ siècle, une femme morte en 414 ou 416. Cf. Wernsdorf, *diss.* IV *de Hypatia philosopha Alexand.* Wittenb. 1747-8. in-4⁰.

(3) Suidas, s. v. Syrianus.

paraît, le platonicien Hiéroclès, l'auteur du *Commentaire sur les vers dorés de Pythagore*, qui mettait d'accord Platon et Aristote, en réfutant Épicure et Zénon, et en combattant avec une égale vigueur ceux qui niaient la Providence et ceux qui prétendaient intervenir dans le jeu de ses lois par leurs œuvres de théurgie ou de magie (1). Toutefois, ces deux personnages se trouvaient à Alexandrie vers le milieu du Ve siècle.

Proclus ne paraît pas non plus avoir entendu Théosébius, le disciple d'Hiéroclès, et cela sans doute par les mêmes raisons; mais il suivit les cours de mathémathiques d'Héron, les leçons de grammaire d'Orion, celles de rhétorique de Léonas Isaurus, et celles d'Olympiodore, péripatéticien, sur lequel Marinus et Suidas rapportent une circonstance qui prouve que de nombreux auditeurs étudiaient encore la philosophie dans l'enceinte de l'ancien Sérapéum. En effet, ils nous apprennent que ce professeur, qui parlait trop vite, n'était compris que d'un petit nombre de ses élèves, ce qui prouve assurément qu'il y en avait un grand nombre. Ils ne disent pas que Proclus fut plus heureux, mais ils l'insinuent, en ajoutant qu'Olympiodore l'aima au point de lui donner en mariage sa fille, une de ces femmes instruites en philosophie si nombreuses à cette époque. (2)

Ce ne fut qu'après ces études faites à Alexandrie que Proclus se rendit à Athènes, pour y suivre encore les leçons d'un philosophe plotinien, ce Syrianus dont nous avons parlé tout-à-l'heure, et qui était l'un des *diadoques* de la chaîne hermaïque dont Proclus se croyait le *dernier chaînon*.

(1) Est-ce l'influence du christianisme ou celle d'Aristote qui a mis fin aux aberrations de l'école plotinienne, dont Iamblique, Sosipatra et Antonin furent l'expression la plus exagérée? C'est là une question qui se présentera ailleurs; mais, quant à Hiéroclès, il avait pour la foi chrétienne toute l'antipathie de son homonyme, le gouverneur d'Alexandrie, et il fut persécuté pour cette raison, comme ce dernier avait fait persécuter les chrétiens.

(2) Marinus, *in Vita Procli*, ed. Boissonnade, Lips. 1814. — Suidas, *Olympiod.* V. Kusterum ad h. l.

Après ces deux chefs, Ammonius, fils d'Hermias et d'Édésie, disciple de Proclus, fait, de la chaire d'Alexandrie, la première du monde chrétien et païen, et réunit dans son auditoire, non-seulement Damascius et Simplicius, deux des sept philosophes qui s'exilèrent de l'empire romain quand Justinien fit fermer les écoles d'Athènes, mais encore de futurs docteurs de l'Église, et entre autres Zacharie, qui fut évêque de Mitylène après avoir exercé la profession d'avocat, qu'il avait étudiée à Alexandrie et à Béryte.

C'est à une discussion sur l'éternité du monde, qui eut lieu à Alexandrie, entre Ammonius et Zacharie, que se rapporte un dialogue de ce dernier.

La chaire d'Alexandrie était préférée, dans ce temps, à celle d'Athènes, ou du moins elle se posait plus gravement. Isidore, disciple de Proclus, qui avait été investi de celle d'Athènes, après son condisciple Marinus, la quitta pour celle d'Alexandrie, aimant peu, si j'explique bien Suidas, cette dialectique qu'on recherchait avant tout dans la capitale de l'Attique.

La mort de Proclus n'étant arrivée qu'en 485, l'arrivée d'Isidore à Alexandrie ne peut avoir eu lieu qu'après cette époque.

Alexandrie conserva encore des études de philosophie quand Athènes perdit les siennes, et ce fut un des fugitifs dont nous venons de parler, Damascius, qui continua la *chaîne alexandrine* quand fut rompue celle de Proclus. Il doit avoir enseigné en Égypte, soit avant, soit après son exil en Perse, puisqu'Olympiodore le Jeune fut un de ses auditeurs, et qu'il n'y a pas lieu de croire que ce fut à Athènes.

Cet Olympiodore, qui s'illustra sur la fin du VIe siècle, fut platonicien, et laissa, sur quatre dialogues et la vie du chef de l'Académie, des commentaires que nous possédons encore. (1)

La même succession se remarque dans l'enseignement

(1) Voir l'édition de M. Creuzer, Francf. 1821. 8º.

des sciences mathématiques, qui sont professées au IV⁰ siècle par Paul d'Alexandrie, auteur d'un Apotélesmatique; au v⁰ par Pappus et Théon, qui publièrent tant de commentaires sur leurs illustres prédécesseurs; par la savante Hypatie, qui commenta aussi des ouvrages de science; par Héron, le maître de Proclus (1), et Héron, l'auteur des traités *de la Défense des places et des machines de guerre*; par d'autres enfin dont les noms sont moins connus.

Les études médicales étaient également florissantes encore, et l'on distinguait à Alexandrie, soit dans l'enseignement, soit dans la pratique et dans l'érudition médicale, Héraclien, qui fut le maître de Galien, dont les études anatomiques doivent être revendiquées à notre école (2); Zénon, qui joua un certain rôle sous le règne de Julien; Magnus d'Antioche, Oribase de Pergame, et Jonicus de Sardes, tous trois disciples de Zénon (3); Aétius d'Amida en Mésopotamie, qui publia, dans Constantinople, de savants ouvrages, après avoir faits ses études à Alexandrie; Jean d'Alexandrie, qui commenta Hippocrate sur la fin du vi⁰ siècle; Paul d'Égine, qui avait étudié la médecine dans la même ville; et enfin Palladius d'Alexandrie, qui commenta encore Hippocrate.

En un mot, nulle part ailleurs Hippocrate et Galien n'eurent de plus savants disciples ni de plus habiles commentateurs, que dans la ville illustrée par Hérophile (4).

Mais, par l'invasion que l'Orient fit en Egypte et qu'on remarque dans l'histoire des doctrines religieuses et philosophiques d'Alexandrie, l'école médicale de cette cité devint bientôt le principal foyer de l'art de guérir par voie de miracle, et cet art devint l'objet d'une sorte d'initiation et de transmission sacerdotale entre les mains des Plotin, des

---

(1) On l'appelle Héron le jeune pour le distinguer d'Héron l'ancien p. 203.

(2) Il conseille à ceux qui veulent étudier l'ostéologie sur le squelette, d'aller à Alexandrie. *Admin. anat.*, lib. I, p. 119, 120.

(3) Eunap. *Vit. Sophist.*, p. 137, sq.

(4) Cf. Ammian. Marcell. XXII, 16.

Porphyre, des Jamblique et des Damascius. Cet art était riche, puisqu'on le distinguait en plusieurs branches [la théocratie, la goétie, la magie, la pharmacie, la théurgie et la théosophie]; aussi voyait-on plusieurs sectes, mais surtout les platoniciens et les gnostiques, se le disputer et prétendre le rattacher, les uns à l'école d'Orphée, les autres à celle des Thérapeutes de l'Égypte.

Une étude que jusque-là on avait toujours négligée dans l'Égypte grecque, malgré l'exemple de Démétrius de Phalère, celle de la législation et de la jurisprudence, paraît s'y être établie dans ces derniers temps. D'après Marinus, Proclus y doit avoir suivi des cours de cette science. (1)

Je dirai maintenant, pour conclure, qu'à l'aspect de toutes ces écoles, dont quelques-unes étaient même de nouvelle création, il est impossible de ne pas admettre l'existence continue dans la cité d'Alexandre de bibliothèques et d'édifices consacrés à l'enseignement. On trouve, à la vérité, dans la ville d'Athènes, des cours aussi réguliers que ceux d'Alexandrie, et faits dans les domiciles des professeurs. Eunape nous apprend, dans la vie de Julien le rhéteur, qui *régna* à Athènes, ἐτυράννει τῶν Ἀθηνῶν, qu'il eut une affluence si prodigieuse d'auditeurs qu'il écrasa ses rivaux, Apsinès et Epagathe, que sa maison était comme *un temple de Mercure et des Muses*, qu'elle fut transmise à Proérésius comme un sanctuaire, qu'il y avait dans cette maison un *théâtre de marbre poli*, construit à l'imitation d'un *théâtre public*, mais plus petit, et que c'était là que le rhéteur faisait ses leçons. La même chose a pu se rencontrer en Egypte. Mais d'abord, les mœurs d'Athènes, où n'affluaient que d'éloquents sophistes et de jeunes amateurs de rhétorique, où l'enseignement se bornait à la philosophie et aux belles-lettres, différaient beaucoup de celles d'Alexandrie, où l'on faisait encore, comme au temps d'Andron et de Ménéclès de Barca,

(1) Burigny, *Vie de Proclus;* v. *Mém. de l'Acad. des Inscr.*, t. XXXI, p. 140.

des études générales qui demandaient d'autres locaux. Ensuite, Athènes elle même qui n'avait accordé anciennement ses édifices publics aux philosophes que pendant un assez court espace de temps, nous l'avons démontré (v. ci-dessus, p. 38), avait pris des habitudes différentes sous l'administration romaine, et donné aux professeurs des *théâtres publics*, si bien qu'Eunape présente comme une exception le fait qu'il rapporte, et qu'il y ajoute cette remarque : il régnait alors, entre les citoyens et les étudiants, une sorte de guerre civile si animée, qu'aucun d'eux n'eût osé se rendre dans un *théâtre public*, non qu'ils y eussent provoqué des combats de vie ou de mort, mais qu'ils y auraient fait éclater des luttes et des rivalités d'éloquence et d'applaudissements.

L'exaltation était telle, en effet, qu'un jour les auditeurs d'Apsinès de Sparte levèrent leurs *mains grossières* sur Julien, et accusèrent ensuite de violences graves les disciples de ce dernier, et ce professeur lui-même, qu'ils avaient accablé de coups, procès qu'on peut lire dans Eunape (1).

Qu'en vue de cette situation on ait préféré, dans Athènes, des *théâtres particuliers*, cela se comprend ; mais cela autorise d'autant moins à supposer les mêmes usages dans Alexandrie, que cette ville, au contraire, avait toujours eu des édifices spécialement affectés aux études des savants, et que ces études, qui étaient presque universelles, demandaient plus impérieusement des ressources publiques.

A nos yeux, c'est donc un fait élevé au-dessus de toute espèce de doute, que l'école d'Alexandrie conserva, soit dans les dépendances du Sérapéum, soit ailleurs, des bibliothèques et des salles destinées à l'enseignement. Nous avons, de plus, indiqué les quatre mille palais qu'y trouva le vainqueur et dont quelques-uns avaient pu servir depuis long-tems à ces usages.

Sans doute les empereurs de Constantinople avaient négligé les établissements littéraires d'Alexandrie depuis 394,

---

(1) Julian., p. 98.

mais la force des choses les avait maintenus, et rien n'était venu prendre leur place, ni rivaliser avec eux.

Plusieurs princes, il est vrai, avaient fondé des écoles et des bibliothèques, à Constantinople ou ailleurs, et un courtisan inspiré par son nom propre, Musélius, avait institué dans la nouvelle capitale de l'empire, sous le nom de Philadelphéion, un Musée qui occupait, avec ses jardins et sa bibliothèque de 300,000 volumes, un emplacement un peu vaste pour les douze savants chargés, sous la présidence de l'un d'eux, de rivaliser avec l'illustre fondation des Lagides; mais, si nous consultons l'histoire des lettres plutôt que les phrases louangeuses des chroniqueurs (1) ou des épigrammatistes (2), nous voyons que cette maison n'a pas même lutté avec l'école d'Alexandrie dans sa dernière décadence.

Il ne nous reste plus maintenant, pour terminer ce travail, qu'à dresser la liste des savants qui formaient encore, soit le Musée, soit l'école d'Alexandrie, dans ces derniers siècles.

1. Orus ou Horapollon? Orion, Léonas Isaurus, Harpocration, Hésychius, Ammonius, Helladius d'Alexandrie, Helladius d'Antinoé, Jean Philoponus. } Grammairiens et lexicographes.

2. Synésius, Coluthus? } Poëtes.

3. Olympiodore, Cosmas, Sévérus? } Historiens et polygraphes.

4. Jamblique, Eustathe, Claudien, Théosébius, Antonin, Olympe, Olympiodore le péripatéticien, Ammonius, Olympiodore le platonicien, Hiéroclès, Isidore, Damascius. } Philosophes de l'École ou du Musée d'Alexandrie.

(1) Manass. *Annal.*, p. 422; ed. Lugd.
(2) Anthol. *Epigr. græc. IV.*

5. La femme de Proclus; Sosipatra, femme d'Eustathe; Edésie; Hypatie. } Femmes distinguées de l'école de Canobus et de celle d'Alexandrie.

6. Sopater, * Eusèbe, disciple d'Édésius. Sopater, sophiste du vi^e siècle.** } Disciples douteux de philosophes d'Alexandrie.

7. Paul d'Alexandrie, Théon, Pappus, Héron, le jeune, et Héron, son contemporain? } Mathématiciens, membres probables du Musée.

8. Hypatie. } Mathématicien, en dehors du Musée.

9. Héraclien, Zénon,
   Jean,
   Paul,
   Palladius,
   Léonides *** } Médecins.

10. S. Athanase,
    Apollinaire d'Alexandrie,
    Théophile,
    Didyme,
    S. Cyrille. } Savants de l'école ou de l'église chrétienne d'Alexandrie.

11. Arius,
    George, le patriarche,
    Aétius. } Ariens d'Alexandrie.

12. Jean Philoponus. } Trithéiste?

13. Disciples immédiats de Basilide et de Valentin; disciples indirects ou Ophites. } Gnostiques.

14. Syrianus, Proclus, Magnus, Jonicus, Aétius, Damascius, Simplicius, Oribasius, Synésius, Coluthus? Cosmas? Nonnus? } Elèves certains ou probables de l'École d'Alexandrie.

15. Alypius, Sévérus, Achille Tatius, Zacharie, Eustathe le romancier. } Hôtes de l'École d'Alexandrie.

* Le favori de Constantin. Eunap.
** Photius, cod. 161.
*** Cf. Sprengel, II, 126.

On le voit, les débris de l'école d'Alexandrie sont encore assez nombreux et assez remarquables, au moment où Amrou refuse à Philoponus et distribue aux baigneurs d'Alexandrie les volumes échappés à tant de désastres.

On le voit aussi, pour détruire les belles institutions de Ptolémée Soter, il n'a fallu rien moins que cette longue série de catastrophes, qui commença pour elles au règne de Ptolémée Physcon et finit à celui d'Omar.

Ce qu'il n'était pas dans la puissance de l'homme d'anéantir, ce qui étonne encore le monde savant après l'avoir si long-temps éclairé, ce sont les travaux si éclatants qui ont été exécutés dans les établissements dont nous venons de faire l'histoire en quelque sorte extérieure, et dont nous allons maintenant retracer le mouvement intérieur, les créations littéraires et les découvertes scientifiques.

RENVOI DE LA NOTE 1, page 131.

Fragment du code 2677 des manuscrits de la Bibliothèque du Roi à Paris.

Ἰστέον ὅτι Ἀλέξανδρος ὁ Αἰτωλὸς καὶ Λυκόφρων ὁ χαλκιδεὺς, ὑπὸ Πτολεμαίου τοῦ Φιλαδέλφου προτράπεντες, τὰς σκηνικὰς διώρθωσαν βίβλους, Λυκόφρων μὲν τὰς τῆς κωμῳδίας, Ἀλέξανδρος δὲ τὰς τῆς τραγῳδίας, ἀλλὰ δὴ καὶ τὰς σατυρικάς. Ὁ γὰρ Πτολεμαῖος, φιλολογώτατος ὢν, διὰ Δημητρίου τοῦ φαληρέως καὶ ἑτέρων ἐλλογίμων ἀνδρῶν, δαπάναις βασιλικαῖς ἁπανταχόθεν τὰς βίβλους εἰς Ἀλεξανδρίαν συνήθροισεν, καὶ δυσὶ βιβλιοθήκαις ταύτας ἐπέθετο. Ὧν τῆς ἐκτὸς μὲν ἀριθμὸς τετρακισμύριαι δισχίλιαι ὀκτακόσιαι, τῆς δὲ τῶν ἀνακτόρων ἐντός, συμμιγῶν μὲν βίβλων ἀριθμὸς τεσσαράκοντα μυριάδες, ἀμιγῶν δὲ καὶ ἁπλῶν μυριάδες ἐννέα· ὧν τοὺς πίνακας ὕστερον Καλλίμαχος ἐπεγράψατο. Ἐρατοσθένει δὲ ἡλικιώτῃ Καλλιμάχου παρὰ τοῦ βασιλέως τὸ τοιοῦτον ἐνεπιστεύθη βιβλιοφυλάκιον. Τὰ δὲ συνηθροισμένα βιβλία οὐχ Ἑλ-

Fragment ou scolie du code 4, c. 39, de la Bibliothèque du Collegio Romano à Rome.

Ex Cæcio in commento comœdiarum Aristophanis poetæ in pluto* quam possumus opulentiam nuncupare. Alexander ætolus et Lycophron chalcidensis et Zenodotus ephestius impulsu Regis ptolemæi philadelphi cognomento, qui mirum in modum favebat ingeniis et famæ doctorum hominum, græcæ artis poeticos libros in unum collegerunt et in ordinem redegerunt; Alexander tragœdias, Lycophron comœdias, Zenodotus vero Homeri poemata et reliquorum illustrium poetarum. Nam Rex ille philosophis affertissimus** et cæteris omnibus autoribus claris disquisitis impensa regiæ munificentiæ ubique terrarum quantum valuit voluminibus opera demetrii phalerii phzxa senum*** duas bibliothecas

---

* Je conserve l'orthographe du manuscrit.
** Mot barbare : *Affectissimus?*
*** Mots illisibles : *Prehensa secum?*

λήνων μόνον ἀλλὰ καὶ τῶν ἄλλων ἁπάντων ἐθνῶν ἦσαν καὶ δὴ καὶ Ἑβραίων αὐτῶν. Τὰς δὴ οὖν τῶν ἄλλων ἐθνῶν σοφοῖς ἀνδρασιν, τήν τε οἰκείαν φωνήν, τήν τε τῶν Ἑλλήνων καλῶς εἰδόσι, τὰς ἐξ ἑκάστου ἐγχειρίσας, οὕτως ἑρμηνευθῆναι αὐτὰς πεποίηκεν εἰς τὴν Ἑλλάδα γλῶτταν, ὅτε δὴ καὶ τὰς τῶν ἑβραίων διὰ τῶν ἑβδομήκοντα ἑρμηνευθῆναι πεποίηκεν· οὕτω μὲν οὖν μετενεχθῆναι τοὺς τῶν ἄλλων ἐθνῶν εἰς τὴν Ἑλλάδα φωνήν πεποίηκε. Τὰς δὲ σκηνικὰς Ἀλέξανδρός τε, ὡς ἔφθην εἰπὼν, καὶ Λυκόφρων διωρθώσαντο τὰς δὲ ποιητικὰς Ζηνόδοτος πρῶτον καὶ ὕστερον Ἀρίσταρχος διωρθώσαντο. Καίτοι τὰς Ὁμηρικὰς ἑβδομήκοντα δύο γραμματικοὶ ἐπὶ Πεισιστράτου τοῦ Ἀθηναίων τυράννου διέθηκαν οὑτωσὶ, σποράδην οὔσας τὸ πρίν. Ἐπεκρίθησαν δὲ κατ' αὐτὸν ἐκεῖνον τὸν καιρὸν ὑπ' Ἀριστάρχου καὶ Ζηνοδότου, ἄλλων ὄντων τούτων τῶν ἐπὶ Πτολεμαίου διωρθωσάντων. Οἱ δὲ τέσσαροί τισι τὴν ἐπὶ Πεισιστράτου διόρθωσιν ἀναφέρουσιν, Ὀρφεῖ Κροτωνιάτῃ, Ζωπύρῳ Ἡρακλεώτῃ, Ὀνομακρίτῳ Ἀθηναίῳ καὶ καγ επι κογκυλω.* Ὕστερον δὴ ταυτὰς ἁπάσας σκηνικάς τε καὶ ποιητικάς πλεῖστον ἐξηγήσαντο Δί- fecit, alteram extra Regiam, alteram autem in Regia. In exteriore autem fuerunt milia voluminum quadraginta duo et octingenta. In Regiæ autem bibliotheca voluminum quidem commixtorum volumina quadringenta milia, simplicium autem et digestorum milia nonaginta, sicuti refert Callimacus aulicus Regius bibliothecarius qui etiam singulis voluminibus titulos inscripsit. Fuit præterea qui idem asseveret eratosthenes non ita multo post eiusdem custos bibliothecæ. hec autem fuerunt omnium gentium ac linguarum quæ habere potuit docta volumina quæ summa diligentia Rex ille in suam linguam fecit ab optimis interpretibus converti. Ceterum pisistratus sparsam prius homeri poesim ante ptolemæum philadelphum annis ducentis et eo etiam amplius sollerti cura in ea quæ nunc extant redegit volumina usus ad hoc opus divinum industria quattuor celeberrimorum et eruditissimorum hominum videlicet

---

* Mots assez lisibles, mais incertains et accompagnés d'une note marginale en partie engagée dans la reliure, et par cela illisible.

δυμος, Τρύφων, Ἀπολλώνιος, Ἡρωδιανὸς, Πτολεμαῖος Ἀσκαλωνίτης, καὶ οἱ φιλόσοφοι Πορφύριος, Πλούταρχος καὶ Πρόκλος, ὡς καὶ πρὸ αὐτῶν πάντων Ἀριστοτέλης.

Concyli Onomacriti athenien. Zopyri heracleotæ et Orphei Crotoniatæ. nam carptim prius homerus et non nisi difficillime legebatur. Qum etiam post pisistrati curam et ptolemaei diligentiam aristarchus adhuc exactius in homeri elimandam collectionem vigilavit. Heliodorus multa aliter nugatur quæ longo convitio cecius reprehendit. Nam ol' LXXII. Cuobus doctis viris a pisistrato huic negotio præpositis dicit homerum ita fuisse compositum. qui quidem zenodoti et aristarchi industria omnibus prælatam comprobarint, quod constat fuisse falsissimum. quippe cum inter Pisistratum et Zenodotum fuerint anni supra ducentos. Aristarchus autem quattuor annis minor fuerit ipso et Zenodoto atque ptolemaeo.

TABLE DES MATIÈRES.

	PAGES.
Préface.	1

Introduction. — Définition de l'École d'Alexandrie. — État des écoles de l'Égypte et de la Grèce à l'époque où elle fut fondée 1

Histoire de l'École d'Alexandrie. — Topographie, Musées, Bibliothèques, Didascalées, Syssities. — Ire Période (392-246 avant J.-C). — Chapitre Ier — Topographie d'Alexandrie. 43

Chapitre II. — But et origine du premier Musée et de la première Bibliothèque d'Alexandrie. 68

Chapitre III. — Organisation du premier Musée et de la première Bibliothèque. — Rapports entre les deux institutions et espérances qu'elles faisaient concevoir. . 85

Chapitre IV et V. — Progrès de la première Bibliothèque et du premier Musée sous le règne de Ptolémée Soter; et situation de l'École d'Alexandrie à la mort de ce prince, l'an 283 avant J.-C. 116

Chapitre VI. — Progrès de l'École d'Alexandrie sous le règne de Ptolémée Philadelphe. — Travaux ordonnés et dispositions prises par ce prince à la Bibliothèque. — Bibliothèque d'Aristote. — Classifications et Traductions. — Les Septante. — Chiffre 129

Chapitre VII. — Musée. — Jeux poétiques. — Pléiades. — Voyages d'exploration. — Collections d'histoire naturelle. — Parcs royaux. — Observatoires. 153

IIe Période. — De l'an 246 à l'an 146 avant J.-C. ......

Chapitre Ier. — État général des institutions littéraires d'Alexandrie depuis la mort de Ptolémée II Philadelphe, jusqu'à celle de Ptolémée VI Philométor. 179

Chapitre II. — Du Musée. 189

IIIe Période. — 146 à 47 avant J.-C. — De Ptolémée VII à Cléopâtre.................................... 207

Chapitre Ier. — Dispersion des savants de l'École d'Alexandrie. — Influence exercée par cette dispersion sur les autres écoles grecques. — État général des institutions littéraires du monde grec à cette époque. Écoles d'Athènes, de Rhodes, de Tarse, d'Antioche, de Pergame. — Le Nicéphore. — Le Lacydium. — Le Musée de Phénix..................................... Ib.

Chapitre II. — Rétablissement de l'École d'Alexandrie par Ptolémée VII. — Situation du Musée et des Bibliothèques sous les derniers Lagides. — Incendie de la Bibliothèque du Bruchium......................... 217

IVe Période. — De l'an 47 avant J.-C., à l'an 138 après J.-C. — De César à Adrien................. 236

Vue générale sur les trois dernières périodes.......... Ib.

Chapitre Ier. — État du Musée et des Bibliothèques après la catastrophe de l'an 47 avant J.-C. — De la protection que leur accorda Cléopâtre, aidée de César et d'Antoine. — Bibliothèque de Pergame déposée dans Alexandrie...................................... 239

Chapitre II. — L'École d'Alexandrie sous la protection d'Auguste, de Tibère, de Caligula et de Claude. — Nouvelles institutions littéraires. — Le Sébastéum. — Rôle de Philon et de Josèphe. — Le Claudium.... 248

Chapitre III. — Les établissements littéraires d'Alexandrie depuis le règne de Claude jusqu'à celui d'Adrien... 262

Chapitre IV. — Composition du Musée pendant cette période. — Situation des autres écoles grecques. — Apparition des Écoles judaïque, gnostique et chrétienne d'Alexandrie................................... 271

Ve Période. — De l'an 138 à l'an 312 avant J.-C........ 284

Chapitre Ier. — Décadence des institutions littéraires d'Alexandrie sous les Antonins. — Rétablissement des chaires d'Athènes. — Origine et progrès du Didascaléion de l'école chrétienne. — Écoles gnostiques d'Alexandrie. — Suppression de syssities par Caracalla.

— Ruine du Bruchium par Aurélien. — Fin probable des Musées et des Bibliothèques de ce quartier. — Ravages exercés dans Alexandrie par Dioclétien. — Nouveau rôle du Sérapéum. . . . . *Ib.*

Chapitre II. — État des Musées, des Bibliothèques, des écoles et des syssities polythéistes d'Alexandrie. — Écoles chrétiennes et gnostiques. 305

VI⁰ et dernière période. — De l'an 312 à l'an 641 après J.-C. 313

Chapitre Iᵉʳ. — Les institutions littéraires d'Alexandrie sous l'empire du Christianisme. — Réaction polythéiste pendant le règne de Julien. — Sérapéum de Canobus et d'Alexandrie. — Réaction chrétienne pendant les règnes de Jovien à Théodose. — Destruction du Sérapéum. — Suppression des écoles polythéistes d'Athènes. — Prise d'Alexandrie par Amrou, incendie de la Bibliothèque et fin de l'École d'Alexandrie. — Dernières traces des édifices littéraires. . . . . *Ib.*

Chapitre II. — Les derniers savants de l'École d'Alexandrie. 345

Renvoi à la note 1 page 131. 358

FIN DE LA TABLE.

ERRATA ET ADDENDA.

Page 21. Note, *au lieu de* Lobek, *lisez:* Lobeck.
    40. Note, 2, *ajoutez*: Et. Quatremère, Mémoires sur l'Egypte. 2 vol. in-8º.
    45. Note 1, *au lieu de* Jablonsky, *lisez:* Jablonski.
    116. Chapitre IV, *lisez*, IV et V.
    133. L. 9, *effacez ce signe* (1).
    165. L. 11, Sophocléas *lisez*, Sophocléus cf. scol. in Aristoph, nub. 397.
    175. Tableau du Musée, Antigone de Caryste, *ajoutez:* Sositbée.
    205. Tableau du Musée, après Mnésistrate, *ajoutez:* Eubule, disciple d'Euphranor; après Ménélas, *ajoutez:* Ctésiblus et Héron l'Ancien.
    232. Tableau du Musée, après Pamphile, *ajoutez:* Philostrate, Amarante? après Tyrannion, le poëte tragique Horapollon?
    254. Note 1, *au lieu de* in Vespas, *lisez:* in Vespas.
    304. Note 1, *au lieu de* Κρουγον, *lisez*, Κρουχιον.
    320. Note 2, in Aedes, *lisez:* in Aedes. (abbrév. de *Aedesto*).

OUVRAGES DU MÊME AUTEUR

CHEZ LES MÊMES LIBRAIRES.

HISTOIRE DE L'ÉCOLE D'ALEXANDRIE, comparée aux principales Écoles contemporaines. Ouvrage couronné par l'Institut. 2ᵉ édition, 1ᵉʳ volume. (Le 2ᵉ et dernier volume sous presse). 1840.

HISTOIRE CRITIQUE DU GNOTICISME, dans ses rapports avec les Écoles religieuses et philosophiques des six premiers siècles de notre ère. 2ᵉ édition. 3 v. in-8°. (Sous presse).

HISTOIRE DU CHRISTIANISME ET DE LA SOCIÉTÉ CHRÉTIENNE, 4 vol. in-8°, 2ᵉ édition. Paris, 1839.

HISTOIRE DES DOCTRINES MORALES ET POLITIQUES DES TROIS DERNIERS SIÈCLES, 3 vol. in-8° Paris, 1838.

DE L'INFLUENCE DES LOIS SUR LES MŒURS, 1 vol. in-8°. Paris 1832.

HISTOIRE DE LA GRÈCE, 1 vol. in-12.

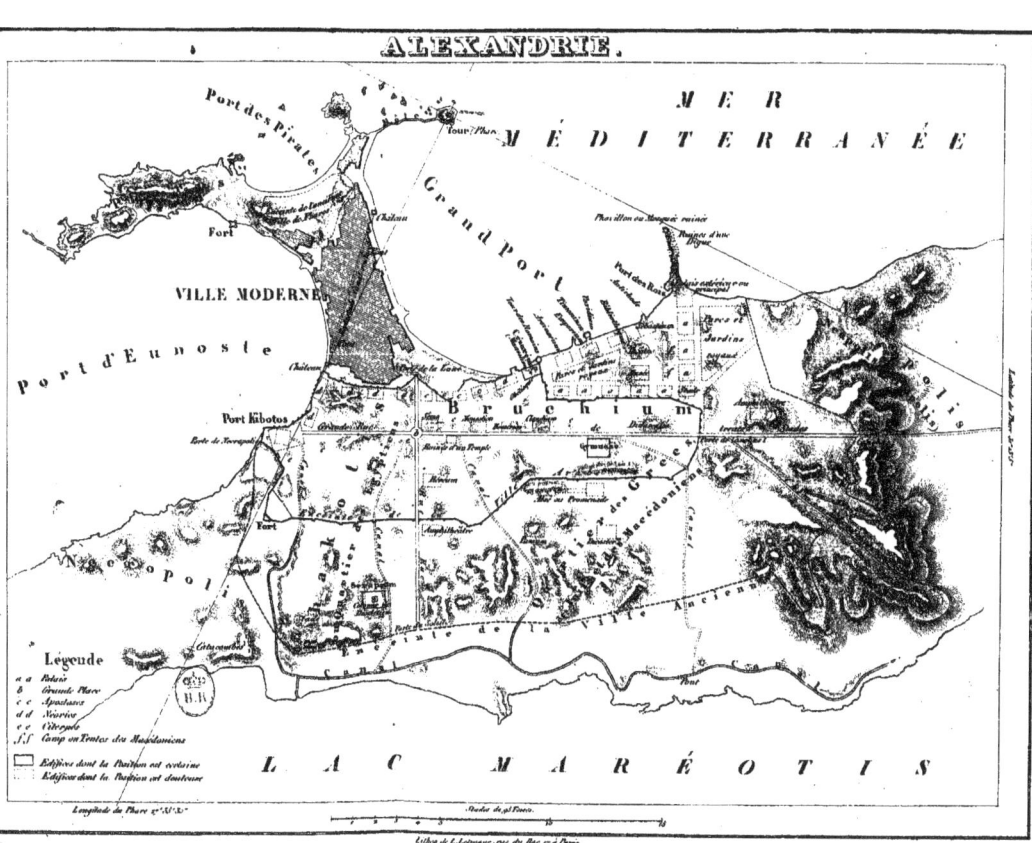

www.ingramcontent.com/pod-product-compliance
Lightning Source LLC
Chambersburg PA
CBHW070444170426
43201CB00010B/1210